憲法記事

정주백

박영사

서 문

이 책은 공법 변호사시험 중 헌법 부분을 다루었다. 그중에서도 기록형과 사례형에 대응하는 것만을 다루었다. 전체 변호사시험 과목 중의 아주 일부분을 다루었다. 이 부분에 대해서는 이 책으로 충분히 대응할 수 있게 쓰려고 노력하였다.

헌법재판소 결정문 체계에 맞추어 기술하였다. 절차법에 관한 부분과 실체법에 관한 부분으로 나누어 기술하였다.

절차법 부분은 헌법재판소법 제68조 제2항 헌법소원과 헌법재판소법 제68조 제1항 헌법소원을 중심으로 다루었다. 헌법재판소법 제68조 제2항 헌법소원과 관련하여 위헌법률심판제청신청을 다루었다. 권한쟁의는 별도로 다루었고, 탄핵심판이나 정당해산심판은 다루지 않았다. 변호사시험의 기록형이나 사례형에서 출제될 가능성이 적다고 보았다.

실체법 부분은 기본권 제한 여부, 기본권 침해 여부를 순서대로 다루었다. 기본권 제한 여부 부분에서 기본권성, 보호범위, 기본권 경합 등을 다루었고, 기본권 침해 여부 부분에서 검열금지원칙, 허가제금지원칙 등의 헌법이 정한 기본권 제한의 한계, 헌법 제37조 제2항이 정한 제한의 한계를 다루었다. 헌법 제37조 제2항 부분에서는 법치주의, 과잉금지원칙, 본질침해금지원칙을 다루었다. 거기에 보태어 평등권, 적법절차의 문제를 따로 다루었다. 체계적으로 다루었다.

기록형 시험에 대응하기 위하여 따로 문서작성을 다루었다. 문서의 형식, 신청취지나 청구취지의 기재 방법 등을 다루었다. 날짜를 세는 방법도 다루었다.

구체적으로 기술하였다. 추상적으로 말하려 하지 않고, 시험장에서 답안을 작성하는 데 도움이 되도록 기술하였다. 헌법재판소 결정문에 있는 말이 어떻게 학생들의 답안지에 반영되어야 하는지를 설명하였다. 변호사시험에 꼭 필요한 말만 하였다. 줄이는 쪽으로 노력하였다. 조금 복잡하게 설명하는 부분이 있더라도 필요하니 썼을 것이라 추정하고 읽어주기 바란다.

이 책을 이해하면 충분히 변호사시험의 기록형이나 사례형 시험에 대응할 수 있다고 믿는다. 학교에 와서 10년간 이 책의 체계로 강의를 하였다. 학생들이 낭패를 보았다는 말을 듣지 않았다.

이 책의 프레임은 오래전에 마련되었다. 그래도 책으로 묶지 못했다. 헌법재판소가 결정문에 담아 놓은 많은 판시들이 하나의 실로 꿰지지 않았기 때문이다. 그 결정이 나라의 장래를 위하여 좋겠다고 생각한 적은 없지 않지만, 그 결정의 논리가 코스모스 꽃잎에 잠자리 앉듯이, 부드럽게 필자의 머리에 들어앉지 않았다.

필자가 가진 의문들이 헌법재판소에서 정리되거나, 필자가 결정 안에 흐르는 논리의 맥을 발견하는 날이 오기를 바랐다. 그날이 오지는 않았다. 그러나 더 미루지 못하고 필자가 이해한 것을 설명하기 위해 이 책을 썼다.

학생들이 시험장에 들어갔을 때 믿을 수 있는 것은 자신의 理性과 法典이다. 법전에 어긋나거나 이성의 길에서 벗어난 판례를 그대로 읽기만 해서는 읽은 것을 제대로 활용할 수 없다. 이 책은 수험용 교재로 써졌지만, 판례들이 법전에서 또는 이성의 길에서 벗어나 있으면 지적하였다. 그리고 어떻게 대응하여야 할지를 정리하였다.

이 책의 문체를 좋지 않게 보는 사람이 있을지도 모르겠다. 그럴 만하다. 필자는 美文을 쓰고자 애쓰지 않았다. 입에서 나오는 말을 조금 다듬어서 썼다. 필자의 생각을 가장 적확하게 드러내고 읽는 사람이 가장 잘 이해할 수 있는 말을 찾았다. 애매한 말을 피하고 알갱이 있는 말을 골랐다. 둘러말하지 않았다. 모르는 것을 아는 척하지 않았다. 부디 책에 쓰인 말의 꼴을 보지 말고, 그 말이 달려가는 쪽을 보아주기 바란다. 그래도 못마땅하면 읽지 마시라고 썼다가 지웠다.

이 책에 대한 해설강의를 필자의 유튜브 채널 "헌법정의"(憲法正義, right meaning of Constitution, 헌법의 바른 뜻)에 올려놓겠다. 그리고 거기에 질문을 올려놓으면 응답하겠다.

가족에게 미안하다. 지구 여행의 동반자 민영, 기준, 선우에게 노력을 약속한다. 고려대에서 영문학 박사과정을 수료한 외우 길철현 석사, 충남대 법률센터의 김권일 박사, 충남대 언론학 박사과정의 이근옥 석사에게 고마움을 전한다. 덕분에 이만한 책이라도 나올 수 있었다. 출판을 허락해 주신 안종만 회장님, 안상준 대표님과 정수정 선생님께 감사드린다.

2021. 1. 연구실에서
정주백 씀

참 고

결정이 판결 등의 재판서를 인용할 때, 원문을 그대로 인용하면 그 처음과 끝에 쌍따옴표를 붙였고, 표현을 수정하였으면, 쌍따옴표를 붙이지 않았다. 이 책의 성격상 불필요할 것 같아서, 인용된 재판서 안에 있는 참조판례들은 모두 삭제하였다.

재판서의 출처는 표시하지 않았다. 검색에 불편이 없고, 이 책의 성격상 긴요하지 않으며, 지면을 절약할 수 있어서이다.

사건명을 붙여 놓은 것이 있다. 그 리스트는 다음과 같다. 중요하고 자주 언급되는 판례이다.

[간통죄 사건] 헌재 2015. 2. 26. 2009헌바17
[교통사고처리특례법 사건] 헌재 1997. 1. 16. 90헌마110
[국가모독죄 사건] 헌재 2015. 10. 21. 2013헌가20
[국제그룹해체 사건] 헌재 1993. 7. 29. 89헌마31
[군법무관 보수 사건] 헌재 2004. 2. 26. 2001헌마718
[긴급조치 사건] 헌재 2013. 3. 21. 2010헌바132
[문화방송 사건] 헌재 2012. 8. 23. 2009헌가27
[미국산 쇠고기 사건] 헌재 2008. 12. 26. 2008헌마419
[미네르바 사건] 헌재 2010. 12. 28. 2008헌바157
[법원 시위 사건] 헌재 2016. 9. 29. 2014헌가3
[병역법 사건] 헌재 2010. 11. 25. 2006헌마328
[사죄광고 사건] 헌재 1991. 4. 1. 89헌마160
[사형제 사건] 헌재 2010. 2. 25. 2008헌가23
[상업광고검열 사건] 헌재 2015. 12. 23. 2015헌바75
[서울대입시요강 사건] 헌재 1992. 10. 1. 92헌마68
[소급효 사건] 헌재 1993. 5. 13. 92헌가10
[안산시의회 사건] 헌재 2010. 4. 29. 2009헌라11
[오탈자 사건] 2016. 9. 29. 2016헌마47
[온천법 사건] 헌재 2008. 4. 24. 2004헌바44
[우체국예금 사건] 헌재 2008. 5. 29. 2006헌바5
[이길범 사건] 헌재 1997. 12. 24. 96헌마172
[이대 로스쿨 사건] 헌재 2013. 5. 30. 2009헌마514

차 례

제1편 도입

제2편 절차법

제3편 실체법

제4편 권한쟁의심판

제5편 문서작성

문서작성 실례(1)

문서작성 실례(2)

제1편
도입

I. 법단계설

법규범에는 여러 종류가 있다. 헌법, 법률, 시행령, 시행규칙, 조례 등이 포함된다. 그 규범들은 상하의 계층구조를 이루고 있다. 여기서는 이 점이 중요하다. 헌법이 최상위에 있고, 그 아래에 법률, 명령, 규칙이 있다.[1][2]

> **헌재 1989. 7. 21. 89헌마38**
> "국가의 법질서는 헌법을 최고법규로 하여 그 가치질서에 의하여 지배되는 통일체를 형성하는 것이며 그러한 통일체 내에서 상위규범은 하위규범의 효력근거가 되는 동시에 해석근거가 되는 것이므로, 헌법은 법률에 대하여 형식적인 효력의 근거가 될 뿐만 아니라 내용적인 합치를 요구하고 있기 때문이다."

하위법은 상위법에 위배될 수 없다. 법률이 헌법에 위반되어서는 안 된다(헌법 제107조 제1항). 법률이 '대한민국헌법'[3]에 위배된다는 결정을 하는 경우 그 효력을 정한 것이 헌법재판소법(이하에서는 간단히 '헌재법'이라고 한다.) 제47조이다. 비형벌조항은 장래를 향하여 그 효력을 상실하고(헌재법 제47조 제2항), 형벌조항은 소급하여 그 효력을 상실한다(헌재법 제47조 제3항). 종전에 '비위헌'[4] 결정이 있었던 경우에는 그 결정이 있었던 날의 다음 날로 소급하여 그 효력을 상실한다(헌재법 제47조 제3항 단서).

헌재법 제68조 제2항의 헌법소원(이하에서는 간단히 '헌바소원'[5]이라 한다.)에 대해서는

---

1 순환하는 듯이 보이기도 하지만, 법률에 대한 위헌심사권(헌법 제107조 제1항)이나, 명령, 규칙의 위법심사권(헌법 제107조 제2항)이 근거로 될 수 있다.

2 조례를 어떻게 자리매김할 것인가는 논의할 필요가 있다. 헌법 제118조 제2항과 지방자치법 제22조를 분석하여야 한다.

3 우리나라 헌법의 공식명칭은 '대한민국헌법'이다. '대한민국 헌법'도 아니고, '大韓民國憲法'도 아니다. 이하에서는 '헌법'이라 약칭한다.

4 이 책에서는 특별한 경우를 제외하고는 '합헌'이라는 말 대신 '비위헌'이라는 말을 사용한다. 그 이유는 아래의 IV. 4. 참조.

5 헌재는 헌재법 제68조 제1항의 헌법소원심판 사건에 대하여, '헌마'라는 사건부호를 부여하고 있다. 헌재는 위헌법률심판에는 '헌가', 탄핵심판에는 '헌나', 정당해산심판에는 '헌다', 권한쟁의심판에는 '헌라', 헌재법 제68조 제1항의 헌법소원심판에는 '헌마', 헌재법 제68조 제2항의 헌법소원심판에는 '헌바'라는 사건부호를 부여하고

준용 규정이 있다. 헌재법 제75조 제6항. 헌재법 제68조 제1항의 헌법소원(이하 '헌마소원'이라 한다.) 절차에서 법률에 대해 위헌 결정을 하는 경우에도 위 조항이 그대로 적용된다는 것이 헌재의 입장이다.[6]

헌재가 명령이나 규칙에 대해 위헌 결정을 하는 경우 그 효력이 어떠한가에 대해 정한 법은 없다. 헌재는 법률에 대한 그것과 같게 이해한다.[7] 법원이 명령이나 규칙에 대해 위헌 또는 위법이라는 결정을 하는 경우, 당해 사건에 적용하지 아니함에 그칠 뿐이라 하면서도 '무효'라 표현한다(대법원 2007. 10. 29. 2005두14417 전원합의체 판결).

이에 비하여 동위의 규범 간에는 효력의 상실이 문제되지 않는다. 헌법 제29조 제2항은 그 규범의 내용이 위헌이라는 판단을 받은 바 있었지만(대법원 1971. 6. 22. 70다1010 전원합의체 판결), 현재는 헌법 안에 편입되었기 때문에 "헌법에 위반되므로 위헌"이라는 판단은 받지 아니한다.

헌재 1995. 12. 28. 95헌바3

"헌법은 前文과 각 개별조항이 서로 밀접한 관련을 맺으면서 하나의 통일된 가치 체계를 이루고 있는 것으로서, 헌법의 제 규정 가운데는 헌법의 근본가치를 보다 추상적으로 선언한 것도 있고, 이를 보다 구체적으로 표현한 것도 있으므로 이념적·논리적으로는 규범 상호간의 우열을 인정할 수 있는 것이 사실이다. 그러나, 이때 인정되는 규범 상호간의 우열은 추상적 가치규범의 구체화에 따른 것으로 헌법의 통일적 해석에 있어서는 유용할 것이지만, <u>그것이 헌법의 어느 특정규정이 다른 규정의 효력을 전면적으로 부인할 수 있을 정도의 개별적 헌법규정 상호간에 효력상의 차등을 의미하는 것이라고는 볼 수 없다.</u>"

법률 간에도 마찬가지다. 민법 제758조 제1항 단서[8]의 공작물 소유자책임은 불법행위 책임의 일반조항인 민법 제750조[9]와 충돌하지만, 그들은 서로 동위의 규범이므로 어떤 하나의 조항이 다른 조항의 효력을 부인할 근거가 될 수 없다. 그들을 어떻게 해석할 것인가의 문제만 남는다. 특별법 우선의 원칙, 신법 우선의 원칙 등이 적용된다. 민법

있다. 예를 들어 '2020헌가12'라는 사건번호는 2020년에 접수된 위헌법률심판 사건 중 12번째로 접수된 사건이라는 것을 의미한다. 물론, 사건부호가 사건의 성격을 결정하는 것은 아니다(헌재 2007. 11. 29. 2005헌바12). 사건부호를 부여하는 것은 재판작용이 아니다.

6 헌재 2009. 2. 26. 2005헌마764은 헌마소원을 통해 법률에 대해 위헌결정을 하면, 당연히 헌재법 제47조가 준용된다는 것을 전제로 하고 있다.

7 "헌법재판소에 의하여 명령·규칙이 위헌으로 결정되어 그 효력을 상실한 경우에도 법률의 경우와 그 법리가 다를 바 없다."(헌재 1997. 12. 24. 96헌마172)

8 민법 제758조(공작물등의 점유자, 소유자의 책임) ①공작물의 설치 또는 보존의 하자로 인하여 타인에게 손해를 가한 때에는 공작물점유자가 손해를 배상할 책임이 있다. 그러나 점유자가 손해의 방지에 필요한 주의를 해태하지 아니한 때에는 그 소유자가 손해를 배상할 책임이 있다.

9 민법 제750조(불법행위의 내용) 고의 또는 과실로 인한 위법행위로 타인에게 손해를 가한 자는 그 손해를 배상할 책임이 있다.

제758조 제1항 단서는 특별법으로서 민법 제750조에 우선하여 적용된다.

일반법이 그 일반법에 반하는 내용의 법률 제정을 명문으로 금지하는 경우가 있으나, 무의미하다. 예컨대 병역법 제3조 제2항은 "이 법에 의하지 아니하고는 병역의무에 대한 특례를 규정할 수 없다."고 규정하고 있으나 이는 무의미하고, 도리어 신법 또는 특별법이 우선적으로 적용된다.[10]

헌재도 아래와 같은 판시를 하였다. 등위가 같은 규범은 충돌하더라도 모두 효력을 유지한다.

> **헌재 1998. 11. 26. 96헌마54**
> "어떤 법률조항의 내용이 다른 법률조항의 내용과 서로 충돌된다 하여 원칙적으로 이들 법률조항이 헌법에 위반된다는 등 헌법문제가 발생되는 것은 아니고, 이들 법률조항들을 어떻게 조화롭게 해석할 것인가의 법률해석 문제가 생길 뿐이다."[11]

---

10 "부담금관리 기본법의 제정목적, 부담금관리 기본법 제3조의 조문 형식 및 개정 경과 등에 비추어 볼 때, 부담금관리 기본법은 법 제정 당시 시행되고 있던 부담금을 별표에 열거하여 정당화 근거를 마련하는 한편 시행 후 기본권 침해의 소지가 있는 부담금을 신설하는 경우 자의적인 부과를 견제하기 위하여 위 법률에 의해 이를 규율하고자 한 것이나, 그러한 점만으로 부담금부과에 관한 명확한 법률규정이 존재하더라도 법률 규정과는 별도로 반드시 부담금관리 기본법 별표에 부담금이 포함되어야만 부담금 부과가 유효하게 된다고 해석할 수는 없다."(대법원 2014. 1. 29. 2013다25927 판결)

11 同旨 헌재 1998. 11. 26. 96헌마74등; 헌재 2005. 10. 27. 2003헌바50; 헌재 2009. 4. 30. 2007헌바73 등.

II. 관할

법률이 헌법에 위반되는지 여부에 관한 심사권한이 헌재에 속하는 것임에 대해서는 異論이 없다(헌법 제107조 제1항, 제111조 제1항 제1호). 법원은 위헌법률심판제청권을 행사한다(헌법 제107조 제1항).

명령이나 규칙이 헌법에 위반되는지 여부에 대한 심사권한이 법원에 속하는지, 헌재에 속하는지에 대해서는 논란이 있다. 이 문제를 다루는 데는 헌법 제107조 제2항에 대한 분석이 필요하다.

법원은 헌법 제107조 제2항을 근거로 법원만이 위헌심사권을 행사할 수 있다고 본다(대법원 2010. 12. 16. 2010도5986 전원합의체 판결). 이에 비하여 헌재는, '위헌 여부가 재판의 전제로 된 명령이나 규칙'과 '별도의 집행행위를 기다리지 않고 직접 기본권을 침해하는 명령이나 규칙'을 구별하여 전자에 대해서는 법원이, 후자에 대해서는 헌재가 관할권을 가진다고 본다(헌재 1990. 10. 15. 89헌마178).[12]

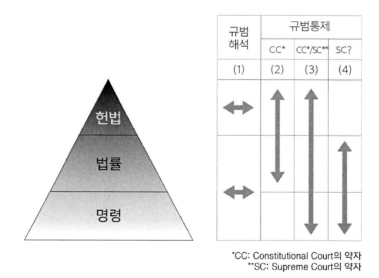

규범 해석	규범통제		
	CC*	CC*/SC**	SC?
(1)	(2)	(3)	(4)

*CC: Constitutional Court의 약자
**SC: Supreme Court의 약자

그림 1. 법의 단계

---

12 이 점에 대한 자세한 논의는, 정주백, "명령규칙에 대한 헌법소원", 『헌법재판연구』 제6권 2호, 헌법재판연구원, 2019, 223 이하 참조.

헌법 제107조 제2항에 따르면 명령이나 규칙이 법률에 위배되는지 여부에 대한 심사권한이 법원에 귀속된다. 헌재는 이 부분에 대해 관할권을 행사한 바가 없다. 그러나, 헌재는 위법한 대통령령이 위헌으로 전환될 수 있다고 하면서 대통령령을 제정하지 아니한 부작위에 대해 인용 결정을 한 바 있어서 그 귀추가 분명하지 아니하다.

> ### 헌재 2004. 2. 26. 2001헌마718
> "입법부가 법률로써 행정부에게 특정한 사항을 위임했음에도 불구하고 행정부(대통령)가 이러한 법적 의무를 이행하지 않는다면 <u>이는 위법한 것인 동시에 위헌적인 것</u>이 된다. 우리 헌법은 국가권력의 남용으로부터 국민의 기본권을 보호하려는 법치국가의 실현을 기본이념으로 하고 있고, 근대 자유민주주의 헌법의 원리에 따라 국가의 기능을 입법·행정·사법으로 분립하여 상호간의 견제와 균형을 이루게 하는 권력분립제도를 채택하고 있다. 따라서 행정과 사법은 법률에 기속되므로, 국회가 특정한 사항에 대하여 행정부에 위임하였음에도 불구하고 행정부가 정당한 이유 없이 이를 이행하지 않는다면 <u>권력분립의 원칙과 법치국가 내지 법치행정의 원칙에 위배되는 것이다.</u>"

아래 대법원의 판례는 헌재의 위 논리를 그대로 수용하였다는 점에서 무척 이채롭다.

> ### 대법원 2007. 11. 29. 2006다3561 판결
> "<u>입법부가 법률로써 행정부에게 특정한 사항을 위임했음에도 불구하고 행정부가 정당한 이유 없이 이를 이행하지 않는다면 권력분립의 원칙과 법치국가 내지 법치행정의 원칙에 위배되는 것으로서 위법함과 동시에 위헌적인 것이 되는바,</u> 구 군법무관임용법(1967. 3. 3. 법률 제1904호로 개정되어 2000. 12. 26. 법률 제6291호로 전문 개정되기 전의 것, 이하 '구법'이라 한다) 제5조 제3항과 군법무관임용 등에 관한 법률(2000. 12. 26. 법률 제6291호로 개정된 것, 이하 '신법'이라 한다) 제6조가 군법무관의 보수를 법관 및 검사의 예에 준하도록 규정하면서 그 구체적 내용을 시행령에 위임하고 있는 이상, 위 법률의 규정들은 군법무관의 보수의 내용을 법률로써 일차적으로 형성한 것이고, <u>위 법률들에 의해 상당한 수준의 보수청구권이 인정되는 것이므로, 위 보수청구권은 단순한 기대이익을 넘어서는 것으로서 법률의 규정에 의해 인정된 재산권의 한 내용이 되는 것으로 봄이 상당하고, 따라서 행정부가 정당한 이유 없이 시행령을 제정하지 않은 것은 위 보수청구권을 침해하는 불법행위에 해당된다</u> 할 것이다."

III. 헌재의 사건처리[13]

(1988. 9. 1. – 2020. 6. 30.)

구분		접수	처리											미제
			위헌	헌법불합치	한정위헌	한정합헌	인용	합헌	기각	각하	기타	취하	계	
위헌법률심판		998	291	78	18	7		358		73		123	948	50
탄핵		2					1		1				2	
정당해산		2[14]					1			1			2	
권한쟁의		111					19		27	41		19	106	5
헌법소원	헌마	30,900	113	73	20		755	4	7,842	20,586 (18,994)	8	762	30,163	737
	헌바	8,105	247	104	32	21		2,405		4,726 (4,349)	2	127	7,664	441
	계	39,005	360	177	52	21	755	2,409	7,842	25,312 (23,343)	10	889	37,827	1,178
합계		40,118	651	255	70	28	776	2,767	7,870	25,427 (23,343)	10	1,031	38,885	1,233

※주: 지정재판부의 처리건수는 괄호 안에 기재하고 괄호 바깥의 숫자에 합산표시.

표 1. 헌법재판소의 사건처리

위의 표는 헌재가 개소한 이래의 사건 처리에 관한 통계이다. 이 표를 분석하면 많은 것을 이해할 수 있다.

먼저 어느 절차가 중요한가 하는 것이다. 이것은 변호사시험의 성격과 관련된다. 변호사시험은 실무를 담당할 법률가를 뽑는 시험이어서 자주 발생하는 유형의 사건을 중요하게 다룰 수밖에 없다.

이 관점에서 보면 단연 헌법소원이 중요하다. 그중에서도 헌마소원이 더 중요하다. 헌바소원은 그 사건 수에 있어서 그 다음이다.

헌법소원 외에는 위헌법률심판 사건이 많다. 위헌법률심판제청은 법원이 할 일이므로, 위헌법률심판제청신청에 주목할 필요가 있다. 그런데 헌바소원은 위헌법률심판제청의 부속절차로 이해되는 것이어서, 양자를 묶어서 이해할 필요가 있다. 결국 위헌법률심판제청신청서와 헌법소원심판청구서를 작성하는 것이 변호사시험과 관련하여 중요하다.[15]

---

13 출처: 헌법재판소 홈페이지. http://www.ccourt.go.kr/cckhome/kor/info/selectEventGeneralStats.do
14 한 건은 통합진보당에 대해 해산 결정을 하였던 헌재 2014. 12. 19. 2013헌다1 사건이고, 다른 한 건은 헌재 2016. 5. 26. 2015헌아20 사건이다. 그런데 뒤의 사건은 앞의 2013헌다1에 대한 재심 사건이다.

다음으로 사건의 수효가 많은 것은 권한쟁의심판이다. 위의 헌법소원 외에 주목할 만한 가치가 있는 유형이다. 다만, 초임 변호사가 다룰 사건의 유형으로 보기는 어렵고, 일반 헌법이론과의 연결도 어렵다. 그래서 출제 가능성은 높지 아니하다.

탄핵심판이나 정당해산심판의 경우는 자주 발생하는 사건이 아니고, 초임 변호사가 담당할 만한 사건이 아니라는 측면에서 보았을 때, 출제 가능성은 높지 아니하다. 객관식을 중심으로 학습하는 것이 상당하다.[16]

위의 표에서 헌법소원심판의 경우에만 지정재판부에서 각하 결정을 한다는 것을 간취할 필요가 있다. 다른 유형의 사건은 각하되는 경우가 없지 아니하나, 전원재판부에서 각하될 수 있다는 점을 알 필요가 있다.

위헌법률심판의 인용률이 상당히 높다는 점도 파악해 둘 필요가 있다. 위에서 헌바소원은 위헌법률심판의 부속절차라 설명하였다. 그런데, 법원이 제청을 하는 경우에 있어서의 인용률이 헌바소원의 인용률보다 현저히 높다는 점에 주목할 필요가 있다. 제청신청을 한 당사자의 변호사로서는 법원이 제청해 주도록 노력할 필요가 있다. 제청신청이 기각되면 헌바소원을 제기할 수 있음에 안주할 일이 아니다.

헌마소원의 각하율이 엄청나게 높다는 점을 파악할 필요가 있다. 이를 통해 헌마소원의 적법요건이 까탈스럽다는 것, 변호사시험에 있어서도 이를 검토하는 것이 중요하다는 것을 알 필요가 있다.

주문형식 중에 '한정합헌'은 최근에는 사용되지 않는 것이다. 표에 있는 것은 오래 전의 것이다. 변호사시험을 준비함에 있어서는 신경 쓰지 않아도 좋다. 헌법불합치 결정 형식이 있으나, 변호사시험에서는 신경 쓰지 않아도 좋다. 이론적으로 보았을 때 수익적 조항에 대해 평등권침해를 인정하는 경우에는 헌법불합치 결정을 하여야 할 것이고, 나머지는 '정책'과 관련을 가지는 것이어서 변호사시험에서 단순위헌 결정을 하여야 할 것인가, 헌법불합치 결정을 하여야 할 것인가를 고민하여야 할 경우는 없다.

위헌법률심판 사건의 유일한 적법요건은 재판의 전제성인데, 약 10퍼센트 정도의 사건이 각하된다는 것도 눈 여겨 보아 두자. 헌재가 재판의 전제성에 관한 법원의 판단을 존중하지 않는 경우도 많다.[17]

---

15 변호사시험은 변호사의 업무에 관한 것을 다루는 시험이어서 법원이 할 일은 원칙적으로 시험의 대상으로 되지 않는다.

16 현재로서는 박근혜 대통령 탄핵 사건(헌재 2017. 3. 10. 2016헌나1)과 통합진보당 해산 사건(헌재 2014. 12. 19. 2013헌다1)을 검토하면 족하다.

17 헌재는 재판의 전제성이 인정되는지 여부는 법원의 법률적 견해를 존중함이 원칙이라 하면서도(헌재 1996. 10. 4. 96헌가6) 상당한 수효의 사건에서 이를 부인하였다.

IV. 전제

1. 헌법재판

헌법재판이란 일반적으로 헌법에 관한 분쟁이 발생한 경우, 이를 유권적으로 결정하는 절차라고 말해진다. 학리적으로 무의미하지 않으나, 실정법을 설명하는 데는 혼선을 줄 우려가 있다.

탄핵심판의 경우에 헌법뿐만 아니라 법률에 위반된 직무집행을 하였는지 여부도 심판의 대상으로 된다(헌재법 제48조, 헌재 2004. 5. 14. 2004헌나1[대통령 노무현 탄핵 사건]).

정당해산심판은 오로지 헌법 제8조 제4항에 따라 정당의 목적이나 활동이 '민주적 기본질서'에 위배되는지 여부가 쟁송물로 된다. 오로지 '민주적 기본질서'만이 심사기준으로 된다. 헌법 중의 아주 일부 조항만이 심사기준으로 작동한다는 말이다.

권한쟁의심판의 경우 피청구인의 처분 또는 부작위가 "헌법과 법률에 의하여 부여받은 청구인의 권한"(헌재법 제61조 제2항)을 침해하였거나, 침해할 현저한 위험이 있는 경우에 심판을 청구할 수 있도록 정하고 있어서, 헌법상의 권한뿐만 아니라, 법률상의 권한에 관한 분쟁도 헌재가 관할한다.

한편, 헌마소원의 경우, 헌법 중 일부인 기본권.조항만이 심사기준이 된다. 이 점은 아래 2.에서 다시 본다.

결국 헌재의 '헌법재판'에서 심사기준으로 활용하거나 할 수 있는 규범을 '헌법'이라 단정할 수 없다. 실무적인 관점에서 보면, 헌법재판은 헌재가 담당하는 재판이라 설명하는 것이 가장 타당하다.

2. 위헌과 기본권 침해

위헌법률심판이나 헌바소원의 쟁송물은 '법률이 헌법에 위반되는지 여부'이다. 이에 비하여 헌마소원의 쟁송물은 '공권력의 행사 또는 불행사로 인하여 청구인의 기본권이 침해되었는지 여부'이다. 헌마소원의 심사기준은 '憲法' 전체가 아니고, '헌법 중의 일부'인 '基本權 條項'이다. 논란은 있지만, 그중에서도 '청구인'과 관련된 '기본권' 조항만 심사기준으로 삼을 수 있다.[18] [19]

그러므로, 양자의 본안심사의 양은 관념적으로는 다를 수 있다. 다 같이 법률을 대상으로 하더라도, 위헌법률심판이나 헌바소원에서는 '법률의 위헌 여부'를 표목으로 하여 다루어야 하고, 헌마소원에서는 '법률이 청구인의 기본권을 침해하는지 여부'를 표목으로 하여 다루어야 한다.

그러나, 실무적으로는 대부분의 위헌법률심판이나 헌바소원에서도 '기본권 침해 여부'를 표목으로 하여 다룬다. 그만큼 기본권 외의 헌법 조항이 심사기준으로 작동하는 경우가 적다는 말이다. 이론과 실무 사이의 괴리를 이해하고 있을 필요가 있다.

3. '법률'과 '법률의 제정 또는 개정'

위 2.에서 "다 같이 법률을 대상으로 하더라도, 위헌법률심판이나 헌바소원에서는 '법률의 위헌 여부'를 표목으로 하여 다루어야 하고, 헌마소원에서는 '법률이 청구인의 기본권을 침해하는지 여부'를 표목으로 하여 다루어야 한다."고 기술하였다.

이 기술에는 약간 이상한 점이 있다. 헌마소원의 경우 '공권력의 행사 또는 불행사'가 소원의 대상으로 되는데(헌재법 제68조 제1항), '법률' 자체는 공권력 행사의 '결과물'일 뿐이고, '공권력 행사'라고는 할 수 없는 것 아닌가 하는 의문을 가질 수 있다.

아주 타당한 의문이다. 양자는 분명히 다른 말이다. 권한쟁의심판의 경우, '법률의 내용'에 의하여 자신의 권한이 침해되었다고 주장하면서 권한쟁의심판을 청구할 때, '법률'을 대상으로 하는 것이 아니라, 국회의 '입법작용' 즉 '법률의 제정이나 개정 작용'을 권한쟁의의 대상으로 하여야 한다는 것이 헌재의 입장이다. 2005헌라4 사건에서 헌재는 심판의 대상으로 "피청구인 국회가 법률 제7328호로 종합부동산세법을 제정한 것"이라 특정하고(헌재 2006. 5. 25. 2005헌라4), 그 이유를 "권한쟁의심판과 위헌법률심판은 원칙적으로 구분되어야 한다는 점에서, 법률에 대한 권한쟁의심판은 '법률 그 자체'가 아니라, '법률의 제정행위'를 그 심판대상으로 해야 할 것이다."라고 밝히고 있다. 헌재법 제61조 제2항 중의 '처분'은 법률이 아니라 '법률을 제정하거나 개정하는 작용'이라는 것이다.

그런데, 법률에 관한 헌법소원 문제에 대하여 헌재가 최초로 언급한 사건인, 헌재 1989. 3. 17. 88헌마1에서 "이 사건처럼 공권력 행사의 일종이라고 할 입법 즉 법률

---

18 "청구인(…중간 생략…)은 심판대상조항이 일반 국민의 알권리도 침해한다고 주장하나, 이러한 주장은 위 청구인의 기본권이 침해되었다는 주장이 아니므로 별도로 판단하지 않는다."(헌재 2015. 6. 25. 2011헌마769)

19 그래서 같은 법률이라 하더라도, 관념적으로는 헌마소원에서 다루는 것보다 위헌법률심판이나 헌바소원에서 다루었을 때 인용 가능성이 더 높다. 헌법 중 헌마소원에서는 심사기준으로 작동하지 않는 조항이, 위헌법률심판이나 헌바소원에서는 작동할 수 있기 때문이다.

자체에 의한 기본권침해가 문제가 될 때에는……"이라고 기술하여 '입법'과 '법률'을 동일시한 이래,[20] 헌재법 제68조 제1항의 '공권력 행사'에는 '법률의 제정이나 개정 작용'이 아니라 '법률'이라는 것이 확립된 판례로 되었다.[21]

4. 합헌과 비위헌

'合憲 決定'이라는 표현은 타당하지 아니하다. '합헌 결정'이라는 말은 '위헌이 아니라는 결정' 또는 '非違憲 결정'이라는 말로 대체되어야 한다. '합헌 결정'이라는 말은, 논증의 구조를 이해하는 데 있어서, 오해를 불러일으킨다.

위헌법률심판의 경우 법률이 '위헌인지, 합헌인지'가 쟁송물이 아니다. '위헌인지 여부', 즉 '위헌인지, 위헌이 아닌지'가 쟁송물이다. 관행상 위헌이 아니라는 것을 지칭하는 데 합헌이라는 말을 사용하더라도, 그 의미에 대해서는 분명히 이해할 필요가 있다.

헌재에서 하는 '위헌이 아니라는 결정'은 일응 헌법적으로 문제가 있음을 전제로 한다. 문제가 없으면 본안 판단을 하지 아니하고 각하하였을 것이다. 문제가 있으나, 위헌이라고 할 정도의 문제가 있는 것은 아니라는 것이 '위헌이 아니다'라는 결정의 취지이다. 그런데 '합헌'이라는 표현은 헌법에 딱 맞다는 뜻이다. '합격'이라는 말을 생각해 보면 이해할 수 있다.

법률의 위헌 여부가 문제되는 사건에서 대개 그 법률의 소관부처가 이해관계기관으로서 의견서를 제출하는데, 이 경우 법률이 헌법적으로 아무런 흠이 없음을 주장할 필요는 없다. 헌법적으로 흠이 있다 하더라도 위헌이라고 할 만한 흠이 있는 것은 아니라는 주장을 하는 것으로 족하다.[22]

헌재는 결정서의 주문에서는 합헌이라는 말을 사용하지 않는다. '헌법에 위반되지 아니한다'고 한다. 그러나, 관행적으로는 합헌이라는 말을 사용한다. 결정의 이유에서나, 공보 등에서 그러하다.

다만, 최근의 개정을 통해 헌재법이 '합헌'이라는 말을 사용하였다(헌재법 제47조 제3항 단서). 규범적으로 '합헌'이라는 말을 승인하였다는 데 의의가 있다. 그러나 타당한 것인가

---

20 '입법 즉 법률 자체에' 부분에 레코드판 바늘이 튀듯 논리적 비약이 있다. 생각해 보라.

21 논의를 너무 복잡하게 만드는 것 같으나, 헌재는 헌마소원에서도 입법의 부작위를 다투는 경우에는 피청구인을 국회로 하여 '법률을 제정하지 아니한 부작위'를 대상으로 소원을 제기하여야 한다고 본다(헌재 2010. 3. 25. 2007헌마933). 입법작위와 입법부작위를 전혀 다르게 이해한다. 혼란스러운 상황이다.

22 예를 들면, 당해 법률이 기본권을 '제한'하는 성격을 가지고 있기는 하나, '침해'하는 정도에 이르지는 않았다는 주장이다.

에 대해서는 여전히 의문이다.

'무죄'의 경우도 마찬가지이다. 형사소송법상 무죄라는 말이 사용되고 있다(형사소송법 제325조). 전단의 경우에는 문제가 없다고 보이나, 후단의 경우에는 적절하지 아니하다고 본다. '유죄로 판단할 수 없다(not guilty)'고 표현되어야 한다. '무죄'가 '죄를 저지르지 않았다(innocent)'의 의미로 이해될 가능성이 있다.

후단 무죄 판결의 이유는 대개 다음과 같이 설시된다. "우선 사법경찰리가 작성한 피고인에 대한 피의자신문조서, 피고인이 작성한 자술서(진술서)는 피고인이 이 법정에서 그 내용을 부인하므로 모두 증거능력이 없고, 사법경찰리가 작성한 ○○○에 대한 진술조서는 피고인이 증거로 함에 동의한 바 없고 원진술자의 진술에 의하여 성립의 진정이 인정되지도 않았으므로 증거능력이 없다. 사법경찰리가 작성한 ○○○에 대한 진술조서의 진술기재만으로는 위 공소사실을 인정하기에 부족하고, 달리 이를 인정할 만한 증거가 없다. 그렇다면 위 공소사실은 범죄의 증명이 없는 때에 해당하므로 형사소송법 제325조 후단에 따라 무죄를 선고한다."[23] 검사가 합리적 의심을 배제할 정도의 증거를 제시하지 못하여, 유죄로 판단할 수 없다는 이유를 제시하고서, '무죄'라는 주문을 내는 형국이다. 개인적으로는 앞의 형사소송법 조문이 개정되어야 한다고 본다.

개정되지 않더라도 적어도 피고인 또는 그 변호인은 무죄라는 말의 의미를 정확히 이해하고 있어야 한다. 피고인은 범죄를 저지르지 않았다고 주장할 의무가 없고, 범죄를 저지르지 않았다는 '증거'를 제시할 의무도 없다. 단지 검사가 제출한 증거에 대해 증거능력이 없거나 증명력이 부족하다는 주장을 하는 것으로써 족하다.

이 책에서는 되도록 '합헌'이란 말을 안 쓰려고 한다. 그래도 쓰인 줄 알면서도 그대로 둔 곳이 있다. 다들 그렇게 쓰는데 굳이 '비위헌', '위헌이 아니라는 결정'이라는 말을 쓰는 데 불편함을 느껴서이다.

---

23 사법연수원, 『형사판결서작성실무』, 2019, 212.

Ⅴ. 시험에의 대응

1. 헌법시험의 특수성

가. 집중

변호사시험의 다른 과목을 생각해 보자. 대개는 이러저러한 상황을 만들고 거기서 논점을 추출하여 답안을 작성하게 하거나, 문제에서 논점을 제시한 후 답안을 작성하도록 요구한다. 변호사시험은 대개 논점을 제시하는 편이다.[24] 각 쟁점마다 판례가 있으니, 수험생들은 그것들을 서술하고 사안에 포섭하여 결론을 도출하는 식으로 답안을 작성하게 된다. 즉, 하나의 사실을 두고 거기에 적용되어질 판례들의 '결론'을 모아 각 세부 문제의 답안을 작성하게 된다.

그런데 헌법시험은 그렇지 않다. 헌법시험은 대개 어떤 법령조항의 위헌 여부를 심사하라는 형식으로 출제된다. 여기에 절차법적 쟁점이 추가되어 있다. 이 말이 무슨 말인가 하면, 어떤 심판대상에 대한 헌법재판의 처음부터 끝까지를 물어 본다는 것이다. 즉, 여러 판례의 결론을 모아서 답안을 작성하는 것이 아니라, 하나의 헌재 결정의 전체 또는 그중 일부분을 떼어내어 출제한다는 말이다.

그러므로, 헌재 결정의 결론을 모아놓은 일반 교과서를 읽어서는 답안을 작성하기가 매우 어렵다. 필자는 수업을 하면서 그런 말을 한다. 헌법의 사례형이나 기록형은 헌법 교과서를 펼쳐 놓고 시험을 보더라도 교과서가 큰 도움이 되지 않을 것이라고.

필자는 연구관으로 일하면서 교과서를 보고 일을 한 적이 없었다. 교과서 수준의 정보로는 구체적인 사건을 해결하는 데 도움이 안 되었다. 어떤 특정한 사건을 해결하는 데는 교과서보다는 훨씬 깊고 상세한 수준의 정보들이 필요하다. 여러분이 한 번 헌재 결정들을 살펴보시라. 본안에 관한 검토의 초입에 대개 심판대상을 둘러싼 여러 가지 정보들이나 상황을 제시한다. 그것이 본안에 관한 판단에 필요하기 때문이다. 그것들을 조사하는 것도 헌법연구관의 일이다. 그리고 그것들이 결정의 기초가 된다.

정리를 해 보자. 헌법시험, 특히 사례형이나 기록형은 헌재가 어떤 법령에 대해 위헌이라고 결정했다, 위헌이 아니라고 결정했다는 것을 알고 있느냐를 묻는 시험이 아니다. 어떤 심판대상을 맞닥뜨렸을 때 적법요건부터 본안까지, 그리고 그 결정의

---

24 이것은 수험생들의 답안 작성을 도와주기 위한 것이다. 논점 추출형의 경우 논점 포착에 실패하여 전혀 엉뚱한 답안지를 작성할 수 있다.

주문까지를 계통적으로 이해하고 쓸 수 있는가를 묻는다. 헌재의 최종적인 결론 자체는 별로 중요하지 않다. 그 결론에 대해서는 재판관들도 반대의견을 낸다.

나. 정보

헌법의 사례형이나 기록형 시험에 응할 때 기억해 주기를 바라는 것을 한 가지 적어두고자 한다. 현재의 상황에서 수험생은 변호사시험의 헌법시험에 좋은 답안지를 쓸 수 없다. 이 말을 기억하기 바란다.

다른 과목의 시험들은 응답에 필요한 정보들을 완결적으로 제공한다. 필요한 조건이 제공되지 않았으면 응답을 할 수도 없다.[25] 그러나, 헌법은 그렇지 않다. 본안, 그중에서도 과잉금지원칙이나 평등권 문제에 관해서는 응답에 필요한 정보가 거의 아무 것도 제공되지 않는다.

수험생이 맞닥뜨리는 사실들은 헌법재판의 적법요건에 관한 것일 뿐이다. 재판의 전제성, 청구기간(헌바소원) 또는 자기관련성, 현재성, 권리보호이익, 청구기간(헌마소원)을 판단하기 위한 정보일 뿐이다. 정작 본안 판단을 위해 필요한 정보는 아무 것도 없다.

전자발찌 제도를 생각해 보자. 시험 문제에 주어지는 것은 전자발찌를 채울 수 있다는 조항뿐이다. 수단이다. 오로지 '수단'만 시험에 제공된다. 그 제도를 평가하기 위하여 필요한 정보들은 전혀 제공되지 않는다. 그러고서 답을 쓰라고 한다. 위헌이냐, 위헌이 아니냐.

좀 더 상세히 보자. 시험문제에는 입법자가 왜 전자발찌 제도를 도입했는지도 가르쳐 주지 않는다.[26] 수험생이 그것을 파악할 수 있는 방법은 없다. 그런데도 입법자의 입법목적 확정하고, 그 정당성을 평가하라고 한다(입법목적의 정당성). 전자발찌 제도를 도입하면 성범죄가 감소되는 효과는 있는가?[27] 그런 데이터가 있는가? 이런 것들은 가르쳐 주지도 않고 제공해 주지도 않는다(방법의 적절성). 전자발찌로 인하여 수범자들이 어떤 고통을 겪게 되는지도 가르쳐 주지 않는다. 수험생이 그것을 어떻게 아나. 그냥 짐작을 하여

---

25 예를 들어 미지수가 2개인데, 식은 1개뿐이라면, 그 답은, '대답할 수 없다'이다.

26 제2회 변호사시험 공법기록형 문제 43쪽에는 '관보'를 제공하고 있다. 여기에는 시험문제인 보건복지부 고시의 개정이유가 제공되어 있다. 이것을 입법목적으로 본다면, 입법목적이 제공된 거의 유일한 시험이 아닐까 한다.

27 가만히 생각해 보면 결론이 도출되는가? 필자는 그렇지 않다고 본다. 헌재 2010. 2. 25. 2008헌가23[사형제 사건]에서 법정의견과 그 외 의견들 사이에는 사형제의 범죄 억지력에 대하여 서로 다르게 생각했다. 법정의견은 사형제가 범죄 억지력을 가지고 있다고 보았다. 다른 의견들은 그렇지 않았다. 우선 재판관들이 판단할 수 있는 문제인지 의문이다. 필자는 사회과학자들이 과학적 방법을 이용하여 분석할 문제라고 본다. 재판관들은 이런 문제를 판단하기 위한 훈련을 받은 적이 없다. 또 이렇게 범죄 억지력에 관한 의견이 분립된 채 재판의 결론을 낼 수 있는지도 의문이다.

응답을 하여야 한다는 말인가? (입법목적이 성범죄 감소라면) 성범죄를 감소시킬 수 있는 다른 대안들은 어떤 것들이 있고, 그것들이 초래할 기본권 제한의 양은 어떠한가? 이런 정보도 없다(침해의 최소성). 전자발찌 제도를 도입하여 얻게 되는 공익의 양은 얼마나 되나?(법익의 균형성) 이런 정보가 없어도 법익의 균형성을 판단할 수 있을까? 나아가 수험생이 아예 전자발찌 제도 자체를 모르면 어떻게 하여야 하나. 전자발찌 제도를 모른다고 하여 헌법시험을 망쳐야 할까? 그런 것을 '헌법'시험이라 할 수 있을까?

헌법재판소에 있는 연구관들이 전적으로 헌법이론 연구에 매진하고 있다고 생각할지 모르겠지만, 헌법연구관들[28]의 대부분의 시간은 위에서 보인 정보들을 수집하고 파악하기 위해서 사용된다.[29] 필자의 경험으로 짐작을 한다면, 10 중 8 정도 되지 않을까 한다. 헌법연구관은 보통 1달 정도의 시간을 사용하여, 인터넷도 뒤져보고, 책과 논문도 찾아보고, 물어보기도 하여 정보를 모으고 이를 법적으로 분석하여 위헌 또는 위헌이 아니라는 결론에 다다르고 이를 재판관에게 보고한다. 물론 재판관이 보고된 정보가 모자라면 추가적인 요구를 한다. 그리고 나면 다시 재판관들이 모여 평의를 한다. 그 평의가 한 달을 갈 수도 있고, 1년을 갈 수도 있다. 몇 년을 가는 사건도 드물지 않다. 평의가 끝나면 결정문을 작성하는 시간이 필요하다. 법정의견이 완성되면 반대의견이 집필되고 어떤 경우에는 그 반대의견에 대한 반대의견[30]이 작성된다. 이러한 과정을 거쳐 하나의 결정문이 완성된다.

그런데 변호사시험의 수험생들이 맞닥뜨린 상황은 어떠한가? 필자가 보기에는 헌법재판소가 사건을 접수한 상황과 별반 다르지 않다. 그러나 수험생은 아무 정보도 제공되지 아니한 상황에서, 인터넷도 안 되고, 책도 없는 상황 아래서, 약 40분 내지 1시간 정도의 시간을 써서 답안을 작성하여야 한다. 연구관의 경험을 토대로 보면, 수험생들이 제대로 답안지를 작성하는 것이 가능하다는 생각이 안 든다. 수험생들은 어떻게 보는지 몰라도, 필자가 보는 상황은 이렇다. 이 상황을 이해하지 못 하면 수험생들은 적확히 시험에 대응할 수 없다.

그러면 어떻게 하여야 하는가? 이런 상황 자체를 이해하고 받아들이라는 것이다. 그러면 어느 정도 길이 보이지 않을까. 우선 헌법이 스스로 정한 기본권 제한의 한계,

---

28 위에서 보인 전자발찌 사건도 어느 연구관인가 배당받아 검토를 했을 것이다. 헌재 2012. 12. 27. 2010헌가82 사건의 경우 헌법재판소, 『결정해설집』 11집, 2013, 513 이하에 이 결정을 해설하는 논문이 실려 있다. 대개는 이 결정을 보고한 연구관이 이 해설을 쓴다.

29 그렇다고 하여 위와 같은 정보를 완벽히 수집하여 문제의 결론을 이끌어 내었다고도 생각하지 않는다. 이 점에 관해서는 이 책 중의 과잉금지원칙에 관한 설명을 참조하라.

30 보통 결정문에는 '보충의견'으로 표시된다.

예를 들면 검열금지원칙, 허가제금지원칙, 이중처벌금지원칙 등은 별도로 필요한 정보가 그리 많지 않다. 이론을 알고 그것을 대상에 적용하면 된다. 다른 추가적 정보 없이. 그러므로 변호사시험에서 검열금지원칙 등을 이해하는 것은 매우 중요하다.[31] 여기에는 대개의 경우 맞고 틀린 답이 있고, 수험생이 헌법이론을 아는가, 모르는가가 비교적 분명하게 드러난다. 그러니 이 이슈들을 다루고 싶은 출제자의 욕망(?)은 커질 수밖에 없다.[32] 이 점을 정확하게 이해할 필요가 있다.

거기에 비하여 과잉금지원칙에 관해서 본다면, 위에서 말한 바대로 필요한 정보가 전혀 제공되지 않는다. 그러니 내용이 충실한 답안지를 작성하는 것은 거의 불가능하다. 그러므로, 응답에 필요한 헌법이론을 정확히 이해하고 이를 기술한 후, 짐작으로 댈 수 밖에 없는 요소들(입법목적, 침해되는 사익의 양, 달성되는 공익의 양)을 적절히 짐작한 후 결론을 이끌어 내어야 한다. 뒤에 설명하겠지만, 침해의 최소성을 분석하면 결론이 나온다. 꼭 헌재의 결론과 일치하여야 한다는 부담도 가질 필요가 없다. 수험에 있어서 헌법 일반이론을 이해하는 것이 당해 사안의 포섭보다 중요하다. 어차피 포섭은 정확할 수 없다.

또 평등을 다룰 때에도 어떤 것과 어떤 것을 비교대상으로 삼아야 한다는 규범적인 강제는 없다.[33] 수험생으로서는 가장 같이 처우해야 할 것으로 보이는 집단 또는 다르게 처우하여야 할 것으로 보이는 집단[34]을 잡아서 주장하면 족하다.

그런데, 이러한 주장에도 정보의 한계가 있다. 본질이 같은 집단이 무엇인가를 알려면 정보가 필요하다. 예를 들어 헌재 2019. 5. 30. 2018헌마267 결정에서 청구인은, 의료법은 특정한 법률을 위반한 경우에 한하여 의료인이 될 수 없다고 규정함에 비하여, 변호사법은 그러한 제한 없이 어떠한 범죄라도 금고 이상의 형의 집행유예를 선고받고 그 유예기간이

---

31 검열금지원칙은 매우 자주 출제되었음을 기억하라.

32 과잉금지원칙이 헌법시험에 빠지지 않고 출제되지만, 그 답이 그리 맞는 것도 없고, 그리 틀린 것도 없다.

33 이전에 사법시험에 '다음 중 헌법재판소가 비교대상으로 삼지 아니한 것은?'이라는 문제가 출제된 일이 있다. 필자는 그 문제를 보고 매우 많이 놀랐다. 헌재가 당해 사건에서 어떤 짝을 들어 평등권 침해 여부를 심사하는데 무슨 원칙이 있단 말인가? 전혀 없다. 청구인이 그 짝을 들어 주장하였으니 거기에 응답하는 것일 뿐이다. 나아가 어떤 사건에서 헌재가 어떤 짝을 들어 평등권 침해 여부를 심사하였는지를 수험생이 외워야 한다는 말인가? 필자는 전혀 그럴 필요가 없다고 생각한다. 다음 중 서로 열애 중인 연예인의 짝이 아닌 것은? 하는 문제와 같은 수준의 것이다. 참으로 난감한 문제였다.

34 사회권 영역에서 많이 주장될 것이다. 예를 들면 장애인과 비장애인을 같이 처우하는 것은 차별이라는 주장이 그런 것이다. "이 사건 고시는 장애인가구의 추가지출비용을 반영한 별도의 최저생계비를 결정하지 않은 채 일률적으로 가구별 인원수만을 기준으로 한 최저생계비를 결정함으로써 사회부조의 일종인 보장법상의 생계급여를 지급받을 자격을 갖춘 생활능력 없는 장애인가구와 비장애인가구에게 동일한 최저생계비를 기준으로 하여 생계급여를 지급하게 하였다는 점에서 본질적으로 다른 것을 같게 취급하는 상황을 초래하였다고 볼 수 있다."(헌재 2004. 10. 28. 2002헌마328)

지난 후 2년이 지나지 아니한 자는 변호사가 될 수 없다고 규정하는데, 이것이 차별이라는 주장을 하였다.[35] 이러한 주장을 하려면 위와 같은 법 상태를 알아야 주장할 수 있다. 그러나 시험에서 이러한 정보는 주어지지 않는다.

정리를 하자. 헌법시험의 본안 중 헌법이 스스로 정한 기본권 제한의 한계를 제외한 부분은, 딱히 이렇게 쓰지 않으면 틀렸다고 할 만한 것은 없다. 그러니 좀 더 마음을 편안하게 가지고 시험에 대응할 필요가 있다. 필자로서는 정보가 부족하더라도 답안지 안에서 논리적으로 일관된 흐름을 보여 주는 것이 고득점의 방책이 아닐까 하는 생각을 한다. 위헌이냐, 위헌이 아니냐 하는 결론이 중요한 것은 아니다. 재판관들도 과잉금지원칙을 심사하여 서로 다른 결론을 내고 있다는 것을 기억하자.

2. 이 책의 구성과 활용

이 책은 변호사시험 수험생이 헌법의 사례형과 기록형에 대응하는 것을 돕기 위하여 써졌다. 이 책은 구구한 이론을 설명하지 않는다. 오로지 수험에 필요한 것들만 담으려고 노력하였다. 다루어야 할 이론적 쟁점들에 관하여는 주석에 논문을 들어 두었다.

헌법 변호사시험에서 중요한 것은 헌법재판소법 제68조의 제1항과 제2항의 절차이다. 헌법재판소법 제68조 제2항의 절차를 이해하기 위하여 위헌법률심판을 공부하면 된다. 법원에 제출하는 위헌법률심판제청신청서, 이 신청이 기각 또는 각하된 경우에 헌재에 제출하는 헌재법 제68조 제2항의 헌법소원심판청구서, 이와 별개인 헌재법 제68조 제1항의 헌법소원심판청구서를 이해하면 헌법의 사례형, 기록형 시험에 충분히 대응할 수 있을 것이라고 본다. 이 책은 주로 이 부분에 초점을 맞추었다.

헌법재판관이 헌법재판을 하는 경우에 검토하여야 할 체크리스트가 있다. 크게 보면 적법 여부에 관한 것과 본안에 관한 것이다. 헌법재판소에 사건이 접수되면 먼저 적법한가를 검토한다. 적법하지 아니하면 각하한다. 헌법소원의 경우에는 지정재판부에서도 각하될 수 있다. 그 외의 사건은 지정재판부를 거치지 아니하므로 각하되더라도 전원재판

---

35 헌법소원은 기각되었다. "변호사법은 법률사무의 전문성, 공정성 및 신뢰성을 확보하기 위하여 변호사의 품위유지, 공익활동, 독직행위금지 등 의무를 부과함으로써 변호사의 공공성을 강조하고 있다. 변호사 직무의 이런 성격과 범위 등을 감안하여 입법자가 의료법, 약사법, 관세사법과 달리 변호사의 결격사유가 되는 범죄의 종류를 직무 관련 범죄로 제한하지 않았다고 하더라도, 이러한 차별취급이 합리성과 형평에 반하는 자의적인 것이라고 할 수 없다."고 판시하였다. 조금 다른 맥락이지만, 헌재 2016. 9. 29. 2016헌마47[오탈자 사건]에서 청구인들은 응시기회제한을 두지 않는 의사·약사·공인회계사·변리사·법무사·세무사·공인노무사 등의 자격시험을 들어 평등권 침해 주장을 하였다. 이 사건에서 헌재는 본질적으로 동일한 비교집단으로 볼 수 없다는 이유로 평등권 침해 주장을 배척하였다. 아예 차별의 정당화 심사에도 나아가지 못 하였다. 일관성이 있다고 하기 어렵다. 수험생들도 얼마든지 자신의 논리를 만들어 주장할 수 있다. 헌법시험은 그렇다.

부에서 각하된다. 적법한 심판청구에 대하여는 본안에 나아가 판단한다.

위헌법률심판이나 헌법소원의 경우에는 기본권 침해 여부를 중심으로 판단한다. 헌마소원의 경우에는, 예외적인 판례가 없지는 않지만, 기본권 조항만이 심사기준이 된다. 쟁송물이 '공권력의 행사 또는 불행사로 인하여 청구인의 기본권이 침해되었는지 여부'(헌재법 제68조 제1항 참조)이기 때문이다. 한편 위헌법률심판이나 헌바소원의 경우에는 기본권 조항 외의 헌법 조항들도 심사기준이다. 쟁송물이 '법률 또는 법률조항이 헌법에 위배되는지 여부'(헌법 제107조 제1항, 제111조 제1항 제1호, 헌재법 제41조 제1항 참조)이기 때문이다. 그러나 당사자의 권리 구제를 위하여 법원에 소가 제기된 상태에서, 주로는 권리 제한의 근거로 되는 법률 또는 법률조항에 대하여 위헌법률심판제청신청을 하거나 이것이 기각된 경우에 헌법재판소법 제68조 제2항에 따라 헌법소원을 제기하는 것이므로 주된 주장은 기본권이 침해되었다는 것이다.

기본권이 침해되었는지 여부는 그 논리적 전제로서 주장하는 기본권이 존재하는지, 기본권이 제한되었는지, 제한되었다면 검열금지원칙, 허가제금지원칙, 이중처벌금지원칙, 연좌제금지원칙, 무죄추정의 원칙 등 헌법이 스스로 정한 기본권 제한의 한계를 지켰는지, 헌법 제37조 제2항에서 정한 기본권 제한의 한계를 지켰는지를 심사한다.

헌법 제37조 제2항은 크게 보아, 법치주의 문제(헌법 제37조 제2항 전단 중의 "법률로써"), 과잉금지원칙의 문제(헌법 제37조 제2항 전단 중의 "필요한 경우에 한하여"), 본질침해금지원칙의 문제(헌법 제37조 제2항 후단, "제한하는 경우에도 자유와 권리의 본질적인 내용을 침해할 수 없다.")로 나누어서 생각해 볼 수 있다.

법치주의의 문제는, 의회유보원칙, 포괄위임금지원칙, 명확성원칙, 신뢰보호원칙, 소급입법금지원칙이 이슈로 되고, 과잉금지원칙은 목적의 정당성, 방법의 적절성, 침해의 최소성, 법익의 균형성의 4개 하위 심사기준으로 나누어 다룬다. 본질침해금지원칙은 헌재 2010. 2. 25. 2008헌가23[사형제 사건]을 계기로 그 독자성이 많이 감축되었다.

이론적으로 보면, 평등권 침해 여부나 적법절차원칙 위배 여부가 검토되어야 한다. 평등권의 문제는 늘 본안의 문제처럼 다루어지는 성격이 있다. 평등권은 차별의 존부와 정당화 심사의 2단계로 나누어 다루어진다. 실체적 적법절차를 수용하는 헌법재판소의 입장을 따른다면, 모든 헌법 문제는 적법절차의 문제로 전환될 수 있다. 타당하지 않다고 보지만 판례는 그렇다. 이 부분 설명이 낯설다면 이 책의 적법절차 부분을 찾아 검토해 보기를 바란다.

이렇게 검토하였으면, 적어도 법령의 문제에 관하여는 헌법에서 요청하는 쟁점은 거의 다룬 것이다. 적법하지 아니하면, 즉 적법요건 중 어느 하나라도 충족하지 아니하면,

'이 사건 심판청구를 각하한다'(각하)는 주문을 낼 것이다. 적법하고 본안에 관한 요건들을 모두 충족하는 경우에는 '헌법에 위반되지 아니한다.'(헌바소원), 또는 '청구인의 심판청구를 기각한다.'(헌마소원)는 주문을 낼 것이다. 본안에 관한 심사기준 중 어느 하나라도 위배하면 '헌법에 위반된다.'는 주문을 낼 것이다. 법령에 관해서는, 위헌법률심판제청, 헌바소원, 헌마소원 모두 같은 형식의 주문을 낸다. 기각의 경우에는 서로 다른 것과 비교된다.

작금의 변호사시험 헌법 사례형 문제는 위 체크리스트의 일부를 떼어내어 출제한 것이다. 대개 사례형 문제에서 제시되는 쟁점이 위에서 든 것들을 벗어나지 아니한다. 기록형 문제는 결론이 정해진 상황에서 이론을 구성해 볼 것을 요청한다. 법원에 대하여 위헌법률심판제청을 신청하거나 이 신청이 기각된 경우에 헌바소원을 청구하거나, 또는 공권력의 행사 또는 불행사로 인하여 기본권이 침해되었을 때 헌마소원을 제기하는 경우 신청 또는 청구하는 데 필요한 서면 작성을 요청하는 것이다. 이론 구성은 헌법재판의 위헌 또는 인용 결정의 그것과 같다. 단지 서면 작성에 있어서의 몇 가지 스킬이 추가될 뿐이다. 예를 들면 신청 또는 청구취지를 어떻게 작성할 것인가, 문서의 형식은 어떠하여야 하는가 정도의 것이다.

필자는 헌법연구관으로 일하면서 위와 같은 작업을 하였다. 그 경험을 살려 적법요건부터 본안까지 전체를 살펴볼 수 있도록 책을 구성하였다. 필자는 위에서 제시한 프레임을 이해하는 것이 헌법 문제를 해결하는 데 있어서 關鍵이 된다고 본다. 수험생들이 보는 교과서의, 통치구조를 제외한 대부분의 서술은 위의 쟁점에 관한 판단을 돕기 위한 것이다. 그런데 위와 같은 틀을 이해하지 아니하고 지식을 모으기만 해서는, 그 지식들이 적확한 시점에, 적확한 지점에서 활용하지 못한다. 머릿속에 틀을 구성해 놓을 필요가 있다. 이 책은 그것을 돕고자 하는 목적을 가지고 있다.

필자는 현재 법전원의 교과과정이 변호사시험에 적절히 대응하지 못하고 있다고 본다. 가장 큰 문제는 절차 문제를 소홀히 다룬다는 것이다. 물론 실체법적 지식이 무용한 것은 아니지만, 당장 변호사로 일할 사람에게 필요한 것은 절차법적 지식이다. 누군들 돈 빌려주었으면 받을 권리가 있다는 것을 모르겠는가. 그들이 모르는 것은 그 권리를 어떤 절차를 통해 실현할 수 있는가 하는 것이다. 그리고, 변호사시험에서도 처음에는 절차법의 문제를 묻는다. 그 비중도 크다. 그런데도 학교에서는 평생 한 번 만날까 말까 하는 어려운 실체법 이론만 가르친다. 절차법은 늘 뒷전이다. 이런 점은 점차 개선되었으면 좋겠다. 보태어서 말한다면 시중에 나와 있는 교과서들의 편제도 개선되어야 하지 않을까.

이 책은 탄핵심판, 정당해산심판, 권한쟁의심판을 다루지 아니하였다. 다루어도 좋겠지만 효율이 높지 않다고 보았다. 탄핵이나 정당해산이 출제될 가능성은 높지 아니하다. 빈발하는 사건의 유형이 아닐 뿐 아니라, 첫걸음을 내딛는 변호사가 다룰 만한 사건이 아니기 때문이다. 변호사시험의 성격에 맞지 않는다. 다만, 권한쟁의 사건은 사건의 수효로 보아도 제법된다. 변호사시험에도 출제된 일이 있다. 그래서 무시하기는 어려워 책의 말미에 간단히 다루었다.

3. 선택형 시험의 대응

이 책은 공법 중 헌법, 그중에서도 사례형이나 기록형 시험에 대응하기 위하여 만들어졌다. 선택형 시험에 대응하기 위해서는 따로 준비할 필요가 있다.

현재 변호사시험은 실무능력에 초점을 맞추고 있고, 많은 비판을 받고 있지만 '판례' 위주로 출제되고 있다. 사법시험에서는 선택형 시험의 문제 뒤에 '다툼이 있는 경우 통설, 판례에 따름'이라는 말이 기재되어 있었다. 그러나, 변호사시험의 선택형 문제에는 '통설'이라는 말이 빠져 있다. '판례'만이 정답을 확정하는 기준으로 될 수 있다는 말이다. 이것은 변호사시험을 준비하는 데 매우 중요한 포인트다. 이론은 변호사시험에서 맥을 못 추고 있다. 옳든 그르든 그것이 현실임을 아는 것은 변호사시험을 준비하는 데 필요하다.

헌법의 경우도 마찬가지다. 각 교과서도 판례를 충실히 소개하려고 노력하고 있다. 그러나 객관식 시험에 대응하는 데 필요하고도 충분하게 소개하고 있는지는 의문이다. 여러 가지 이론적 설명 속에 묻혀 있어서 그 맥을 잡기가 쉽지 아니하다.

헌재의 판례를 가장 체계적으로 정리해 놓은 것은 헌재 홈페이지다. 이를 활용하면 주제별로 잘 정리된 판례를 접할 수 있다. 헌재 홈페이지[36]의 '찾기 쉬운 주요 정보' → '판례정보' → '판례요지집'으로 가면 각 헌법 조항이나 헌재법 조항별로 정리된 판례를 볼 수 있다. 헌재에서 헌법연구관들이 정리한 것이어서 신뢰할 수 있다.

---

36 https://www.ccourt.go.kr.

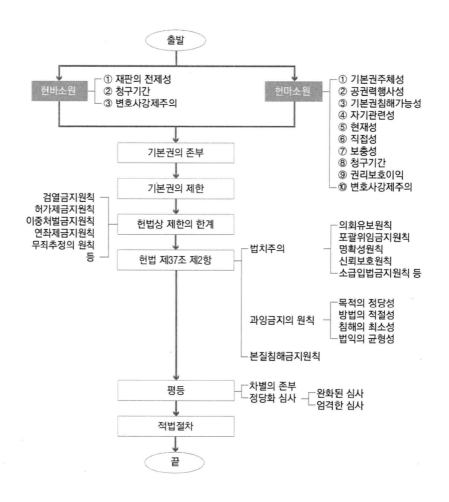

그림 2. 위헌심사의 전반적 흐름

제2편
절차법

Ⅰ. 위헌법률심판

1. 의의

법률 또는 법률과 동등한 효력을 가지는 규범이 헌법에 위반되는지 여부가 법원의 재판에 있어서 전제로 된 경우 법원이 헌재에 '위헌 여부'[1]를 판단해 줄 것을 제청하고 헌재가 위헌 여부를 판단하는 제도이다(헌재법 제41조 제1항).

법률이 공포된 후에, 그 법률을 법원의 구체적인 사건에 적용하여 재판을 하면서 그 법률이 위헌인지 여부가 문제될 경우에 이루어진다(사후적·구체적 규범통제제도).

2. 절차

위헌법률심판의 제청을 할 수 있는 주체는 법원이다. 군사법원도 포함된다. 당해 사건의 당사자는 법원에 위헌법률심판제청을 신청할 수 있을 뿐이다.

법원은 재판의 전제성을 가지는 법률에 대해 위헌이라는 '합리적 의심'이 드는 경우에 스스로('직권'으로, 헌재법 제41조 제1항), 또는 당사자[2]의 신청을 받아('당사자의 신청'에 의하여, 헌재법 제41조 제1항),[3] 헌재에 위헌법률심판을 제청할 수 있다.

법원은 재판의 전제가 된 법률에 대해 위헌이라는 '합리적 의심'(헌재 1993. 12. 23. 93헌가2)을 가지게 되면, 헌재에 위헌법률심판을 제청한다. 여기서 '합리적 의심'은 '단순한 의심'이나 '위헌이라는 확신'[4]과 구별되는 말이다.

당사자가 법원에 위헌법률심판제청신청을 하였는데 법원이 이를 기각하는 경우에는 그 당사자는 적법한 기간 내에[5] 헌재에 직접 그 법률조항에 대하여 헌법소원심판을

---

1 '위헌인지, 합헌인지'가 쟁송물이 아니다. 앞의 제1편 Ⅳ. 4. 참조.
2 당해 사건의 당사자가 원칙적인 신청권자다. 보조참가인도 허용된다(헌재 2003. 5. 15. 2001헌바98).
3 이 서면을 위헌법률심판제청서라 하는데, 변호사시험에서 중요하게 다루어지는 서면이다.
4 독일의 경우 제청을 함에 있어서 '위헌이라는 확신'을 요한다.

청구할 수 있다(헌재법 제68조 제2항, 헌바소원).

위헌법률심판을 제청한 법원은 헌재의 위헌 여부 결정이 있을 때까지 제청과 관련이 있는 재판을 정지했다가[6] 헌재의 결정이 있게 되면 재개한 후 '그 심판에 의하여 재판한다'(헌법 제107조 제1항). 다만, 법원이 긴급하다고 인정하는 경우에는 종국재판 이외의 소송절차를 진행할 수 있다(헌재법 제42조 제1항). 재판이 정지되었던 기간은 구속기간[7]이나 판결선고기간에 산입되지 않는다(헌재법 제42조 제2항).

3. 대상

'법률(Gesetz)'이 대상이다. 법률이 아닌 명령이나 규칙이 헌법이나 법률에 위반되는지가 재판의 전제가 될 때에는[8] 법률의 경우와 달리 헌법재판소에 위헌제청을 하지 않고 그 사건을 담당하는 법원이 이를 심사할 수 있으며 최종적으로는 대법원이 심사한다(헌법 제107조 제2항).

법률의 부존재, 즉 진정입법부작위는 위헌법률심판의 대상으로 될 수 없다(헌재 2007. 12. 27. 2005헌가9). 다만, 입법을 하기는 하였으나 불충분함(부진정입법부작위)을 다툴 수는 있다. 폐지된 법률이라도 대상으로 될 수 있다.[9]

헌법 제107조 제1항이나 헌재법 제41조 제1항은 '법률'을 대상으로 기재해 놓고 있으나, 헌재는 그 대상을 확장하였다. '법률의 효력을 가지는 규범'이라면 위헌법률심판의 대상이 된다는 것이 헌재의 입장이다.

대통령의 긴급재정경제명령(헌법 제76조 제1항)은 위헌법률심판의 대상으로 된다.[10]

---

5 기각 결정을 통지받은 날로부터 30일 이내(헌재법 제69조 제2항).

6 법원도 스스로 위헌의 의심을 갖고 있으므로, 재판을 진행할 수 없는 것이 이치상으로도 당연하다. 이에 비해 헌바소원의 경우는 법원이 대상조항을 위헌으로 판단하고 있지 않으므로 재판을 진행할 수 있다. 다만 재판이 확정된 후에 위헌결정이 선고되면 당사자는 재심을 청구할 수 있다(헌재법 제75조 제7항).

7 다만, 구속기간에 산입되지 않는다고 하여 피고인이 석방되는 것은 아니므로, 사실상 구금기간이 늘어나는 문제는 남는다. 법원이 직권으로 제청하는 경우에는 이 점이 문제될 수도 있을 것이다.

8 명령, 규칙이 직접 기본권을 침해하는 경우에는 헌마소원을 제기할 수 있다는 것이 헌재의 입장이고, 물론 대법원은 이에 반대한다. 헌재의 입장에 관하여는 아래 [II. 헌재법 제68조 제1항의 헌법소원심판]-[3. 심판대상]-[사. 명령·규칙]에 인용한 헌재의 판시내용 참조. 대법원은 명령·규칙에 대한 심사는 대법원의 전속적 권한에 속한다고 보고, '재판의 전제가 된 경우'라는 것은 심사의 전제적 요건이라는 입장에 서 있다(헌법 제107조 제2항 참조).

9 당연한 말이지만, 재판의 전제성을 갖추어야 한다.

10 헌재 1996. 2. 29. 93헌마186(김영삼 대통령이 1993. 8. 12. 모든 금융거래시 실명 사용을 의무화하는 금융실명거래및비밀보장에관한긴급재정경제명령을 발하였는데, 위 긴급재정경제명령이 헌법에 위반된다고 하여 문제된 사건). 이 사건은 헌재법 제68조 제1항의 헌법소원 사건이므로, 위헌법률심판사건의 예로는 적절하지 아니한 점이 있다. 이 사건에서는 '통치행위'에 대하여 위헌심사가 가능한가 하는 점이 적법 여부의 주된 쟁점으로

헌법이 스스로 법률의 효력을 가진다고 정하고 있다.

법률의 효력을 가지는 관습법에 대해서는 논란이 있다. 대법원은 부정하고, 헌재는 긍정한다.

대법원 2009. 5. 28. 2007카기134 결정

"헌법 제111조 제1항 제1호 및 헌법재판소법 제41조 제1항 에서 규정하는 위헌심사의 대상이 되는 법률은 국회의 의결을 거친 이른바 형식적 의미의 법률을 의미하고(헌법재판소 1995. 12. 28. 선고 95헌바3 결정 등 참조), 또한 민사에 관한 관습법은 법원에 의하여 발견되고 성문의 법률에 반하지 아니하는 경우에 한하여 보충적인 법원(法源)이 되는 것에 불과하여(민법 제1조) 관습법이 헌법에 위반되는 경우 법원이 그 관습법의 효력을 부인할 수 있으므로, 결국 관습법은 헌법재판소의 위헌법률심판의 대상이 아니라 할 것이다.

따라서 민법 시행 이전의 상속에 관한 구 관습법 중 '호주가 사망한 경우 여자에게는 상속권 및 분재청구권이 없다'는 부분에 대한 위헌법률심판의 제청을 구하는 신청인의 이 사건 신청은 부적법하다.

헌재 2013. 2. 28. 2009헌바129

1. 사건의 개요와 심판의 대상

가. 사건의 개요

(1) 청구인들은 이○헌(1951. 8. 14. 사망)과 김○덕(2003. 12. 29. 사망)의 장녀와 차녀이다. 청구인들은 2005. 1. 6. 수원지방법원 평택지원에, 위 김○덕이 장남인 이○탁에게 평택시 포승면 ○○리 산 24 임야 25,241㎡를 명의신탁하였다고 주장하면서, 주위적으로는 명의신탁해지를 원인으로 한 소유권이전등기절차의 이행을, 예비적으로는 분재를 원인으로 한 소유권이전등기절차의 이행을 구하는 소를 제기하였다. 이에 대해 평택지원은 2006. 6. 16. 김○덕이 위 토지를 이○탁에게 명의신탁하였다는 사실을 인정하기 어렵고, 민법 시행 전의 재산상속에 관한 구 관습법에 따르면 호주가 사망한 경우 차남 이하의 중자(衆子)들은 상속재산 분재청구권을 갖지만 딸들에게는 이러한 권리가 인정되지 아니한다는 이유로 청구인들의 주위적 청구와 예비적 청구를 모두 기각하였다.

(2) 이후 청구인들은 항소를 거쳐 상고하였고, 상고심 계속 중인 2007. 8. 14. 구 관습법상 호주가 사망한 경우 여자에게 분재청구권이 없다는 부분은 위헌이라고 주장하며 위헌법률심판제청신청을 하였다. 그러나 대법원은 2009. 5. 28. 청구인들의 상고를 기각함과 동시에, 관습법은 헌법재판소의 위헌법률심판의 대상이 아니라는 이유로 청구인들의 위헌법률심판제청신청을 각하하였다(2007카기134).

(3) 이에 청구인들은 2009. 6. 26. 헌법재판소법 제68조 제2항에 따라 이 사건 헌법소원심판을 청구하였다.

되었다. "통치행위를 포함하여 모든 국가작용은 국민의 기본권적 가치를 실현하기 위한 수단이라는 한계를 반드시 지켜야 하는 것이고, 헌법재판소는 헌법의 수호와 국민의 기본권 보장을 사명으로 하는 국가기관이므로 비록 고도의 정치적 결단에 의하여 행해지는 국가작용이라고 할지라도 그것이 국민의 기본권 침해와 직접 관련되는 경우에는 당연히 헌법재판소의 심판대상이 될 수 있는 것일 뿐만 아니라, 긴급재정경제명령은 법률의 효력을 갖는 것이므로 마땅히 헌법에 기속되어야 할 것이다." 긴급재정경제명령이 법률의 효력을 갖는다는 것은 위 판시에 드러나 있다.

(중략)

3. 판단

가. 이 사건 관습법이 헌법소원심판의 대상이 되는지 여부

(1) 관습법은 사회의 거듭된 관행으로 생성된 사회생활규범이 사회의 법적 확신과 인식에 따라 법적 규범으로 승인되고 강행되기에 이르러 법원(法源)으로 기능하게 된 것이다. 법원(法院)은 여러 차례 위와 같은 분재청구권에 관한 관습이 우리 사회에서 관습법으로 성립하여 존재하고 있음을 확인하고 상속 등에 관한 재판규범으로 적용하여 왔다. 그런데 이 사건 관습법은 민법 시행 이전에 상속을 규율하는 법률이 없는 상황에서 재산상속에 관하여 적용된 규범으로서 비록 형식적 의미의 법률은 아니지만 실질적으로는 법률과 같은 효력을 갖는다.

(2) 헌법 제111조 제1항 제1호, 제5호 및 헌법재판소법 제41조 제1항, 제68조 제2항에 의하면 위헌심판의 대상을 '법률'이라고 규정하고 있는데, 여기서 '법률'이라고 함은 국회의 의결을 거친 이른바 형식적 의미의 법률뿐만 아니라 법률과 동일한 효력을 갖는 조약 등도 포함된다. 이처럼 법률과 동일한 효력을 갖는 조약 등을 위헌심판의 대상으로 삼음으로써 헌법을 최고규범으로 하는 법질서의 통일성과 법적 안정성을 확보할 수 있을 뿐만 아니라, 합헌적인 법률에 의한 재판을 가능하게 하여 궁극적으로는 국민의 기본권 보장에 기여할 수 있게 된다. 그렇다면 법률과 같은 효력을 가지는 이 사건 관습법도 당연히 헌법소원심판의 대상이 되고, 단지 형식적인 의미의 법률이 아니라는 이유로 그 예외가 될 수는 없다.

긴급조치에 대해서도 대법원과 헌재가 그 입장을 달리한다.

대법원 2010. 12. 16. 2010도5986 전원합의체 판결

"헌법 제107조 제1항, 제111조 제1항 제1호의 규정에 의하면, 헌법재판소에 의한 위헌심사의 대상이 되는 '법률'이란 '국회의 의결을 거친 이른바 형식적 의미의 법률'을 의미하고, 위헌심사의 대상이 되는 규범이 형식적 의미의 법률이 아닌 때에는 그와 동일한 효력을 갖는 데에 국회의 승인이나 동의를 요하는 등 국회의 입법권 행사라고 평가할 수 있는 실질을 갖춘 것이어야 한다. 구 대한민국헌법(1980. 10. 27. 헌법 제9호로 전부 개정되기 전의 것, 이하 '유신헌법'이라 한다) 제53조 제3항은 대통령이 긴급조치를 한 때에는 지체 없이 국회에 통고하여야 한다고 규정하고 있을 뿐, 사전적으로는 물론이거니와 사후적으로도 긴급조치가 그 효력을 발생 또는 유지하는 데 국회의 동의 내지 승인 등을 얻도록 하는 규정을 두고 있지 아니하고, 실제로 국회에서 긴급조치를 승인하는 등의 조치가 취하여진 바도 없다. 따라서 유신헌법에 근거한 긴급조치는 국회의 입법권 행사라는 실질을 전혀 가지지 못한 것으로서, 헌법재판소의 위헌심판대상이 되는 '법률'에 해당한다고 할 수 없고, 긴급조치의 위헌 여부에 대한 심사권은 최종적으로 대법원에 속한다."

헌재 2013. 3. 21. 2010헌바132

3. 이 사건 긴급조치들에 대한 위헌심사권한

가. 구체적 규범통제제도의 이원화와 '법률'의 의미

(1) 헌법은 당해 사건에 적용될 법률(조항)의 위헌 여부를 심사하는 구체적 규범통제의 경우에, '법률'의 위헌 여부는 헌법재판소가, 법률의 하위 규범인 '명령·규칙 또는 처분' 등의 위헌 또는 위법 여부는 대법원이 그 심사권한을 갖는 것으로 그 권한을 분배하고 있다(헌법 제107조 제1항, 제2항, 헌법재판소법

제111조 제1항 제1호 참조). 헌법재판소가 한 법률의 위헌결정은 법원 기타 모든 국가기관을 기속한다는 점에서(헌법재판소법 제47조 제1항), 한편으로 헌법질서의 수호·유지와 규범의 위헌심사의 통일성을 확보하고, 다른 한편으로 구체적인 법적 분쟁에서 합헌적 법률에 의한 재판을 통하여 법원재판의 합헌성을 확보하기 위해서는, 규범이 갖는 효력에 따라 법률에 대한 위헌심사는 헌법재판소에, 명령·규칙에 대한 위헌 또는 위법 심사는 대법원에 그 권한을 분배할 필요성이 있다.

(2) 법원의 제청에 의한 위헌법률심판 또는 헌법재판소법 제68조 제2항에 의한 헌법소원심판의 대상이 되는 '법률'에는 국회의 의결을 거친 이른바 형식적 의미의 법률은 물론이고 그 밖에 조약 등 '형식적 의미의 법률과 동일한 효력'을 갖는 규범들도 모두 포함된다. 이때 '형식적 의미의 법률과 동일한 효력'이 있느냐 여부는 그 규범의 명칭이나 형식에 구애받지 않고 법률적 효력의 유무에 따라 판단하여야 한다.

현행헌법과 같이 법률의 위헌심사권과 명령, 규칙 등 하위 법령의 위헌(위법)심사권을 이원화하여 전자를 헌법위원회에, 후자를 대법원에 귀속시키고 있던 제헌헌법 제81조와 관련하여, 6·25 발발 당일 대통령이 제정, 공포한 긴급명령인 '비상사태하의범죄처벌에관한특별조치령'(대통령긴급명령 제1호)에 대한 법원의 위헌제청에 따라 헌법위원회가 그 위헌 여부를 심사하여 위헌으로 결정하였으며(헌법위원회 1952. 9. 9. 결정 4285년 헌위 제2호), 대법원도 헌법 제정 이전에 제정된 군정법령(제88호)에 대해 헌법위원회에 위헌제청하면서, 헌법위원회에 위헌제청할 수 있는 법률은 헌법 공포 이후에 제정된 법률은 물론이고 헌법 공포 이전에 시행된 법령이라도 소위 입법사항을 규정한 것은 법령, 규칙 등 형식과 명칭 여하에 불구하고 헌법위원회의 심사대상이라고 판시한 바 있다(대법원 1960. 2. 5.자 4292행상110결정). 또한 헌법재판소는 '대한민국과 아메리카합중국 간의 상호방위조약 제4조에 의한 시설과 구역 및 대한민국에서의 합중국군대의 지위에 관한 협정'(1967. 2. 9. 조약 제232호)이 비록 그 명칭은 '협정'이지만 법률의 효력을 가지는 조약으로 보아 위헌법률심판을 제청한 당해 사건 법원의 판단이 옳다고 보고 본안판단을 하였다.

(3) 이처럼 일정한 규범이 위헌법률심판 또는 헌법재판소법 제68조 제2항에 의한 헌법소원심판의 대상이 되는 '법률'인지 여부는 그 제정 형식이나 명칭이 아니라 그 규범의 효력을 기준으로 판단하여야 한다. 따라서 헌법이 법률과 동일한 효력을 가진다고 규정한 긴급재정경제명령(제76조 제1항) 및 긴급명령(제76조 제2항)은 물론, 헌법상 형식적 의미의 법률은 아니지만 국내법과 동일한 효력이 인정되는 '헌법에 의하여 체결·공포된 조약과 일반적으로 승인된 국제법규'(제6조)의 위헌 여부의 심사권한도 헌법재판소에 전속된다고 보아야 한다.

나. 이 사건 긴급조치들의 효력과 위헌심사권한의 소재

(1) 유신헌법 제53조는 긴급조치의 효력에 관하여 명시적으로 규정하고 있지 않다. 그러나 긴급조치는 유신헌법 제53조에 근거한 것으로서 그에 정해진 요건과 한계를 준수해야 한다는 점에서 이를 헌법과 동일한 효력을 갖는 것으로 보기는 어렵다.

(2) 한편 이 사건 긴급조치들은 표현의 자유 등 기본권을 제한하고, 형벌로 처벌하는 규정을 두고 있으며, 영장주의나 법원의 권한에 대한 특별한 규정 등을 두고 있다. 유신헌법이 규정하고 있던 적법절차의 원칙(제10조 제1항), 영장주의(제10조 제3항), 죄형법정주의(제11조 제1항), 기본권제한에 관한 법률유보원칙(제32조 제2항) 등을 배제하거나 제한하고, 표현의 자유 등 국민의 기본권을 직접적으로 제한하는 내용이 포함된 이 사건 긴급조치들의 효력을 법률보다 하위에 있는 것이라고 보기도 어렵다.

(3) 결국 이 사건 긴급조치들은 최소한 법률과 동일한 효력을 가지는 것으로 보아야 하고, 따라서 그 위헌 여부 심사권한도 헌법재판소에 전속한다.

헌법조항은 위헌법률심판의 대상이 되지 않는다(헌재 1995. 12. 28. 95헌바3). 헌법 제29조 제2항이 자주 논란의 대상으로 되었다. 이 조항과 동일한 내용을 담고 있는 법률 조항에 대하여 대법원이 위헌 결정을 한 일이 있기 때문이다(대법원 1971. 6. 22. 70다1010 전원합의체 판결). 이후 이 조항은 1972년 헌법 개정시에 헌법전에 편입되었다.

명령, 규칙은 적어도 강학상으로는 위헌법률심판제청이나 헌바소원의 대상이 되지 않는다. 유념할 필요가 있다.[11]

조례도 법률이 아니므로 위헌법률심판이나 헌바소원의 대상으로 될 수 없다(헌재 1998. 10. 15. 96헌바77).

4. 재판의 전제성[12]

가. 도입

법원에 계속 중인 구체적 사건에 적용할 법률이 헌법에 위반되는 여부가 재판의 전제로 된 경우에만 법원은 헌재에 위헌법률심판을 제정할 수 있다. 재판의 전제성이 흠결된 경우에 법원은 위헌법률심판제청신청을 각하하고, 설령 법원의 제청이 이루어진 경우라 하더라도 헌재가 제청을 각하한다.

· 재판의 전제성에 관한 가장 일반적인 헌재의 설시는 아래와 같은 것이다.

> **헌재 1992. 12. 24. 92헌가8**
>
> 법률의 위헌 여부에 대한 재판의 전제성이라 함은, 첫째 구체적인 사건이 법원에 현재 계속 중이어야 하고, 둘째 위헌 여부가 문제되는 법률 또는 법률조항이 당해 소송사건의 재판과 관련하여 적용되는 것이어야 하며, 셋째 그 법률이 헌법에 위반되는지의 여부에 따라 당해 사건을 담당한 법원이 다른 내용의 재판을 하게 되는 경우를 말하고, 여기에서 법원이 "다른 내용의" 재판을 하게 되는 경우라 함은 원칙적으로 법원에 계속 중인 당해 사건의 재판의 주문이나 결론에 어떠한 영향을 주는 것이어야 하나, 비록 재판의 주문 자체에는 아무런 영향을 주지 않는다고 하더라도 문제된 법률의 위헌 여부에 따라 재판의 결론을 이끌어내는 이유를 달리 하는 데 관련되어 있거나 재판의 내용과 효력에 관한 법률적 의미가 달라지는 경우이어야 한다.

---

11 예외가 아주 없지는 않다. 헌재 1992. 6. 26. 90헌가23; 헌재 1995. 11. 30. 94헌바40. 그래도 강학상으로는 허용되지 않는 것으로 이해해 두는 것이 좋겠다.

12 정주백, "재판의 전제성에 관한 관견", 『법학연구』 제26권 제2호, 충남대, 2015, 11 이하 참고.

나. '재판'

형식이나 절차의 형태를 불문한다. 재판기관인 법원의 판단행위가 모두 포함된다. 법원이 하는 사법행정은 재판이 아니다. 판결, 결정, 명령 중 어느 형식의 재판이라도 포함된다. 절차에 있어서 심리절차, 판결절차, 집행절차를 포함한다. 소송절차인가 비송절차인가를 묻지 아니한다. 종국재판뿐만 아니라 중간재판도 포함된다.

다. '전제성'

다음과 같은 세 가지 요건을 모두 갖춘 경우 전제성이 인정된다. 모두 갖추어야 한다는 것이 중요하다.

(1) 구체적인 사건이 법원에 계속(係屬) 중일 것(A)

'적법'하게 계속되어 있어야 한다(헌재 2008. 10. 30. 2007헌바66). 기판력에 반하거나 제소기간이 도과되었는지는 잘 살펴 볼 필요가 있다. 특히 후자의 경우는 위헌으로 결정된 법률에 기한 처분의 효력 문제와 연계되어 있다.

위헌법률심판제청 사건이라면 헌재의 결정 시점까지 계속되어 있어야 하지만, 헌법소원의 경우 결정 당시에 이미 확정되었더라도 전제성이 소멸되는 것은 아니다.[13] 헌재법 제75조 제7항에 따라 재심을 청구할 수 있기 때문이다.

(2) 위헌 여부가 문제되는 법률이 당해 사건의 재판에 적용되는 것일 것(B)[14]

적용되는지 여부에 큰 관심을 가질 필요가 없다. 당해 사건의 주문이나 결론이 달라지는가에 관심을 가지기를 바란다.

> **헌재 2001. 10. 25. 2000헌바5**
>
> "제청 또는 청구된 법률조항이 법원의 당해 사건의 재판에 직접 적용되지는 않더라도 그 위헌 여부에 따라 당해사건의 재판에 직접 적용되는 법률조항의 위헌 여부가 결정되거나, 당해 재판의 결과가 좌우되는 경우 등과 같이 양 규범 사이에 내적 관련이 있는 경우에는 간접 적용되는 법률규정에 대하여도 재판의 전제성을 인정할 수 있다."

위 판시의 취지는, 어떤 경위로든 당해 법률조항의 위헌 여부에 따라 '다른 내용의 재판을 하게 된다면', 당해 법률조항은 당해 사건에 적용되는 것으로 보겠다는 것이다.

---

13 1심 계속 중에 위헌법률심판제청을 신청하였으나 상소를 하지 않아 확정된 후에 헌바소원을 청구한 경우에도 재판의 전제성이 인정된다(헌재 2002. 7. 18. 2000헌바57; 헌재 2010. 7. 29. 2006헌바75).

14 다만 '재판의 내용과 효력에 관한 법률적 의미가 달라지는 경우'와 관련하여 아래의 설명도 참조.

즉 '다른 내용의 재판을 하게 될 것'은 '적용될 것'의 충분조건(sufficient condition)이라는 것이다. 따라서 '적용될 것'은 재판의 전제성에 있어서 독자적인 요건으로 되지 않는다.[15]

(3) 그 법률이 헌법에 위반되는지의 여부에 따라 당해 사건을 담당하는 법원이 다른 내용의 재판을 하게 될 것(C)

세 번째의 다른 내용의 재판을 하게 되는 경우라 함은 다음 중 어느 하나에 해당하면 충족된 것으로 본다. 아래의 것 모두를 충족하여야 하는 것이 아니라 어느 하나라도 충족하면 족하다.

(가) 법원이 심리 중인 당해 사건의 재판의 결론이나 주문에 어떤 영향을 주는 경우(a)

> **헌재 2014. 4. 24. 2011헌바56**
>
> "공무원의 고의 또는 과실에 의한 위법행위를 이유로 대한민국을 상대로 손해배상을 구하는 당해 사건과 관련하여, 헌법재판소는, 일반적으로 법률이 헌법에 위반된다는 사정은 헌법재판소의 위헌결정이 있기 전에는 객관적으로 명백한 것이라고 할 수 없어 법률이 헌법에 위반되는지 여부를 심사할 권한이 없는 공무원으로서는 행위 당시의 법률에 따를 수밖에 없다 할 것이므로, 행위의 근거가 된 법률조항에 대하여 위헌결정이 선고된다 하더라도 위 법률조항에 따라 행위한 당해 공무원에게는 고의 또는 과실이 있다 할 수 없어 국가배상책임은 성립되지 아니하고, 이러한 경우 위 법률조항이 헌법에 위반되는지 여부에 따라 당해 사건 재판의 주문이 달라지거나 재판의 내용과 효력에 관한 법률적 의미가 달라진다고 볼 수 없으므로 재판의 전제성을 인정할 수 없다고 판단하여 왔다."

(나) 재판의 결론을 이끌어 내는 이유를 달리하는 데 관계되어 있는 경우(b)

'이유를 달리할 것(b)'이어서 '다른 내용의 재판을 하게 될 것(C)'이 인정된 경우는 없다.[16] 그리고 이유를 달리할 것의 독자성을 부인하는 결정도 있었다.[17] 헌재 결정 중에도 이를 누락하는 경우들이 많다.[18] 별로 신경 안 써도 될 부분이다. 그러나 아직

---

15 "목적조항은 위 법의 해석과 적용상의 일반적 주의사항을 추상적으로 규정하고 있을 뿐 당해 사건에 직접 적용되는 법률이 아니다. 또 위 법률조항이 헌법에 위반되는지 여부에 따라 당해 사건의 재판의 주문이 달라지거나 재판의 내용과 효력에 관한 법률적 의미가 달라진다고도 볼 수 없다. 따라서 위 조항에 관하여는 재판의 전제성을 인정할 수 없으므로 이 부분 심판청구는 부적법하다."(헌재 2013. 12. 26. 2011헌바108)는 판시를 보면 분명하다. 2문만 가지고도 재판의 전제성을 부인할 수 있다. 그런데 법률조항이 헌법에 위반되는지 여부에 따라 당해 사건의 재판의 주문이 달라지거나 재판의 내용과 효력에 관한 법률적 의미가 달라진다면 어떻게 되는가? 다른 내용의 재판을 하게 될 것(C)은 물론이고, 당해 사건에 적용될 것(B)이라는 요건까지 충족되어 재판의 전제성을 갖추었다고 판단될 것이다.

16 헌법재판소, 『헌법재판실무제요(제2판)』, 152.

17 헌재 2004. 9. 23. 2002헌바46. "이 사건 법률조항이 위헌으로 결정되어 당해 사건의 재심사건에서 청구인이 신청한 증거를 모두 받아들이게 된다면 손해배상의 인용금액이 인상되는 등 재판의 주문이 달라질 가능성을 배제할 수 없고, 설사 그렇지 않더라도 그 재판의 이유를 달리함으로써 재판의 내용과 효력에 관한 법률적 의미가 달라지는 경우라고 볼 수 있다."

18 "헌법재판소법 제68조 제2항에 의한 헌법소원심판 청구가 적법하기 위해서는 당해 사건에 적용될 법률이 헌법

헌재가 명시적으로 이를 폐지하지는 않았다.

(다) 재판의 내용과 효력에 관한 법률적 의미가 달라지는 경우(c)[19] [20]

92헌가8 결정은 재판의 내용과 효력에 관한 법률적 의미가 달라지는 경우로서 재판의 전제성이 인정된 사례이다. 그러나, 아래의 2015헌가27 결정으로 사실상 폐기되었다고 보인다.

	헌재 1992. 12. 24. 92헌가8(종전? 폐지되지 않았으나 실질적으로 폐지? 아래 2015헌가27 참고)
사안	피고인들은 강도상해 및 특수강도의 죄로 구속, 기소됨 → 피고인들은 위 법원의 제1회 공판기일에 위 공소사실을 모두 자백 → 공판절차를 거친 후 검사로부터 각 징역 장기 10년, 단기 7년의 형의 해당한다는 취지의 의견진술을 받았음 → 제청법원은 피고인들에 대한 판결을 함에 있어서 형사소송법 제331조 단서의 규정이 헌법에 위반되는지 여부가 위 피고인들에 대한 재판의 전제가 된다고 보아 위헌법률심판을 제청함
심판의 대상	형사소송법(1954. 9. 23. 제정, 법률 제341호) 제331조 단서 : "무죄, 면소, 형의 면제, 형의 선고유예, 형의 집행유예, 공소기각 또는 벌금이나 과료를 과하는 판결이 선고된 때에는 구속영장은 효력을 잃는다. 단 검사로부터 사형, 무기 또는 10년 이상의 징역이나 금고의 형에 해당한다는 취지의 의견진술이 있는 사건에 대하여는 예외로 한다."
판단	위 규정이 위헌으로 법적 효력이 상실된다면 이 법 제331조 본문의 규정이 적용되어 제청법원이 무죄 등의 판결을 선고하게 될 경우에 그 판결의 선고와 동시에 구속영장의 효력을 상실시키는 재판의 효력을 가지게 되며, 이와는 달리 이 단서 규정이 합헌으로 선고되면 법원의 판결만으로는 구속영장의 효력을 상실시키는 효력을 갖지 못하게 되는 결과가 된다. 이는 재판의 밀접 불가결한 실질적 효력이 달라지는 구속영장의 효력에 관계되는 것이어서 재판의 내용이나 효력 중에 어느 하나라도 그에 관한 법률적 의미가 전혀 달라지는 경우에 해당하는 것이므로 재판의 전제성이 인정된다.[21]

에 위반되는지 여부가 재판의 전제가 되어야 하고, 여기에서 재판의 전제가 된다는 것은 그 법률이 당해 사건에 적용될 법률이어야 하며, 그 위헌 여부에 따라 재판의 주문이 달라지거나 재판의 내용과 효력에 관한 법률적 의미가 달라지는 경우를 말한다."(헌재 2012. 4. 24. 2009헌바417)

19 '재판의 내용과 효력에 관한 법률적 의미가 달라지는 경우'는 재판에 일단 '적용'되지는 않는 경우라 할 것이고, 이런 의미에서 재판의 전제성에 관한 헌재의 일반론은 논리적으로 틀린 것이다. 私見으로, 그러한 한도 내에서 '적용'되는 조항이어야 한다는 것을 엄격한 요건으로 보는 것은 무의미하고, 도리어 혼란을 일으킬 우려가 크다고 본다. '적용'되지는 않음에도 불구하고 재판전제성이 인정되는 경우가 있기 때문이다.

20 정주백. "재판의 전제성 중 '재판이 가지는 법적 의미를 달리하는 경우'라는 요건의 필요성", 『법학연구』 제27권 제1호, 충남대, 2016, 37-69 참고.

21 이 사건에서 '적용되는지 여부'는 판단하지 않으면서 재판의 전제성을 인정하였다.

헌재 2015. 12. 23. 2015헌가27(새로운 판례, 同旨 2016. 3. 31. 2015헌가8)

사안	피고인은 피해자가 운전하는 택시를 타고 가다가 오른손으로 피해자의 가슴 부위를 2~3회 만져 강제추행하였다는 혐의로 기소되었다.
법원의 제청 이유	가. 심판대상조항에 따르면 피고인에 대하여 유죄판결이 확정되는 경우 피고인은 당연히 신상정보 등록대상자가 되어 신상정보 제출의무를 부담한다. 따라서 법원이 선고하는 유죄판결에는 실질적으로 신상정보 등록대상자로서 신상정보 제출의무를 부과하는 효력이 있다. 심판대상조항의 위헌 여부에 따라 신상정보 등록대상자가 되는지 여부, 신상정보 제출의무를 부담하는지 여부가 달라지므로, <u>재판의 결론인 판결의 주문이 달라지지는 않는다 하더라도 유죄판결의 실질적 효력에 차이가 있게 되어 위헌법률심판제청의 적법요건으로서 재판의 전제성이 있다.</u>
심판의 대상	성폭력범죄의 처벌 등에 관한 특례법(2012. 12. 18. 법률 제11556호로 전부개정된 것) 제42조(신상정보 등록대상자) ① 제2조 제1항 제3호·제4호, 같은 조 제2항(제1항 제3호·제4호에 한정한다), 제3조부터 제15조까지의 범죄 및 「아동·청소년의 성보호에 관한 법률」 제2조 제2호의 범죄(이하 "등록대상 성범죄"라 한다)로 <u>유죄판결이 확정된 자</u> 또는 같은 법 제49조 제1항 제4호에 따라 공개명령이 확정된 자는 신상정보 등록대상자(이하 "등록대상자"라 한다)가 된다.(단서 생략)
판단	<u>심판대상조항은 일정한 성폭력 범죄로 유죄판결이 확정된 자를 신상정보 등록대상자로 정하고 있고, 당해 사건은 신상정보등록의 요건인 성폭력범죄에 대한 형사재판절차이다. 따라서 심판대상조항은 당해 사건에 적용되는 법률이라고 할 수 없다.</u> 법원은 피고인에게 신상정보 등록대상인 사실 및 신상정보 제출의무가 있음을 고지하여야 하고 실무상 이를 판결이유에 기재하는 방식으로 고지하기도 하나, 그 기재는 판결문의 필수적 기재사항이 아니고 판결의 내용이나 효력에 영향을 미치는 법률적 의미가 있는 것이 아니므로, 심판대상조항의 위헌 여부에 따라 재판의 내용이나 효력에 관한 법률적 의미가 달라지지 아니한다. 따라서 심판대상조항은 재판의 전제성이 없다. (재판의 전제성이 인정된다는 반대의견 있음)

헌재 1993. 11. 25. 92헌바39 [형사재심과 재판의 전제성]

결정	원 판결에 적용된 법률조항이 헌법에 위반된다고 재심을 청구한 사건에서 그 주장하는 사유가 형사소송법 제420조가 정한 재심사유의 그 어느 것에도 해당되지 아니한다는 이유로 재심청구가 기각된 경우에는 그 법률조항은 당해 재심사건에 적용할 법률조항이라 볼 수 없으므로 그 재판의 전제성이 없고 따라서 부적법하다고 할 것이다.
검토	일단 재심개시사유가 있어서 재심이 개시된 이후에 적용될 법률조항에 대해, 재심사유가 없다는 이유로 기각된 경우라면, 재심본안에 적용될 법률조항에 대해서는 재판이 전제성이 인정되지 않는다는 것이 종래의 판례와 이론이었다. 그런데, 아래의 2017모107 결정으로 인하여 형사판결에 관한 재판의 전제서 이론이 크게 변화할 수밖에 없을 것으로 보인다. 그 요지는, 재심본안에 적용될 법률조항(또는 대통령령)이 위헌으로 되면, 재심개시사유가 있는 것으로 된다는 것이다. 즉, 본안에 적용될 법률 또는

명령이 위헌이라고 주장하면서 재심을 청구하면, 그 위헌 여부를 심사하여 위헌이면 재심개시사유가 된다는 것이다. 물론, 아래 판례의 사안은 법률이 아니어서 대법원이 위헌 여부를 심사하고 위헌이라 판단한 후 재심개시 결정을 한 것이다. 법률이면 당연히 법원이 위헌법률심판제청을 하거나, 당사자가 헌재법 제68조 제2항에 따라 헌법소원을 제기할 것이다. 그 결론에 따라 재심개시 여부에 관한 재판의 결론이 달라질 것이다.

대법원 2018. 12. 28. 2017모107 결정

경위	가. 1980. 5. 17. 비상계엄이 전국으로 확대되었고, 1980. 8. 4. 구 계엄법(1981. 4. 17. 법률 제3442호로 전부 개정되기 전의 것, 이하 '구 계엄법'이라고 한다) 제13조에서 정한 계엄사령관의 조치로서 계엄포고 제13호(이하 '이 사건 계엄포고'라고 한다)가 발령되었다. 나. 피고인은 이 사건 계엄포고에 의해 불량배로 검거되어 근로봉사 중 지정 지역을 무단이탈하였다는 계엄법 위반의 공소사실로 기소되어 제1군단계엄보통군법회의에서 1980. 12. 23. 징역 10월을 선고받아(이하 '재심대상판결'이라고 한다) 항소하였고, 육군고등군법회의에서 1981. 2. 17. 항소기각 판결을 선고받았으며, 그 무렵 재심대상판결이 확정되었다. 다. 피고인은 2015. 12. 30. 이 사건 계엄포고가 위헌·무효라고 주장하며 부산지방법원에 이 사건 재심청구를 하였다. 라. 제1심법원은 이 사건 재심청구가 법률상 방식을 위반하였다는 이유로 기각하였으나, 원심법원은 이 사건 계엄포고가 구 계엄법 제13조의 요건을 갖추지 못한 채 발령되었고, 헌법이 보장하는 신체의 자유와 거주·이전의 자유, 영장주의에 반하여 위헌·무효이므로 형사소송법 제420조 제5호에서 정한 재심사유가 있다고 보아, 제1심결정을 취소하고 환송하는 결정을 하였다. 이에 대하여 검사가 재항고하였다.
판단	형사소송법 제420조 제5호는 재심사유의 하나로 "유죄의 선고를 받은 자에 대하여 무죄 또는 면소를, 형의 선고를 받은 자에 대하여 형의 면제 또는 원판결이 인정한 죄보다 경한 죄를 인정할 명백한 증거가 새로 발견된 때"를 규정하고 있다. 여기에서 무죄 등을 인정할 '증거가 새로 발견된 때'라 함은 재심대상이 되는 확정판결의 소송절차에서 발견되지 못하였거나 또는 발견되었다 하더라도 제출할 수 없었던 증거로서 이를 새로 발견하였거나 비로소 제출할 수 있게 된 때는 물론이고, 형벌에 관한 법령이 당초부터 헌법에 위반되어 법원에서 위헌·무효라고 선언한 때에도 역시 이에 해당한다. 이 사건 계엄포고는 벌칙조항인 구 계엄법 제15조에서 정한 '제13조의 규정에 의하여 취한 계엄사령관의 조치'에 해당하여 형벌에 관한 법령의 일부가 되고, 앞에서 살펴보았듯이 당초부터 위헌·무효라고 인정되므로, 이 사건 계엄포고 위반행위를 유죄로 인정한 재심대상판결에는 형사소송법 제420조 제5호가 정한 재심사유가 있다. 이와 같은 이유로 재심대상판결에 재심사유가 있다고 본 원심판단에는 재항고이유 주장과 같이 형사소송법 제420조 제5호의 재심사유에 관한 법리를 오해하여 재판에 영향을 미친 잘못이 없다.

헌재 2006. 11. 30. 2005헌바55
[쟁송기간이 경과되어 불가쟁력이 발생한 행정처분에 대해 무효확인의 소를 제기한 경우, 否認]

(1) 헌법재판소법 제68조 제2항에 의한 헌법소원에 있어서는 법률이 헌법에 위반되는지 여부가 당해 사건의 재판의 전제로 되어야 하고, 이 경우 재판의 전제가 된다고 하려면 그 법률이 당해 사건 재판에서 적용되는 법률이어야 하고 그 법률의 위헌 여부에 따라 재판의 주문이 달라지거나 재판의 내용과 효력에 관한 법률적 의미가 달라져야 한다.

(2) 한편, 법률에 근거하여 행정처분을 한 후에 헌법재판소가 그 행정처분의 근거가 된 법률을 위헌으로 결정하였다면 결과적으로 행정처분은 법률의 근거가 없이 행하여진 것과 마찬가지가 되어 하자가 있는 것이 된다고 할 것이나, 하자있는 행정처분이 당연무효가 되기 위해서는 그 하자가 중대할 뿐만 아니라 명백한 것이어야 하는데, 일반적으로 법률이 헌법에 위반된다는 사정이 헌법재판소의 위헌 결정이 있기 전에는 객관적으로 명백한 것이라고 할 수는 없으므로 특별한 사정이 없는 한 이러한 하자는 당연무효사유는 아니고 단지 행정처분의 취소사유에 해당할 뿐이다.

그런데 청구인들은 2001. 10. 9.과 2002. 7. 10. 및 2002. 7. 12.에 이루어진 이 사건 각 처분에 대한 쟁송기간이 경과된 뒤에 그에 대한 무효확인소송을 제기하였다. 이와 같이 쟁송기간이 경과된 뒤에는 행정처분의 근거법규가 위헌임을 이유로 무효확인소송 등을 제기하더라도 행정처분의 효력에는 영향이 없음이 원칙이라 할 것이므로, 이미 쟁송기간이 경과되어 불가쟁력이 발생한 이 사건 각 처분의 근거법률인 이 사건 법률조항의 위헌 여부에 따라 당해 사건 재판의 주문이 달라지거나 재판의 내용과 효력에 관한 법률적 의미가 달라진다고 볼 수 없다.

그렇다면 이 사건 법률조항의 위헌 여부는 당해 사건의 재판의 전제로 되지 아니한다.[22]

헌재 2010. 2. 25. 2009헌바239
[부당이득반환청구 소송 계속 중 처분의 근거되는 법률조항, 否認]

헌법재판소법 제68조 제2항에 의한 헌법소원에서는 일반법원에 계속 중인 구체적 사건에 적용할 법률이 헌법에 위반되는지 여부가 당해 사건의 재판의 전제로 되어야 한다. 우선 그 법률이 당해 사건에 적용될 법률이어야 하고, 그 법률의 위헌 여부에 따라 재판의 주문이 달라지거나 재판의 내용과 효력에 관한 법률적 의미가 달라져야 한다.

2009헌바239 사건의 청구인은 당해 사건에서 서울 강남구청장이 2007. 10. 2.에 한 기반시설부담금 부과처분에 따라 납부한 기반시설부담금 상당액을 부당이득으로 반환청구하고 있다. 당해 소송사건의 재판에 직접 적용되는 법률은 민법 제741조라고 할 것이나, 당해 사건의 재판에 직접 적용되지는 않더라도 그 위헌 여부에 따라 당해 사건의 재판에 직접 적용되는 법률조항의 위헌 여부가 결정되거나 당해 사건 재판의 결과가 좌우되는 경우 등과 같이 양 규범 사이에 내적 관련이 있는 경우에는 간접 적용되는 법률규정에 대하여도 재판의 전제성을 인정할 수 있다. 법 제3조, 제10조는 서울 강남구청장의 위 기반시설부담금

---

22 다만, 거의 원용되지 않지만, 아래와 같은 판례도 있다. 특별한 경우, 위헌으로 결정된 법률에 기한 처분이 무효로 될 수 있다는 내용이다. "행정처분 자체의 효력이 쟁송기간 경과 후에도 존속 중인 경우, 특히 그 처분이 위헌법률에 근거하여 내려진 것이고 그 행정처분의 목적달성을 위하여서는 후행(後行) 행정처분이 필요한데 후행 행정처분은 아직 이루어지지 않은 경우, 그 행정처분을 무효로 하더라도 법적 안정성을 크게 해치지 않는 반면에 그 하자가 중대하여 그 구제가 필요한 경우에 대하여서는 그 예외를 인정하여 이를 당연무효사유로 보아서 쟁송기간 경과 후에라도 무효확인을 구할 수 있는 것이라고 봐야 할 것이다."(헌재 1994. 6. 30. 92헌바23)

부과처분의 근거법률이므로, 당해 사건에 직접 적용되는 법률인 민법 제741조와 내적 관련이 있다고 할 것이다. 따라서 재판 계속 중일 것, 당해 사건 재판에 적용할 법률일 것 요건은 충족하고 있다.

행정처분이 위법하더라도 하자가 중대하고 명백하여 당연무효라고 보아야 할 사유가 있는 경우를 제외하고는 그 하자를 이유로 무단히 그 효과를 부정하지 못한다. 행정처분의 하자가 취소사유에 불과한 때에는 취소되지 않는 한 그 행정처분이 계속 유효하다고 할 것이므로 민사소송절차에서 부당이득반환청구를 심리하는 법원이 행정처분의 효력을 부인하고 행정처분에 따라 부과·징수한 조세나 부담금 등의 금원을 법률상 원인 없는 이득이라고 판단할 수 없다.

행정청이 행정처분을 한 후에 헌법재판소가 그 근거법률을 위헌으로 결정한 경우에도, 결과적으로 그 행정처분은 법률의 근거가 없이 행하여진 것과 마찬가지가 되어 하자 있는 것이 되기는 하지만, 일반적으로 법률이 헌법에 위반된다는 사정이 헌법재판소의 위헌 결정이 있기 전에는 객관적으로 명백한 것이라고 할 수는 없으므로 특별한 사정이 없는 한 이러한 하자는 행정처분의 취소사유에 해당할 뿐 당연무효사유는 아니다.

따라서 법 제3조, 제10조에 대하여 위헌 결정이 선고된다 하더라도, 이는 특별한 사정이 없는 한 서울 강남구청장의 위 기반시설부담금 부과처분을 당연무효로 하는 사유가 아니고 다만 취소할 수 있는 사유에 해당한다고 보아야 할 것인데, 위 기반시설부담금 부과처분의 취소소송을 제기할 수 있는 기간은 이미 도과되어 더 이상 이를 다툴 수 없다.[23]

그렇다면 청구인 김○경이 심판청구한 2009헌바239 사건의 당해 사건 법원은 법 제3조, 제10조에 대하여 위헌 결정이 선고되더라도 기반시설부담금 부과처분의 효력을 부인하고 이미 납부된 기반시설부담금 상당액을 법률상 원인 없는 이득이라고 판단할 수 없으므로, 2009헌바239 사건의 당해 사건은 법 제3조, 제10조의 위헌 여부에 따라 주문이 달라지거나 재판의 내용과 효력에 관한 법률적 의미가 달라지는 경우에 해당한다고 할 수 없다. 따라서 청구인 김○경의 심판청구 중 구 '기반시설부담금에 관한 법률'(2006. 1. 11. 법률 제7848호로 제정되고, 2007. 10. 17. 법률 제8663호로 개정되기 전의 것) 제3조, 제10조 부분은 재판의 전제성 요건을 갖추지 못하였으므로 부적법하다.

헌재 2011. 3. 31. 2009헌바286 [손해배상과 재판의 전제성]

사건의 개요	청구인은 변호사로, 법률사건의 수임에 관하여 소개·알선 또는 유인의 대가로 금품을 제공하거나 제공하기로 약속하는 등 변호사법 위반으로, 벌금 3천만 원의 판결을 선고받고 확정되었다. 이에 청구인은 자신을 기소한 검사가 권한을 남용하여 위법한 수사를 하였다며, 검사와 국가를 상대로 손해배상 청구소송을 제기하였으나 기각되고, 이에 항소를 제기한 후 유죄판결의 근거가 된 변호사법 조항에 대하여 위헌제청 신청을 하였으나 기각되자, 헌법소원심판을 청구하였다.

---

23 "조세의 과오납이 부당이득이 되기 위하여는 납세 또는 조세의 징수가 실체법적으로나 절차법적으로 전혀 법률상의 근거가 없거나 과세처분의 하자가 중대하고 명백하여 당연무효이어야 하고, 과세처분의 하자가 단지 취소할 수 있는 정도에 불과할 때에는 과세관청이 이를 스스로 취소하거나 항고소송절차에 의하여 취소되지 않는 한 그로 인한 조세의 납부가 부당이득이 된다고 할 수 없다."(대법원 1994. 11. 11. 94다28000 판결; 대법원 1987. 7. 7. 87다카54 판결)

심판의 대상	변호사법 제34조(변호사 아닌 자와의 동업금지 등) ② 변호사 또는 그 사무직원은 법률사건 또는 법률사무의 수임에 관하여 소개·알선 또는 유인의 대가로 금품·향응 기타 이익을 제공하거나 이를 약속하여서는 아니 된다. 제109조(벌칙) 다음 각 호의 1에 해당하는 자는 7년 이하의 징역 또는 5천만 원 이하의 벌금에 처하거나 이를 병과할 수 있다. 2. 제33조 또는 제34조의 규정에 위반한 자
판단	당해 사건은 수사검사의 불법행위를 이유로 검사와 국가에 대하여 손해배상을 청구하는 것이므로, 그러한 손해배상의무의 존부는 이 사건 법률조항이 헌법에 위반되는지 여부와는 관계없이 당해 사건에서의 사실인정에 달린 문제로서, 이 사건 법률조항은 당해 사건에 적용될 법률이 아니고, 이 사건 법률조항이 헌법에 위반되는지 여부는 당해 사건의 재판에 문제가 되지 않거나 당해 사건과 관계가 없는 것이다. 다만, 청구인의 주장 가운데 검사가 명확성원칙에 반하는 이 사건 법률조항을 적용하여 기소함으로써 불법행위를 저질렀다는 취지로 선해할 수 있는 부분에 한해서는 이 사건 법률조항이 당해소송의 재판에 적용되는 것으로 볼 여지가 있다. 그러나, 법률이 헌법에 위반되는지 여부는 헌법재판소의 위헌 결정이 있기 전까지는 객관적으로 명백한 것이라 할 수 없어, 이를 심사할 권한이 없는 공무원으로서는 그 법률을 적용할 수밖에 없고, 따라서 법률에 근거한 행정처분이 사후에 그 처분의 근거가 되는 법률이 헌법에 위반된다고 선언되어 결과적으로 위법하게 집행된 처분이 된다 할지라도, 이에 이르는 과정에 있어 공무원에게 고의 또는 과실이 있다고 단정할 수 없는 것이므로, 그 법률이 헌법에 위반되는지 여부는 공무원의 손해배상책임이 성립할지 여부에 아무런 영향을 미치지 못한다. 결국, 이 사건 법률조항은 당해 사건에 직접 적용되지 않거나, 적용된다 하더라도 법원이 다른 내용의 재판을 하게 되는 경우에 해당하지 아니하므로, 이 사건 심판청구는 재판의 전제성이 인정되지 아니하여 부적법하다.

[참고] 재판의 전제성 문제에 관한 심화 검토

《약속》
- 구체적인 사건이 법원에 계속 중일 것 → A
- 위헌 여부가 문제되는 법률이 당해 소송사건의 재판에 적용되는 것일 것 → B
- 그 법률이 헌법에 위반되는지의 여부에 따라 당해 사건을 담당하는 법원이 다른 내용의 재판을 하게 될 것 → C
- 법원이 심리 중인 당해 사건의 재판의 결론이나 주문에 어떤 영향을 줄 것 → a
- 재판의 결론을 이끌어 내는 이유를 달리하는 데 관련되어 있을 것 → b
- 재판의 내용과 효력에 관한 법률적 의미가 달라질 것 → c

《재판의 전제성》
재판의 전제성을 충족하기 위해서는, A, B, C 요건을 충족하여야 한다.
A∩B∩C
그런데 C, 즉 다른 내용의 재판을 하게 된다는 것은, a, b, c 중 어느 하나만 충족하면 족하다.

a∪b∪c

양자를 결합하면, {A∩B∩C(a)}∪{A∩B∩C(b)}∪{A∩B∩C(c)}

《의문》

① C(c)의 경우, B를 충족하는 경우가 있는가?

→ 없다. 즉, 재판의 내용과 효력에 관한 법률적 의미가 달라지는 경우는, 위헌 여부가 문제되는 법률이 당해 재판에 적용되지 않는 경우이다. 양자를 동시에 만족시키는 경우는 없다. 92헌가8 결정의 경우, C(c)만 언급하면서 재판의 전제성이 인정된다고 판시하였으나, 2015헌가27 결정에서 B를 충족하는지 살펴 보겠다고 하였고, B가 충족되지 않는다는 이유로 재판의 전제성을 부정하였다. 이 입장을 관철하면, {A∩B∩C(c)}로서 재판의 전제성이 인정되는 경우는 존재하지 않는다.

② C(a)의 경우 B가 부인될 수 있는가?

→ 그런 경우는 없다. 즉, 문제되는 법률의 위헌 여부가 법원이 심리 중인 당해 사건의 재판의 결론이나 주문에 어떤 영향을 줌에도 불구하고, 당해 재판에 적용되지 않는다는 이유로 각하된 예는 없다. 다른 한편, 적용되나 당해 사건의 재판의 결론이나 주문에 어떤 영향을 미치지 않는다는 이유로 각하된 예도 없다. 헌재 2005헌바101 결정[24]은 C(a)가 충족되면 B가 충족된다는 입장이다.

③ C(b)가 유의미한가?

→ 결론이나 주문이 달라지지 않으면서 이유의 구성만 달라지는 것은 무의미하다. 최근에 이를 누락하는 판시도 많다.

④ 구체적 규범통제 절차에서 C(c)가 유의미한가?

→ 무의미하다. 당해 사건에 적용되지도 않는 법률 조항에 대해 위헌 결정을 받아, 재심을 청구한다는 것은 무의미하다. 다만, 다른 절차로 위헌 여부를 다툴 수 없다면, 이를 인정할 실익이 있을 것이나, 그렇지도 않다. 예를 들어 재판으로 인해 기본권이 침해되었다고 주장하면서 헌마소원을 제기할 수 있다(헌재 1990. 6. 25. 89헌마220).

《결론》

(i) (A∩C(a)만 검토하면 족하다.

(ii) {A∩B∩C(b)}는 이론적으로 무의미할 뿐만 아니라, 최근 헌재 결정에서도 이를 누락하고 있다.
→ 헌재 2012. 4. 24. 2009헌바417

(iii) {A∩B∩C(c)}를 만족시키는 경우는 없다. → 헌재 2015. 12. 23. 2015헌가27

(iv) C(a)가 충족되면, B가 충족되었다는 것이 판례이다. → 헌재 2001. 10. 25. 2000헌바5

재판의 전제성을 검토함에 있어서 어떤 경우로든 당해 법률조항이 위헌으로 결정되면 다른 내용의 재판을 하게 될 것인가[C(a)]만 검토하면 결론을 낼 수 있다. 이 경우 적용되는가 여부는 직접 적용된다고 하기 애매하면 간접적으로 적용된다고 설명하면 족하다. 요컨대, 재판의 전제성을 검토함에 있어서 적용되는가 여부에 고민할 필요가 없고, C(c)에 해당되는 경우는 당해 법률조항이 재판에 적용되지 아니하므로 재판의 전제성이 인정되지 않는다고 설시하면 족하다. C(b)에 해당하는 사례 자체가 거의 없다. 무시하여도 좋다.

---

24 '당해 법률조항은 당해 사건에 직접 적용되는 법률규정이라 할 수는 없으나, (… 중략 …) 당해 사건의 재판에 영향을 미칠 가능성이 있으므로, 재판의 전제성을 인정할 수 있다.'(헌재 2009. 4. 30. 2005헌바101)

라. 기타

기본권 침해를 전제로 하지 않는다. 헌바소원도 마찬가지다. 그러므로 기본권 주체만이 위헌법률심판제청을 신청할 수 있는 것은 아니다.

헌재 2008. 4. 24. 2004헌바44 [온천법 사건]

"헌법재판소법 제68조 제2항에 의한 헌법소원심판은 구체적 규범통제의 헌법소원으로서, 구체적인 사건에 관하여 법률의 위헌 여부가 재판의 전제로 되었을 경우에 헌법재판소법 제41조 제1항의 규정에 의한 법률의 위헌여부심판의 제청을 신청하였다가 기각당한 당사자가 그 법률의 위헌 여부를 심판받기 위하여 청구하는 것이어서 헌법재판소법 제68조 제1항에 규정된 헌법소원과는 그 심판청구의 요건과 대상이 다르다. 헌법재판소법 제68조 제2항은 기본권의 침해가 있을 것을 그 요건으로 하고 있지 않을 뿐만 아니라 청구인적격에 관하여도 '법률의 위헌여부심판의 제청신청이 법원에 의하여 기각된 때에는 그 신청을 한 당사자'라고만 규정하고 있는바, 위 '당사자'는 행정소송을 포함한 모든 재판의 당사자를 의미하는 것으로 새겨야 할 것이고, 행정소송의 피고인 행정청만 위 '당사자'에서 제외하여야 할 합리적인 이유도 없다.
행정청이 행정처분 단계에서 당해 처분의 근거가 되는 법률이 위헌이라고 판단하여 그 적용을 거부하는 것은 권력분립의 원칙상 허용될 수 없지만, 행정처분에 대한 소송절차에서는 행정처분의 적법성·정당성뿐만 아니라 그 근거 법률의 헌법적합성까지도 심판대상으로 되는 것이므로, 행정처분에 불복하는 당사자뿐만 아니라 행정처분의 주체인 행정청도 헌법의 최고규범력에 따른 구체적 규범통제를 위하여 근거 법률의 위헌 여부에 대한 심판의 제청을 신청할 수 있고 헌법재판소법 제68조 제2항의 헌법소원을 제기할 수 있다고 봄이 상당하다."[25]

나아가 제청신청인의 권리에 어떤 영향을 주는지와 무관하다.

헌재 1990. 6. 25. 89헌가98

"헌법재판소에 판단을 구하여 제청한 법률조문의 위헌 여부가 현재 제청법원이 심리 중인 당해 사건의 재판결과 즉 재판결론인 주문에 어떠한 영향을 준다면 그것으로서 재판의 전제성이 성립되어 제청결정은 적법한 것으로 취급될 수 있는 것이고 제청신청인의 권리에 어떠한 영향이 있는가 여부는 헌법소원심판사건이 아닌 위헌법률심판 사건에 있어서 그 제청 결정의 적법 여부를 가리는 데 무관한 문제"이다.

마. 헌법적 해명

예외적으로 재판의 전제성이 인정되지 않는 경우에도 본안 판단을 한 경우가 있다.

헌재 1993. 12. 23. 93헌가2

---

25 헌재 2008. 5. 29. 2006헌바5[우체국예금 사건]도 같은 취지. 이 사건의 경우 서울특별시가 청구인이다. 행정청이 헌마소원을 제기할 수는 없으나, 헌바소원은 제기할 수 있다는 점을 확인해 둘 필요가 있다.

"위헌심판제청된 법률조항에 의하여 침해되는 기본권이 중요하여 동 법률조항의 위헌 여부의 해명이 헌법적으로 중요성이 있는데도 그 해명이 없거나, 동 법률조항으로 인한 기본권의 침해가 반복될 위험성이 있는데도 좀처럼 그 법률조항에 대한 위헌심판의 기회를 갖기 어려운 경우에는 위헌제청 당시 재판의 전제성이 인정되는 한 당해 소송이 종료되었더라도 예외적으로 헌법질서의 수호·유지를 위하여 심판의 필요성을 인정하여 적극적으로 그 위헌 여부에 대한 판단을 하는 것이 헌법재판소의 존재이유에도 부합하고 그 임무를 다하는 것이 된다."

5. 심사기준

모든 헌법규정이 심사기준으로 된다(헌법 제107조 제1항, 헌재법 제41조 제1항 참조). 여기에는 관습헌법도 포함된다(헌재 2004. 10. 21. 2004헌마554). 헌마소원의 경우 기본권 조항만 심사기준으로 되는 것(헌재법 제68조 제1항)과 비교된다.

현행 헌법이 심사 기준으로 된다(헌재 2013. 3. 21. 2010헌바132[긴급조치 사건]). 유신헌법 하의 긴급조치가 문제되었는데, 그 긴급조치의 위헌 여부는 현행헌법을 적용하여 심사하여 한다고 판시하였다.

당사자 또는 법원의 주장에 구속되지 않는다(헌재 2000. 4. 27. 98헌가16). 당해 사건의 당사자 이외의 다른 관련자에 대한 효과를 고려할 수 있다(헌재 1996. 12. 26. 96헌가18[자도 소주 사건])

조약이나 일반적으로 승인된 국제법규는 위헌심사의 기준으로 될 수 없다(헌재 2005. 10. 27. 2003헌바50). 도리어 심사의 대상이 된다.

> **헌재 2013. 11. 28. 2012헌마166**
> 우리 헌법 제6조 제1항, 헌법 부칙 제5조에 의하면 우리 헌법은 조약에 대한 헌법의 우위를 전제하고 있으며, 헌법과 동일한 효력을 가지는 이른바 헌법적 조약을 인정하지 아니한다. 한미자유무역협정의 경우, 헌법 제60조 제1항에 의하여 국회의 동의를 필요로 하는 우호통상항해조약의 하나로서 법률적 효력이 인정되므로, 규범통제의 대상이 됨은 별론으로 하고, 그에 의하여 성문헌법이 개정될 수는 없다.

6. 위헌 결정의 효력[26]

가. 시적 범위[27]

(1) 비형벌조항

위헌으로 결정된 법률 또는 법률의 조항은 그 결정이 있는 날[28]부터 효력을 상실한다. 법률에 대한 위헌 결정의 가장 원칙적인 효력이다.

법원의 제청이나 헌법소원청구를 통하여 헌법재판소에 법률의 위헌 결정을 위한 계기를 부여한 당해 사건, 위헌 결정이 있기 전에 이와 동종의 위헌 여부에 관하여 헌법재판소에 위헌제청을 하였거나 법원에 위헌제청신청을 한 경우의 동종 사건,[29] 따로 위헌제청신청을 하지는 아니하였지만 당해 법률 또는 법률의 조항이 재판의 전제가 되어 법원에 계속 중인 병행 사건에 대해서는 대법원과 헌재 모두 위헌결정의 소급효를 인정한다.[30]

여기에 더해 헌재는 '당사자의 권리구제를 위한 구체적 타당성의 요청이 현저한 반면에 소급효를 인정하여도 법적 안정성을 침해할 우려가 없고 나아가 구법에 의하여 형성된 기득권자의 이득이 해쳐질 사인이 아닌 경우로서 소급효의 부인이 오히려 정의와 평등 등 헌법적 이념에 심히 배치되는 때'에도 소급효를 인정한다(헌재 2000. 8. 31. 2000헌바6). 구체적으로 어느 때가 이러한 경우에 해당하는지는, 법원이 판단하여야 한다는 것이 헌재의 입장이다(헌재 1993. 5. 13. 92헌가10[소급효 사건]).

대법원은 헌법재판소의 위헌 결정의 효력은 위헌 결정 이후에 위와 같은 이유로 제소된 일반 사건에도 미친다고 본다(대법원 1993. 1. 15. 92다12377 판결). 다만, 이와 같이 확장된 소급효를 행정처분의 확정력이나 기판력, 법적 안정성 및 신뢰보호[31]로써

---

26 헌재 1993. 5. 13. 92헌가10 참조.

27 대법원 1971. 6. 22. 70다1010 판결. "법원은 법률, 명령, 규칙 또는 그 법률 등의 조항의 위헌 결정의 효력은 그 법률 등을 무효화 하는 것이 아니고 다만 구체적 사건에 그 법률, 명령, 규칙 또는 그 일부 조항의 적용을 거부함에 그치는 것"과 비교해 둘 필요가 있다. 즉 법원에서 명령, 규칙에 대하여 위헌결정을 하더라도, 당해사건에 적용되지 아니할 뿐, 명령, 규칙이 그 효력을 상실하는 것은 아니다. 위 판결이 있었던 1971년 당시에는 법원에서 법률에 대한 위헌심사를 하였기 때문에 판결문에 '법률'도 언급되어 있다.

28 헌법재판소,『헌법재판실무제요(제2판)』, 182는 위헌결정이 있는 날의 0시부터 효력을 상실한다고 본다.

29 동종사건은 그 내용상 병행사건에 모두 포섭된다.

30 헌재에 계속 중인 사건에 대해서도 미친다는 판례로, 2011. 8. 30. 2008헌마343.

31 대법원 2005. 11. 10. 2005두5628 판결: "위헌 결정 이후 제소된 일반 사건인 이 사건에 대하여 위헌 결정의 소급효를 인정할 경우 그로 인하여 보호되는 원고의 권리구제라는 구체적 타당성 등의 요청에 비하여 종래의 법령에 의하여 형성된 공무원의 신분관계에 관한 법적 안정성과 신뢰보호의 요청이 현저하게 우월하므로 이

제한한다. 일반 사건에 대한 소급효의 예외라 할 수 있다.

> **대법원 1994. 10. 28. 92누9463 판결 [확정력]**
>
> "위헌결정의 소급효가 인정된다고 하여 위헌인 법률에 근거한 행정처분이 당연무효가 된다고는 할 수 없고 오히려 이미 취소소송의 제기기간을 경과하여 확정력이 발생한 행정처분에는 위헌 결정의 소급효가 미치지 않는다고 보아야 할 것이므로, 어느 행정처분에 대하여 그 행정처분의 근거가 된 법률이 위헌이라는 이유로 무효확인청구의 소가 제기된 경우에는 다른 특별한 사정이 없는 한 법원으로서는 그 법률이 위헌인지 여부에 대하여는 판단할 필요 없이 위 무효확인청구를 기각하여야 할 것이다."[32]

> **대법원 1993. 4. 27. 92누9777 판결 [기판력]**
>
> "원고가 앞서 제기한 이 사건 과세처분의 취소소송에서 원고의 청구가 기각된 확정판결의 기판력은 같은 원고가 또 다시 그 과세처분의 무효확인을 구하는 이 사건 소송에도 미친다고 볼 것이다. 따라서 원심으로서는 이 사건 과세처분의 무효확인청구가 기판력에 저촉된다는 당사자의 주장이 없더라도 직권으로 이를 심리 판단하여 기각하여야 할 것이고 이와 같은 경우에는 그 과세처분의 근거가 된 상속세법 제29조의4 제2항이 위헌인지의 여부는 이 사건 재판의 전제가 될 수도 없는 것이므로 위 조항에 대한 원고의 위헌제청신청이 있더라도 이를 기각하고 이 사건 재판이 기판력에 저촉됨을 들어 원고의 청구를 기각하였어야 할 것이다."

위의 확정력에 의해 소급효가 제한된다는 말은, 위헌으로 결정된 법률에 기한 처분의 하자가 취소사유에 해당될 뿐이라는 것을 전제로 한다. 무효사유가 아니라는 것이다. 이 점은 무척 중요하다.

> **대법원 1994. 10. 28. 92누9463 판결**
>
> "법률에 근거하여 행정처분이 발하여진 후에 헌법재판소가 그 행정처분의 근거가 된 법률을 위헌으로 결정하였다면 결과적으로 위 행정처분은 법률의 근거가 없이 행하여진 것과 마찬가지가 되어 하자가 있는 것이 된다고 할 것이다. 그러나 하자 있는 행정처분이 당연무효가 되기 위하여는 그 하자가 중대할 뿐만 아니라 명백한 것이어야 하는데, 일반적으로 법률이 헌법에 위반된다는 사정이 헌법재판소의 위헌 결정이 있기 전에는 객관적으로 명백한 것이라고 할 수는 없으므로 헌법재판소의 위헌 결정 전에 행정처분의 근거되는 당해 법률이 헌법에 위반된다는 사유는 특별한 사정이 없는 한 그 행정처분의 취소소송의 전제가 될 수 있을 뿐 당연무효사유는 아니라고 봄이 상당하다."[33]

위 판례는 예외 없이 취소사유라고 보지 않는다. '특별한 사정'이 있으면, 무효사유로

사건 위헌 결정의 소급효는 제한되어 이 사건에는 미치지 않는다."

32 확정력에 의하여 차단된다는 말은, 실천적으로 위헌으로 선언된 법률에 기한 처분의 하자가 무효가 아니라 '취소사유'에 불과하다는 것이다.

33 헌재도 기본적으로 이 입장이다. 헌재 2007. 10. 4. 2005헌바71.

될 수도 있다고 한다. 이렇게 판시하는 것은 아래 판례 때문이다. "행정처분 자체의 효력이 쟁송기간 경과 후에도 존속 중인 경우, 특히 그 처분이 위헌법률에 근거하여 내려진 것이고 그 행정처분의 목적달성을 위하여서는 후행(後行) 행정처분이 필요한데 후행 행정처분은 아직 이루어지지 않은 경우, 그 행정처분을 무효로 하더라도 법적 안정성을 크게 해치지 않는 반면에 그 하자가 중대하여 그 구제가 필요한 경우"에는 당연무효사유로 볼 수 있다고 한다(헌재 1994. 6. 30. 92헌바23). 그래서 쟁송기간 경과 후에 처분의 무효확인을 구하는 소에 대해, 행정처분의 근거되는 법률이 재판의 전제성을 갖추었다고 볼 수 있다는 것이다. 그러나 92헌바23 결정 외에, 이 판례를 인용하여 처분이 무효라고 한 사례는 없다. 변호사시험에서 이 판례를 인용할 것을 생각할 필요는 없다. 그냥, 처분의 근거되는 법률이 위헌으로 결정되면, 그 처분은 취소할 수 있는 하자를 가질 뿐이고, 아주 예외적으로 무효로 되는 경우가 있을 수 있다는 정도로 기억하면 좋겠다. 강학상 전혀 중요하지 않지만, 언급 안할 수도 없는 판례이어서 언급하였을 뿐이다.

다만, 대법원 2012. 2. 16. 2010두10907 전원합의체 판결은 이미 '확정력'이 발생한 처분과 관련된 아주 흥미로운 판시를 하였다. 이미 확정력이 생긴 행정처분에 대해서는 위헌 결정의 소급효가 미치지 아니하고 그 처분의 효력이 유지되더라도, 위헌 결정 이후에 후속처분에 착수하거나 속행할 수는 없다는 것이다. 실질적으로는 이미 확정력이 생긴 행정처분이 효력을 잃은 것과 마찬가지다.[34] 매우 중요한 판례이다. 후속처분은 당연무효라는 점도 주목하자.[35]

대법원 2012. 2. 16. 2010두10907 전원합의체 판결

[1] 헌법재판소법(2011. 4. 5. 법률 제10546호로 개정되기 전의 것) 제47조 제1항은 "법률의 위헌 결정은 법원 기타 국가기관 및 지방자치단체를 기속한다."고 규정하고 있는데, 이러한 위헌 결정의 기속력과 헌법을 최고규범으로 하는 법질서의 체계적 요청에 비추어 국가기관 및 지방자치단체는 위헌으로 선언된 법률규정에 근거하여 새로운 행정처분을 할 수 없음은 물론이고, 위헌결정 전에 이미 형성된 법률관계에 기한 후속처분이라도 그것이 새로운 위헌적 법률관계를 생성·확대하는 경우라면 이를 허용할 수 없다. 따라서 <u>조세 부과의 근거가 되었던 법률규정</u>이 위헌으로 선언된 경우, 비록 그에 기한 과세처분이 <u>위헌결정 전에 이루어졌고</u>, 과세처분에 대한 제소기간이 이미 경과하여 조세채권이 확정되었으며, <u>조세채권 의 집행을 위한 체납처분</u>의 근거규정 자체에 대하여는 따로 위헌 결정이 내려진 바 없다고 하더라도,

---

34 다만 위헌 결정 당시에 후속처분이 완료된 경우에는, 당연히 그 후속처분의 효력이 유지된다. 후속처분이 완료된 시점에 따라 당사자 간에 형평 문제가 발생할 수 있다. 다투지 아니하고 하명을 이행한 자가 불이익한 상태에 놓일 수 있다. 나아가 하자의 승계이론의 관점에서도 이론이 제기될 수 있다. 대법원 전원합의체 판결의 소수의견에서 이 점을 지적하고 있다.

위와 같은 위헌 결정 이후에 조세채권의 집행을 위한 새로운 체납처분에 착수하거나 이를 속행하는 것은 더 이상 허용되지 않고, 나아가 이러한 위헌 결정의 효력에 위배하여 이루어진 체납처분은 그 사유만으로 하자가 중대하고 객관적으로 명백하여 당연무효라고 보아야 한다.

[2] 甲 주식회사의 체납국세에 관하여, 과세관청이 甲 회사 최대주주와 생계를 함께 하는 직계비속 乙을 구 국세기본법(1998. 12. 28. 법률 제5579호로 개정되기 전의 것) 제39조 제1항 제2호 (다)목의 제2차 납세의무자로 보아 乙에게 과세처분을 하고 처분이 확정되었는데, 이후 위 규정에 대해 헌법재판소의 위헌 결정이 있었으나 과세관청이 조세채권의 집행을 위해 乙의 예금채권에 압류처분을 한 사안에서, 위헌 결정 이후에는 위헌법률의 종국적인 집행을 위한 국가기관의 추가적인 행위를 용납하여서는 안 된다는 전제 하에 압류처분이 당연무효라고 본 원심판단의 결론이 정당하다.

(2) 형벌조항

형벌조항은 소급하여 효력을 상실한다(헌재법 제47조 제3항 본문). 위헌으로 선언된 형벌에 관한 법률 또는 법률의 조항에 근거한 유죄의 확정판결에 대하여는 재심을 청구할 수 있다(헌재법 제47조 제4항). 구금되었던 자라면, 헌법 제28조에 따라 형사보상청구권을 행사할 수도 있다.

다만, 해당 법률 또는 법률의 조항에 대하여 종전에 합헌으로 결정한 사건이 있는 경우에는 그 결정이 있는 날의 다음 날로 소급하여 효력을 상실한다(헌재법 제47조 제3항 단서).[36]

최근의 헌재 2015. 2. 26. 2009헌바17[간통죄 사건]으로 이슈화되었다. 간통죄 조항에 대해서는 헌재 2008. 10. 30. 2007헌가17 사건에서 비위헌 결정을 한 바 있다. 그래서 위헌 결정의 소급효는 2008. 10. 31.까지만 소급하게 된다.

무엇이 결정이 있는 날의 다음 날에 있는 경우에 재심을 청구할 수 있는가에 대해서, 대법원은 '범죄행위'가 아니라 '재판행위'가 있는 시점을 기준으로 하여야 한다고 본다(대법원 2016. 11. 10.자 2015모1475 결정).[37]

실체법에 한정되고, 절차규정은 제외된다(헌재 1992. 12. 24. 92헌가8). 따라서 절차규정에 대해 위헌 결정이 선고되면 헌재법 제47조 제2항에 따라 장래를 향하여 효력을 상실한다. 또, 당사자에게 불리한 것은 제외된다(헌재 1997. 1. 16. 90헌마110[교통사고처리특례법 사건]).[38]

---

35 무효사유와 취소사유를 구분하는 가장 큰 실익은 무엇인가? 제소기간이다. 이 점을 기억하자.

36 단서조항은 2014. 5. 20. 신설되었다.

37 헌재 2008. 10. 30. 2007헌가17 당해 사건 피고인은, 헌재 2015. 2. 26. 2009헌바17등 결정 이후에 재심을 청구할 수 있다. 헌재 2008. 10. 30. 2007헌가17 사건의 당해 사건은 2008. 10. 30.까지 정지되어 있었고(헌재법 제42조), 2007헌가17 결정 이후에 재개되어 판결이 선고되고 확정되었을 것이기 때문이다. 2008. 10. 31. 이후에 재심대상 판결이 선고되었으므로 2015모1475 결정의 취지에 따라 재심을 청구할 수 있다.

38 교통사고처리특례법 제4조 제1항은 비록 刑罰에 관한 것이기는 하지만 불처벌의 특례를 규정한 것이어서 위

형벌조항에 대한 위헌 결정이 있으면 그 조항을 적용하여 기소한 사건에 대해서는 면소판결이 아니라, '피고사건이 범죄로 되지 아니한 때'(형사소송법 제325조)에 해당한다고 보아 무죄판결을 하여야 한다는 것이 대법원 판례다(대법원 2010. 12. 16. 2010도5958 판결).

대법원은 형벌조항에 대하여 헌법불합치 결정이 있었더라도 마찬가지로 본다. 적용중지의 불합치 결정(헌재 2004. 5. 27. 2003헌가1, 대법원 2009. 1. 15. 2004도7111 판결)이거나 계속적용의 불합치 결정(헌재 2009. 9. 24. 2008헌가25, 대법원 2011. 6. 23. 2008도7562 전원합의체 판결)이거나 마찬가지다. 대법원은 헌법불합치 결정도 '위헌' 결정이므로 헌재법 제47조에 따른 효력을 가지는 것으로 본다(대법원 2011. 6. 23. 2008도7562 전원합의체 판결).

나. 위헌으로 결정된 법률의 효력

위헌으로 결정된 법률은 별도의 절차 없이 효력을 상실하기 때문에 그 법률에 근거한 어떠한 행위도 할 수 없다. 법률의 폐지와 달리 위헌 결정으로 인한 법률의 효력 상실은 입법절차나 공포절차를 거치지 않으며, 법전에서 외형적으로 삭제되지 않는다. 그러나 실질적으로는 법률폐지와 유사한 법적 효과를 가진다. 위헌 결정이 내려진 법률조항은 법질서에서 더 이상 아무런 작용과 기능을 할 수 없으므로 누구도 그 법률이 유효함을 주장할 수 없고, 국가기관도 그 법률조항이 유효함을 전제로 계속 적용할 수 없다(헌재 2015. 11. 26. 2013헌바343).

다. 한정위헌 결정의 기속력

대법원 1996. 4. 9. 95누11405 판결: 법원의 논리

이 사건에서 검토대상이 된 위 결정과 같이, 그 주문에서 당해 법률이나 법률조항의 전부 또는 일부에 대하여 위헌 결정을 선고함으로써 그 효력을 상실시켜 법률이나 법률조항이 폐지되는 것과 같은 결과를 가져온 것이 아니라 그에 대하여 특정의 해석기준을 제시하면서 그러한 해석에 한하여 위헌임을 선언하는, 이른바 한정위헌 결정의 경우에는 헌법재판소의 결정에 불구하고 법률이나 법률조항은 그 문언이 전혀 달라지지 않은 채 그냥 존속하고 있는 것이므로 이와 같이 법률이나 법률조항의 문언이 변경되지 아니한 이상 이러한 한정위헌 결정은 법률 또는 법률조항의 의미, 내용과 그 적용범위를 정하는 법률해석이라고 이해하지 않을 수 없다.

그런데 헌법 제101조는 사법권은 법관으로 구성된 법원에 속하고(제1항), 법원은 최고법원인 대법원과 각급법원으로 조직된다(제2항)라고 규정하고 있으며, 여기서의 사법권이란 구체적인 법률적 분쟁이 발생한 경우에 당사자로부터의 소 제기 기타의 신청에 의하여 당해 분쟁사건에 적용될 법의 구체적

법률조항에 대한 違憲 決定의 遡及效를 인정할 경우 오히려 형사처벌을 받지 않았던 자들에게 형사상의 불이익이 미치게 되므로 이와 같은 경우까지 憲法裁判所法 제47조 제2항 단서의 적용범위에 포함시키는 것은 그 규정취지에 반하고, 따라서 위 법률조항이 憲法에 위반된다고 선고되더라도 형사처벌을 받지 않았던 자들을 소급하여 처벌할 수 없다.

내용이 어떠한 것인지를 판단하고 선언함으로써 법질서를 유지하는 작용을 가리키는 것인바, 특정 법률 또는 법률조항의 전부나 그 일부가 소멸되지 아니하거나 문언이 변경되지 않은 채 존속하고 있는 이상, 구체적 사건에 있어서 당해 법률 또는 법률조항의 의미·내용과 적용범위가 어떠한 것인지를 정하는 권한 곧 법령의 해석·적용 권한은 바로 사법권의 본질적 내용을 이루는 것으로서, 전적으로 대법원을 최고법원으로 하는 법원에 전속하는 것이다.[39] 이러한 법리는 우리 헌법에 규정된 국가권력분립구조의 기본원리와 대법원을 최고법원으로 규정한 헌법의 정신으로부터 당연히 도출되는 이치로서, 만일 법원의 이러한 권한이 훼손된다면 이는 위에서 본 헌법 제101조는 물론이요, 어떤 국가기관으로부터도 간섭받지 않고 오직 헌법과 법률에 의하여 그 양심에 따라 독립하여 심판하도록 사법권 독립을 보장한 헌법 제103조에도 위반되는 결과를 초래하는 것이다. 그러므로 한정위헌 결정에 표현되어 있는 헌법재판소의 법률해석에 관한 견해는 법률의 의미·내용과 그 적용범위에 관한 헌법재판소의 견해를 일응 표명한 데 불과하여 이와 같이 법원에 전속되어 있는 법령의 해석·적용 권한에 대하여 어떠한 영향을 미치거나 기속력도 가질 수 없다고 하지 않을 수 없다.

헌재 1997. 12. 24. 96헌마172: 헌재의 논리

헌법재판소의 법률에 대한 위헌 결정에는 단순위헌 결정은 물론, 한정비위헌, 한정위헌 결정과 헌법불합치 결정도 포함되고 이들은 모두 당연히 기속력을 가진다.
구체적 사건에서 법률을 해석·적용할 권한은 법원의 권한. 그러나, 법률에 대한 위헌심사는 당연히 당해 법률조항에 대한 해석을 전제로 하는 것. 헌재의 한정위헌 결정은 단순히 법률을 구체적인 사실관계에 적용함에 있어서 그 법률조항의 의미와 내용을 밝히는 것이 아니라, 법률의 일부에 대하여 위헌이라 선언하는 것이다.

한정위헌청구의 적법성에 관해 판례를 변경했던 헌재 2012. 12. 27. 2011헌바117 한정위헌 결정[40] 이후 당해 사건의 피고인은 법원에 재심을 청구하였으나, 법원은 위의 대법원 판례에 따라 재심청구를 기각하였고, 대법원에서 확정되었다(대법원 2014. 8. 11.자 2013모2593 결정). 당해 사건의 피고인은 헌재에 판결의 취소를 구하는 헌마소원을 제기한 상태이다.[41]

라. 위헌결정의 국회에 대한 효력

종전 위헌결정의 기초가 된 사실관계 등의 근본적인 변화에 따른 특별한 정당화 사유가 있는 경우에는 반복입법이 허용된다(헌재 2012. 12. 27. 2012헌바60).[42]

---

39 헌재법 제23조 제2항 제2호는 헌재의 법률해석권을 전제로 하고 있음을 주의할 필요가 있다. 다만, 대법원은 '헌법' 차원에서 논증을 하고 있다. 대법원의 입장에 의하면 위의 헌재법은 위헌이라 할 것이다.

40 주문: "형법(1953. 9. 18. 법률 제293호로 제정된 것) 제129조 제1항의 '공무원'에 구 '제주특별자치도 설치 및 국제자유도시 조성을 위한 특별법'(2007. 7. 27. 법률 제8566호로 개정되기 전의 것) 제299조 제2항의 제주특별자치도통합영향평가심의위원회 심의위원 중 위촉위원이 포함되는 것으로 해석하는 한 헌법에 위반된다."

41 헌재 1997. 12. 24. 96헌마172등 결정의 사안과 무엇이 다른지 비교해 보자.

> ### 헌재 2013. 7. 25. 2012헌바409[43]: 반복입법에 해당하는지 여부에 대한 판단 방법
>
> 위헌결정의 기속력에 반하는 반복입법인지 여부는 단지 위헌결정된 법률조항의 내용이 일부라도 내포되어 있는지 여부에 의하여 판단할 것이 아니라, 입법목적이나 입법동기, 입법 당시의 시대적 배경 및 관련조항들의 체계 등을 종합하여 실질적 동일성이 있는지 여부에 따라 판단하여야 한다. 심판대상조항은 선고유예의 대상이 되는 범죄를 직무관련성을 요건으로 하는 형법 제129조 제1항의 수뢰죄로 그 종류를 한정하고 있는 점, 심판대상조항으로 인하여 당연퇴직사유의 범위가 이전보다 다소 넓어지긴 하였지만 당연퇴직사유가 여전히 임용결격사유보다 한정적으로 규정되어 있다는 점 등을 고려할 때 심판대상조항이 위헌결정된 구 국가공무원법 조항에 대한 단순한 반복입법으로 볼 수 없으므로, 이 부분 주장에 대해서는 더 나아가 살피지 아니한다.

7. 헌재법 제68조 제2항의 헌법소원(헌바소원)

위헌법률심판의 제청신청을 하였음에도 법원이 이를 받아들이지 않은 경우 헌법재판소에 직접 재판의 전제가 된 법률의 위헌 여부에 대한 헌법소원심판을 청구할 수 있다(헌재법 제68조 제2항).

헌바소원은 형식만 헌법소원일 뿐이고, 그 실질은 위헌법률심판이라 본다. 위헌법률심판의 부수적 절차로 이해하면 좋겠다. 다만, 헌재법 제72조 제1항의 사전심사는 받는다(헌법소원의 흔적).

기본권 침해의 자기관련성, 직접성, 현재성, 보충성 등 헌마소원의 요건은 불필요하다(헌재 2003. 5. 15. 2001헌바97). 위헌법률심판제청의 경우와 같이 재판의 전제성을 갖추어야 한다.

위헌법률심판의 제청신청 기각 결정을 통지받은 날부터 30일 이내에 소원을 제기하여야 한다(헌재법 제69조 제2항).[44]

---

42 다음과 같이 정리할 수 있다.
  ① 헌재는 아직 국회에 기속력이 미치는지 미치지 않는지에 대해 분명하게 판시한 바가 없다.
  ② 반복입법인지 여부에 관해서도 객관적으로 일치하는 부분이 있는가 하는 관점이 아니라 여러 가지 규범적인 판단을 거쳐야 한다(2008헌바89).
  ③ 반복입법에 해당한다고 하더라도 바로 위헌이라 할 수 없다(2012헌바60).

43 반복입법이 아닌 것으로 판단된다면, 기속력에 위배되는지 여부에 대한 판단이 불필요하다.

44 기각 결정이 '있었던' 날로부터 30일 아님을 주의하여야 한다. 따라서 청구인이 '기각 결정이 있었던 날로부터 30일 이내'에 심판청구를 하는 경우라면 통지받은 날을 따로 확인할 필요가 없다. 기각 결정문의 송달일이 시험문제에서 주어지지 않는 경우는 이러한 경우일 수가 있으므로, 주의할 일이다. 이러한 경우에는, '기각 결정이 있었던 날로부터 따지더라도 30일 이내이므로, [언제 기각 결정을 송달받았는지에 관계없이] 청구기간이 문제되지 않는다.'는 서술로 족하다. 한편, 청구기간의 말일이 토요일 또는 공휴일인 경우에 주의하여야 한다. 그 익일로 만료된다(헌재법 제40조 → 민사소송법 제170조 → 민법 제161조). 날짜 계산에 관해서는, 제5편 문서

헌재는 한정위헌청구의 적법 여부에 관하여 종전의 판례를 변경하여 원칙적으로 적법하다고 본다. 이론상으로 중요하다. 실천적으로 큰 의의가 있는 것 같지는 않다. 예외에 주목하여야 한다.

헌재 2012. 12. 27. 2011헌바117	
새로운 판례	종래 헌법재판소의 선례는, 한정위헌청구는 원칙적으로 부적법한 것으로 보고, 예외적으로 법률조항 자체의 불명확성을 다투는 것으로 볼 수 있는 경우, 일정한 해석이 법원에 의해 형성·집적된 경우 등에는 적법성을 인정하였다. 그러나 법률의 의미는 결국 개별, 구체화된 법률해석에 의해 확인될 것이므로 이는 동전의 양면과 같아 <u>법률과 법률의 해석을 구분할 수는 없고</u>, 결국 재판의 전제가 된 법률에 대한 규범통제는 결국 해석에 의해 구체화된 법률의 의미와 내용에 대한 헌법적 통제로서 헌법재판소의 고유권한이다. 헌법합치적 법률해석의 원칙상 한정적으로 위헌성이 있는 부분에 대한 한정위헌결정은 입법권에 대한 자제와 존중으로서 당연하면서도 불가피한 결론이고, 이러한 <u>한정위헌결정을 구하는 한정위헌청구 또한 인정되는 것</u>이 합당하다. 다만, 재판소원을 금지하는 헌법재판소법 제68조 제1항의 취지에 비추어 <u>개별, 구체적 사건에서의 단순히 법률조항의 포섭이나 적용의 문제를 다투거나, 의미 있는 헌법문제에 대한 주장 없이 단지 재판결과를 다투는 경우 등에는 여전히 허용될 수 없다.</u>
폐기된 판례	법 제68조 제2항에 의한 헌법소원에 있어서는 법률이 헌법에 위반되는지 여부가 당해 사건의 재판의 전제로 되어야 하고, 여기서 '법률이 헌법에 위반되는지 여부'는 '법률' 자체의 경우를 말하며 '법률의 해석'의 경우를 제외한다.[45] 법률조항 자체의 위헌판단을 구하는 것이 아니라, '……라고 해석하는 한 위헌'이라는 심판청구는 <u>부적법하지만, 단순히 법률조항의 해석을 다투는 것이 아니라, 법률조항 자체의 위헌성을 다투는 경우로 이해되는 경우에는 적법하다.</u>[46] → 그러한 경우로는 다음과 같은 경우를 들수 있다. ① 법률조항(법규정) 자체의 불명확성을 다투는 것으로 보는 경우, ② 소위 심판대상규정에 대한 일정한 해석이 상당기간에 걸쳐 형성, 집적되어 법원의 해석에 의하여 구체화된 심판대상규정이 위헌성을 지닌 경우, ③ 위 두 가지 경우에 해당되지는 않지만 한정위헌의 판단을 구하는 청구가 법률조항 자체에 대한 다툼으로 볼 수 있는 경우

헌바소원에서 위헌 결정을 하는 경우 헌재법 제47조가 준용된다(헌재법 제75조 제6항). 당해 사건이 확정되지 않았으면, 당연히 당해 사건에 위헌 결정의 효력이 미친다. 이미 확정되었으면[47] 재심을 청구할 수 있다(헌재법 제75조 제7항).

작성 IV. 헌재법 제68조 제2항의 헌법소원심판청구서 6. 작성일자 참조.
45 헌재 1999. 3. 25. 98헌바2; 헌재 2001. 9. 27. 2000헌바20.
46 헌재 1997. 2. 20. 95헌바27; 헌재 1995. 7. 21. 92헌바40.

헌바소원에 대한 헌재의 결정에 대해서는 재심이 허용되지 않는다(헌재 2004. 9. 23. 2003헌아61).[48] 헌재는 법적 안정성을 논거로 든다.[49]

8. 주문

인용결정의 주문은 "○○법 제○조는 헌법에 위반된다."[50]는 형식으로 작성된다. 위헌법률심판제청의 경우도 마찬가지다. 법령에 대한 헌마소원의 경우도 마찬가지다. 그러므로 청구취지는 ""○○법 제○조는 헌법에 위반된다."는 결정을 구합니다."[51]는 형식으로 작성하면 된다.

다만, 위헌법률심판제청결정의 주문은 "○○법 제○조에 관하여 위헌법률심판을 제청한다."[52]이므로, 이를 구하는 제청신청서의 신청취지는 ""○○법 제○조에 관하여 위헌법률심판을 제청한다."는 결정을 구합니다."[53]의 형식으로 작성되어야 한다.

II. 헌재법 제68조 제1항의 헌법소원(헌마소원)

1. 의의

공권력의 행사 또는 불행사로 인하여 기본권을 침해받은 자가 자신의 권리구제를 구하는 제도이다(헌마소원, 헌재법 제68조 제1항). 현행 헌법에 의해 도입되었다. 헌재의 결정 사례 중 가장 높은 비중을 차지하고 있다.

---

47 헌재법 제42조가 준용되지 않기 때문에, 재판이 필요적으로 정지되지는 않는다. 다만, 실무적으로 정지시키는 경우도 있다. 위헌법률심판제청을 한 경우는 당해 재판이 필요적으로 정지되고, 헌바소원을 제기한 경우는 그렇지 아니하다. 전자의 경우 법원이 재판의 전제성을 갖춘 법률조항에 대해 위헌이라는 합리적 의심을 가지고 있으면서 그 법률조항을 적용하여 재판을 할 수는 없기 때문이다. 후자의 경우는 그런 문제가 없다.

48 헌재법 제75조 제7항의 재심과 착각하면 안 된다. 헌재법 제75조 제7항의 재심은 헌재의 위헌결정을 재심 사유로 하여, 법원에 청구하는 것이다. 여기서 말하는 재심은 대개는 헌재 결정이 잘못되었으니 새로 해달라는 것이다.

49 '법령'을 대상으로 한 헌마소원에 대해서도 마찬가지다(헌재 2002. 9. 19. 2002헌아5).

50 "형법(1953. 9. 18. 법률 제293호로 제정된 것) 제241조는 헌법에 위반된다."(헌재 2015. 2. 26. 2009헌바17)

51 ""형법(1953. 9. 18. 법률 제293호로 제정된 것) 제241조는 헌법에 위반된다."는 결정을 구합니다."

52 "형법(1953. 9. 18. 법률 제293호로 제정된 것) 제241조에 관하여 위헌법률심판을 제청한다."

53 ""형법(1953. 9. 18. 법률 제293호로 제정된 것) 제241조에 관하여 위헌법률심판을 제청한다."는 결정을 구합니다."

2. 기본권

가. 의의

기본권이란 헌법이 보장하는 권리를 말한다. 헌재는 '헌법에 의하여 직접 보장된 개인의 주관적 공권'(헌재 2001. 3. 21. 99헌마139)으로 파악한다. 우리 헌법에는 기본권이라는 단어를 사용하고 있지 않다. 헌법 제37조 제1항과 제2항의 '국민의 자유와 권리'가 가장 유사한 표현이다. 헌재법 제68조 제1항은 '기본권이 침해된 자'[54]가 헌마소원을 제기할 수 있다고 정하고 있다. 그리고, 헌재법 제75조 제2항은 인용 결정의 주문에 '침해된 기본권'을 특정하도록 정하고 있다.

나. 기본권성 인정

헌법상 명문으로 규정된 것들 외에 헌재 결정에 의하여 기본권성이 인정되는 것들은 열거해 보면 다음과 같다.

지방자치단체장 선거권,[55] 생명권(헌재 1996. 11. 28. 95헌바1), 연명치료 중단에 관한 자기결정권(헌재 2009. 11. 26. 2008헌마385), 배아생성자의 배아에 대한 결정권(헌재 2010. 5. 27. 2005헌마346), 낙태의 자유(헌재 2012. 8. 23. 2010헌바402), 휴식권(헌재 2001. 9. 27. 2000헌마159), 변호인의 피구속자를 조력할 권리(헌재 2003. 3. 27. 2000헌마474), 변호인의 고소장과 경찰의 피의자신문조서를 열람할 권리(헌재 2003. 3. 27. 2000헌마474), 변호인이 피의자신문에 자유롭게 참여할 수 있는 권리(헌재 2017. 11. 30. 2016헌마503), 불구속 피의자의 변호인의 조력을 받을 권리(헌재 2004. 9. 23. 2000헌마138), 행정절차에서 구속을 당한 사람의 변호인의 조력을 받을 권리,[56] 영토권(헌재 2001. 3. 21. 99헌마139), 정당설립의 자유(헌재 2006. 3. 30. 2004헌마246), 교수의 국립대학총장 후보자 선출권(헌재 2006. 4. 27. 2005헌마1047), 일반적 인격권(헌재 1991. 9. 16. 89헌마165), 자기결정권(헌재 1990. 9. 10. 89헌마82), 일반적 행동자유권(헌재 1993. 5. 13. 92헌마80), 개성의 자유로운 발현권(헌재 1991. 6. 3. 89헌마204), 개인정보자기결정권(헌재 2005. 5. 26. 선고 99헌마513), 부모의 태아 성별 정보에 대한 접근을 방해받지 않을 권리(헌재

---

54 법문에는 '헌법상 보장된 기본권'이라 기재되어 있다. '驛前앞'과 비슷한 표현이다. 관념의 중복이 있다. '헌법상 보장된 권리'가 '기본권'이다.

55 헌재 2016. 10. 27. 2014헌마797. 이를 부정하였던 종전 결정(헌재 2007. 6. 28. 2004헌마644)을 변경하였다.

56 헌재 2018. 5. 31. 2014헌마346. 헌법 제12조 제4항 본문에 규정된 변호인의 조력을 받을 권리는 형사절차에서 피의자 또는 피고인의 방어권을 보장하기 위한 것으로서 출입국관리법상 보호 또는 강제퇴거의 절차에도 적용된다고 보기 어렵다고 판시한 종전 결정(헌재 2012. 8. 23. 2008헌마430)을 변경하였다.

2008. 7. 31. 2004헌마1010), 알권리(헌재 1989. 9. 4. 88헌마22), 표현의 자유,[57] 소비자의 권리(헌재 1996. 12. 26. 96헌가18) 등이 있다.

다. 기본권성 부정

헌재 결정에 의하여 기본권성이 부정되는 것들을 열거해 보면 다음과 같다. 납세자로서의 권리(헌재 2008. 11. 27. 2008헌마517), 지방자치권(헌재 2017. 7. 27. 2015헌마1052), 입법권(헌재 1998. 8. 27. 97헌마8), 국회구성권(헌재 1998. 10. 29. 96헌마186), 주민투표권(헌재 2001. 6. 28. 2000헌마735), 주민소환청구권(헌재 2011. 12. 29. 2010헌바368), 육아휴직신청권(헌재 2008. 10. 30. 2005헌마1156), 국민참여재판을 받을 권리(헌재 2009. 11. 26. 2008헌바12), 소송비용 보상청구권(헌재 2012. 3. 29. 2011헌바19), 조례제정·개폐청구권(헌재 2014. 4. 24. 2012헌마287), 평화적 생존권,[58] 상고심 재판을 받을 권리(헌재 1997. 10. 30. 97헌바37), 교정시설에 수용 중인 수형자의 변호인의 조력을 받을 권리(헌재 2013. 9. 26. 2011헌마398) 등이 있다.

라. 제도적 보장

제도적 보장은 헌법제정권자가 특히 중요하고도 가치가 있다고 인정되고 헌법적으로도 보장할 필요가 있다고 생각하는 국가 제도를 헌법에 규정한 것으로, 주관적 권리가 아닌 객관적 법규범이라는 점에서 기본권과 구별된다(헌재 1997. 4. 24. 95헌바48).

제도적 보장에 내재되어 보호되는 주관적 공권으로서의 기본권 침해 주장은 별론으로 하고, 제도적 보장 그 자체의 침해를 주장하는 헌마소원은 인정되지 않는다.

3. 기본권주체성(기본권보유능력)

헌재법 제68조 제1항에 따르면 '기본권이 침해된 자'가 소원을 제기할 수 있다. 이를 요하지 않는 헌바소원과 비교된다. 원칙적으로 '국민'에게 기본권 주체성이 인정됨에는 의문이 없다. 몇 가지 구체적인 쟁점을 살펴 본다.

가. 외국인

헌법 제6조 제2항[59]의 표현이나 헌법 제2장의 제목[60]을 보면, 외국인에게 기본권

---

57 당연하게 받아들여지는 것 같지만, 우리 헌법상 명문으로 인정되는 것은 아니다.
58 헌재 2009. 5. 28. 2007헌마369. 종전 판례(헌재 2006. 2. 23. 2005헌마268)를 변경하였다.
59 외국인은 국제법과 조약이 정하는 바에 의하여 그 지위가 보장된다.

주체성을 인정하기 어려워 보인다. 그러나 헌재는 일부의 기본권에 대하여 외국인에게도 주체성을 인정한다. 외국인의 품성을 두고 구분하는 것이 아니라, '기본권'의 성격을 가지고 구분한다.

외국인에게 인정되는 '인간의 권리'로는 인간의 존엄과 가치, 행복추구권(헌재 2001. 11. 29. 99헌마494), 신체의 자유, 주거의 자유, 변호인의 조력을 받을 권리, 재판청구권(헌재 2012. 8. 23. 2008헌마430), 일할 환경에 관한 권리(헌재 2007. 8. 30. 2004헌마670), 고용허가를 받아 우리 사회에서 정당한 노동인력으로서 지위를 부여받은 외국인의 직장선택의 자유(헌재 2011. 9. 29. 2009헌마351)가 있다.

이에 비하여 외국인에게 인정되지 않는다고 보는 '국민의 권리'로는 참정권, 입국의 자유, 복수국적을 가질 자유(헌재 2014. 6. 26. 2011헌마502), 직업선택의 자유[61]가 있다.

평등권은 관련 기본권의 성질이 외국인에게 인정되지 않거나 상호주의에 따른 제한이 있는 경우에는 외국인에게 인정되지 않는다(헌재 2014. 4. 24. 2011헌마474).

나. 공무원

> **헌재 2008. 1. 17. 2007헌마700**
>
> "심판대상조항이나 공권력 작용이 넓은 의미의 국가 조직영역 내에서 공적 과제를 수행하는 주체의 권한 내지 직무영역을 제약하는 성격이 강한 경우에는 그 기본권 주체성이 부정될 것이지만, 그것이 일반 국민으로서 국가에 대하여 가지는 헌법상의 기본권을 제약하는 성격이 강한 경우에는 기본권 주체성을 인정할 수 있다. 결국 개인의 지위를 겸하는 국가기관이 기본권의 주체로서 헌법소원의 청구적격을 가지는지 여부는, 심판대상조항이 규율하는 기본권의 성격, 국가기관으로서의 직무와 제한되는 기본권 간의 밀접성과 관련성, 직무상 행위와 사적인 행위 간의 구별가능성 등을 종합적으로 고려하여 결정되어야 할 것이다."

공권력의 주체인 공직자가 국가기관의 지위에서 '권한의 제한'을 주장하는 경우에는 기본권주체성을 인정하기 어려우나, '기본권의 제한'으로 이해될 수 있는 영역에 있어서는 기본권주체성이 인정된다. 대통령도 소속 정당을 위하여 정당 활동을 할 수 있는 사인으로서는 기본권주체성을 가진다(헌재 2008. 1. 17. 2007헌마700).

헌재가 기본권 제한성을 인정한 사례로는, 응시연령의 제한(헌재 2000. 1. 27. 99헌마

---

60 '국민'의 권리와 의무.

61 헌재 2014. 8. 28. 2013헌마359. 헌재 2011. 9. 29. 2007헌마1083 결정은 외국인이 대한민국 법률에 따른 허가를 받아 국내에서 일정한 직업을 수행함으로써 근로관계가 형성된 경우, 제한적으로 직업의 자유에 대한 기본권 주체성을 인정할 수 있다고 판시한 것이다. 일반적으로는 외국인이 특정한 직업을 선택할 수 있는 권리가 헌법적으로 보장되는 것은 아니라는 점을 이 사건(2013헌마359)에서 밝혔다.

123), 공무원 신분의 박탈(헌재 2002. 8. 29. 2001헌마788), 직무의 정지(헌재 2008. 6. 26. 2005헌마1275), 권한행사의 정지(헌재 2010. 9. 2. 2010헌마418)[62] 직위해제(헌재 2006. 5. 25. 2004헌바12)가 있다.

이와 달리 기본권 제한성을 부정한 사례로는, 승진기회의 축소(헌재 2010. 3. 25. 2009헌마538), 특정장소의 근무, 특정보직의 근무 거부(헌재 2008. 6. 26. 2005헌마1275), 퇴직급여 및 공무상 재해보상 제한(헌재 2014. 6. 26. 2012헌마459), 선거방송 대담·토론회의 참가 제한(헌재 2011. 5. 26. 2010헌마451)이 있다.

다. 법인

법인 자체의 기본권이 침해된 경우에 한하여 기본권주체성이 인정된다. 구성원의 기본권 침해에 관하여는 청구인능력이 인정되지 않는다(헌재 2007. 7. 26. 2003헌마377). 이른바 제3자 소송담당이 허용되지 않는다는 뜻이다.

성질상의 제한이 있다(헌재 2008. 12. 26. 2008헌마419[미국산 쇠고기 사건]).

헌재 2008. 12. 26. 2008헌마419 [미국산 쇠고기 사건]

청구인 진보신당은 국민의 정치적 의사형성에 참여하기 위한 조직으로 성격상 권리능력 없는 단체에 속하지만, 구성원과는 독립하여 그 자체로서 기본권의 주체가 될 수 있고, 그 조직 자체의 기본권이 직접 침해당한 경우 자신의 이름으로 헌법소원심판을 청구할 수 있으나, <u>이 사건에서 침해된다고 하여 주장되는 기본권은 생명·신체의 안전에 관한 것으로서 성질상 자연인에게만 인정되는 것이므로, 이와 관련하여 청구인 진보신당과 같은 권리능력 없는 단체는 위와 같은 기본권의 행사에 있어 그 주체가 될 수 없고</u>, 또한 청구인 진보신당이 그 정당원이나 일반 국민의 기본권이 침해됨을 이유로 이들을 위하거나 이들을 대신하여 헌법소원심판을 청구하는 것은 원칙적으로 허용되지 아니하므로, <u>이 사건에 있어 청구인 진보신당은 청구인능력이 인정되지 아니한다 할 것이다.</u>

법인의 인격권을 인정한 판례가 있다.

헌재 2012. 8. 23. 2009헌가27

사안	방송통신위원회가 문화방송에 대하여 사과명령을 하자 문화방송은 사과명령 취소소송을 제기하였고), 당해 사건 법원은 직권으로 사과명령의 근거조항에 대해 위헌법률심판제청결정을 하였다.
판단	법인도 법인의 목적과 사회적 기능에 비추어 볼 때 그 성질에 반하지 않는 범위 내에서 인격권의 한 내용인 사회적 신용이나 명예 등의 주체가 될 수 있고 법인이 이러한 사회적 신용이나

---

62 '직무의 정지' 또는 '권한행사의 정지'를 권리의 제한으로 보는 데는 어려움이 있을 수 있다. 판례의 입장을 따로 기억할 필요가 있다.

> 명예 유지 내지 법인격의 자유로운 발현을 위하여 의사결정이나 행동을 어떻게 할 것인지를
> 자율적으로 결정하는 것도 법인의 인격권의 한 내용을 이룬다고 할 것이다.

공법인은 원칙적으로 부정된다.

헌재 1998. 3. 26. 96헌마345

"헌법재판소법 제68조 제1항이 "공권력의 행사 또는 불행사로 인하여 기본권을 침해받은 자는 헌법소원의
심판을 청구할 수 있다"고 규정한 것은 기본권의 주체라야만 헌법소원을 청구할 수 있고, 기본권의
주체가 아닌 자는 헌법소원을 청구할 수 없다는 것을 의미한다 할 것인데, 기본권의 보장에 관한 각
헌법규정의 해석상 국민(또는 국민과 유사한 지위에 있는 외국인과 사법인)만이 기본권의 주체라 할
것이고, 국가나 국가기관 또는 국가조직의 일부나 공법인은 기본권의 '수범자(Adressat)'이지 기본권의
주체로서 그 '소지자(Träger)'가 아니고 오히려 국민의 기본권을 보호 내지 실현해야 할 '책임'과 '의무'를
지니고 있는 지위에 있을 뿐이므로, 공법인인 지방자치단체의 의결기관인 청구인의회는 기본권의 주체가
될 수 없고 따라서 헌법소원을 제기할 수 있는 적격이 없다고 할 것이다."

다만, 예외적으로 인정되는 경우가 있다. 학문의 자유나 대학의 자율성, 또는 표현의
자유가 문제되는 경우에는 국·공립대학이나 공영방송국도 기본권 주체성이 인정될
수 있다.

헌재 1992. 10. 1. 92헌마68

"헌법 제31조 제4항은 "교육의 자주성·전문성·정치적 중립성 및 대학의 자율성은 법률이 정하는
바에 의하여 보장된다."라고 규정하여 교육의 자주성·대학의 자율성을 보장하고 있는데 이는 대학에
대한 공권력 등 외부세력의 간섭을 배제하고 대학구성원 자신이 대학을 자주적으로 운영할 수 있도록
함으로써 대학인으로 하여금 연구와 교육을 자유롭게 하여 진리탐구와 지도적 인격의 도야(陶冶)라는
대학의 기능을 충분히 발휘할 수 있도록 하기 위한 것이며, 교육의 자주성이나 대학의 자율성은 헌법
제22조 제1항이 보장하고 있는 학문의 자유의 확실한 보장수단으로 꼭 필요한 것으로서 이는 대학에게
부여된 헌법상의 기본권이다. 따라서 국립대학인 서울대학교는 다른 국가기관 내지 행정기관과는 달리
공권력의 행사자의 지위와 함께 기본권의 주체라는 점도 중요하게 다루어져야 한다. 여기서 대학의
자율은 대학시설의 관리·운영만이 아니라 학사관리 등 전반적인 것이라야 하므로 연구와 교육의 내용,
그 방법과 그 대상, 교과 과정의 편성, 학생의 선발, 학생의 전형도 자율의 범위에 속해야 하고 따라서
입학시험 제도도 자주적으로 마련될 수 있어야 한다."

라. 태아 등

헌재는 모든 인간은 헌법상 생명권의 주체가 되며, 형성 중의 생명인 태아에게도 생명에
대한 권리가 인정되어야 하므로 국가는 헌법 제10조에 따라 태아의 생명을 보호할 의무가
있다고 하면서 태아의 생명권 주체성을 인정한 바 있다(헌재 2008. 7. 31. 2004헌바81).

아직 모체에 착상되거나 원시선이 나타나지 않은 초기 배아에 대해서는 현재의 자연과학적 인식 수준에서 독립된 인간과 배아 간의 개체적 연속성을 확정하기 어렵다는 등의 이유로 기본권 주체성을 부인하였다(헌재 2010. 5. 27. 2005헌마346). 또한 사자(死者)의 인격권을 인정한 사례가 있다(헌재 2010. 10. 28. 2007헌가23).

4. 심판대상(공권력의 행사 또는 불행사)

가. 공권력

공권력이란 입법권·행정권·사법권을 행사하는 모든 국가기관·공공단체 등의 고권적 작용을 말한다(헌재 2001. 3. 21. 99헌마139). 작위뿐만 아니라 부작위도 대상으로 된다. 다만, 부작위는 매우 법기술적인 것이므로 아래의 설명을 충분히 이해할 필요가 있다.

나. 법률[63]

법률이 헌마소원의 대상으로 된다는 명시적 규정은 없다. 헌재법 제68조 제1항의 공권력에는 입법권도 당연히 포함된다는 것이 판례이다(헌재 1989. 9. 29. 89헌마13).

국회가 제정한 법률에 의하여 직접 기본권을 침해받은 경우나, 국회가 일정한 내용의 법률을 만들어야 할 의무가 있음에도 불구하고 이를 만들지 않고 이로 말미암아 기본권이 침해되는 경우가 이에 해당한다.

입법부작위에 대해 살펴보자. 입법부작위에는, ① 입법자가 헌법상 입법의무가 있는 어떤 사항에 관하여 전혀 입법을 하지 아니함으로써 '입법행위의 흠결(Lücke)이 있는 경우'(즉, 입법권의 불행사)와 ② 입법자가 어떤 사항에 관하여 입법은 하였으나 그 입법의 내용·범위·절차 등이 당해 사항을 불완전, 불충분하게 규율함으로써 '입법행위에 결함(Fehler)이 있는 경우'(즉, 결함이 있는 입법권의 행사)가 있는데, 일반적으로 전자를 진정(眞正)입법부작위, 후자를 부진정(不眞正)입법부작위라고 부른다(헌재 1996. 10. 31. 94헌마108).

진정입법부작위에 대한 헌법소원 사건에서 헌재는 다음과 같이 판시하였다.

> **헌재 2001. 6. 28. 2000헌마735**
> "진정입법부작위에 대한 헌법소원은, 헌법에서 기본권보장을 위하여 법령에 명시적인 입법위임을 하였음에

---

63 정주백, "법률의 헌법소원대상성에 관한 관견", 『법학논총』 26집, 2015, 299 이하; 정주백, "법률에 대한 헌법소원에 있어서의 권리보호이익", 『헌법학연구』 제21권 제4호, 헌법학회, 2015, 279 이하 참고.

도 입법자가 이를 이행하지 아니한 경우이거나, 헌법해석상 특정인에게 구체적인 기본권이 생겨 이를 보장하기 위한 국가의 행위의무 내지 보호의무가 발생하였음이 명백함에도 불구하고 입법자가 아무런 입법조치를 취하지 아니한 경우에 한하여 허용된다는 것이 당재판소의 일관된 판례이다."

부작위는 단순한 사실상의 부작위가 아니고 헌법상 또는 법률상의 작위의무가 있음에도 불구하고 이를 이행하지 아니하는 것이다(헌재 1998. 7. 14. 98헌라3).[64] 따라서 입법의무가 인정되지 아니하면, 부작위가 '존재하지 아니하는 것'이 되어, 대상이 없는 것으로 된다. 이 경우 '기각'이 아니라 '각하' 주문을 낸다.

부진정입법부작위를 다투는 경우, 즉 입법의 내용·범위·절차 등의 결함을 이유로 헌법소원을 제기하려면 결함이 있는 당해 입법규정 그 자체를 대상으로 하여 그것이 평등원칙에 위배된다는 등 헌법위반을 내세워 적극적인 헌법소원을 제기하여야 한다(헌재 1996. 10. 31. 94헌마108).

진정입법부작위와 부진정입법부작위를 비교하여 보자. 진정입법부작위의 경우에는 청구기간의 문제가 생기지 않는다. 오히려 부작위의 기간이 길어질수록 위헌으로 결정될 가능성이 높아진다. 대신 헌법상의 입법의무가 인정될 가능성이 높지 않다. 헌마소원에서 만 다툴 수 있고, 위헌법률심판제청이나 헌바소원에서는 대상으로 할 수 없다.

부진정입법부작위의 경우에는 청구기간의 제한을 받는다. 헌마소원, 헌바소원, 위헌법률심판제청 어느 절차에서나 대상으로 된다. 부진정입법부작위는 법률을 다투는 것과 똑같이 생각하면 된다.[65]

다. 재판소원 금지

헌재법은 법원의 재판을 헌법소원의 심판대상에서 제외하고 있다(헌재법 제68조 제1항 본문, 제72조 제3항 제1호). 다만, 헌재가 위헌으로 결정하여 그 효력을 상실한 법률을 적용함으로써 국민의 기본권을 침해하는 재판은 헌법소원심판의 대상이 된다(헌재 1997. 12. 24. 96헌마172[이길범 사건]).

'국민의 기본권을 침해하는 재판'이란, '위헌으로 결정하여 그 효력을 상실한 법률을 적용'했는데도 '국민의 기본권을 침해하지 않는 재판'이 있다는 것이 전제된 것이다.

---

64 행정소송법 제2조 제1항 제2호 "부작위"라 함은 행정청이 당사자의 신청에 대하여 상당한 기간 내에 일정한 처분을 하여야 할 법률상 의무가 있음에도 불구하고 이를 하지 아니하는 것을 말한다.

65 不眞正不作爲는 외견상 부작위처럼 보이지만, 그 本質은 부작위가 아니라는 말이다. 부작위에는 진정부작위와 부진정부작위로 구분할 수 있다는 말은 논리적으로 틀린 말이다. '진정'부작위만 부작위의 문제로 다루면 된다. 이른바 '부진정'부작위는 '작위'의 문제로 다뤄야 한다.

그런 상황이 흔히 있을 수 있는 것은 아니다. 아래의 97헌마301은 당해 재판이 위헌으로 선언된 법률을 적용하였지만 그렇다고 하여 세액이 달라지지는 아니하였으므로, 기본권을 침해하는 재판이 아니라고 판시하였다. 이례적이다.

라. 원행정처분

원행정처분이란 법원의 재판을 거쳐 확정된 행정처분을 말한다. 헌재는 원행정처분은 헌마소원의 대상으로 되지 않는다고 본다(헌재 1998. 5. 28. 91헌마98).

다만, 행정소송으로 행정처분의 취소를 구한 청구인의 청구를 받아들이지 아니한 법원의 판결에 대한 헌법소원심판의 청구가 예외적으로 허용되어 그 재판이 헌재법 제75조 제3항에 따라 취소되는 경우에는 원래의 행정처분에 대한 헌법소원심판의 청구도 가능하다고 본다(헌재 1997. 12. 24. 98헌마172).

마. 명령·규칙

행정부에서 제정한 명령·규칙도 별도의 집행행위를 기다리지 않고 직접 기본권을 침해하는 것일 때에는 헌마소원을 제기할 수 있다(헌재 1997. 6. 26, 94헌마52).

헌법 제107조 제2항의 규정은 구체적인 소송사건에서 명령·규칙의 위헌 여부가 재판의 전제가 되었을 경우 법률의 경우와는 달리 헌법재판소에 제청할 것 없이 대법원이 최종적으로 심사할 수 있다는 의미이며, 헌법 제111조 제1항 제1호에서 법률의 위헌여부심사권을 헌재에 부여한 이상 통일적인 헌법해석과 규범통제를 위하여 공권력에 의한 기본권침해를 이유로 하는 헌법소원심판청구사건에 있어서 법률의 하위규범인 명령·규칙의 위헌여부심사권이 헌법재판소의 관할에 속함은 당연한 것으로서 헌법 제107조 제2항의 규정이 이를 배제한 것으로는 볼 수 없다는 것이 헌재의 판례이다(헌재 1990. 10. 15. 89헌마178).

행정규칙의 경우, 법령에서 행정관청에 법령의 구체적 내용을 보충할 권한을 부여한 경우에는 그것이 상위법령의 위임한계를 벗어나지 아니하는 한, 상위법령과 결합하여 대외적인 구속력을 갖는 법규명령으로 기능하여 헌법소원의 대상이 될 수 있다(헌재 2002. 7. 18. 2001헌마605).

재량권 행사의 준칙인 행정규칙이 그 정한 바에 따라 되풀이 시행되어 행정관행이 생기면 행정기관은 그 상대방에 대한 관계에서 그 규칙에 따라야 할 자기구속을 당하게 되어 대외적 구속력을 가지게 되므로 이러한 경우에도 헌법소원의 대상이 될 수 있다(헌재 2005. 5. 26. 2004헌마49).

> **헌재 2011. 10. 25. 2009헌마588**
>
> "이른바 행정규칙은 일반적으로 행정조직 내부에서만 효력을 가지는 것이고 대외적인 구속력을 갖는 것이 아니다. 다만, 행정규칙이 법령의 규정에 의하여 행정관청에 법령의 구체적 내용을 보충할 권한을 부여한 경우, 또는 재량권 행사의 준칙인 규칙이 그 정한 바에 따라 되풀이 시행되어 행정관행이 이룩되게 되면 평등의 원칙이나 신뢰보호의 원칙에 따라 행정기관은 그 상대방에 대한 관계에서 그 규칙에 따라야 할 자기구속을 당하게 되는 경우에는 대외적인 구속력을 가지게 된다."

바. 조례

조례는 지방자치단체가 그 자치입법권에 근거하여 자주적으로 지방의회의 의결을 거쳐 제정한 규범이다. 조례 자체로 인하여 직접 그리고 현재 자기의 기본권을 침해받은 자[66]는 헌마소원을 제기할 수 있다.[67]

사. 통치행위

"통치행위를 포함하여 모든 국가작용은 국민의 기본권적 가치를 실현하기 위한 수단이라는 한계를 반드시 지켜야 하는 것이고, 헌법재판소는 헌법의 수호와 국민의 기본권 보장을 사명으로 하는 국가기관이므로 비록 고도의 정치적 결단에 의하여 행해지는 국가작용이라고 할지라도 그것이 국민의 기본권 침해와 직접 관련되는 경우에는[68] 당연히 헌법재판소의 심판대상"(헌재 1996. 2. 29. 93헌마186)이라는 것이 판례다.[69]

금융실명제 실시를 위한 대통령의 긴급재정경제명령과 같이 국민에게 일정한 의무를 과하는 대통령의 긴급명령에 대해서도 그로 인하여 기본권을 직접 침해받은 때에는 헌법소원을 청구할 수 있다(헌재 1996. 2. 29. 93헌마186).

아. 권력적 사실행위

특정한 행정목적을 위하여 행정청의 일방적 의사결정에 의하여 국민의 신체, 재산 등에 實力으로 행정상 필요한 상태를 실현하는 권력적 행정작용을 말한다.

행정 각부의 장관이 국민에 대하여 한 권고나 조언들도 경우에 따라서는 행정부가 가지고 있는 공권력을 배경으로 하고 있어 국민이 사실상 그 권고나 조언에 따르지 않을 수 없는데, 이 경우 그 권고나 조언은 실질적으로 공권력을 행사한 것이나 다름없다.

제5공화국 시절에 있었던 [국제그룹해체 사건]에서의 재무부장관의 해체 지시가 대표적인 예이다(헌재 1993. 7. 29. 89헌마31).

자. 공고

공고는 일반적으로 특정의 사실을 불특정 다수에게 알리는 행위로서 그것이 어떠한 법률효과를 가지는지에 대해서는 일률적으로 말할 수 없고 개별 공고의 내용과 관련 법령의 규정에 따라 구체적으로 판단하여야 한다.

헌재는 해당 공고가 기존 법령의 내용을 단순히 알리는 것에 지나지 않는 경우에는

---

66 이는 두밀분교 사건에 관한 1998. 10. 15. 96헌바77 결정의 판시를 따온 것이지만, 이 중 '직접 그리고 현재 자기의 기본권을 침해받은 자' 부분은 무의미한 것으로서, 대상성과 직접성을 혼동하거나 섞어서 이야기하는 오류에 불과하다.

67 헌재 1995. 4. 20. 92헌마264등.

68 이 역시 헌재 1996. 2. 29. 93헌마186의 설시이나, '국민의 기본권 침해와 직접 관련되는 경우에는'이라는 부분은 헌법소원심판의 대상성의 문제와는 무관한 설시로서 불필요하다. 일단 통치행위라 하더라도 대상성이 있고, 자기관련성은 따로 검토하여야 할 문제라고 보는 것이 옳다. 즉, 대상성을 충족한다는 것은 소원이 적법하기 위한 필요조건일 뿐, 충분조건은 아니다.

69 사법판단을 자제하여야 한다는 결정(헌재 2004. 4. 29. 2003헌마814)도 있으나, 헌법재판소, 『헌법재판실무제요(제2판)』, 238-239는 대상성을 인정하는 것이 헌재의 입장이라고 설명한다.

공권력 행사성을 부정하여 헌법소원 대상성을 부정하고, 공고를 통해 세부 내용들이 비로소 확정되는 경우에는 헌법소원의 대상이 된다고 본다(헌재 2004. 3. 25. 2001헌마882).

결국 그 공고가 確認的 性格을 가지고 있는가, 形成的 性格을 가지고 있는가에 따라 나누어 보면 된다. 이미 있던 것을 적었을 뿐이라면 공권력 행사성이 부정될 것이고, 없던 것을 새롭게 정하여 적었으면 공권력 행사성이 인정된다.

> **헌재 2000. 1. 27. 99헌마123**
>
> "공고가 어떠한 법률효과를 가지는지에 대해서는 일률적으로 말할 수 없고 개별 공고의 내용과 관련 법령의 규정에 따라 구체적으로 판단하여야 한다. 지방공무원법 제35조 제1항 및 지방공무원임용령 제62조는 지방공무원의 공개경쟁시험에 있어서 시험실시기관은 응시자격·선발예정인원 등을 시험실시 일 20일 전에 신문 또는 방송 기타 효과적인 방법에 의하여 공고하도록 하고 있으며, 피청구인의 이 사건 공고에는 1999년도 제5회 지방고등고시의 시험일정·시험과목·응시연령 등과 직렬·지역별 모집인 원 및 응시연령의 기준일 등이 포함되어 있다. 그중 시험과목·응시연령 등은 지방공무원임용령, 행정자치부 의 지방공무원인사규칙과 각 지방자치단체의 지방공무원인사규칙(이하 "인사규칙"이라 한다)에 확정적으로 규정되어 있는 것을 단순히 알리는 데에 지나지 않으나, 직렬 및 지역별 모집인원과 응시연령의 기준일(최종시험시행일) 등은 시험실시기관인 피청구인이 구체적으로 결정하여 알리는 것으로, 이 공고에 따라 해당 시험의 모집인원과 응시자격의 상한연령 및 하한연령의 세부적인 범위 등이 비로소 확정되고, 이에 따라 응시자의 자격을 제한하는 등의 구체적 효과가 발생하므로 이는 바로 공권력의 행사에 해당하는 것이다. 따라서 이 사건 공고가 공권력의 행사에 해당하지 아니한다는 피청구인의 주장은 이유 없다."

차. 공권력의 불행사

(1) 행정입법의 부작위

행정입법의 부작위가 공권력 행사성을 가지기 위해서는 행정청에게 시행명령을 제정 (개정)할 법적 의무가 있어야 한다. 그리고 인용되기 위해서는 상당한 기간이 지났음에도 불구하고, 명령제정(개정)권이 행사되지 않아야 한다(헌재 1998. 7. 16. 96헌마246).

> **헌재 2004. 2. 26. 2001헌마718 [군법무관 보수 사건]**
>
> "입법부가 법률로써 행정부에게 특정한 사항을 위임했음에도 불구하고 행정부(대통령)가 이러한 법적 의무를 이행하지 않는다면 이는 위법한 것인 동시에 위헌적인 것이 된다. 우리 헌법은 국가권력의 남용으로 부터 국민의 기본권을 보호하려는 법치국가의 실현을 기본이념으로 하고 있고, 근대 자유민주주의 헌법의 원리에 따라 국가의 기능을 입법·행정·사법으로 분립하여 상호간의 견제와 균형을 이루게 하는 권력분립 제도를 채택하고 있다. 따라서 행정과 사법은 법률에 기속되므로, 국회가 특정한 사항에 대하여 행정부에 위임하였음에도 불구하고 행정부가 정당한 이유 없이 이를 이행하지 않는다면 권력분립의 원칙과 법치국가 내지 법치행정의 원칙에 위배되는 것이다."

행정입법의 부작위가 위헌·위법이라고 하기 위하여는 행정청에게 행정입법을 하여야 할 작위의무를 전제로 하는 것이고, 그 작위의무가 인정되기 위하여는 행정입법의 제정이 법률의 집행에 필수불가결한 것이어야 하는바, 만일 하위 행정입법의 제정 없이 상위 법령의 규정만으로도 집행이 이루어질 수 있는 경우라면 하위 행정입법을 제정하여야 할 작위의무는 인정되지 아니한다(헌재 2005. 12. 22. 2004헌마66; 대법원 2007. 1. 11. 2004두10432 판결).

부진정행정입법부작위에 해당하는 경우에는 불완전한 행정입법에 대하여 적극적으로 헌법소원을 제기하여야 한다(앞의 입법부작위 참조).

(2) 행정권력의 부작위

행정권력의 부작위에 대한 헌법소원은 공권력의 주체에게 헌법에서 유래하는 작위의무가 특별히 구체적으로 규정되어 이에 의거하여 기본권의 주체가 행정행위 내지 공권력의 행사를 청구할 수 있음에도 공권력의 주체가 그 의무를 해태하는 경우에만 허용된다(헌재 2000. 3. 30. 98헌마206).

'헌법에서 유래하는 작위의무'는, 첫째, 헌법상 명문으로 공권력 주체의 작위의무가 규정되어 있는 경우, 둘째, 헌법의 해석상 공권력 주체의 작위의무가 도출되는 경우, 셋째, 공권력 주체의 작위의무가 법령에 구체적으로 규정되어 있는 경우 등을 포괄한다(헌재 2004. 10. 28. 2003헌마898; 헌재 2011. 8. 30. 2006헌마788).

헌재 2011. 8. 30. 2006헌마788 [일본군위안부 사건]

헌법 전문, 제2조 제2항, 제10조와 이 사건 협정 제3조의 문언에 비추어 볼 때, 피청구인이 이 사건 협정 제3조에 따라 분쟁해결의 절차로 나아갈 의무는 일본국에 의해 자행된 조직적이고 지속적인 불법행위에 의하여 인간의 존엄과 가치를 심각하게 훼손당한 자국민들이 배상청구권을 실현하도록 협력하고 보호하여야 할 헌법적 요청에 의한 것으로서, 그 의무의 이행이 없으면 청구인들의 기본권이 중대하게 침해될 가능성이 있으므로, 피청구인의 작위의무는 헌법에서 유래하는 작위의무로서 그것이 법령에 구체적으로 규정되어 있는 경우라고 할 것이다.
특히, 우리 정부가 직접 일본군위안부 피해자들의 기본권을 침해하는 행위를 한 것은 아니지만, 일본에 대한 배상청구권의 실현 및 인간으로서의 존엄과 가치의 회복에 대한 장애상태가 초래된 것은 우리 정부가 청구권의 내용을 명확히 하지 않고 '모든 청구권'이라는 포괄적인 개념을 사용하여 이 사건 협정을 체결한 것에도 책임이 있다는 점에 주목한다면, 그 장애상태를 제거하는 행위로 나아가야 할 구체적 의무가 있음을 부인하기 어렵다.
이러한 분쟁해결절차로 나아가지 않은 피청구인의 부작위가 청구인들의 기본권을 침해하여 위헌인지 여부는, 침해되는 기본권의 중대성, 기본권침해 위험의 절박성, 기본권의 구제가능성, 작위로 나아갈 경우 진정한 국익에 반하는지 여부 등을 종합적으로 고려하여, 국가기관의 기본권 기속성에 합당한 재량권 행사 범위 내로 볼 수 있을 것인지 여부에 따라 결정된다.

일본국에 의하여 광범위하게 자행된 반인도적 범죄행위에 대하여 일본군위안부 피해자들이 일본에 대하여 가지는 배상청구권은 헌법상 보장되는 재산권일 뿐만 아니라, 그 배상청구권의 실현은 무자비하고 지속적으로 침해된 인간으로서의 존엄과 가치 및 신체의 자유를 사후적으로 회복한다는 의미를 가지는 것이므로 피청구인의 부작위로 인하여 침해되는 기본권이 매우 중대하다. 또한, 일본군위안부 피해자는 모두 고령으로서, 더 이상 시간을 지체할 경우 일본군위안부 피해자의 배상청구권을 실현함으로써 역사적 정의를 바로세우고 침해된 인간의 존엄과 가치를 회복하는 것은 영원히 불가능해질 수 있으므로, 기본권 침해 구제의 절박성이 인정되며, 이 사건 협정의 체결 경위 및 그 전후의 상황, 일련의 국내외적인 움직임을 종합해 볼 때 구제가능성이 결코 작다고 할 수 없다. 국제정세에 대한 이해를 바탕으로 한 전략적 선택이 요구되는 외교행위의 특성을 고려한다고 하더라도, 피청구인이 부작위의 이유로 내세우는 '소모적인 법적 논쟁으로의 발전가능성'이나 '외교관계의 불편'이라는 매우 불분명하고 추상적인 사유를 들어, 기본권 침해의 중대한 위험에 직면한 청구인들에 대한 구제를 외면하는 타당한 사유라거나 진지하게 고려되어야 할 국익이라고 보기는 힘들다.

이상과 같은 점을 종합하면, 결국 이 사건 협정 제3조에 의한 분쟁해결절차로 나아가는 것만이 국가기관의 기본권 기속성에 합당한 재량권 행사라 할 것이고, 피청구인의 부작위로 인하여 청구인들에게 중대한 기본권의 침해를 초래하였다 할 것이므로, 이는 헌법에 위반된다.

카. 기타

행정부 자체의 공권력의 행사는 아니더라도 국립대학과 같이 일정한 한도 내에서 공권력을 행사할 수 있는 기관이나 단체가 대외적으로 국민의 기본권과 관련이 있는 공권력을 행사한 경우 이로 인하여 기본권을 침해받은 국민이 헌법소원을 청구할 수 있다.[70] 사립대학의 경우에는 그렇지 않다. 헌재 2013. 5. 30. 2009헌마514[이대 로스쿨 사건][71] 참조.

5. 기본권 침해 가능성

적법요건으로서 법 제68조 제1항의 '헌법상 보장된 기본권을 침해받은 자'는 '헌법상 보장된 기본권을 침해받았다고 주장하는 자'로 해석된다.

여기서는 기본권이 '제한'되고 있는지의 여부 문제를 다룬다. 공권력의 행사가 헌법소원 심판을 청구하고자 하는 자의 법적 지위에 아무런 영향이 미치지 않는다면 애당초 기본권

---

70 헌재 1992. 10. 1. 92헌마68등 (국립대학교인 서울대학교가 발표한 대학입학고사 요강이 문제된 사건).

71 "법학전문대학원은 교육기관으로서의 성격과 함께 법조인 양성이라는 국가의 책무를 일부 위임받은 직업교육기관으로서의 성격을 가지고 있기는 하나(헌재 2009. 2. 26. 2008헌마370 참조), 이화여자대학교는 사립대학으로서 국가기관이나 공법인, 국립대학교와 같은 공법상의 영조물에 해당하지 아니하고, 일반적으로 사립대학과 그 학생과의 관계는 사법상의 계약관계이므로 학교법인 이화학당을 공권력의 주체라거나 그 모집요강을 공권력의 행사라고 볼 수 없다."

침해의 가능성이나 위험성이 없으므로 그 공권력의 행사를 대상으로 헌법소원심판을 청구하는 것은 허용되지 아니한다(헌재 2013. 11. 28. 2012헌마166).

규범 자체의 성격을 검토하여 판단한다. "누군가의(someone)" 기본권을 침해할 가능성이 있으면 충분하므로, 기본권 침해 가능성이 없다고 판단되면, 어느 누구도 헌법소원을 제기할 수 없다.

침해가능성을 전제로, 청구인이 기본권의 제한을 받은 "바로 그 사람(that one)"인가 하는 것이, 아래에서 살펴보는 '자기관련성'의 문제이다.

여기서 다루는 것은, '어떠한(any) 기본권이라도' 침해할 가능성이 있는가 하는 점이다. 어느 하나의 기본권이라도 제한한다면, 기본권 침해가능성이 부인되지 않는다.

> **헌재 2007. 11. 29. 2005헌마977**
>
> 기초의원으로 되고자 하는 자의 공무담임권은 법률로 정해진 기초의원 선거제도의 틀 안에서 불합리한 차별을 받지 않도록 보장하는 것일 뿐이고, 기초의원 총 정수를 줄이지 못하도록 요구하는 권능까지 내포하는 것은 아니다. 기초의원 총 정수를 3,496명에서 2,922명으로 줄였다고 하여 기초의원으로 되고자 하는 청구인들의 공무담임권을 침해할 수 있는 것이라고 할 수 없고, 모든 후보자에게 동일하게 적용되는 것이므로 차별하는 것이라고 볼 수 없으므로, 이에 대한 심판청구는 기본권 침해가능성이 없어 부적법하다.

어떤 법률의 입법절차가 헌법이나 국회법에 위반된다고 하더라도, 단순히 입법절차의 하자로 기본권을 침해받았다고 주장하여 헌법소원심판을 청구할 수는 없다.[72]

헌법의 기본원리 혹은 헌법상 보장된 제도의 본질이 훼손되었다고 하여 바로 국민의 기본권이 침해된 것이라고 할 수는 없다(헌재 1998. 10. 29. 96헌마186).

헌법 제72조의 국민투표권은 대통령이 어떠한 정책을 국민투표에 부의한 경우에 비로소 행사가 가능한 기본권이므로 대통령의 국민투표 부의가 행해지지 않은 이상 헌법 제72조의 국민투표권을 침해할 가능성은 없다(헌재 2013. 11. 28. 2012헌마166).

종전에 누리고 있던 독점적 영업이익이 상실된다고 하여도, 이는 사실상 기대되던 반사적 이익이 실현되지 않게 된 것에 불과한 것이지 어떠한 헌법상 기본권의 제한 또는 침해의 문제가 생기는 것은 아니다(헌재 2000. 1. 27. 99헌마660).

헌법소원심판 청구인이 기본권 침해의 가능성을 확인할 수 있을 정도의 구체적 주장을

---

72 헌재 1998. 8. 27. 97헌마8등. 이 경우는 입법과정에서 국회의원의 심의표결권이 보장되었는가 등에 관한 적법절차 준수가 문제된 것이고, 청구인의 이익을 위하여 보장된 절차에 대해서는 본안 판단을 하였다. 지방자치단체를 폐치·합합하는 지방자치법의 개정과정에 주민들에게 보장된 의견조사 등의 절차가 보장되었는가는 본안의 문제로 다루어졌다(헌재 1994. 12. 29. 94헌마201). 세무대학설치법폐지법률과 관련하여는 헌재 2001. 2. 22. 99헌마613.

하여야 한다(헌재 2011. 11. 24. 2008헌마578).

6. 자기관련성

공권력에 의하여 자기 자신의 기본권이 침해된 자만이 헌마소원을 제기할 수 있다. 원칙적으로 공권력의 행사 또는 불행사의 직접적인 상대방에게만 자기관련성이 인정된다.

공권력 작용의 직접적인 상대방이 아닌 제3자라고 예외적으로 자기관련성이 인정되는 경우가 있다. 제3자의 자기관련성 판단은 입법의 목적, 실질적인 규율대상, 법 규정에서의 제한이나 금지가 제3자에게 미친 효과나 진지성의 정도 및 규범의 직접적인 수규자에 의한 헌법소원제기의 기대가능성 등을 종합적으로 고려하여 판단하여야 한다(헌재 1997. 9. 25. 96헌마133). 공권력의 작용에 단지 간접적이나 사실적 또는 경제적인 이해관계가 있을 뿐인 제3자의 경우에는 자기관련성이 인정되지 않는다.[73]

헌재 2007. 11. 29. 2005헌마977	
사건의 개요	청구인들은 법무사사무소의 사무원(총 10명)으로 근무하던 중 법무사법시행규칙이 개정되어 법무사의 사무원의 총수는 5인을 초과할 수 없다는 조항때문에 해고되었다. 이에 청구인들은 법무사법시행규칙 제35조 제4항이 청구인들의 직업선택의 자유등을 침해하였다고 주장하며 헌마소원을 제기하였다.
심판의 대상	법무사법시행규칙 제35조(사무원) ④ 법무사(합동사무소 구성원인 법무사를 포함한다)의 사무원의 총수는 5인을 초과하지 못한다.
자기 관련성	해고의 대상 중에 포함되어 있어 해고의 위험을 부담하는 것이 분명한(해고의 가능성이 100%가 아니라는 것뿐이다) 청구인들 또한 이 사건 심판대상조항에 의하여 직접적이고 법적인 침해를 받게 되는 것이다.

제3자가 자신의 이름으로, 다른 기본권주체를 위하여 헌마소원을 제기[74]하는 것은 원칙적으로 부적법하다. 그러므로, 단체가 그 소속 구성원들의 기본권 침해를 이유로 소원을 제기할 수 없다.[75]

헌재는 청구인의 기본권이 침해되었다는 주장이 아니라면, 판단하지 않겠다는 입장이다.[76]

---

73 세무대학 진학을 목표로 공부해 온 고등학생들이라 하더라도 세무대학을 폐지하는 내용의 법률에 대하여 헌마소원을 제기할 수 있는 자기관련성이 인정되지 않는다(헌재 2001. 2. 22. 99헌마613).

74 제3자의 소송담당과 유사한 구조이다.

75 영화인협회가 그 소속 회원들을 위해(헌재 1991. 6. 3. 90헌마56), 한국고미술협회가 문화재매매업자들을 위해(헌재 2007. 7. 26. 2003헌마377), 산업별 노동조합이 산하 단위노동조합을 위해(헌재 2008. 5. 29. 2007헌마712) 한 각 헌마소원은 자기관련성을 충족하지 못하였다는 이유로 각하되었다.

7. 현재성

원칙적으로 기본권이 현재 침해받고 있어야 한다. 장래에 기본권의 침해가 있을 것으로 막연히 우려된다는 사정만으로는 현재성이 인정되지 않는다(헌재 1994. 6. 30. 91헌마162). 고소 또는 고발을 한 사실이 없는 청구인이 장차 언젠가는 형사소송법의 규정(제260조 제1항)으로 인하여 권리침해를 받을 우려가 있다고 하더라도 그러한 권리침해의 우려는 단순히 장래 잠재적으로 나타날 수도 있는 것에 불과하여 권리침해의 현재성을 구비하였다고 할 수 없다(헌재 1989. 7. 21. 89헌마12).

다만, 기본권침해가 장래에 발생하더라도 그 침해가 틀림없을 것으로 현재 확실히 예측된다면 현재성이 인정된다(헌재 1992. 10. 1. 92헌마68[서울대입시요강 사건]). 예를 들어, 국가공무원 공채시험에 응시하기 위하여 준비 중인 자가 국가유공자 가산점 제도를 다투는 경우, 현재성이 인정된다(헌재 2001. 2. 22. 2000헌마25). 이 경우에는 청구기간의 문제가 생기지 않음에 주의하여야 한다.

> **헌재 1999. 12. 23. 98헌마363**
> 기본권침해 이전 시점에는 청구기간이 진행되지 않는다. "장래 확실히 기본권침해가 예측되어 현재관련성을 인정하는 이상 청구기간이 경과하였다고 할 수 없다. 청구기간을 준수하였는지 여부는 이미 기본권침해가 발생한 경우에 비로소 문제될 수 있는 것인데, 이 사건의 경우 아직 기본권침해는 없으나 장래 확실히 기본권침해가 예측되므로 미리 앞당겨 현재의 법적 관련성을 인정하는 것이기 때문이다."

현재성은 기본권침해 상태가 현재 있느냐, 아니면 아직 그 상태가 도래하지 않았느냐의 문제를 다룬다. 즉, '현재'와 '장래' 사이의 문제를 다루는 것이다. '현재'와 '과거' 사이의 문제는 현재성에서 다루지 않는다. 기본권침해가 너무 오래 전에 있었던 것 아닌가 하는 문제는 청구기간과, 과거에 기본권침해가 있기는 했으나 현재는 해소된 것 아닌가 하는 문제 권리보호이익과 연관될 수 있다. 어느 쪽이나 현재성과 관계 없는 물음이다.

---

76 "청구인은 심판대상조항이 일반 국민의 알권리도 침해한다고 주장하나, 이러한 주장은 위 청구인의 기본권이 침해되었다는 주장이 아니므로 별도로 판단하지 않는다."(헌재 2015. 6. 25. 2011헌마769) "청구인은 이 사건 법률조항이 정당한 선거운동의 자유, 유권자의 알권리, 선거권 및 정치적 의사표현의 자유도 침해한다고 주장하나, 이러한 주장은 청구인의 기본권이 침해되었다는 주장이 아니므로 별도로 판단하지 아니한다."(헌재 2013. 10. 24. 2012헌마311)

8. 직접성

가. 의의와 취지

헌마소원의 적법요건 중에서 가장 까다로운 부분이다. 헌법이나 헌재법에는 이 요건이 규정되어 있지 아니하다. 헌재가 창설한 요건이다. 이 요건은 법령에 대한 소원에만 적용된다.

직접성이란, 집행행위에 의하지 아니하고 법령 그 자체에 의하여 자유의 제한, 의무의 부과, 권리 또는 법적 지위의 박탈이 생겨야 한다(헌재 2005. 5. 26. 2004헌마671)는 것을 의미한다. 이 말을 잘 이해하는 것이 필요하다.

법령은 일반적으로 구체적인 집행행위를 매개로 하여 비로소 기본권을 침해하게 되므로 예외적이고 보충적인 특별권리구제수단이라는 헌법소원의 본질상 기본권의 침해를 받은 개인은 먼저 일반 쟁송의 방법으로 집행행위를 대상으로 하여 기본권 침해에 대한 구제절차를 밟는 것이 요청되기 때문이다(헌재 2005. 5. 26. 2004헌마671).

나. 구체적 검토

(1) 원칙

예를 들어 설명해 보자. 어떤 법률이, "모든 식당은 밤 12시에 문을 닫아야 한다."라고 정하고 있다고 생각해 보자. 이 법의 적용을 받은·식당·주인은, 공무원이 찾아와 식당 문을 닫을 것을 하명하지 않더라도, 스스로 이 법률의 규정을 보고 밤 12시에 문을 닫아야 한다. 식당 주인은 이 법률조항 자체에 의하여 '의무가 부과'되었다. 이때 식당 주인이 위의 법률조항을 다툰다면,[77] 그 헌법소원은 직접성을 갖추었다고 평가받는다. 헌재 결정례 중, "20세 이상의 국민은 대통령 및 국회의원의 선거권이 있다."[78]는 조항, "공무원은 집단·연명으로 또는 단체의 명의를 사용하여 국가의 정책을 반대하거나 국가 정책의 수립·집행을 방해해서는 아니 된다."[79]는 조항을 보면 이해할 수 있을 것이다. 이 조항들은 별도의 집행행위 없이 수범자의 법적 지위를 결정한다.

---

77 예를 들면 영업의 자유를 주장할 수 있을 것이다.

78 공직선거및선거부정방지법(1994. 3. 16. 법률 제4739호로 제정된 것) 제15조. 헌재 2001. 6. 28. 2000헌마111.

79 국가공무원 복무규정(2009. 11. 30. 대통령령 제21861호로 개정되고, 2011. 7. 4. 대통령령 제23010호로 개정되기 전의 것) 제3조 제2항. 조문 안의 괄호 부분은 생략하였다. 헌재 2012. 5. 31. 2009헌마705.

(2) 재량행위를 예정하고 있는 경우

위의 식당 사례로 다시 돌아가 보자. 법문이 만약 "구청 공무원은 식당 주인에게 밤 12시가 되면 문을 닫게 명할 수 있다."고 규정되어 있다고 생각해 보자. 조문의 워딩이 졸렬하지만, 취지만 보자. 이 법률조항을 본 식당 주인은 문을 안 닫아도 된다. 법률조항은 식당 주인에게 문 닫으라고 직접 명령하는 바가 없기 때문이다. 혹시 구청 공무원이 와서 문 닫으라고 하면 어떡하나 하는 정도의 걱정은 될 것이다.

아나나 다를까, 구청 공무원이 찾아와서 밤 12시가 되면 문을 닫을 것을 명하는 문서를 주고 갔다. 이제 식당 주인은 밤 12시에 문을 닫을 '의무'를 부담하게 되었다. 위에서 본 법률조항은 밤 12시에 문을 닫아야 할 의무를 부담할 가능성을 제시한 것이고, 실제로 문을 닫아야 할 의무는 구청 공무원의 下命에 의하여 발생하게 된다.

이 경우에 식당 주인이 위의 법률조항을 들고 헌재로 가서 헌마소원을 제기한다면 헌재는 직접성이 인정되지 않는다고 하면서 헌법소원을 각하할 것이다.

> ### 헌재 2008. 9. 25. 2007헌마233
> "법령에 근거한 구체적인 집행행위가 재량행위인 경우에는 법령은 집행기관에게 기본권침해의 가능성만 부여할 뿐, 법령 스스로가 기본권의 침해행위를 규정하고 행정청이 이에 따르도록 구속하는 것이 아니고, 이때의 기본권의 침해는 집행기관의 의사에 따른 집행행위, 즉 재량권의 행사에 의하여 비로소 이루어지고 현실화되므로 이러한 경우에는 법령에 의한 기본권 침해의 직접성이 인정될 여지가 없다."

> ### 헌재 2011. 10. 25. 2009헌마691
> "이 사건 규칙조항은 교도소장이 규율위반사실에 대한 조사기간 중 집필을 금지할 수 있다고 규정하고 있다. 즉, 조사수용기간 중에 있는 수용자라고 하여 직접 집필이 금지되는 것이 아니라 교도소장이 필요하다고 판단하여 집필을 금지한 경우에 비로소 집필이 금지되는 것이다. 그렇다면 이 사건 규칙조항은 교도소장에 의한 집필의 금지라는 구체적 집행행위를 통하여 비로소 집필에 대한 제한을 가하는 것이어서 기본권 침해의 직접성이 인정되지 않는다."

---

80 이어진 결정문에서 "이 사건 시행령조항은 "수용자는 보내려는 서신을 봉함하지 않은 상태로 교정시설에 제출하여야 한다."고 규정하고 있는데, 이 규정에 의해서 수용자는 교도소장 등의 다른 집행행위가 없더라도 서신을 봉함하지 않은 상태로 제출할 의무를 부과받게 되므로 이 사건 시행령조항은 수용자의 기본권을 직접적으로 제한한다."고 판시하고 있다. 이 사건 법률조항은 재량행위를 예정하고 있어서 직접성이 인정되지 아니하고, 이 사건 시행령조항은 수용자에게 직접 의무를 부과하는 것이어서 직접성이 인정된다고 본 것이다. 양자를 비교해 보기 바란다.

식당 주인으로서는 구청 공무원의 하명의 취소를 구하는 행정소송을 제기할 수 있다. 그 재판 계속 중에 구청 공무원의 하명의 근거가[81] 된 위 법률조항에 대해 위헌법률심판제청을 신청할 수 있고, 만약 기각되면 헌바소원을 제기할 수 있다.

(3) 기속행위를 예정하고 있는 경우

만약 법률조항이, "구청 공무원은 식당 주인에게 밤 12시가 되면 문을 닫게 명하여야 한다."고 규정하고 있다면 어떨까. 이 경우에도 식당 주인은 위 법률조항에 따라 바로 밤 12시에 문을 닫을 의무가 발생하는 것은 아니다. 걱정은 되겠지만 구청 공무원이 문을 닫도록 명하기 전에는 밤 12시가 지나 영업을 하더라도 법률을 위반한 것은 아니다. 구청 공무원이 문을 닫으라는 취지가 담긴 문서를 주면 그때부터 식당 주인은 문을 닫아야 하는 의무를 부담하게 된다.

바로 위의 경우와 다른 것이 있다면, 위의 경우에는 구청 공무원이 문을 닫도록 명할 것인가를 결정하는데 재량이 있고, 그래서 구청 공무원이 문을 닫도록 하는 명령을 하지 아니할 가능성이 있음에 비하여,[82] 여기서 다루고 있는 법률조항에 의하면 구청 공무원은 반드시 명령을 하여야 한다. 법률조항이 '특정한 집행행위를 필요적으로 하도록 일의적으로 요구'[83]하고 있기 때문이다.

이 경우에 식당 주인이 위 하명의 취소를 구하는 행정소송을 제기할 수 있다. 구청 공무원이 밤 12시가 되면 문을 닫으라는 내용을 담은 문서를 식당 주인에게 교부하는 것이 행정소송법 제2조 제1항 제1호에서 말하는 "처분등"[84]에 포섭된다.

---

81 헌법 제37조 제2항의 법률유보원칙 참조.
82 재량권의 영으로의 수축, 이런 표현이 헌재 결정에서 언급된 일은 없다.
83 헌재 2013. 7. 25. 2012헌마934에 나오는 표현이다.
84 행정소송법 제2조 제1항 제1호. "처분등"이라 함은 행정청이 행하는 구체적 사실에 관한 법집행으로서의 공권

식당주인은 위 하명의 취소를 구하는 행정소송을 제기한 후에 하명의 근거가 된 위 법률조항에 대해 위헌법률심판제청을 신청할 수 있고, 만약 기각되면 헌바소원을 제기할 수 있다. 여기까지는 '명할 수 있다'는 법률에 관한 경우와 같다.

여기서 우리가 문제 삼고자 하는 것은, 이 법률조항을 들고 헌재에 헌마소원을 제기하면 직접성이 인정되겠는가 하는 것이다. 사실 이 점은 강학상 별로 논의되지 않았다. 당연히 직접성이 인정된다고 보았다.

> **헌재 1997. 7. 16 97헌마38**
>
> "법규범이 집행행위를 예정하고 있더라도 법규범의 내용이 집행행위 이전에 이미 국민의 권리관계를 직접 변동시키거나 국민의 법적 지위를 결정적으로 정하는 것이어서 국민의 권리관계가 집행행위의 유무나 내용에 의하여 좌우될 수 없을 정도로 확정된 상태라면 그 법규범의 권리침해의 직접성이 인정된다."

이러한 법리는 확립된 것이었다. 극단적으로 법문이 '할 수 있다'고 정한 것이라 하더라도 해석상 '하여야 한다'고 해석되는 경우라면 직접성이 인정된다고 보았다. 아래의 판례를 보자.

> **헌재 2008. 6. 26. 2005헌마506**
>
> "법령에 의한 기본권침해의 직접성이란 집행행위에 의하지 아니하고 법령 그 자체에 의하여 자유의 제한, 의무의 부과, 권리 또는 법적 지위의 박탈이 생긴 경우를 뜻하므로 구체적 집행행위를 통하여 비로소 당해 법령에 의한 기본권침해의 법률효과가 발생하는 경우에는 직접성의 요건이 결여된다. 다만 법규범이 집행행위를 예정하고 있더라도 법규범의 내용이 집행행위 이전에 이미 국민의 권리관계를 직접 변동시키거나 국민의 법적 지위를 결정적으로 정하는 것이어서 국민의 권리관계가 집행행위의 유무나 내용에 의하여 좌우될 수 없을 정도로 확정된 상태라면 그 법규범의 권리침해의 직접성이 인정된다. 그런데 구 방송법 제32조 제2항은 '위원회는 제1항의 규정에 불구하고 대통령령이 정하는 방송광고에 대하여는 방송되기 전에 그 내용을 심의하여 방송 여부를 심의 · 의결할 수 있다'고 규정하고 있어 마치 이 사건 규정들에 의한 기본권 침해는 방송위원회의 심의 · 의결이라는 집행행위를 매개로 하여서만 발생하는 것처럼 보이나, 제3항은, '방송사업자는 제2항의 규정에 의한 방송광고에 대해서 위원회의 심의 · 의결의 내용과 다르게 방송하거나 심의 · 의결을 받지 않은 방송광고를 방송하여서는 아니된다'고 규정함으로써 방송광고를 하고자 하는 자는 누구든지 사전에 심의를 거치도록 의무화하고 있고, '방송심의에 관한 규정' 제59조가 이를 확인하고 있으며, 방송법시행령 제21조의2는 사전심의를 받아야 하는 방송광고의 종류를 나열함으로써 사전심의 대상을 구체화하고 있다. 즉, 이 사건 규정들은 서로 불가분적으로 결합하여 그 자체에서 텔레비전 방송광고의 사전심의라는 의무를 부과하고 있는 것이다. 그렇다면 이 사건 규정들은 집행행위 이전에 이미 국민의 권리관계를 직접 확정적으로 정하고 있다고 할 것이고,

---

력의 행사 또는 그 거부와 그 밖에 이에 준하는 행정작용(이하 "처분"이라 한다) 및 행정심판에 대한 재결을 말한다.

따라서 이 사건 규정들의 권리침해의 직접성은 인정된다."[85]

정리하자면, 법령에 기한 집행작용이 예정되어 있더라도 '법령이 이미 국민의 권리관계를 확정적으로 정하고 있다면' 권리침해의 직접성이 인정된다는 것이 확립된 판례이다. 이를 '종전 판례'라고 하자.

그런데, 아래의 판례가 나오면서 종전 판례가 흔들리게 되었다. 이를 '새 판례(1)'이라 하자.

> **헌재 2013. 7. 25. 2012헌마934**
>
> "법령의 규정에 따라 구체적인 집행행위가 필요적으로 예정되어 있는 경우에도 그 집행행위를 대상으로 행정소송 등 구제절차를 먼저 거치지 않은 상태에서 헌법소원심판을 허용한다면, 설령 그 근거법령에 대하여 위헌 결정이 있더라도 이미 집행행위가 확정되어 당연히 무효로 되거나 취소될 수 없는 경우가 발생할 수 있다. 이 경우 헌법소원심판을 청구한 사람은 오히려 권리구제를 받지 못하게 된다. 그러므로 법령에서 특정한 집행행위를 필요적으로 하도록 일의적으로 요구하고 있다는 사정만으로 그 법령 자체가 당연히 헌법소원의 대상이 된다고 볼 수는 없다."

다음 그림에서 보는 바와 같이 종전 판례를 따르면, 법령이 기속행위를 예정하고 있는 경우, 그 집행행위에 대한 구제절차가 있는가를 묻지 아니하고 직접성을 인정하였으나, 새 판례(1)은 법령이 재량행위를 예정하고 있든, 기속행위를 예정하고 있든, 집행행위를 예정하고 있기만 하면, 예외에 해당하지 않는 한 직접성이 부정된다고 본다. 이후 이 결정을 인용하면서 각하하는 결정이 상당히 많이 있다.[86] 또, 새로운 판례가 나온 이후에도 종전 판례에 따라 직접성이 인정된다는 결정도 다수 있다.[87]

---

85 동일한 심판대상에 대하여 헌재 2004. 12. 21. 2004헌마945(지정부)는 직접성이 인정되지 아니한다는 이유로 각하하였고, 동일한 청구인이 동일한 심판을 반복하자 헌재법 제39조에 따라 각하하였다[헌재 2005. 1. 25. 2005헌마4(지정부)]. 그 후 다른 청구인이 동일한 심판대상에 대하여 헌마소원을 제기하였는데, 이 때 헌재는 위와 같이 판시하면서 직접성이 인정된다고 판시하였다.

86 헌재 2014. 2. 27. 2012헌마904; 헌재 2014. 3. 17. 2014헌마157(지정부); 헌재 2014. 6. 17. 2014헌마408(지정부); 헌재 2014. 12. 30. 2014헌마1048(지정부); 헌재 2018. 12. 11. 2018헌마1100(지정부); 헌재 2019. 11. 26. 2019헌마1246(지정부); 헌재 2020. 2. 4. 2020헌마138(지정부) 등.

87 헌재 2014. 1. 28. 2012헌마431; 헌재 2015. 6. 25. 2013헌마128; 헌재 2020. 4. 23. 2019헌마430; 헌재 2020. 4. 23. 2017헌마321 등.

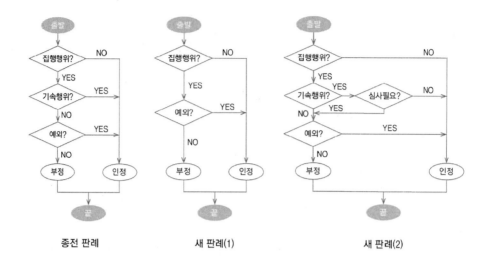

그림 3. 직접성에 관한 판단

더욱 혼란스럽게 만든 것은 헌재 2020. 9. 24. 2017헌마498 결정이다. 이를 '새 판례(2)'라 하자. 새 판례(2)의 법정의견 요지는 다음과 같다.

> **헌재 2020. 9. 24. 2017헌마498**
>
> 과세관청의 부과처분에 의하여 조세채무가 확정되는 부과과세방식이나 납세의무자 스스로 조세채무 성립요건의 충족을 확인하여 세액을 신고함으로써 조세채무가 확정되는 신고납세방식의 조세에 있어서 조세법령으로 인한 기본권 침해는 과세처분 또는 경정거부처분 등의 구체적인 집행행위를 통하여 비로소 현실화된다. 이러한 법리는 해당 조세법령이 조세의 면제나 부가가치세 영세율 적용 등의 조세혜택을 배제하는 내용을 담고 있는 경우에도 마찬가지로 적용되고, 이 경우 문제될 수 있는 납세의무 부담의 평등원칙 위반 여부 또한 납세의무자의 구체적인 재산권 제한 문제와 분리하여 파악할 수 있는 것이 아니다.
>
> 법령에 대한 헌법소원에서 법규범이 집행행위를 예정하고 있더라도 그 법령이 일의적이고 명백한 것이어서 집행기관이 심사와 재량의 여지없이 그 법령에 따라 일정한 집행행위를 하여야 하는 경우에는 당해 법령의 직접성을 인정할 수 있다. 그런데 이와 같은 법리를 적용함에 있어서, 집행행위가 법령이 정한 요건이 충족될 경우 집행기관의 '재량' 없이 이루어지는 기속행위라는 것과 집행기관이 법령이 정한 요건의 충족 여부를 '심사'할 여지도 없이 일의적이라는 것은 구분되어야 한다. 즉 집행행위가 조세의 부과처분 등과 같이 집행기관의 재량이 없는 기속행위라 하더라도 집행기관에게 적극적·소극적 과세요건의 충족 여부에 대한 심사가 예정되어 있는 경우에는 위 법리를 적용하더라도 당해 법령의 직접성을 인정할 수 없다.
>
> 결국 심판대상조항으로 인한 기본권 침해는 개개의 적극적·소극적 과세요건의 충족 여부를 심사한 결과에 따르는 해당 과세기간에 대한 과세처분 또는 경정거부처분 등의 구체적인 집행행위를 통하여

이 결정은 집행행위를 예정하고 있는 법령이라면 직접성을 부인하겠다는 새 판례(1)을 무시하고 있다. 그래서 종전 판례, 즉 기속행위를 예정한 법령에 대해서는 직접성이 인정된다는 판례를 전제로 하면서, 다시 직접성의 인정범위를 축소한다.

법령이 기속행위를 예정하고 있다고 하더라도, '집행기관에게 요건의 충족 여부에 대한 심사가 예정되어 있다면' 직접성을 인정할 수 없다는 것이다. 법령이 기속행위를 예정하고 있다면, 바로 직접성을 인정할 수 있다는 종전 판례보다 인정범위를 축소한 것이다. 새 판례(1)만큼은 아니지만, 종전 판례를 따랐을 때보다는 직접성의 인정범위가 축소되었다.

정리하자면, 현재 종전의 확립된 판례를 사실상 변경하는 두 개의 판례, 즉 ① 기속행위든, 재량행위든 집행행위가 예정되어 있으면 직접성이 부정된다는 판례와, ② 기속행위가 예정되어 있으면 원칙적으로 직접성이 인정되지만 예외적으로 요건의 충족 여부에 대한 행정청의 심사가 예정되어 있으면 직접성이 부정된다는 판례가 나와 있다. 서로 모순되는 판례가 鼎立되어 있다. 이 부분은 이제 시험에 출제할 수 없는 영역이 되었다.

다. 예외

헌재는 위의 새 판례(1)가 나오기 전에도 집행행위가 예정되어 있다 하여 전적으로 직접성을 부인하지는 않았다.

헌재 1992. 4. 14. 90헌마82

"법률에 대한 집행행위가 존재하는 경우에도 그 집행행위를 대상으로 하는 구제절차가 없거나 구제절차가 있다고 하더라도 권리구제의 기대가능성이 없고 다만 기본권 침해를 당한 청구인에게 불필요한 우회절차를 강요하는 것밖에 되지 않는 경우 등으로서 당해 법률에 대한 전제관련성이 확실하다고 인정되는 때에는 당해 법률을 헌법소원의 직접 대상으로 삼을 수 있다."

이와 같은 예외는, 위의 새 판례(1) 이전에는 재량행위를 예정하고 있는 경우에만, 적용되었다. 기속행위를 예정하고 있는 경우에는, 그 집행행위에 대하여 구제절차가 있는가를 묻지 아니하고 바로 직접성을 인정하였다. 새 판례(1)은 기속행위를 예정하고 있는 경우, 직접성은 인정되지 아니하지만 위의 예외 사유에 해당하는 경우가 있을 수 있다고 한다. 결국 새 판례(1)의 판지를 전제로 하면, 재량행위이든 기속행위이든 원칙적으로 직접성은 부정되고, 위에서 말하는 예외가 인정되는 경우에만 적법한 것으로 된다.

"검사, 피고인 또는 변호인이 법 제56조의2 제2항의 규정에 의하여 속기 또는 녹취를 하고자 할 때에는 미리 법원의 허가를 받아야 한다."는 조항에 대하여 피고인이 다툰 사건에서, 헌재는 위 법률조항은 법원의 녹취불허라는 집행행위를 통해 청구인의 기본을 제한하지만, 법원의 불허 결정에 대하여는 직접적인 구제절차가 없다고 보아 직접성을 인정하였다(헌재 1995. 12. 28. 91헌마114). 또,「한나라당 대통령후보 이명박의 주가조작 등 범죄혐의의 진상규명을 위한 특별검사의 임명 등에 관한 법률」상의 동행명령 조항[88]은 동행명령이라는 집행행위를 통해 청구인의 기본권을 제한하지만, 위 법상의 동행명령에 대하여는 구제절차가 없거나 권리구제의 기대가능성이 없다는 이유로 직접성을 인정하였다(헌재 2008. 1. 10. 2007헌마1468).[89]

라. 특별한 사례들

(1) 법령의 집행행위에는 하위 법령의 제정도 포함된다.

헌재 2012. 3. 29. 2010헌마443

법률조항 자체가 헌법소원의 대상이 될 수 있으려면 그 법률조항이 직접 청구인들의 기본권을 침해하여야야 하므로, 법률규정이 그 규정의 구체화를 위하여 하위 규범의 시행을 예정하고 있는 경우에는 당해 법률의 직접성은 원칙적으로 부인된다.

하위 시행령의 제정을 예정하고 있는 경우, 법률조항에 대한 기본권 침해의 직접성은 부정된다. 이 말은 하위 시행령으로써 규율이 완성되어야지 기본권침해 여부가 확정되는 경우를 전제로 하는 것이다.

그런데, 이미 법령에서 규율이 완성되어 있는 부분에 대해서는 하위 법령에 위임을 하더라도, 위임하고 있는 법령에 대해 직접성이 인정된다.

예를 들어 설명해 보자. 헌재 2008. 5. 29. 2006헌마170에서 문제된 '공무원수당 등에 관한 규정' 제14조의3은 "군법무관에 대하여는 월봉급액의 40퍼센트의 범위 안에서 군법무관수당을 지급하되, 지급대상 및 지급액은 국방부령으로 정한다."고 정하고 있다.

---

88 제6조(특별검사의 직무범위와 권한 등) ⑥ 특별검사는 제2조 각 호의 사건의 참고인으로 출석을 요구받은 자가 정당한 사유 없이 출석요구에 응하지 아니한 때에는 해당 참고인에 대하여 지정한 장소까지 동행할 것을 명령할 수 있다.

89 예외를 인정하는 헌재의 입장이, 법령소원에 대해 직접성을 요구하는 취지에 부합하는 것인지는 의문이다. "예외적이고 보충적인 특별권리구제수단이라는 헌법소원의 본질상 기본권의 침해를 받은 개인은 먼저 일반 쟁송의 방법으로 집행행위를 대상으로 하여 기본권침해에 대한 구제절차를 밟는 것이 요청"(헌재 2005. 5. 26. 2004헌마671)된다면, 위의 예외에 해당되는 상황이라면, 그 집행행위를 대상으로 하는 헌마소원을 받아주면 족하다. 호미로 막을 일을 가래로 막는다고 하면 비교가 적절하지 않은 것일까?

위 규정은 대통령령인데, 다시 국방부령에 규율을 위임하고 있다. 이 경우 위 규정은 하위 국방부령의 제정을 예정하고 있으므로 위 규정에 대해서는 직접성이 부정될 수 있다. 그러나, 국방부령에는 월봉급액의 40퍼센트 범위 안에서만 군법무관수당액을 정할 수 있고, 40퍼센트를 초과해서는 정할 수 없다. 즉, 청구인은 군법무관수당이 봉급액의 40퍼센트를 초과할 수 없다는 점을 다투고 있는데, 그 점은 이미 위 규정에 의하여 확정되어 있고, 하위 국방부령에 의해서 달라질 것이 없다. 이런 경우라면 하위 법령에 세부적인 규율을 위임을 하고 있다고 하더라도 직접성이 인정된다.

다른 예를 하나 더 들어 보자. 헌재 2004. 1. 29. 2001헌마894 결정이다. 심판대상 중 「정보통신망이용촉진 및 정보보호 등에 관한 법률」제42조는 "청소년유해매체물을 제공하고자 하는 자는 대통령령이 정하는 표시방법에 따라 당해 정보가 청소년유해매체물임을 표시하여야 한다."고 규정하고 있다. 그러면, 대통령령의 제정을 예정하고 있으므로 직접성이 부정되어야 하는 것 아닌가 하는 생각을 할 수 있다. 헌재는 "이 조항은 청소년유해매체물의 표시의무를 부과하면서 다만 그 구체적인 방법을 대통령령에게 위임하고 있는 것이므로, '표시의무의 부과'라는 금지의무의 설정이 동 법률조항에서 직접 이루어지고 있다는 관점에서 볼 때, 동 조항은 직접 기본권(표현의 자유)을 제한하고 있는 것이므로 '직접성'이 인정된다."고 판시하였다.

(2) 형벌조항의 경우

헌재는 형벌조항의 직접성 문제에 관하여 아주 특이한 판례를 내놓았다. 이 판례는 제6회 변호사시험 객관식 문제 지문으로 출제되기도 하였다. 그리고 이론적으로도 아주 흥미로운 판례이다.

헌재 2016. 11. 24. 2013헌마403	
사안	청구인은 농협중앙회 4급 차장으로 재직 중, 향응 등을 제공받은 혐의로 기소되었다. 청구인은 특가법 제4조 제2항의 위임에 따라 형법 제129조부터 제132조까지의 규정을 적용함에 있어 공무원으로 의제되는 농협중앙회 간부직원의 범위를 과장대리급 이상의 직원으로 규정하고 있는 특가법 시행령 제3조가 죄형법정주의에 반하고, 위임범위의 한계를 벗어났으며, 평등권을 침해한다고 주장하면서, 헌마소원심판을 청구하였다.
심판 대상	특정범죄 가중처벌 등에 관한 법률 시행령(2008. 7. 9. 대통령령 제20910호로 개정되고, 2011. 12. 13. 대통령령 제23363호로 개정되기 전의 것) 제3조 (간부직원의 범위) 법 제4조 제2항에 따른 정부관리기업체의 간부직원의 범위는 다음과 같다. 다만, 다른 법령에 의하여 공무원 또는 공무원에 준하는 신분을 가지는 경우에는 그 법령의 적용을 배제하지 아니한다.

	1. 제2조 제1호부터 제44호까지, 제53호 및 제54호의 정부관리기업체와 농업협동조합중앙회, 수산업협동조합중앙회 및 산림조합중앙회의 임원과 과장대리급(과장대리급제가 없는 정부관리기업체에서는 과장급)이상의 직원
판단	법률 또는 법률조항 자체가 헌법소원의 대상이 될 수 있으려면 그 법률 또는 법률조항에 의하여 구체적인 집행행위를 기다리지 아니하고 직접, 현재, 자기의 기본권을 침해받아야 하는 것을 요건으로 하고, 여기서 말하는 기본권 침해의 직접성이란 집행행위에 의하지 아니하고 법률 그 자체에 의하여 자유의 제한, 의무의 부과, 권리 또는 법적 지위의 박탈이 생긴 경우를 뜻하므로, 구체적인 집행행위를 통하여 비로소 당해 법률 또는 법률조항에 의한 기본권 침해의 법률 효과가 발생하는 경우에는 직접성의 요건이 결여된다.
	다만 법령에 대한 법규범이 집행행위를 예정하고 있더라도, 첫째, 법령이 일의적이고 명백한 것이어서 집행기관이 심사와 재량의 여지 없이 그 법령에 따라 일정한 집행행위를 하여야 하는 경우와 둘째, 당해 집행행위를 대상으로 하는 구제절차가 없거나, 구제절차가 있다고 하더라도 권리구제의 기대가능성이 없고 다만 기본권침해를 당한 청구인에게 불필요한 우회절차를 강요하는 것밖에 되지 않는 경우에는 예외적으로 당해 법령의 직접성을 인정할 수 있다. 그런데 이 사건 시행령조항은 형벌조항의 구성요건 일부를 규정하고 있는 조항으로서, 검사의 기소와 법원의 재판을 통한 형벌의 부과라는 구체적 집행행위가 예정되어 있으므로, 원칙적으로 기본권 침해의 직접성을 인정할 수 없다. 따라서 이 사건 시행령조항이 예외적으로 직접성이 인정되는 경우에 해당하는지 여부에 대하여 본다.
	먼저 이 사건 시행령조항이 일의적이고 명백한 것이어서 집행기관이 심사와 재량의 여지 없이 그 법령에 따라 일정한 집행행위를 하여야 하는 경우에 해당하는지에 관하여 보건대, 이 사건 시행령조항은 형벌조항의 구성요건 일부를 규정하고 있음에 불과하므로, 집행기관인 검사 또는 법원이 이 사건 시행령조항만을 적용하여 그에 따라 기소나 재판을 할 수는 없고, 형벌조항인 특정범죄 가중처벌 등에 관한 법률 제4조, 형법 제129조 등과 함께 적용하여 그에 따른 사실인정과 판단을 통하여 비로소 기소 또는 재판을 하여야 하는 것이다. 따라서 이 사건 시행령조항은 집행기관이 심사와 재량의 여지 없이 그 법령에 따라 일정한 집행행위를 하여야 하는 경우에 해당하지 않는다.
	다음으로, 이 사건 시행령조항이 그 집행행위인 형벌부과를 대상으로 한 구제절차가 없거나 있다고 하더라도 권리구제의 기대가능성이 없는 경우에 해당하는지 본다.
	－ 형벌조항의 경우 국민이 그 형벌조항을 위반하기 전이라면 그 형벌조항을 실제로 위반하여 재판을 통한 형벌의 부과를 받게 되는 위험을 감수할 것을 국민에게 요구할 수 없다는 점에서, 그 형벌조항을 위반하였으나 기소되기 전이라면 재판과정에서 그 형벌조항의 위헌 여부에 관한 판단을 구할 수 없다는 점에서 각 구제절차가 없거나 있다고 하더라도 권리구제의 기대가능성이 없는 경우에 해당한다고 볼 여지가 있지만, 그 형벌조항을 위반하여 기소된 후에는 재판과정에서 그 형벌조항이 법률인 경우에는 위헌법률심판제청신청을 통하여 헌법재판소에 그 위헌 여부에 관한 판단을 구할 수 있고(헌법재판소법 제41조, 제68조 제2항), 명령 · 규칙인 경우에는 곧바로 법원에 그 위헌 여부에 관한 판단을 구할 수 있다는 점에서(헌법 제107조 제2항) 구제절차가 없거나 있다고 하더라도 권리구제의 기대가능성이 없는 경우에 해당한다고 볼 수가 없다고 할 것이다.
	그런데 이 사건의 경우 청구인이 2013. 5. 20. 대통령령인 이 사건 시행령조항을 위반하여

> 기소된 이상, 법원의 재판과정에서 곧바로 법원에 이 사건 시행령조항의 위헌 여부에 관한 판단을 구할 수 있었다. 따라서 이 사건 시행령조항은 그 집행행위인 형벌부과를 대상으로 한 구제절차가 없거나 있다고 하더라도 권리구제의 기대가능성이 없는 경우에 해당하지 않는다. 결국 이 사건 시행령조항은 법령의 직접성을 인정할 수 있는 예외적인 경우에도 해당하지 않는다.

이 결정은 법원에 의한 형벌의 부과가 집행행위에 해당된다는 것을 전제로 한다. 다만 예외적으로 직접성을 인정할 수 있는 경우가 있으나, 이 사건의 경우에는 그 예외에 해당하지 않는다고 보았다. 특히, 이미 기소되어 있으므로, 헌법 제107조 제2항의 심사를 받을 수 있음을 강조하고 있다. 나아가 (방론이지만, 이미 기소되었다면) 법률의 경우에는 위헌법률심판제청을 거쳐 헌재법 제68조 제2항의 헌법소원을 제기하여야 하고 헌재법 제68조 제1항의 헌법소원을 바로 제기하는 것은 부적법하다는 점을 밝혔다. 기소되기 전이라면 예외가 인정되어 적법하다는 점을 기억하기 바란다. 결국 기소되기 전에 형법 조항을 다투면 직접성의 예외가 인정되어 적법하고 기소된 후에는 예외가 인정되지 아니하여 부적법하다고 정리할 수 있다.[90]

마. 정리

상당히 길게 설명을 하였다. 그러나 충분히 설명한 것은 아니다. 직접성에 관한 이슈는 이것들 말고도 많다. 그중에서 중요한 것으로 보이는 것들만 설명하였다. 그리고 필자도 헌재의 판례들을 다 이해할 수 없다. 거의 20년 가까이 직접 결정문의 초고를 써보고, 살펴보고, 메모하고, 추적하였는데도 헌재의 입장을 다 알지는 못 하겠다. 헌재가 그때그때 적절한 결론을 도출하기 위하여 노력하는 것은 알겠으나, 그로 인해 논리적 일관성이 훼손되었다는 생각을 가지고 있다. 그래도 나름대로 이해한 바를 가지고 설명해 보려고 애썼다.

직접성에 있어서 가장 핵심적인 포인트는 법령이 당사자의 법적 지위를 100퍼센트 결정하는가 하는 것이었다. 법령에 의하여 이미 법적 지위가 확정되어 있다면, 집행행위가 매개되어 있더라도 직접성이 인정된다는 것이었다. 기속행위의 경우가 그렇다. 그런데, 2012헌마934 결정이 나오고 이를 인용하는 결정들이 이어지면서 위의 포인트는 갈 길을 잃어버렸다.

---

90 이론적으로 타당한가는 의문이지만, 나름대로 중요한 판례로 보인다. 이 판례에 대한 평석으로, 정주백, "형사재판 중 적용법령에 대해 헌법소원을 제기하였을 때의 직접성 문제", 『헌법재판연구』 제5권 제1호, 헌법재판연구원, 2018, 73 이하 참조.

2012헌마934 결정의 취지는 다음과 같이 정리할 수 있다. ① 기속행위든, 재량행위든 집행행위가 예정되어 있으면 직접성은 부인된다. ② 다만, 그 집행행위를 대상으로 하는 구제절차가 없거나 구제절차가 있다고 하더라도 권리구제의 기대가능성이 없는 등의 사유가 있으면 예외적으로 적법하다. 이 결정을 따르면 기속행위를 예정하고 있는 법령에 대해서는 헌법소원이 적법하다고 인정될 가능성이 매우 적다. 행정소송법이 개괄주의(행정소송법 제1조, 제4조 제1호, 제19조)를 채택하고 있어서, 집행행위에 대하여 구제절차가 없는 경우란 별로 많지 않기 때문이다. 다만, 헌재는 위 결정으로 판례를 변경한다고 밝힌 바가 없고, 위 결정 이후로도 종전 결정을 따른 판례들도 없지 않다.

2017헌마498 결정은 다시 종전의 확립된 판례로 돌아가면서 직접성의 인정범위를 일부 감축시키고 있다. 법령이 기속행위를 예정하고 있다고 하더라도, 행정청이 요건의 구비 여부를 심사하는 경우라면 직접성이 부정된다는 것이다.

물론, 위의 단계에서 직접성이 인정되지 아니하였다 하더라도 예외적으로 직접성이 인정될 수 있다. 집행행위를 대상으로 하는 구제절차가 없거나, 있다고 하더라도 우회절차를 강요하는 것밖에 되지 않는 경우에는 법령에 대해 직접성이 인정된다.

헌재의 결정이 무척 혼란스럽다. 그래도 학생들이 이 부분의 논점을 어떻게 다루어야 하는가를 묻는다면, 일단 종전 판례대로 기속행위를 예정하고 있는 경우에는 직접성이 인정된다는 쪽으로 이해해 두기를 바란다. 그 근거는 다음과 같다. 첫째 교과서들이 새로운 판례를 반영하지 않고 있다. 둘째, 헌재의 실무제요에서도 새 판례(1)을 예외적인 것으로 처리하고 있다. 셋째, 새 판례(1)을 따르는 것이 주로 지정부 결정이다. 넷째, 새 판례(1) 이후에도 종전 판례를 따르는 전원부 결정들이 상당수 있다.

9. 보충성

가. 의의

그 공권력에 의한 기본권 침해에 대하여 다른 법률에 구제절차가 있다면 그 모든 절차를 적법하게 거친 후가 아니면 청구할 수 없다(헌재법 제68조 제1항 단서).

나. 다른 구제절차

구제절차는 공권력의 행사 또는 불행사를 직접 대상으로 하여 그 효력을 다툴 수 있는 권리구제절차를 의미하는 것이지, 사후적·보충적 구제수단인 손해배상청구나 손실보상청구를 의미하는 것이 아니다(헌재 1989. 4. 17. 88헌마3).

'적법한' 구제절차를 거쳐야 한다(헌재 1993. 7. 29. 91헌마47). 그렇게 보지 아니하면 청구인이 일부러 부적법한 구제절차를 거침으로써 부당하게 청구기간을 연장할 수 있게 되어 청구기간 한정의 취지를 몰각시켜 버릴 염려가 있기 때문이다.

다른 방법에 의한 구제절차로 가장 대표적인 것이 법원의 재판이다. 법원에 재판을 청구할 수 있음에도 불구하고 바로 헌법소원을 제기하면 보충성 흠결로 각하된다. 한편, 법원의 재판을 거친 후에도 헌법소원을 청구할 수 없다(헌재 1997. 12. 24. 96헌마172). 이것이 원행정처분의 문제이다. 또, 법원의 재판을 소원의 대상으로 하더라도 다시 각하 결정을 받게 된다. 헌재법 제68조 제1항이 법원의 재판을 헌마소원의 대상에서 제외하였기 때문이다.

'법률'에 대해서는 헌법재판 외에 달리 구제절차가 없다. 따라서, 추상적으로, 어떠한 법률이라도, (직접성이 인정되든 인정되지 아니하든) 보충성 흠결을 이유로 각하되는 경우는 없다. 직접성이 인정되지 않는 경우, 즉 집행행위에 의하여 기본권이 침해되는 경우에, 처분을 다툼으로써 구제받을 수 있으므로, '처분의 근거법령에 대한 헌법소원심판청구는 보충성이 인정되지 아니하여 부적법하다'는 표현은 틀린 것이다.

또, 집행행위에 대하여 법원에 소를 제기한 후에 헌바소원을 제기할 수 있으므로 보충성이 충족되지 아니하였다는 말도 틀린 것이다. 그 연유를 알 수는 없으나, 헌재는 헌바소원을 법률의 유무효를 다투는 다른 구제절차로 보지 않는다. 조금 더 정확하게는 이 점에 대해 언급한 사례가 없다.[91]

다만, 앞에서 2013헌마403 결정을 다루었는데, 형벌조항을 위반하여 기소되고 나서 법률이나 시행령에 대해 헌마소원을 제기한다면, 직접성이 인정되지 아니하여 부적법하다고 보았다. 사실 그 내용으로 보면, 이미 기소되어 있으므로 다른 구제절차로서 위헌법률심판제청신청을 거쳐 헌바소원을 제기하거나, 명령·규칙에 대해서는 헌법 제107조 제2항에 따라 위헌·위법 여부를 심사받을 수 있으므로, 보충성이 충족되지 아니하여 부적법하다는 논증도 가능하다. 그러나, 다시 한 번 더 말하건대, 헌재가 이렇게 설시한 경우는 없다. 논리적으로는 그렇다는 말이다.

대법원은 입법부작위에 대한 행정소송이 부적법하다고 본다. "행정소송은 구체적 사건에 대한 법률상 분쟁을 법에 의하여 해결함으로써 법적 안정을 기하자는 것이므로

---

91 굳이 헌재의 입장을 정당화할 수 있는 근거를 찾자면 헌재법 제68조 제1항 단서는 "다른 법률"의 구제절차라고 하고 있는데, 헌재법 제68조 제2항의 헌법소원은 "이 법률"이 정한 구제절차이어서 "다른 법률"의 구제절차가 아니라는 것을 들 수 있겠으나, 매우 옹색한 설명이다. 헌재는 이 점에 대해 판시한 바가 없다. 헌재가 논의하고 결론을 내려야 하는 상황이다. 변호사시험에서는 이 쟁점을 무시하여도 좋다. 그러나 생각하고 있으면 좋을 듯 싶다.

부작위법확인소송의 대상이 될 수 있는 것은 구체적 권리의무에 관한 분쟁이어야 하고, 추상적인 법령에 관하여 제정의 여부 등은 그 자체로서 국민의 구체적인 권리의무에 직접적 변동을 초래하는 것이 아니어서 행정소송의 대상이 될 수 없다."(대법원 1992. 5. 8. 91누11261 판결) 그러므로 입법부작위를 대상으로 헌마소원을 제기하더라도 보충성이 문제되지는 않는다.

'보충성'에서 말하는 구제절차는, '심판의 대상' 그 자체에 관한 구제절차를 말하는 것이다. '심판대상 자체'의 문제이지, '개인의 권리 구제' 문제가 아니다. 예를 들어, 법률에 대한 헌법소원을 제기하는 경우, '법률에 기한 처분에 대한 행정소송을 통해 청구인의 권리를 구제받을 수 있으므로 보충성 원칙에 위배된다'는 표현은 틀린 것이다.

> **헌재 2009. 4. 30. 2007헌마106**
>
> 헌법재판소법 제68조 제1항 단서는 "다만, 다른 법률에 구제절차가 있는 경우에는 그 절차를 모두 거친 후가 아니면 청구할 수 없다."고 하여 헌법소원심판청구에 있어서의 보충성원칙을 규정하고 있다. 다만, 법령에 대한 헌법소원에 있어서는 다른 구제절차가 없기 때문에 보충성의 원칙이 적용되지 않는다. 그러나 보충성의 원칙이 적용되지 않는다고 하여 법령에 대한 헌법소원이 아무런 조건 없이 허용되는 것은 아니고 '기본권침해의 직접성'의 요건이 갖추어져야 한다.

다. 정리

중요한 것은 두 가지다. 첫째 법률에 대한 헌마소원에서 법률은 어떤 경우에도 보충성이 충족되지 않았다는 이유로 각하되지 않는다는 것이다. 다른 하나는 재판에 관련된 것이다. 재판을 통해 권리 구제가능성 있으면 보충성이 충족되지 아니하여 부적법하고, 재판을 거친 후라 하더라도 부적법하다. 그 재판을 대상으로 하는 헌마소원도 부적법하다.

10. 권리보호이익

> **헌재 2001. 9. 27. 2001헌마152**
>
> 권리보호이익 내지 소의 이익은, 국가적·공익적 입장에서는 무익한 소송제도의 이용을 통제하는 원리이고, 당사자의 입장에서는 소송제도를 이용할 정당한 이익 또는 필요성을 말하는 것으로 소송제도에 필연적으로 내재하는 요청이다. 따라서 권리보호이익이라는 헌법소원심판의 적법요건은 헌법재판소법 제40조 제1항에 의하여 준용되는 민사소송법 내지 행정소송법 규정들에 대한 해석상 인정되는 일반적인 소송원리이지 헌법재판소법 제68조 제1항 소정의 '기본권의 침해를 받은'이라는 부분의 해석에서 직접 도출되는 것은 아니다.

사법의 본질로부터 도출되는 적법요건이다(헌재 2001. 9. 27. 2001헌마152). 청구인이 본안 판단을 구할 만한 법적인 이익 내지 필요가 있어야 한다. 바꾸어 말하면, 헌재의 본안 결정에 의하여 법적 지위가 향상될 가능성이 없으면 권리보호이익은 부정된다.

심판청구 당시 권리보호의 이익이 인정되더라도 심판 계속 중에 생기는 사정변경, 즉 사실관계 또는 법제의 변동으로 말미암아 권리보호의 이익이 소멸 또는 제거된 경우에는 원칙적으로 심판청구는 부적법하게 된다(헌재 1994. 7. 29. 91헌마137). 예를 들어, 법령에 대한 헌법소원심판의 계속 중 당해 법령이 개정되어 기본권침해가 종료된 경우 법령의 효력을 상실시키기 위한 심판청구는 권리보호이익의 소멸로 부적법한 것으로 된다.

> **헌재 2013. 7. 25. 2012헌마93**
> "법령의 규정에 따라 구체적인 집행행위가 필요적으로 예정되어 있는 경우에도 그 집행행위를 대상으로 행정소송 등 구제절차를 먼저 거치지 않은 상태에서 헌법소원심판을 허용한다면, 설령 그 근거법령에 대하여 위헌결정이 있더라도 이미 집행행위가 확정되어 당연히 무효로 되거나 취소될 수 없는 경우가 발생할 수 있다. 이 경우 헌법소원심판을 청구한 사람은 오히려 권리구제를 받지 못하게 된다. 그러므로 법령에서 특정한 집행행위를 필요적으로 하도록 일의적으로 요구하고 있다는 사정만으로 그 법령 자체가 당연히 헌법소원의 대상이 된다고 볼 수는 없다."

이 결정은 상당히 중요하다. 헌마소원에서 집행행위가 예정된 법령에 대한 헌법소원이 일률적으로 부적법해질 여지가 있기 때문이다. 위헌으로 선언된 법률에 기한 처분은 취소할 수 있는 하자를 가질 뿐이므로,[92] 집행행위에 대해 확정력이 생기면, 더 이상 다툴 수 없게 된다. 그러므로, 집행행위가 예정된 법령에 대한 헌마소원은 특별한 사유가 없는 한[93] 권리보호이익이 없는 것으로 된다.[94]

권리보호이익이 인정되지 않는 경우라도, 심판의 이익은 인정되는 경우가 있다. "헌법소원제도는 주관적인 권리구제뿐만 아니라 객관적인 헌법질서보장의 기능도 겸하고 있으므로, 설사 주관적인 권리보호의 이익이 없는 경우라고 하더라도 동종의 기본권침해가 반복될 위험이 있거나 헌법질서의 유지·수호를 위하여 헌법적 해명이 중대한 의미를 지니고 있을 때에는 예외적으로 심판청구의 이익이 인정된다."(헌재 1999. 5. 27. 97헌마137)[95]

> **헌재 2011. 12. 29. 2009헌마527**

---

92 대법원 1994. 10. 28. 92누9463 판결.
93 이론상 확정력이 발생하기 전에 결정이 선고될 수 있으면 권리보호이익이 인정될 수 있다. 현실적으로는 불가능하다.
94 위의 2012헌마934 결정의 경우 이와 같은 이유를 들어 직접성을 부인하였다.

청구인에 대한 종교행사 등 참석불허 처우로 인한 기본권침해 상황은 청구인의 신분이 미결수용자에서 수형자로 변동된 시점에 이미 소멸하였으므로 이 사건 심판을 구할 청구인의 주관적인 권리보호이익은 더 이상 존재하지 않으나, 현재에도 피청구인은 과실범을 제외한 대다수 미결수용자에 대하여 종교행사 등에의 참석을 금지하고 있어 위 종교행사 등 참석불허 처우와 동종 또는 유사한 처우로 인한 기본권침해행위가 미결수용자들에 대하여, 그리고 상당기간 반복적으로 행하여질 것이 예상되고, 이에 대한 헌법적 해명이 이루어진 바도 없어 그 헌법적 해명이 헌법질서의 수호·유지를 위해 중대한 의미를 가지므로 심판의 이익을 인정할 수 있다.

11. 청구기간

기본권이 침해된 경우에 언제까지라도 헌법소원을 청구할 수 있다고 하면 법률관계가 매우 불안정해질 수가 있으므로, 헌법소원은 일정한 기간 내에 청구되어야 한다.

기본권 침해의 사유가 있음을 안 날로부터 90일 이내, 그리고(and) 그 사유가 있은 날로부터 1년 이내로 제한된다(헌재법 제69조 제1항). 어느 한 쪽이라도 도과하면 부적법하다. 그러므로 기본권 침해 사실을 안 때로부터 90일이 지났다는 사실, 또는(or) 기본권 침해가 있은 때로부터 1년이 지났다는 사실을 밝힘으로써 청구기간이 도과하였다고 판단할 수 있다. 그러나, 청구기간이 도과하지 않았다고 판단하기 위하여는 위 두 가지 기간을 모두 충족하여야 한다. 즉, 기본권침해 사실을 안 때로부터 90일이 지나지 아니하였고(and), 기본권침해가 있은 때로부터 1년이 지나지 아니하였어야 한다. 주의가 필요하다. 다만, 기본권침해 사실이 발생한 때로부터 90일 이내에 심판을 청구하였다면, 청구기간은 준수한 것으로 된다.

다른 구제절차를 거친 경우 그 최종결정을 통지받은 날로부터 30일 이내에 심판을 청구해야 한다(헌재법 제69조 제1항 단서).

헌법소원청구기간의 기산점인 '사유가 있음을 안 날'이라 함은 법령의 제정 등 공권력의 행사에 의한 기본권침해의 사실관계를 안 날을 뜻하는 것이지, 법률적으로 평가하여 그 위헌성 때문에 헌법소원의 대상이 됨을 안 날을 뜻하는 것이 아니다(헌재 1993. 11. 25. 89헌마36).

---

95 논란이 있을 수 있다. 권리보호이익이 독자적인 적법요건이다. 그렇다면 권리보호이익이 인정되지 아니하는 경우 바로 부적법하다고 판단할 수 있다. 그런데 권리보호이익이 인정되지 않더라도 심판의 이익이 인정되면 적법하다고 하는 것은 많은 혼선을 줄 수 있다. 논리적으로는 다음과 같이 설명하는 것이 옳다고 본다. 권리보호이익이 아니라 심판의 이익이 적법요건의 하나이다. 심판의 이익이 인정되는 경우는 두 가지 경우가 있다. 첫째, 주관적 권리보호이익이 인정되는 경우, 둘째, 헌법적 해명의 필요성과 반복침해가능성이 인정되는 경우가 그것이다.

기본권침해가 확실히 예견된다는 이유로 현재성을 인정하는 경우라면 청구기간은 문제되지 않는다.

> **헌재 1999. 12. 23. 98헌마363**
>
> "청구기간을 준수하였는지 여부는 이미 기본권침해가 발생한 경우에 비로소 문제될 수 있는 것인데, 이 사건의 경우와 같이 아직 기본권의 침해는 없으나 장래 확실히 기본권침해가 예측되므로 미리 앞당겨 현재의 법적 관련성을 인정하는 경우에는 청구기간 도과의 문제가 발생할 여지가 없다."

법령을 대상으로 하는 헌법소원 심판의 경우, 그 기본권침해 시점은 법령의 시행일이 되는 것이 원칙이다. 그러나, 법령이 시행될 당시에 그 법령과 전적으로 무관했다가 이후에 법령으로 인해 기본권이 침해될 사유가 발생한 경우에는, 그 사유가 발생한 날을 기본권침해 시점으로 보아 청구기간을 계산한다.

예를 들어, 밤 12시에 식당영업을 종료하도록 하는 법률이 있다고 해 보자. 먼저 식당 영업을 하고 있던 중 위와 같은 법률이 시행되었다면, 그 법률의 시행일이 기본권침해 시점으로 된다. 그런데 위 법률의 시행 당시에는 식당 영업을 하고 있지 아니하다가 나중에 식당을 개업한 경우라면, 위 법률의 시행일이 아니라 식당을 개업한 시점이 기본권침해 시점으로 된다.

> **헌재 2004. 4. 29. 2003헌마484**
>
> "헌법재판소법 제69조 제1항 본문은 "제68조 제1항의 규정에 따른 헌법소원의 심판은 그 사유가 있음을 안 날부터 90일 이내에, 그 사유가 있은 날부터 1년 이내에 청구하여야 한다."고 규정하고 있다. 이때 "그 사유가 있은 날"이란 헌법재판소법 제68조 제1항에 규정된 사유, 즉 '공권력의 행사 또는 불행사로 인한 기본권의 침해가 있은 날'을 의미한다. 따라서 법령의 시행과 동시에 기본권의 침해가 있는 경우에는 법령이 시행된 사실을 안 날로부터 90일 이내에, 법령이 시행된 날로부터 1년 이내에 헌법소원심판을 청구하여야 한다. 다만, 법령이 시행된 후에 그 법령에 해당하는 사유가 발생하여 기본권의 침해를 받은 사람은 그 사유가 발생하였음을 안 날로부터 90일 이내에, 그 사유가 발생한 날로부터 1년 이내에 헌법소원심판을 청구하여야 한다. 여기서 청구기간의 기산점인 '법령에 해당하는 사유가 발생한 날'이란 '법령의 규율을 구체적이고 현실적으로 적용받음으로써 기본권의 침해가 있은 날'을 의미한다."

공권력의 불행사로 인한 기본권침해는 그 불행사가 계속되는 한 기본권침해의 부작위가 계속된다고 할 것이므로 공권력의 불행사에 대한 헌법소원심판은 그 불행사가 계속되는 한 기간의 제약 없이 적법하게 청구할 수 있다(헌재 1994. 12. 29. 89헌마2).

심판청구를 추가적으로 변경하였다면 변경에 의한 새로운 청구는 그 청구변경서를 제출한 때에 제기한 것이라 볼 것이므로, 이 시점을 기준으로 하여 청구기간의 준수 여부를 가려야 한다(헌재 1998. 9. 30. 96헌바88).

유예기간을 두고 있는 법령의 경우, 헌법소원심판의 청구기간 기산점은 그 법령의 시행일이 아니라 유예기간 경과일이다. 이 논점에 관하여 여러 차례 헌재 결정에서 논란이 있었는데, 헌재 2020. 4. 23. 2017헌마479 사건에서 정리되었다. 청구인에게 유리한 쪽으로 변경되었다.

헌재 2020. 4. 23. 2017헌마479

유예기간을 경과하기 전까지 청구인들은 이 사건 보호자동승조항에 의한 보호자동승의무를 부담하지 않는다. 이 사건 보호자동승조항이 구체적이고 <u>현실적으로 청구인들에게 적용된 것은 유예기간을 경과한 때부터라 할 것</u>이므로, 이때부터 청구기간을 기산함이 상당하다. 종래 이와 견해를 달리하여, 법령의 시행일 이후 일정한 유예기간을 둔 경우 이에 대한 헌법소원심판 청구기간의 기산점을 법령의 시행일이라고 판시한 우리 재판소 결정들은, 이 결정의 취지와 저촉되는 범위 안에서 변경한다.

국선대리인 선임을 신청한 경우에는 특칙이 있다. 국선대리인 선임을 신청하는 경우 청구기간 준수 여부는 국선대리인의 선임신청이 있는 날을 기준으로 정한다(헌재법 제70조 제1항 단서). 헌재가 국선대리인을 선정하지 아니한다는 결정을 한 경우, 신청인이 선임신청을 한 날부터 그 통지를 받은 날까지의 기간은 청구기간 계산에 산입하지 아니한다(헌재법 제70조 제4항).

[참고] 헌재법 제68조 제1항 헌법소원 요건의 체계적 이해 – 법률의 경우를 전제로	
I. 대상과 무관한 요건	- 변호사 강제주의 - 기본권 주체성(다만, 외국인, 법인과 공무원의 경우는 예외 → 외국인, 법인, 공무원이 청구하면 검토할 필요)
II. 판단할 필요가 없는 요건	공권력 행사성(항상 OK) 보충성(항상 OK)
III. 대상만으로 확정할 수 있는 요건	기본권 침해가능성 직접성(다만, 2012헌마934 결정에 의하면 집행행위에 대해 구제절차가 있는지 검토할 필요. 2013헌마403 결정에 따르면 형벌조항에 대해서는 기소되었는지 여부가 영향을 미칠 수 있음.)
IV. 대상과 청구인과의 관계로 확정할 수 있는 요건	- 자기관련성
V. 대상과 청구시점과의 관계로 확정할 수 있는 요건	- 현재성(Present ↔ Future) - 청구기간(Present ↔ Past) - 권리보호이익(Present ↔ Past)

12. 결정

헌마소원의 인용 결정에 관해서는 헌재법 제75조가 정하고 있다. 헌마소원을 인용할 때에는 결정서의 주문에 침해된 기본권과 침해의 원인이 된 공권력의 행사 또는 불행사를 특정하여야 한다(헌재법 제75조 제2항). 헌마소원을 인용하는 경우에 기본권 침해의 원인이 된 공권력의 행사를 취소하거나 그 불행사가 위헌임을 확인할 수 있다(헌재법 제75조 제3항).[96] 이것이 헌마소원을 인용하는 주문의 형식이다.

이와 같은 법문에 부합하는 주문으로는 다음의 것을 들 수 있다. "피청구인이 1991. 6. 14. 청주지방검찰청 충주지청 1991년 형제2787호 사건의 피의자 이ㅇ희에 대하여 한 불기소처분은 청구인의 재판절차진술권과 평등권을 침해한 것이므로 이를 취소한다." (헌재 1992. 7. 23. 91헌마142)[97]

위의 주문은 침해의 원인이 된 공권력의 행사와 침해된 기본권을 특정하여 기본권 침해의 점을 확인하고(헌재법 제75조 제2항), 나아가 기본권 침해의 원인이 된 공권력 행사를 취소하였다(헌재법 제75조 제3항).

헌재가 주문을 이와 같이 구성하므로, 청구취지도 이에 맞춰 써야 한다. ""피청구인이 1991. 6. 14. 청주지방검찰청 충주지청 1991년 형제2787호 사건의 피의자 이ㅇ희에 대하여 한 불기소처분은 청구인의 재판절차진술권과 평등권을 침해한 것이므로 이를 취소한다."라는 결정을 구합니다."라고 써야 한다. 여기까지는 아무 문제가 없다.

그런데 변호사시험에서 대종을 이루는 법령에 대한 헌마소원에 관하여는, 헌재가 위의 법률을 완전히 무시하는 관행을 확립해 놓고 있다. 이를 기억해 놓을 필요가 있다.

헌재는 법령이 청구인의 기본권을 침해한다고 인정하는 경우, 즉 인용 결정을 하는 경우 그 주문은 'ㅇㅇ법 제ㅇ조 제ㅇ항은 헌법에 위반된다.'라는 형식으로 구성한다. "변호사시험법(2011. 7. 25. 법률 제10923호로 개정된 것) 제18조 제1항 본문은 헌법에 위반된다.",[98] "신행정수도건설을위한특별조치법(2004. 1. 16. 법률 제7062호)은 헌법에

---

96 헌재법 제75조 제3항에 해당되는 결정에 대하여 당사자의 신청권이 인정되는가 하는 것이 문제될 수 있으나, 헌재에서 쟁점으로 다루어진 사례는 없다. 권한쟁의심판에 관한 헌재법 제66조 제2항도 같은 구조로 되어 있다. 문리상 당사자에게는 신청권이 없고, 이를 청구취지란에 기재하더라도 직권발동을 촉구하는 데 그친다고 보아야 할 것이다. 권한쟁의심판에서는 중요한 이슈다.

97 같은 형식의 주문으로는, "피청구인이 ㅇㅇ대학교 법학전문대학원에 대하여, 2015학년도 신입생 1명의 모집을 정지하도록 한 행위는 청구인의 대학의 자율권을 침해하므로 위헌임을 확인하고, 2016학년도 신입생 1명의 모집을 정지하도록 한 행위는 청구인의 대학의 자율권을 침해하므로 이를 취소한다."(헌재 2015. 12. 23. 2014헌마1149)를 들 수 있다.

98 헌재 2015. 6. 25. 2011헌마769. 변호사시험 성적을 합격자에게 공개하지 않도록 규정한 변호사시험법 조항이 청구인들의 알권리(정보공개청구권)를 침해하였다는 이유로 위헌 결정을 하였다. 이유는 기본권을 침해하였다는

위반된다."[99]를 예로 들 수 있다.[100]

그러므로 헌재의 위와 같은 관행을 전제로 헌마소원의 청구취지를 구성한다면, ""○○법 제○조 제○항은 헌법에 위반된다."는 결정을 구합니다."라는 형식으로 작성하여야 한다. 위에 든 예에 관한 것이라면, ""변호사시험법(2011. 7. 25. 법률 제10923호로 개정된 것) 제18조 제1항 본문은 헌법에 위반된다."는 결정을 구합니다."라는 형식이 될 것이다. 주의하여야 한다. 헌재법이 정해진 바대로 쓰면[101] 틀린 것으로 평가받을 것이다.[102]

[참고] 헌마소원의 인용 결정 주문과 청구취지		
	법령	법령 외
인용 결정 주문	○○법 제○조 제○항은 헌법에 위반된다.	1. 피청구인이 ○○○○. ○. ○. 한 ○○ 공권력 행사는 청구인의 ○○ 기본권을 침해한다. 2. 피청구인의 제1항 기재 공권력 행사를 취소한다.
청구 취지	"○○법 제○조 제○항은 헌법에 위반된다."는 결정을 구합니다.	1. 피청구인이 ○○○○. ○. ○. 한 ○○ 공권력 행사는 청구인의 ○○ 기본권을 침해한다. 2. 피청구인의 제1항 기재 공권력 행사를 취소한다. 라는 결정을 구합니다.

것이고, 주문은 '위헌'이다.

99 헌재 2004. 10. 21. 2004헌마554. 이 사건 법률은 헌법개정사항인 수도의 이전을 헌법개정의 절차를 밟지 아니하고 단지 단순법률의 형태로 실현시킨 것으로서 결국 헌법 제130조에 따라 헌법개정에 있어서 국민이 가지는 참정권적 기본권인 국민투표권의 행사를 배제한 것이므로 동 권리를 침해하였다는 것이 이유이고, 주문은 마찬가지로 '위헌'이다.

100 시행령의 경우도 마찬가지다. "초·중등교육법 시행령(2017. 12. 29. 대통령령 제28516호로 개정된 것) 제81조 제5항 중 '제91조의3에 따른 자율형 사립고등학교는 제외한다' 부분은 헌법에 위반된다."(헌재 2019. 4. 11. 2018헌마221)

101 ""변호사시험법(2011. 7. 25. 법률 제10923호로 개정된 것) 제18조 제1항 본문은 청구인의 알권리를 침해한다."는 결정을 구합니다."라고 쓰는 것이 헌재법 제75조 제2항에 부합한다.

102 헌재가 왜 이런 식으로 결정을 하는가는 이 책의 수준을 넘는 것이어서 생략한다. 이 점에 관해서는, 정주백, "법률의 헌법소원대상성에 관한 관견", 『헌법논총』 26집, 헌법재판소, 2015, 299 이하; 정주백, "명령규칙에 대한 헌법소원", 『헌법재판연구』제6권 2호, 헌법재판연구원, 2019, 223 이하; 정주백, "권한쟁의심판의 쟁송물", 『법학연구』, 제30권 제4호, 충남대, 2019, 135 이하를 읽으면 도움이 될 것이다.

제3편
실체법

I. 기본권 침해 이전

1. 도입

헌마소원의 쟁송물은 '공권력의 행사 또는 불행사로 인하여 청구인의 기본권이 침해되었는지 여부'이다(헌재법 제68조 제1항 참조). 기본권 침해 여부만이 문제되므로, 기본권침해 가능성이 인정되지 않는다면(즉 아무런 기본권도 '제한'되는 바 없다면), 헌법소원심판청구를 각하하여야 한다.

위헌법률심판이나 헌바소원의 쟁송물은 '법률이 헌법에 위반되는지 여부'이다(헌법 제107조 제1항 및 제111조 제1항 제1호, 헌재법 제41조 제1항). 그러므로, '기본권' 조항 외에도 기본권 조항이 아닌 헌법 조항도 심사의 기준이 된다. 이 양자의 차이를 분명하게 인식하고 있을 필요가 있다.

이하의 설명은 헌마소원을 중심으로 한 설명이다. 그러나, 이하의 설명은 위헌법률심판이나 헌바소원에도 거의 그대로 적용될 수 있다. 이 말은 위헌법률심판이나 헌법소원에서 기본권침해 외의 쟁점이 별로 없다는 것을 의미한다.

2. 기본권의 존부

가. 도입

특정 기본권이 침해되었다는 이유로 위헌 결정을 한다는 것은, 그 특정 기본권이 우리 헌법 안에 존재한다는 것을 전제로 한다. 특정 기본권이 존재하지 않는다면, 당연히 그 특정 기본권이 침해될 수 없다. 아래에서는 쟁점이 되는 몇 가지 경우를 살펴보기로 한다.

나. 기본권으로 인정되는 것

(1) 생명권

> **헌재 1996. 11. 28. 95헌바1**
>
> "인간의 생명은 고귀하고, 이 세상에서 무엇과도 바꿀 수 없는 존엄한 인간존재의 근원이다. 이러한 생명에 대한 권리는 비록 헌법에 명문의 규정이 없다 하더라도 인간의 생존본능과 존재목적에 바탕을 둔 선험적이고 자연법적인 권리로서 헌법에 규정된 모든 기본권의 전제로서 기능하는 기본권 중의 기본권이라 할 것이다."

(2) 표현의 자유

헌재의 결정에서 매우 자주 언급되어서 당연히 헌법이 명시적으로 표현의 자유를 규정하고 있는 것으로 오해되고 있다. 우리 헌법에는 표현의 자유를 보장하는 명문의 조항이 없다. 헌법 제21조는 표현의 자유 중의 일부인 언론·출판의 자유를 규정하고 있을 뿐이다. 헌재가 헌법 제21조를 확장해석하여 표현의 자유를 인정하고 있다. 물론 헌재가 헌법 제21조로부터 표현의 자유가 도출되어진다는 점을 논증한 적도 없다. 학계나 실무계가 당연한 듯이 이를 받아들이고 있다.

(3) 알권리

헌재는 표현의 자유로부터 다시 해석을 통해 알권리를 도출해 내었다.

> **헌재 1992. 2. 25. 89헌가104**
>
> "사상 또는 의견의 자유로운 표명은 자유로운 의사의 형성을 전제로 하는데, 자유로운 의사의 형성은 충분한 정보에의 접근이 보장됨으로써 비로소 가능한 것이며, 다른 한편으로 자유로운 표명은 자유로운 수용 또는 접수와 불가분의 관계에 있다고 할 것이다. 그러한 의미에서 정보에의 접근·수집·처리의 자유 즉 '알권리'는 표현의 자유에 당연히 포함되는 것으로 보아야 하는 것이다.… 이 권리의 핵심은 정부가 보유하고 있는 정보에 대한 국민의 알권리 즉, 국민의 정부에 대한 일반적 정보공개를 구할 권리(청구권적 기본권)라고 할 것이며, 또한 자유 민주적 기본질서를 천명하고 있는 헌법 전문과 제1조 및 제4조의 해석상 당연한 것이라고 봐야 할 것이다.… 그 이외에도 자유민주주의 국가에서 국민주권을 실현하는 핵심이 되는 기본권이라는 점에서 국민주권주의(제1조), 각 개인의 지식의 연마, 인격의 도야에는 가급적 많은 정보에 접할 수 있어야 한다는 의미에서 인간으로서의 존엄과 가치(제10조) 및 인간다운 생활을 할 권리(제34조 제1항)와 관련이 있다 할 것이다."

헌법상의 권리로서 알권리가 인정된다는 것은 중요한 의미가 있다. 현행 법률 안에는 여러 가지 정보공개를 요구하는 권리를 두고 있지만, 그것들은 법률상의 권리일 뿐이다.

그것들은 '위헌'심사의 기준으로 작동할 수 없다.

알권리가 헌법상의 권리, 즉 기본권으로 인정됨으로써 위헌심사의 기준으로 작동하고, 법률의 위헌 여부를 판단하는 기준으로 될 수 있다.

(4) 지방자치단체장 선거권

> **헌재 2016. 10. 27. 2014헌마797**
>
> 헌법에서 지방자치제를 제도적으로 보장하고 있고, 지방자치는 지방자치단체가 독자적인 자치기구를 설치해서 그 자치단체의 고유사무를 국가기관의 간섭 없이 스스로의 책임 아래 처리하는 것을 의미한다는 점에서 지방자치단체의 대표인 단체장은 지방의회의원과 마찬가지로 주민의 자발적 지지에 기초를 둔 선거를 통해 선출되어야 한다는 것은 지방자치제도의 본질에서 당연히 도출되는 원리이다. 이에 따라 공직선거 관련법상 지방자치단체의 장 선임방법은 '선거'로 규정되어 왔고, 우리 지방자치제의 역사에 비추어 볼 때 지방자치단체의 장에 대한 주민직선제 이외의 다른 선출방법을 허용할 수 없다는 국민적 인식이 존재한다고 볼 수 있다. 주민자치제를 본질로 하는 민주적 지방자치제도가 안정적으로 뿌리내린 현 시점에서 지방자치단체의 장 선거권을 지방의회의원 선거권, 더 나아가 국회의원 선거권 및 대통령 선거권과 구별하여 하나는 법률상의 권리로, 나머지는 헌법상의 권리로 이원화하는 것은 무의미한 것으로 보인다. 그러므로 지방자치단체의 장 선거권 역시 다른 선거권과 마찬가지로 헌법 제24조에 의해 보호되는 헌법상의 권리로 인정하여야 할 것이다.

(변경 전 판례) 헌재 2007. 6. 28. 2004헌마644

헌법 제118조는 제1항에서 "지방자치단체에 의회를 둔다"는 규정을 두고, 제2항에서 "지방의회의 …… 의원선거 …… 에 관한 사항은 법률로 정한다."라고 함으로써 지방의회 의원선거권이 헌법상의 기본권임을 분명히 하고 있다. 하지만 헌법 제118조 제2항은 " …… 지방자치단체의 장의 선임방법 …… 에 관한 사항은 법률로 정한다."라고만 규정하고 있어 지방자치단체의 장의 선거권에 대한 제한이 헌법상의 기본권에 대한 제한인지 여부가 문제된다.

<u>헌법이 지방자치단체의 장에 대해서는 '선임방법'이라고 표현함으로써 지방의원의 '선거'와는 구별하고 있으므로 지방자치단체의 장의 선거권을 헌법상 기본권이라 단정하기는 어렵다.</u> 하지만 지방자치단체의 장의 선거권을 법률상의 권리로 본다 할지라도, 비교집단 상호간에 차별이 존재할 경우에 헌법상 기본권인 평등권 심사까지 배제되는 것은 아니므로, 지방선거권에 대한 제한은 지방의원의 경우이든 지방자치단체의 장의 경우이든 모두 헌법상의 기본권에 대한 제한에 해당한다.

헌재는 2004헌마644 결정에서는 지방자치단체장 선거권이 공직선거법에 의해 보장되는 법률상의 권리라고 보았다. 공직선거법에 의하여 비로소 形成된 권리라는 것이다. 이렇게 보면, 법률이 지방자치단체장을 선거로 뽑지 아니하고 임명하는 방식을 채택하더라도 지방자치단체장 선거권이 침해되었다는 주장은 불가능하다. 왜냐하면, 원래 법률에 의해 주어진 권리를, 법률이 폐지한 것이기 때문이다. 지방자치단체장을 임명직으로 하겠다는 의지는 종전의 입법자의 의지, 즉 지방자차단체장을 선거로 뽑아야 한다는 의지에 배치된다는 이유로 그 효력이 달라지지 않는다. 둘 다 동등한 입법자의 의지이기

때문이다. 앞의 법단계설에 관한 부분에서 설명했지만, "어떤 법률조항의 내용이 다른 법률조항의 내용과 서로 충돌된다 하여 원칙적으로 이들 법률조항이 헌법에 위반된다는 등 헌법문제가 발생되는 것은 아니고, 이들 법률조항들을 어떻게 조화롭게 해석할 것인가의 법률해석 문제가 생길 뿐"[1]이다.

그런데, 헌재가 판례를 변경하여 지방자치단체장 선거권이 헌법에 의하여 보장되는 권리라고 판시함으로써, 위와 같은 상황, 즉 법률이 지방자치단체장을 임명직으로 바꾸는 것이 헌법상의 지방자치단체장 선거권을 침해하는 것 아닌가 하는 논의가 시작될 수 있게 되었다. 이제 공직선거법이 규정하고 있는 지방자치단체장 선거권은 形成的인 것이 아니라, 헌법상의 권리를 確認한 것에 불과하다. 이제 입법자는 지방자치단체장을 선거로 뽑을 것인가, 임명직으로 할 것인가를 결정하는 데 있어서의 재량이 없다.

(5) 법인의 인격권

> **헌재 2012. 8. 23. 2009헌가27**
>
> "이 사건 심판대상조항은 법인인 방송사업자에 대하여 그 의사에 반하여 시청자에 대한 사과를 할 것을 강제하고 있는바 이로 인해 제한되는 기본권에 관하여 살펴본다. 우리 헌법은 법인 내지 단체의 기본권 향유능력에 대하여 명문의 규정을 두고 있지는 않지만 본래 자연인에게 적용되는 기본권이라도 그 성질상 법인이 누릴 수 있는 기본권은 법인에게도 적용된다. 이 사건 심판대상조항에 의한 '시청자에 대한 사과'는 사과 여부 및 사과의 구체적인 내용이 방송통신위원회라는 행정기관에 의해 결정됨에도 불구하고 마치 방송사업자 스스로의 결정에 의한 사과인 것처럼 그 이름으로 대외적으로 표명되고, 이는 시청자 등 국민들로 하여금 방송사업자가 객관성이나 공정성 등을 저버린 방송을 했다는 점을 스스로 인정한 것으로 생각하게 만듦으로써 방송에 대한 신뢰가 무엇보다 중요한 방송사업자의 사회적 신용이나 명예를 저하시키고 법인격의 자유로운 발현을 저해한다. 법인도 법인의 목적과 사회적 기능에 비추어 볼 때 그 성질에 반하지 않는 범위 내에서 인격권의 한 내용인 사회적 신용이나 명예 등의 주체가 될 수 있고 법인이 이러한 사회적 신용이나 명예 유지 내지 법인격의 자유로운 발현을 위하여 의사결정이나 행동을 어떻게 할 것인지를 자율적으로 결정하는 것도 법인의 인격권의 한 내용을 이룬다고 할 것이다. 그렇다면 이 사건 심판대상조항은 방송사업자의 의사에 반한 사과행위를 강제함으로써 방송사업자의 인격권을 제한하는바, 이러한 제한이 그 목적과 방법 등에 있어서 헌법 제37조 제2항에 의한 헌법적 한계 내의 것인지 살펴본다."

---

1 헌재 1998. 11. 26. 96헌마54; 헌재 1998. 11. 26. 96헌마74; 헌재 2005. 10. 27. 2003헌바50; 헌재 2009. 4. 30. 2007헌바73 등.

(6) 불구속 피의자의 변호인의 조력을 받을 권리

> **헌재 2004. 9. 23. 2000헌마138**
>
> 헌법 제12조 제4항 본문은 "누구든지 체포 또는 구속을 당한 때에는 즉시 변호인의 조력을 받을 권리를 가진다."라고 규정하고 있으며, 헌법재판소는 "불구속 피의자의 경우에도 변호인의 조력을 받을 권리는 우리 헌법에 나타난 법치국가원리, 적법절차원칙에서 인정되는 당연한 내용이고, 헌법 제12조 제4항도 이를 전제로 특히 신체구속을 당한 사람에 대하여 변호인의 조력을 받을 권리의 중요성을 강조하기 위하여 별도로 명시하고 있다고 할 것이다.

(7) 변호인이 되려는 청구인의 접견교통권[2]

> **헌재 2019. 2. 28. 2015헌마1204**
>
> 변호인 선임을 위하여 피의자·피고인(이하 '피의자 등'이라 한다)이 가지는 '변호인이 되려는 자'와의 접견교통권은 헌법상 기본권으로 보호되어야 하고, '변호인이 되려는 자'의 접견교통권은 피의자 등이 변호인을 선임하여 그로부터 조력을 받을 권리를 공고히 하기 위한 것으로서, 그것이 보장되지 않으면 피의자 등이 변호인 선임을 통하여 변호인으로부터 충분한 조력을 받는다는 것이 유명무실하게 될 수밖에 없다. 이와 같이 <u>'변호인이 되려는 자'의 접견교통권은 피의자 등을 조력하기 위한 핵심적인 부분으로서, 피의자 등이 가지는 헌법상의 기본권인 '변호인이 되려는 자'와의 접견교통권과 표리의 관계에 있다. 따라서 피의자 등이 가지는 '변호인이 되려는 자'의 조력을 받을 권리가 실질적으로 확보되기 위해서는 '변호인이 되려는 자'의 접견교통권 역시 헌법상 기본권으로서 보장되어야 한다.</u>

다. 기본권으로 인정되지 않는 것

(1) 주민투표권

> **헌재 2001. 6. 28. 2000헌마735**
>
> 우리 헌법은 법률이 정하는 바에 따른 '선거권'과 '공무담임권' 및 국가안위에 관한 중요정책과 헌법개정에 대한 '국민투표권'만을 헌법상의 참정권으로 보장하고 있으므로, 지방자치법 제13조의2에서 규정한 주민투표권은 그 성질상 선거권, 공무담임권, 국민투표권과 전혀 다른 것이어서 이를 <u>법률이 보장하는 참정권이라고 할 수 있을지언정 헌법이 보장하는 참정권이라고 할 수는 없다</u>.

헌재는 법률에 규정되어 있는 주민투표권은 법률이 創設한 권리일 뿐, 헌법이 이를

---

2 "헌법 제12조 제4항은 "누구든지 체포 또는 구속을 당한 때에는 즉시 변호인의 조력을 받을 권리를 가진다"라고 규정함으로써 변호인의 조력을 받을 권리를 헌법상의 기본권으로 격상하여 이를 특별히 보호하고 있거니와 변호인의 "조력을 받을" 피구속자의 권리는 피구속자를 "조력할" 변호인의 권리가 보장되지 않으면 유명무실하게 된다. 그러므로 피구속자를 조력할 변호인의 권리 중 그것이 보장되지 않으면 피구속자가 변호인으로부터 조력을 받는다는 것이 유명무실하게 되는 핵심적인 부분은, "조력을 받을 피구속자의 기본권"과 표리의 관계에 있기 때문에 이러한 핵심 부분에 관한 변호인의 조력할 권리 역시 헌법상의 기본권으로서 보호되어야 한다." (헌재 2003. 3. 27. 2000헌마474)

보장하고 법률에서 確認하는 것으로 이해할 수는 없다는 입장이다. 입법자가 주민투표권을 폐지하더라도 헌법적 문제는 발생하지 않는다.[3]

(2) 상고심 재판을 받을 권리

> **헌재 1997. 10. 30. 97헌바37**
>
> 헌법 제27조 제1항은 "모든 국민은 헌법과 법률이 정한 법관에 의하여 법률에 의한 재판을 받을 권리를 가진다"라고 규정하고 있으므로 국민은 법률에 의한 정당한 재판을 받을 권리가 있고, 하급심에서 잘못된 재판을 하였을 때에는 상소심으로 하여금 이를 바로 잡게 하는 것이 재판청구권을 실질적으로 보장하는 방법이 된다는 의미에서 심급제도는 재판청구권을 보장하기 위한 하나의 수단으로 이해할 수 있다. 그러나 여기에서 말하는 "<u>헌법과 법률이 정하는 법관에 의하여 법률에 의한 재판을 받을 권리</u>"가 사건의 경중을 가리지 아니하고 <u>모든 사건에 대하여 대법원을 구성하는 법관에 의한 균등한 재판을 받을 권리를 의미한다거나 또는 상고심재판을 받을 권리를 의미하는 것이라고 할 수는 없다.</u> 왜냐하면 상고제도의 목적을 법질서의 통일과 법발견 또는 법창조에 관한 공익의 추구에 둘 것인지, 아니면 구체적인 사건의 적정한 판단에 의한 당사자의 권리구제에 둘 것인지, 또는 양자를 다 같이 고려할 것인지는 역시 입법자의 형성의 자유에 속하는 사항이고, 그중 어느 하나를 더 우위에 두었다고 하여 헌법에 위반되는 것은 아니기 때문이다. 다시 말하면, 심급제도는 사법에 의한 권리보호에 관하여 한정된 법 발견차원의 합리적인 분배의 문제인 동시에 재판의 적정과 신속이라는 서로 상반되는 두 가지의 요청을 어떻게 조화시키느냐의 문제로 돌아가므로 원칙적으로 입법자의 형성의 자유에 속하는 사항이다.

3. 기본권 제한

가. 도입

기본권이 존재한다는 것을 전제로 했을 때, 그 기본권을 온전히 누리지 못 하게 만드는 것을 기본권 제한이라 한다. 이것은 헌법상의 권리, 즉 기본권의 특유한 문제이다. 법률상의 권리에는 이런 문제가 없다. 법률상의 권리는 존재하는가, 존재하지 않는가만 문제된다. 존재하기는 하지만 제한될 수 있다는 관념이 없다. 이에 비하여 헌법상의 권리는 존재하되 제한될 수 있다고 본다.

기본권의 제한은 침해와 구별된다. 침해는 제한이 심대하여 위헌이라고 판단할 수 있는 상태다. 여기에 비하여 기본권의 제한은 그 심대성을 평가하여야 할 상태를 말한다. 기본권의 제한이 존재하지 아니하면 기본권의 침해라고 판단되어질 수 없다. 기본권 제한은 기본권 침해의 필요조건(necessary condition)이다. 헌법재판의 본안은 기본권

---

3   다만 헌재는 주민투표권이 법률상의 권리이기는 하지만, 이 주민투표권을 부여함에 있어서 주민을 차별한다면 헌법상의 평등권 침해 문제는 발생한다고 본다(헌재 2007. 6. 28. 2004헌마643).

제한을 전제로 그 제한이 위헌이라고 하여야 할 정도에 이르렀는가를 심사하는 단계이다(헌법 제37조 제2항 참조).

기본권의 제한 여부을 판단함에 있어서는 그 기본권이 어떠한 것들을 보호하는가 하는 것을 알아야 한다. 기본권이 보호하는 것들을 모아놓은 것을 '보호영역'이라 한다.

만약 살인이 일반적 행동자유권의 보호영역에 들어있다면, 살인을 처벌하는 법률조항이 일반적 행동자유권을 제한하는 것이어서 본안에 나아가 침해 여부를 심사하여야 할 것이고, 살인이 일반적 행동자유권의 보호영역에 들어있지 않다면 살인을 처벌하더라도 일반적 행동자유권은 제한되지 않았다고 판단될 것이다. 당연히 본안에 나아갈 수 없다.

보호영역은 '개별 기본권에 관하여' 문제되는 개념이다. 따라서 예컨대, 아래에서 보는 A 기본권의 보호영역에는 들어있지만, B 기본권의 보호영역에는 들어있지 않다고 말할 수 있다.

'기본권침해 가능성이 없다'는 것은, '그 누구의 그 어떤 기본권도' 제한한다고 볼 여지가 없음을 뜻한다. 청구인이 침해를 주장하는 모든 기본권에 대하여, 애초에 '제한' 자체가 없다고 인정되는 경우에는 기본권침해 가능성이 부정되어 심판청구가 각하된다.

나. 보호영역에 들어 있는 것

(1) 표현의 자유 관련

(가) 상업광고물

> **헌재 2015. 12. 23. 2015헌바75**
> "헌법 제21조 제1항은 모든 국민은 언론·출판의 자유를 가진다고 규정하여 표현의 자유를 보장하고 있는바, 의사표현의 자유는 바로 언론·출판의 자유에 속한다. 그러므로 의사표현의 매개체가 의사표현을 위한 수단이라고 전제할 때, 이러한 의사표현의 매개체는 헌법 제21조 제1항이 보장하고 있는 언론·출판의 자유의 보호대상이 된다. 그리고 의사표현·전파의 자유에 있어서 의사표현 또는 전파의 매개체는 어떠한 형태이건 가능하며, 그 제한이 없다. 광고물도 사상·지식·정보 등을 불특정다수인에게 전파하는 것으로서 언론·출판의 자유에 의한 보호를 받는 대상이 됨은 물론이고, 상업적 광고표현 또한 보호대상이 된다."

(나) 음란표현

> **헌재 2009. 5. 28. 2006헌바109**
> 음란표현이 언론·출판의 자유의 보호영역에 해당하지 아니한다고 해석할 경우 음란표현에 대하여는

언론·출판의 자유의 제한에 대한 헌법상의 기본원칙, 예컨대 명확성의 원칙, 검열 금지의 원칙 등에 입각한 합헌성 심사를 하지 못하게 될 뿐만 아니라, 기본권 제한에 대한 헌법상의 기본원칙, 예컨대 법률에 의한 제한, 본질적 내용의 침해금지원칙 등도 적용하기 어렵게 되는 결과, 모든 음란표현에 대하여 사전 검열을 받도록 하고 이를 받지 않은 경우 형사처벌을 하거나, 유통목적이 없는 음란물의 단순소지를 금지하거나, 법률에 의하지 아니하고 음란물출판에 대한 불이익을 부과하는 행위 등에 대한 합헌성 심사도 하지 못하게 됨으로써, 결국 음란표현에 대한 최소한의 헌법상 보호마저도 부인하게 될 위험성이 농후하게 된다는 점을 간과할 수 없다.[4]

(다) 허위사실의 표현

헌재 2010. 12. 28. 2008헌바157 [미네르바 사건]

6. 재판관 이강국, 재판관 이공현, 재판관 조대현, 재판관 김종대, 재판관 송두환의 과잉금지원칙 위반 여부에 관한 보충의견 (중략)

가. '허위사실의 표현'과 표현의 자유의 보호영역

(1) 이 사건 법률조항은 "공익을 해할 목적으로 전기통신설비에 의하여 공연히 허위의 통신을 한 자"를 형사처벌하도록 규정하고 있는바, 그 객관적 구성요건 행위인 "허위의 통신"을 당해 사건에서 청구인들에게 적용된 바와 같이 '허위사실을 내용으로 하는 통신'으로 한정하여 보는 경우, 과연 그와 같은 "허위의 통신"행위, 즉 '허위사실의 표현' 행위도 헌법상 표현의 자유에 의하여 보호되는지 의문이 제기될 수 있다.

(2) 그러나 '허위사실'이라는 것은 언제나 명백한 관념은 아니다. 어떠한 표현에서 '의견'과 '사실'을 구별해내는 것은 매우 어렵고, 객관적인 '진실'과 '거짓'을 구별하는 것 역시 어려우며, 현재는 거짓인 것으로 인식되지만 시간이 지난 후에 그 판단이 뒤바뀌는 경우도 있을 수 있다. 이에 따라 '허위사실의 표현'임을 판단하는 과정에는 여러 가지 난제가 뒤따른다.

나아가 객관적으로 명백한 허위사실의 표현임이 인정되는 때에도, 그와 같은 표현이 언제나 타인의 명예·권리를 침해하는 결과를 가져온다거나, 공중도덕·사회윤리를 침해한다고 볼 수는 없으며, 행위자의 인격의 발현이나, 행복추구, 국민주권의 실현에 전혀 도움이 되지 않는 것이라 단언하기도 어렵다. 또한 다양한 허위사실의 표현 가운데 '일단 표출되면 그 해악이 처음부터 해소될 수 없거나 또는 너무나 심대한 해악을 지닌 표현'이 존재할 수 있다 하더라도, 어떤 표현이 바로 위와 같은 이유에 의하여 '국가의 개입이 1차적인 것으로 용인되고, 헌법상 언론·출판의 자유에 의하여 보호되지 않는 표현'에 해당하는지 여부는 '표현의 자유'라는 헌법상의 중요한 기본권을 떠나서는 규명될 수 없는 것이다. 헌법 제21조 제4항은 '언론·출판은 타인의 명예나 권리 또는 공중도덕이나 사회윤리를 침해하여서는 아니된다.' 고 규정하고 있으나, 이는 언론·출판의 자유에 따르는 책임과 의무를 강조하는 동시에 언론·출판의 자유에 대한 제한의 요건을 명시한 규정으로 볼 것이고, 헌법상 표현의 자유의 보호영역 한계를 설정한 것이라고는 볼 수 없다.

즉, 표현이 어떤 내용에 해당한다는 이유만으로 표현의 자유의 보호영역에서 애당초 배제된다고는 볼 수 없고, '허위사실의 표현'이 일정한 경우 사회윤리 등에 반한다고 하여 전체적으로 표현의 자유의

---

4 "음란"이 언론·출판의 자유에 의한 보호를 받지 않는다는 판례(헌재 1998. 4. 30. 95헌가16)는 변경되었다.

보호영역에서 배제시킬 수는 없다. '허위사실의 표현'도 헌법 제21조가 규정하는 언론 · 출판의 자유의 보호영역에는 해당하되, 다만 헌법 제37조 제2항에 따라 국가 안전보장 · 질서유지 또는 공공복리를 위하여 제한할 수 있는 것이라고 해석하여야 할 것이다.

(3) 결국 이 사건 법률조항의 "허위의 통신"은 헌법 제21조가 규정하는 언론 · 출판의 자유의 보호영역 내에 있다고 볼 것이므로, 표현의 자유에 대한 제한 입법의 헌법상 한계를 지켜야 할 것이다. (중략)

7. 재판관 이동흡, 재판관 목영준의 반대의견 (중략)

한편 허위사실이라고 하여 반드시 타인의 명예나 권리 또는 공중도덕이나 사회윤리를 침해하는 것은 아니므로 허위사실의 표현도 표현의 자유의 보호영역에서 배제되는 것은 아니지만, 이는 원론적으로 사상이나 지식에 관한 정치적 · 시민적 표현행위라고 볼 수 없으므로 민주주의의 발전이나 인격발현에 미치는 효과가 중대하다고 하기 어려운 반면, 타인의 명예나 공공질서를 해칠 가능성이 높으므로, 허위사실의 표현에 대한 규제를 심사함에 있어서는 엄격한 비례의 원칙을 적용하는 것보다는 '피해의 최소성' 원칙에서 '입법목적을 달성하기 위하여 필요한 범위 내의 것인지'를 심사하는 정도로 완화되는 것이 상당하다.[5]

(라) 익명표현

> **헌재 2010. 2. 25. 2008헌마324**
>
> "헌법 제21조에서 보장하고 있는 표현의 자유는, 전통적으로는 사상 또는 의견의 자유로운 표명(발표의 자유)과 그것을 전파할 자유(전달의 자유)를 의미하는 것으로서, 개인이 인간으로서의 존엄과 가치를 유지하고 행복을 추구하며 국민주권을 실현하는 데 필수불가결한 것이고, 종교의 자유, 양심의 자유, 학문과 예술의 자유 등의 정신적인 자유를 외부적으로 표현하는 자유이다.
> 이러한 '자유로운' 표명과 전파의 자유에는 자신의 신원을 누구에게도 밝히지 아니한 채 익명 또는 가명으로 자신의 사상이나 견해를 표명하고 전파할 익명표현의 자유도 그 보호영역에 포함된다고 할 것이다."

(2) 무가치한 행동 · 위험한 행동 · 음주운전: 일반적 행동자유권의 보호영역에 해당

> **헌재 2016. 2. 25. 2015헌가11**
>
> "일반적 행동자유권은 가치 있는 행동만 그 보호영역으로 하는 것은 아니다. 그 보호영역에는 개인의 생활방식과 취미에 관한 사항도 포함되며, 여기에는 위험한 스포츠를 즐길 권리와 같은 위험한 생활방식으로 살아갈 권리도 포함된다. 그런데 심판대상조항은 술에 취한 상태로 도로 외의 곳에서 운전하는 것을 금지하고 이에 위반했을 때 처벌하도록 하고 있으므로 일반적 행동의 자유를 제한한다."

---

5 7인의 위헌의견으로 위헌 결정이 선고된 사건으로서, 재판관 5인(이강국, 이공현, 조대현, 김종대, 송두환)의 보충의견 및 재판관 2인(목영준, 이동흡)의 합헌의견이 모두 '허위표현도 표현의 자유의 보호영역에 포함된다'는 점에 대하여 일치하였으므로, 헌재의 의견이라고 보아도 무리가 없다.

(3) 성매매: 직업선택의 자유 보호영역에 해당

헌재 2016. 3. 31. 2013헌가2

"헌법 제15조에서 보장하는 '직업'이란 생활의 기본적 수요를 충족시키기 위하여 행하는 계속적인 소득활동을 의미하고, 성매매는 그것이 가지는 사회적 유해성과는 별개로 성판매자의 입장에서 생활의 기본적 수요를 충족하기 위한 소득활동에 해당함을 부인할 수 없다 할 것이므로, 심판대상조항은 성판매자의 직업선택의 자유도 제한하고 있다."

다. 보호영역에 들어 있지 않은 것

(1) 기초연금수급권: 재산권 보호영역에 해당 안 됨

헌재 2018. 8. 30. 2017헌바197

"기초연금수급권은 순수하게 사회정책적 목적에서 주어지는 권리로서, 개인의 노력과 금전적 기여를 통하여 취득되는 재산권의 보호대상에 포함된다고 보기 어렵다. 따라서 위 청구인의 주장 또한 이유 없다."

(2) 폭력적 집회: 집회 · 결사의 보호영역에 해당 안 됨

헌재 2003. 10. 30. 2000헌바67

"비록 헌법이 명시적으로 밝히고 있지는 않으나, 집회의 자유에 의하여 보호되는 것은 단지 '평화적' 또는 '비폭력적' 집회이다. 집회의 자유는 민주국가에서 정신적 대립과 논의의 수단으로서, 평화적 수단을 이용한 의견의 표명은 헌법적으로 보호되지만, 폭력을 사용한 의견의 강요는 헌법적으로 보호되지 않는다."[6]

(3) 국민참여재판: 재판받을 권리의 보호영역에 해당 안 됨

헌재 2016. 12. 29. 2015헌바63

"헌법 제27조 제1항의 재판을 받을 권리는 신분이 보장되고 독립된 법관에 의한 재판의 보장을 주된 내용으로 하므로 국민참여재판을 받을 권리는 헌법 제27조 제1항에서 규정하는 재판받을 권리의 보호범위에 속하지 아니한다."

---

6 헌재가 어떤 생각으로 이와 같이 판시하였는지는 전혀 알 수가 없지만, 집회가 폭력적이라면, 집회의 자유로 보호되지 않는다는 것은 중대한 의의가 있을 수 있다. 법리적으로만 말한다면, 사전적 구제에 해당하는 집회에 대한 허가가 위헌이라면, 사후적으로 위법한 집회에 대한 처벌은 별론으로 하고, 집회 자체는 보호되어야 한다. 즉, 집회는 방해 없이 진행될 수 있어야 한다고 볼 수 있다. 이러한 사정은 검열의 법리와 같다. 그런데 집회가 폭력적인 것이라도 보장되어야 한다면, 공동체의 안전에 큰 위해가 가해질 수 있다. 이러한 관점에서, 폭력적 집회는 헌법이 보호하지 않는다고 보게 되면, 폭력적 집회를 중지, 중단시키더라도 위헌은 아니라는 결론에 도달할 수 있다. 단지 표현의 문제에 그치는 것이 아니라, 실천적으로 중대한 의미를 가질 수 있다.

4. 위 양자의 관계

보호영역에 들어있다는 말과 어떠한 기본권이 있다는 말은 다른 말이다. 앞에서 '상고심 재판을 받을 헌법상의 권리는 인정되지 않는다'고 하였고(헌재 1997. 10. 30. 97헌바37등), '국민참여재판이 재판받을 권리의 보호영역에 들어있지 않다'고 하였다. 전자는 기본권성 을 부정했고, 후자는 보호영역에 들어 있지 않다고 표현하였다. 헌재가 의식적으로 달리 표현한 것으로 보이지는 않으나, 어떻게 보는가에 따라 많은 차이가 있다.

앞에서 '음란표현이 표현의 자유의 보호영역에 들어 있다'고 하였다(헌재 2009. 5. 28. 2006헌바109). 이것을 '음란표현을 할 헌법상의 권리가 있다'고 표현하였다면, 양자는 큰 차이가 있다.

만약 기본권성이 인정되는데 이를 전적으로 부정하면 위헌으로 될 가능성이 크다. 기본권의 본질을 침해하기 때문이다. '음란표현을 할 헌법상의 권리'가 인정되는데 법률이 음란표현을 금지한다면, '음란표현을 할 헌법상의 권리'를 전적으로 부인하는 것이다.[7] '음란표현을 할 헌법상 권리'의 본질이 침해되었다고 볼 여지가 크다.[8]

그러나 '음란표현을 할 헌법상의 권리'는 인정되지 않고 '음란표현'이 표현의 자유의 보호영역에 들어있을 뿐이라고 한다면, '음란표현'을 금지하더라도 '표현의 자유'의 제한에 불과하고, 표현의 자유를 과잉금지원칙에 위배되는 방법으로 제한하였는가, 표현의 자유의 본질을 침해하였는가의 심사를 거쳐 위헌 여부가 결정될 것이다.

기본권의 보호영역 안에 있다고 표현하여야 할 것을 헌법상의 권리가 있다고 말하면 곤란하다. '살인'이 헌법상의 자유권의 보호영역 안에 있다고 말하는 것은 별론으로 하고, 살인할 권리가 헌법적으로 보장된다고 말하면 곤란하다. 후자처럼 말하는 순간, 형법상의 살인죄 조항은 위헌으로 결정될 가능성이 크다.

헌재가 생명권이 헌법에 의해 인정된다고 말해 두고, 사형제가 생명권의 본질을 침해하는 것은 아니라는 이해하기 어려운 이유를 댄 것을 생각해 보라. 생명권과 사형제는 화동할 수 없다.

---

7 헌법상의 권리로 생명권이 인정되는데, 법률에서 사형제를 두고 있는 상황과 같다.
8 사형제와 생명권 사이의 문제를 생각해 보면 된다.

5. 평등권과 적법절차

가. 평등권

헌법재판에서는 항상 '평등권'을 어떻게 다룰 것인가를 염두에 두어야 한다. 왜 그런가? 헌재는 평등을 정의의 문제라고 보기 때문이다. 헌재는 평등이 "입법권자에게 정의와 형평의 원칙에 합당하게 합헌적으로 법률을 제정하도록 하는 것을 명령"하고 있다고 한다(헌재 1992. 4. 28. 90헌바24). 그래서 '정의'는 '평등'이라는 導管을 통하여 헌법재판에 심사기준으로 작동한다. 어떤 상태가 정의로운가에 대하여 여러 견해가 있지만,[9] 헌재는 '같은 것은 같게, 다른 것은 다르게'를 정의의 원리이자 평등의 내용으로 설명한다.

여기서는 이 정도만 말하여 두자. 여러분이 변호사시험에 응함에 있어서도 시험지에 따로 평등에 대하여 언급하지 말라는 지시가 있기 전에는, 항시 이를 검토하겠다는 생각을 가져야 한다.[10]

나. 적법절차

적법절차에 관한 헌재 결정례의 설시를 보자. 적법절차는 "형사절차상의 제한된 범위 내에서만 적용되는 것이 아니라 국가작용으로서 기본권 제한과 관련되든 아니든 모든 입법작용 및 행정작용에도 광범위하게 적용"(헌재 2001. 11. 29. 2001헌바41)되고, "절차의 적법성뿐만 아니라 절차의 적정성까지 보장되어야 한다는 뜻으로 이해"(헌재 1998. 5. 28. 96헌바4)되며, "법률의 구체적 내용도 합리성과 정당성을 갖춘 실체적인 적법성"(헌재 1992. 12. 24. 92헌가8)까지 갖출 것을 요청한다.

이것을 종합해 보면 적법절차의 요구는, 법에 정해진 절차에 따라야 하고(집행), 집행 시에 따라야 할 절차의 내용이 적정하여야 하며(절차의 적정), 실체법의 내용도 합리성과 정당성을 갖추어야 한다(실체적 내용의 적정)는 것이다. 그 적용 영역에 있어서도 형사절차에 국한되는 것 아니다. 위의 언급은 결국 적법절차가 세상의 모든 문제를 재단하는 원리라는 것이다. 과연 이것이 가능한 것일까?

필자는 이런 생각의 바탕에 미국식의 적법절차이론이 앉아 있다고 보는데, 미국 헌법은

---

9 각자에게 그의 것을, 최대 다수의 최대 행복 등.

10 김학성, 『헌법학원론』, 피앤씨미디어, 2015, 머리말에는, "금번 사례형 문제에서 제한 내지 침해된 기본권은 재판청구권과 평등권이었다. 그런데 채점을 하면서 평등권에 대해 전혀 언급하지 않은 답안지를 다수 보게 되니 당혹감을 감추기 어려웠다. 평등권은 다른 기본권과 별개로 거의 언제나 병렬적으로 제한 및 침해유무를 검토해야 하기 때문이다. 이러한 점은 교수님들이 기본권 경합 강의에서 분명 여러 번 강조했을 것이므로 평등권에 대한 논의를 빠뜨린 것은 중대한 실수라 할 수 있다."고 기재되어 있다.

그렇게 이해하여야 할 상황이 있다. 이 점은 뒤의 적법절차 항목에서 보기로 한다.

여기서 언급하여 둘 것은 헌재의 판시를 따른다면 헌재의 모든 결정에는 적법절차에 관한 판단이 있어야 한다는 것이다. 물론, 실천적으로는 누락하는 경우가 대부분이다. 그러나, 헌재의 위 결정의 취지가 무엇인가는 분명하게 알고 있어야 한다. 위 결정의 취지를 전제로 한다면 변호사시험의 모든 답안지에는 적법절차에 대한 판단이 있어야 한다.

6. 기본권의 경합

한 기본권 주체에게 여러 개의 기본권 제한이 동시적으로 문제되는 경우 그들의 관계를 어떻게 설정할 것인가의 문제를 다룬다. 민사법상의 청구권 경합의 문제나 형사법상의 죄수 문제와 유사한 성격을 가지고 있다.

최강효력설은 경합하는 기본권들 중 가장 강한[11] 효력을 가진 기본권이 인용 여부 판단의 기준으로 된다는 학설이고, 최약효력설은 경합하는 기본권들 중 가장 약한[12] 효력을 가진 기본권이 인용 여부 판단의 기준으로 된다는 학설이다.

최약효력설은 심판의 대상으로 인해 문제되는 기본권이 전부 침해되었다고 판단되는 경우에만 인용 결정을 할 수 있다는 전제에 서 있다. 이 전제를 받아들인다면, 가장 약한 기본권, 즉 침해라는 결론에 이를 가능성이 가장 낮은 기본권을 적용하여 심사해 봄으로써 바로 결론에 이를 수 있다. 만약 가장 약한 기본권을 적용하였을 때 침해라는 결론에 이르렀다면, 다른 기본권도 당연히 침해되었다는 결론이 이를 것이고 종국적으로 인용 결정을 할 수 있기 때문이다.

이에 비하여 최강효력설은 심판의 대상으로 인해 문제되는 기본권 중 어느 하나라도 침해되었다고 판단되면 인용 결정을 할 수 있다는 전제에 서 있다. 이 전제를 받아들인다면, 가장 강한 기본권, 즉 침해라는 결론에 이를 가능성이 가장 높은 기본권을 적용하여 심사해 봄으로써 바로 결론에 이를 수 있다. 만약 가장 강한 기본권을 적용하였을 때 침해라는 결론에 이르렀다면, 다른 기본권이 침해되었는가에 관계없이 종국적으로 인용 결정을 할 수 있기 때문이다.

논리적으로 보면 당연히 최강효력설이 타당하다. 헌법재판은 모든 기본권이 침해되었을 때 인용 결정을 하는 것이 아니라 어느 하나의 기본권이라도 침해되었으면 인용 결정을 할 수 있기 때문이다.

---

11 여기서 가장 강하다는 것은 침해되었다는 결론에 이를 가능성이 가장 크다는 뜻이다.
12 여기서 가장 약하다는 것은 침해되었다는 결론에 이를 가능성이 가장 낮다는 뜻이다.

그런데 문제는 어느 기본권이 가장 강한 기본권인지 알 수 없다는 것이다. 어느 기본권이 가장 강한 기본권인지 알 수 없다면 방법은 하나밖에 없다. 전부 하나하나 적용해 보는 것이다. 하나하나 적용해 보다가 침해되었다는 결론에 이르면 심사를 중단하고 인용 결정을 하더라도 논리적으로 아무 문제가 없다. 헌법재판의 실무도 기본적으로는 이 입장에 서 있다.

헌재는 청구인의 의도 및 기본권을 제한하는 입법자의 객관적 동기 등을 참작하여 사안과 가장 밀접한 관계에 있고, 또 침해의 정도가 큰 주된 기본권을 중심으로 심사한다는 입장을 표시하는 경우도 있다.[13]

> **헌재 2016. 12. 29. 2016헌마550**
>
> "하나의 규제로 인해 여러 기본권이 동시에 제약을 받는 기본권경합의 경우에는 기본권침해를 주장하는… 의도 및 기본권을 제한하는 입법자의 객관적 동기 등을 참작하여 사안과 가장 밀접한 관계에 있고 또 침해의 정도가 큰 주된 기본권을 중심으로 해서 그 제한의 한계를 따져 보아야 할 것이다."

일반법과 특별법 관계에 있는 기본권등 중에서는 특별법에 해당하는 기본권 조항을 적용하면 족하다는 판례가 있다. 헌재는 자주 행복추구권은 보충적이라고 판시하고 있으므로 기억해 둘 가치가 있다.

> **헌재 2008. 11. 27. 2005헌마161**
>
> "행복추구권은 다른 기본권에 대한 보충적 기본권으로서의 성격을 지니고, 특히 어떠한 법령이 수범자의 직업의 자유와 행복추구권 양자를 제한하는 외관을 띠는 경우 두 기본권의 경합 문제가 발생하는데, 보호영역으로서 '직업'이 문제되는 경우 행복추구권과 직업의 자유는 서로 일반특별관계에 있어 기본권의 내용상 특별성을 갖는 직업의 자유의 침해 여부가 우선하여 행복추구권 관련 위헌 여부의 심사는 배제되어야 하는 것이므로, 이 사건에 있어서 청구인들이 게임제공업을 영위하는 행위가 직업의 자유의 보호영역에 포함된다고 보아 앞서 그 침해 여부를 판단한 이상, 행복추구권의 침해 여부를 독자적으로 판단할 필요가 없다."

또, "공무원직에 관한 한 공무담임권은 직업의 자유에 우선하여 적용되는 특별법적 규정이다."(2001. 2. 22. 2000헌마25)는 판례도 다수 있다.

---

13 '침해의 정도가 큰 주된 기본권'이라는 말이 침해되었다고 판단될 가능성이 가장 큰 기본권이라면, 최강효력설과 결론이 같다. 그런데 어느 기본권이 그러한가를 알기 어렵다는 점은 위에서 보았다. '사안과 밀접한 관계에 있다'는 말은 사족이다. 헌마소원의 청구취지는 (어느 기본권이라도 좋으니) 청구인의 기본권을 침해한다는 점을 확인해 달라는 것이다. 밀접한지 밀접하지 않은지에 대해서 청구인은 관심이 없다. 청구취지의 기재를 확인해 보라. 헌바소원도 마찬가지다.

7. 기본권과 제도보장

다음의 헌재의 결정문에 내용이 잘 정리되어 있다.

> ### 헌재 1997. 4. 24. 95헌바48
>
> "제도적 보장은 객관적 제도를 헌법에 규정하여 당해 제도의 본질을 유지하려는 것으로서 헌법제정권자가 특히 중요하고도 가치가 있다고 인정되고 헌법적으로도 보장할 필요가 있다고 생각하는 국가제도를 헌법에 규정함으로써 장래의 법 발전, 법 형성의 방침과 범주를 미리 규율하려는 데 (의의가) 있다. 이러한 제도적 보장은 주관적 권리가 아닌 객관적 법규범이라는 점에서 기본권과 구별되기는 하지만 헌법에 의하여 일정한 제도가 보장되면 입법자는 그 제도를 설정하고 유지할 입법의무를 지게 될 뿐만 아니라 헌법에 규정되어 있기 때문에 법률로써 이를 폐지할 수 없고, 비록 내용을 제한하더라도 그 본질적 내용을 침해할 수 없다. 그러나 기본권 보장은 "최대한 보장의 원칙"이 적용됨에 반하여, 제도적 보장은 그 본질적 내용을 침해하지 아니하는 범위 안에서 입법자에게 제도의 구체적 내용과 형태의 형성권을 폭넓게 인정한다는 의미에서 "최소한 보장의 원칙"이 적용될 뿐이다."

다만, 위헌법률심판이나 헌바소원에서는 제도적 보장침해가 위헌의 근거로 될 수 있지만, 헌마소원의 경우에는 인용의 근거로 될 수 없다는 점은 부기해 둔다. '제도적 보장'은 '기본권'이 아니기 때문이다. 헌마소원을 접할 때는 항시 '기본권침해'를 의식하여야 한다.

8. 소결

여기까지 기본권 침해 여부를 판단하기 전단계까지의 문제를 다루었다. 어떤 기본권이 존재하는가, 그 기본권이 제한되었는가, 제한된 기본권이 여럿인 경우 그들을 어떻게 처리할 것인가 하는 문제가 그것이다.

그런데, 한 가지 지적하여 둘 것은 제한된 기본권을 추려내는 것이 반드시 논리적으로 필요한 절차는 아니다. 심사를 효율적으로 하는 방편일 뿐이다.

명문으로 규정된 것이든, 해석에 의해 도출된 것이든 우리 헌법에 N개의 기본권이 존재한다면, 제한되는 기본권을 추려내지 않고도, 1번 기본권부터 출발하여 한 개씩 심사하여 보는 것도 얼마든지 가능하다. 1번 기본권이 제한되고, 침해되었다면 인용 결정[14]을 하고 심사를 종료하면 된다. 1번 기본권이 제한되지 아니하였거나, 제한되었으나 침해되지 아니하였으면 2번 기본권으로 나아가 종전의 심사를 반복한다. N번 기본권까지 심사하였는데도 제한된 기본권이 하나도 없으면 기본권침해 가능성이 인정되지 아니하므로 각하 결정을 하고, 제한된 기본권이 하나라도 있는데 침해된 기본권이 하나도 없으면

---

14 심판대상이 법령이면 헌마소원이든, 헌바소원이든 '헌법에 위반된다.'는 주문을 낸다.

기각 결정[15]을 한다.

이를 순서도로 그려 보면 다음과 같다. A 기본권, B 기본권 2개만 있다고 가정한 것이다.

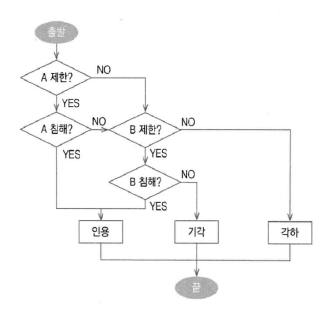

그림 4. 기본권 침해 여부 심사의 흐름

이와 같은 절차가 비효율적이라 보아 먼저 제한되는 기본권을 추려내고, 그것들 중에 하나의 기본권침해 여부를 심사함으로써 심사를 종결할 수 없을까를 궁리한 끝에 나온 것이 최강효력설과 최약효력설이다.

---

15 헌마소원에서는 기각 결정을 하나, 헌바소원에서는 '헌법에 위반되지 않는다.'는 주문을 낸다. 이른바 합헌 결정.

II. 헌법상 제한의 한계

1. 도입

앞에서 본안의 첫 단계 문제인 기본권 제한을 다루었다. 이제 본격적인 침해 여부에 관한 심사에 돌입한다. 이를 통상 본안 심사라고 한다. 본안 심사는, 헌법이 스스로 정한 기본권 제한의 한계와 헌법 제37조 제2항이 정한 기본권 제한의 한계로 크게 나누어 볼 수 있다. 여기에 보태어서 평등권과 적법절차 문제를 검토하면 되겠다.

헌법이 스스로 정하고 있는 기본권 제한의 한계는 검열금지원칙, 허가제금지원칙, 이중처벌금지원칙, 연좌제금지원칙, 무죄추정의 원칙 등이 있다.

그 전에 하나 부기하여 둘 것이 있다. 여기에 설명하고 있는 것들은 전부 기본권 제한의 한계원리로 작동하는 것이다. 검열금지원칙은 표현의 자유 제한의 한계원리로 되는 것이고, 허가제금지원칙은 집회의 자유 제한에 대한 한계원리가 되는 것이다.

이것이 왜 중요한가 하면, 예를 들어 권력분립의 원칙은 기본권 제한의 한계원리가 아니다. 그러므로 권력분립의 원칙에 위배되는 공권력 행사라고 주장하면서 헌마소원을 제기할 수는 없다(헌재 2003. 12. 23. 2003헌마872). 이에 비하여 검열금지원칙에 위배되는 공권력의 행사는 표현의 자유 침해로 연결될 수 있는 것이어서 헌마소원의 근거로 된다. 헌법 제37조 제2항에서 정하고 있는 기본권 제한의 한계원리로서의 과잉금지원칙과 체계적으로 같다고 이해하면 된다.

2. 검열금지원칙

헌법 제21조 제2항이 정하고 있다. "언론·출판에 대한 … 검열은 인정되지 아니한다." 대단히 중요한 쟁점이다. 변호사시험에도 여러 차례 출제되었다. 검열의 개념 속에 이미 '事前'이라는 관념이 들어있다. 아래의 헌재 결정에도 '事前' 검열이라 표현하고 있으나,[16] 적절하지 아니하다. '검열'이라 하면 족하다.

> **헌재 2001. 8. 30. 2000헌가9**
> 헌법 제21조 제2항은 언론·출판에 대한 허가나 검열은 인정되지 아니한다고 규정하고 있다. 여기서 말하는 검열은 그 명칭이나 형식과 관계없이 실질적으로 행정권이 주체가 되어 사상이나 의견 등이 발표되기 이전에 예방적 조치로서 그 내용을 심사, 선별하여 발표를 사전에 억제하는, 즉 허가받지

아니한 것의 발표를 금지하는 제도를 뜻하고, 이러한 사전검열은 법률로써도 불가능한 것으로서 절대적으로 금지된다. 언론·출판에 대하여 사전검열이 허용될 경우에는 국민의 예술활동의 독창성과 창의성을 침해하여 정신생활에 미치는 위험이 클 뿐만 아니라 행정기관이 집권자에게 불리한 내용의 표현을 사전에 억제함으로써 이른바 관제의견이나 지배자에게 무해한 여론만이 허용되는 결과를 초래할 염려가 있기 때문에 헌법이 절대적으로 금지하고 있는 것이다.

그러나, 검열금지의 원칙은 모든 형태의 사전적인 규제를 금지하는 것은 아니고, 의사표현의 발표 여부가 오로지 행정권의 허가에 달려있는 사전심사만을 금지하는 것이다. 그리고 검열은 일반적으로 허가를 받기 위한 표현물의 제출의무, 행정권이 주체가 된 사전심사절차, 허가를 받지 아니한 의사표현의 금지 및 심사절차를 관철할 수 있는 강제수단 등의 요건을 갖춘 경우에만 이에 해당하는 것이다.

검열에 해당될 것인가는 다음과 같은 요건을 전부 충족하는가에 달려 있다. ① 제출의무, ② 행정기관의 사전 심사, ③ 금지, ④ 제재.

사전에 표현행위를 금지하는 것만이 포함되고, 표현행위 이후에 제재를 가하는 것은 포함되지 않는다.

법률의 규정에 의하거나 법원에 의한 사전 제한은 검열에 해당하지 않는다. 오로지 행정기관에 의한 것만 해당된다.

실무적으로는 외양상 행정기관으로부터 독립된 것으로 보이는 민간기관에서 행해지는 경우 행정기관성을 인정할 수 있겠는가가 가장 문제된다. 아직 행정기관성이 부정된 사례는 없다.[17]

헌재 2015. 12. 23. 2015헌바75

검열을 행정기관이 아닌 독립적인 위원회에서 행한다고 하더라도, 행정권이 주체가 되어 검열절차를 형성하고 검열기관의 구성에 지속적인 영향을 미칠 수 있는 경우라면 실질적으로 그 검열기관은 행정기관이라고 보아야 한다.[18] 그렇게 해석하지 아니한다면 검열기관의 구성은 입법기술상의 문제에 지나지 않음에도 불구하고 정부에게 행정관청이 아닌 독립된 위원회의 구성을 통하여 사실상 검열을 하면서도 헌법상 검열금지원칙을 위반하였다는 비난을 면할 수 있는 길을 열어주기 때문이다. 민간심의기구가 심의를 담당하는 경우에도 행정권이 개입하여 그 사전심의에 자율성이 보장되지 않는다면 이 역시 행정기관의 사전검열에 해당하게 될 것이다. 또한 민간심의기구가 사전심의를 담당하고 있고, 현재에는 행정기관이 그 업무에 실질적인 개입을 하고 있지 않더라도 행정기관의 자의에 의해 언제든지 개입할 가능성이 열려 있다면 이 경우 역시 헌법이 금지하는 사전검열이라는 의심을 면하기 어려울 것이다. 개입가능성의 존재 자체로 민간심의기구는 심의 업무에 영향을 받을 수밖에 없을 것이기 때문이다.

---

16 '驛前 앞'과 같은 표현임.

17 다만, 이 쟁점을 시험에서 다루기는 쉽지 않다. 행정기관이 그 구성에 개입하고 있는지, 업무에 관하여 지휘·감독을 하고 있는지, 운영비나 사무실 유지비, 인건비 등의 경비를 보조하는지 등을 종합적으로 보고 판단하여야 하는데, 이 판단을 하기 위해서는 법령을 분석하여야 한다. 그런데, 이 분석에 많은 시간이 필요하다. 제한

한국광고자율심의기구는 행정기관적 성격을 가진 방송위원회로부터 위탁을 받아 텔레비전 방송광고 사전심의를 담당하고 있는바, 한국광고자율심의기구는 민간이 주도가 되어 설립된 기구이기는 하나, 그 구성에 행정권이 개입하고 있고, 행정법상 공무수탁사인으로서 그 위탁받은 업무에 관하여 국가의 지휘·감독을 받고 있으며, 방송위원회는 텔레비전 방송광고의 심의기준이 되는 방송광고 심의규정을 제정·개정할 권한을 가지고 있고, 자율심의기구의 운영비나 사무실 유지비, 인건비 등을 지급하고 있다. 그렇다면 한국광고자율심의기구가 행하는 방송광고 사전심의는 방송위원회가 위탁이라는 방법에 의해 그 업무의 범위를 확장한 것에 지나지 않는다고 할 것이므로 한국광고자율심의기구가 행하는 이 사건 텔레비전 방송광고 사전심의는 행정기관에 의한 사전검열로서 헌법이 금지하는 사전검열에 해당하고, 따라서 청구인의 표현의 자유를 침해한다고 할 것이다.

언론·출판에 대한 허가·검열금지의 취지는 정부가 표현의 내용에 관한 가치판단에 입각해서 특정 표현의 자유로운 공개와 유통을 사전 봉쇄하는 것을 금지하는 데 있으므로, 내용규제 그 자체가 아니거나 내용규제의 효과를 초래하는 것이 아니라면 위의 금지된 검열에 해당되지 않는다(헌재 2001. 5. 31. 2000헌바43).

상업광고에 대해서도 검열금지원칙이 적용된다(헌재 2015. 12. 23. 2015헌바75).[19]

심의기관에서 허가절차를 통하여 영화의 상영 여부를 종국적으로 결정할 수 있도록 하는 것은 검열에 해당하나, 예컨대, 영화의 상영으로 인한 실정법 위반의 가능성을 사전에 막고, 청소년 등에 대한 상영이 부적절할 경우 이를 유통단계에서 효과적으로 관리할 수 있도록 미리 등급을 심사하는 것은 사전검열이 아니다. 설사 등급심사를 받지 아니한 영화의 상영을 금지하고 이에 위반할 때에 행정적 제재를 가하는 경우(예컨대 새 영화진흥법 시안 제11조의 등급심의)에도 검열에는 해당하지 아니한다. 여기서의 상영금지는 심의의 결과가 아니고 단지 일괄적인 등급심사를 관철하기 위한 조치에 지나지 아니하기 때문이다.

검열은 절대적으로 금지된다(헌재 2001. 8. 30. 2000헌가9). 따라서 일단 검열이라고 이해되면, 바로 위헌으로 된다. 정당화 심사 과정이 없다.

된 시험시간 내에 다루기가 어렵다.

18 위원회의 위원 임면 방법, 운영에 필요한 경비의 지원 여부 등을 종합적으로 검토하여야 한다. 이 부분에 관해 판단하기 위해서는 법령을 분석하여야 한다.

19 건강기능식품협회에 의한 기능성 표시·광고 사전심의가 검열에 해당하지 아니한다는 결정이 있었다. 헌재 2010. 7. 29. 2006헌바75. 그 이후의 판례인 위의 2015헌바75 결정은 2006헌바75 결정을 변경한다는 판시 없이 의료광고에도 검열금지원칙이 적용된다고 판시하였다. 헌재 2018. 6. 28. 2016헌가8 결정은 2006헌바75 결정을 변경하여 건강기능식품협회에 의한 기능성 표시·광고 사전심의에도 검열금지원칙이 적용된다는 점을 명시하였다. 2016헌가8 결정의 내용이 현재의 헌재 입장이다. 상업광고도 표현의 자유 보호대상이고, 표현의 자유 보호대상이면 예외 없이 검열금지원칙이 적용된다.

3. 집회에 대한 허가제금지원칙

헌법 제21조 제2항이 정하고 있다. "(…전략) 집회·결사에 대한 허가는 인정되지 아니한다." 집회의 자유의 기능에 대해 헌재는 다음과 같이 설명했다.

> **헌재 1992. 1. 28. 89헌가8**
>
> "대의민주주의 체제에 있어서 집회의 자유는 불만과 비판 등을 공개적으로 표출케 함으로써 오히려 정치적 안정에 기여하는 긍정적 기능을 수행하며, 이와 같은 자유의 향유는 민주정치의 바탕이 되는 건전한 여론표현과 여론 형성의 수단인 동시에 대의기능이 약화되었을 때에 소수의견의 국정반영의 창구로서의 의미를 지님을 간과해서는 안될 것이다."

폭력적 집회는 헌법이 보호하지 않는다(헌재 2003. 10. 30. 2000헌바67). 따라서 허가제 금지원칙에 의해서도 보호되지 않는다.

집회의 내용뿐만 아니라 집회의 시간·장소·방법에 대한 규제도 허가제의 문제로 된다(헌재 2009. 9. 24. 2008헌가25). 이 점은 검열금지원칙과 다르다.

> **헌재 2003. 10. 30. 2000헌바67**
>
> 집회의 자유는 집회의 시간, 장소, 방법과 목적을 스스로 결정할 권리를 보장한다. 집회의 자유에 의하여 구체적으로 보호되는 주요행위는 집회의 준비 및 조직, 지휘, 참가, 집회장소·시간의 선택이다. 따라서 집회의 자유는 개인이 집회에 참가하는 것을 방해하거나 또는 집회에 참가할 것을 강요하는 국가행위를 금지할 뿐만 아니라, 예컨대 집회장소로의 여행을 방해하거나, 집회장소로부터 귀가하는 것을 방해하거나, 집회참가자에 대한 검문의 방법으로 시간을 지연시킴으로써 집회장소에 접근하는 것을 방해하는 등 집회의 자유행사에 영향을 미치는 모든 조치를 금지한다.

집시법 제6조의 신고제는 헌법이 금지하는 허가제에 해당하지 않는다.

> **헌재 2009. 5. 28. 2007헌바22**
>
> 구 집시법 제6조 제1항은, 옥외집회를 주최하려는 자는 그에 관한 신고서를 옥외집회를 시작하기 720시전부터 48시간 전에 관할 경찰서장에게 제출하도록 하고 있다. 이러한 사전신고는 경찰관청 등 행정관청으로 하여금 집회의 순조로운 개최와 공공의 안전보호를 위하여 필요한 준비를 할 수 있는 시간적 여유를 주기 위한 것으로서, 협력의무로서의 신고라고 할 것이다.
> 결국, 구 집시법 전체의 규정 체제에서 보면 법은 일정한 신고절차만 밟으면 일반적·원칙적으로 옥외집회 및 시위를 할 수 있도록 보장하고 있으므로, 집회에 대한 사전신고제도는 헌법 제21조 제2항의 사전허가금지에 반하지 않는다고 할 것이다.

집시법 제10조가 허가제에 해당하는가에 대하여, 허가제에 해당된다는 종전의 판례를 변경하여 허가제에 해당되지 않는다고 판시하였다.[20]

집시법 제10조의 허가제 여부	
법률조항	집회 및 시위에 관한 법률 제10조(옥외집회 및 시위의 금지시간) 누구든지 일출시간 전, 일몰시간 후에는 옥외집회···를 하여서는 아니된다. 다만, 집회의 성격상 부득이하여 주최자가 질서유지인을 두고 미리 신고하는 경우에는 관할경찰관서장은 질서유지를 위한 조건을 붙여 일출시간 전, 일몰시간 후에도 옥외집회를 허용할 수 있다.
헌재 2014. 4. 24. 2011헌가29	헌법 제21조 제2항은 집회에 대한 허가제를 금지하고 있다. 이때의 '허가'는 '행정청이 주체가 되어 집회의 허용 여부를 사전에 결정하는 것'으로, 법률적 제한이 실질적으로 행정청의 허가 없는 옥외집회를 불가능하게 하는 것이라면 헌법상 금지되는 사전허가제에 해당하지만, 그에 이르지 아니하는 한 헌법 제21조 제2항에 반하는 것은 아니다. 집회 및 시위에 관한 법률 제10조는 본문에서 야간의 옥외집회를 원칙적으로 금지하면서, 단서에서 예외적으로 관할 경찰관서장이 허용할 수 있도록 하고 있는데, 이러한 단서 규정은 본문에 의한 제한을 완화시키려는 것이므로 헌법이 금지하고 있는 '옥외집회에 대한 일반적인 사전허가'라고는 볼 수 없다.
헌재 2009. 9. 24. 2008헌가25 (변경 전 판례)	이 사건 헌법규정에서 금지하고 있는 '허가'는 행정권이 주체가 되어 집회 이전에 예방적 조치로서 집회의 내용·시간·장소 등을 사전 심사하여 일반적인 집회금지를 특정한 경우에 해제함으로써 집회를 할 수 있게 하는 제도, 즉 허가를 받지 아니한 집회를 금지하는 제도를 의미한다. 집시법 제10조 본문은 야간옥외집회를 일반적으로 금지하고, 그 단서는 행정권인 관할 경찰서장이 집회의 성격 등을 포함하여 야간옥외집회의 허용 여부를 사전에 심사하여 결정한다는 것이므로, 결국 야간옥외집회에 관한 일반적 금지를 규정한 집시법 제10조 본문과 관할 경찰서장에 의한 예외적 허용을 규정한 단서는 그 전체로서 야간옥외집회에 대한 허가를 규정한 것이라고 보지 않을 수 없고, 이는 헌법 제21조 제2항에 정면으로 위반된다.

허가제는 절대적으로 금지된다(헌재 2009. 9. 24. 2008헌가25). 정당한 사유가 있는지는 묻지 않는다.

4. 이중처벌금지원칙

헌법 제13조 제1항 후단이 정하고 있다. "(···전략) 동일한 범죄에 대하여 거듭 처벌받지 아니한다." 일사부재리원칙과의 관계에 관해 헌재는 다음과 같이 설명하였다.

헌재 2016. 12. 29. 2015헌바429

"헌법 제13조 제1항은 '모든 국민은··· 동일한 범죄에 대하여 거듭 처벌받지 아니한다'고 하여 이른바

---

20 정주백, "야간옥외집회금지 조항의 허가제성 - 헌재 2009. 9. 24. 2008헌가25 집회및시위에관한법률 제10조 등 위헌제청 사건에 대한 분석 -", 『헌법논총』 제23집, 2012, 헌법재판소, 93 이하 참조.

'이중처벌금지의 원칙'을 규정하고 있는바, 이 원칙은 한번 판결이 확정되면 동일한 사건에 대해서는 다시 심판할 수 없다는 '일사부재리의 원칙'이 국가형벌권의 기속원리로 헌법상 선언된 것으로서, 동일한 범죄행위에 대하여 국가가 형벌권을 거듭 행사할 수 없도록 함으로써 국민의 기본권 특히 신체의 자유를 보장하기 위한 것이라고 할 수 있다."

무엇이 '처벌'인가가 중요하다.

헌재 1994. 6. 30. 92헌바38

"헌법 제13조 제1항은 동일한 범죄행위에 대하여 국가가 형벌권을 거듭 행사할 수 없도록 함으로써 국민의 기본권 특히 신체의 자유를 보장하기 위한 것이라고 할 수 있다. 이러한 점에서 헌법 제13조 제1항에서 말하는 "처벌"은 원칙으로 범죄에 대한 국가의 형벌권 실행으로서의 과벌을 의미하는 것이고, 국가가 행하는 일체의 제재나 불이익처분을 모두 그 "처벌"에 포함시킬 수는 없다 할 것이다."

공정거래위원회의 과징금이 '처벌'에 해당하는가가 문제되었는데, 헌재는 '처벌'에 해당되지 않는다고 보았다.

헌재 2003. 7. 24. 2001헌가25

결론적으로 이 사건 법률조항에 의한 과징금[21]은 그 취지와 기능, 부과의 주체와 절차(형사소송절차에 따라 검사의 기소와 법원의 판결에 의하여 부과되는 형사처벌과 달리 과징금은 공정거래위원회라는 행정기관에 의하여 부과되고 이에 대한 불복은 행정쟁송절차에 따라 진행된다) 등을 종합할 때 부당내부거래 억지라는 행정목적을 실현하기 위하여 그 위반행위에 대하여 제재를 가하는 행정상의 제재금으로서의 기본적 성격에 부당이득환수적 요소도 부가되어 있는 것이라 할 것이고, 이를 두고 헌법 제13조 제1항에서 금지하는 국가형벌권 행사로서의 '처벌'에 해당한다고는 할 수 없으므로, 공정거래법에서 형사처벌과 아울러 과징금의 병과를 예정하고 있더라도 이중처벌금지원칙에 위반된다고 볼 수 없다.

그 외, 헌재가 처벌이 아니라고 판단한 예[22]로는 다음과 같은 것이 있다. 보호감호처분(헌재 2001. 3. 21. 99헌바7), 보안처분(헌재 1997. 11. 27. 92헌바28), 청소년 성매수자 신상공개(헌재 2003. 6. 26. 2002헌가14), 위치추적 전자장치 부착(헌재 2012. 12. 27. 2010헌가82), 이행강제금(헌재 2011. 10. 25. 2009헌바140), 운전면허 취소(헌재 2010. 3. 25. 2009헌바83), 사회봉사명령이나 수강명령(헌재 2013. 6. 27. 2012헌바345), 출국금지(헌

---

21 공정거래위원회의 과징금을 말한다.

22 헌재는 형법 제41조에 나열된 형종에 속하는가 하는 것을 주목한다. 헌재 2013. 6. 27. 2012헌바345. 이 기준을 관철할 경우, 이중처벌금지원칙의 적용범위는 매우 축소될 수 밖에 없다. 물론 범위가 명확해진다는 장점은 있다. 笞는 형법 제41조에 나열되어 있지 않으므로, 이중처벌금지원칙이 적용되지 않는다고 보기는 어렵다. 笞는 형벌인데 우리 형사법이 채택하지 않은 것이라 보인다. 헌법적 관점에서 '처벌'을 확정하려는 노력이 필요하다. 형벌불소급원칙에 있어서는, '형벌'은 아니지만 형벌불소급원칙이 적용되는 영역이 있다고 본다.

재 2004. 10. 28. 2003헌가18), 범칙금(헌재 2008. 11. 27. 2006헌마688).

이중처벌금지의 원칙은 처벌 또는 제재가 '동일한 행위'를 대상으로 행해질 때에 적용될 수 있는 것이고, 그 대상이 동일한 행위인지의 여부는 기본적 사실관계가 동일한지 여부에 의하여 가려야 한다(헌재 1994. 6. 30. 92헌바38).

'이중'처벌이 금지된다. 아래 결정에서 헌재는 노역장유치가 (그것이 처벌인가는 별론으로 하고), 어떤 처벌 외에 추가적으로 부과하는 성격을 가지고 있지 아니하다는 이유로 '이중'처벌이 아니라고 보았다.[23]

> **헌재 2009. 3. 26. 2008헌바52**
> 이중처벌은 처벌 또는 제재가 동일한 행위를 대상으로 하여 거듭 행해질 때 발생하는 문제로서, 벌금형을 선고받는 자가 벌금을 납입하지 않은 때에 그 집행 방법의 변경으로 하게 되는 노역장 유치는 이미 형벌을 받은 사건에 대해 또다시 형을 부과하는 것이 아니라 단순한 형벌 집행 방법의 변경에 불과하므로 이중처벌에 해당하지 아니한다.

동일한 범죄에 대하여 대한민국 내에서 거듭 형벌권이 행사되어서는 안 된다(헌재 2015. 5. 28. 2013헌바129). 외국에서의 형사처벌은 이중처벌금지와 무관하다.

> **헌재 2015. 5. 28. 2013헌바129**
> "형사판결은 국가주권의 일부분인 형벌권 행사에 기초한 것으로서, 외국의 형사판결은 원칙적으로 우리 법원을 기속하지 않으므로 동일한 범죄행위에 관하여 다수의 국가에서 재판 또는 처벌을 받는 것이 배제되지 않는다. 따라서 <u>이중처벌금지원칙은 동일한 범죄에 대하여 대한민국 내에서 거듭 형벌권이 행사되어서는 안 된다</u>는 뜻으로 새겨야 할 것이다."[24]

누범에 관하여는 자주 다루어진다. 주의할 필요가 있다.

> **헌재 2013. 9. 26. 2012헌바262**
> <u>형법 제35조 제1항이 누범을 가중처벌하는 것은 전범에 대하여 형벌을 받았음에도 다시 범행을 하였다는 데 있는 것</u>이지, 전범에 대하여 처벌을 받았음에도 다시 범행을 하는 경우에는 전범도 후범과 일괄하여 다시 처벌한다는 것은 아님이 명백하므로, 누범에 대하여 형을 가중하는 것이 헌법상의 일사부재리의 원칙에 위배하여 피고인의 기본권을 침해하는 것이라고는 볼 수 없다.

---

23 아래에서 보겠지만 형벌불소급원칙은 적용된다고 본다. 헌재 2017. 10. 26. 2015헌바239[황제노역 사건].

24 "피고인이 동일한 행위에 관하여 외국에서 형사처벌을 과하는 확정판결을 받았다 하더라도 이런 외국판결은 우리나라에서는 기판력이 없으므로 여기에 일사부재리원칙이 적용될 수 없다."(대법원 1983. 10. 25. 83도2366 판결)

5. 연좌제금지원칙

헌법 제13조 제2항이 정하고 있다. "모든 국민은 자기의 행위가 아닌 친족의 행위로 인하여 불이익한 처우를 받지 아니한다." 다음의 헌재 결정을 참조하면 좋겠다. 이 중에서 가장 중요한 말을 고른다면, '오로지'라는 말이다. '실질적으로 의미있는 아무런 관련성'이 없음에도 '오로지' 친족이라는 이유만으로 불이익한 처우를 가하는 것이 연좌제다.

> **헌재 2005. 12. 22. 2005헌마19**
>
> 헌법 제13조 제3항은 "모든 국민은 자기의 행위가 아닌 친족의 행위로 인하여 불이익한 처우를 받지 아니한다."고 규정하고 있다. 이 조항은 1980년의 헌법개정시 처음으로 규정되었는데, 그 취지는 남북분단 이라는 특수한 시대적 상황으로 말미암아 그 무렵까지 여전히 잔존하던 전근대적인 연좌(緣坐)의 사회적 병폐를 해소하겠다는 데에 있었던 것으로 보인다.
>
> 개인의 존엄과 자율성을 인정하는 바탕 위에 서 있는 우리 헌법질서 하에서는 자기의 행위가 아닌 타인의 행위에 대하여 책임을 지지 않는 것이 원칙이지만, 사람은 타인과의 연관 속에 살아가는 사회적 존재이므로 타인과의 사이에 일정한 법적 연관이 형성되는 것은 불가피하고, 이는 친족과의 관계에 있어서도 마찬가지이다. 혼인과 출산을 고리로 형성되는 친족관계의 속성상 필요한 때 또는 어떤 입법목적을 추구하기 위하여 필요한 때에 법은 친족 간의 신분이나 재산 그 밖의 법률관계에 관하여 일정한 자유를 제약하거나 책임을 부담시킬 수 있다. 그러나 이러한 법적 규율들이 모두 헌법 제13조 제3항에 의하여 금지되는 것이 아니다.
>
> <u>헌법 제13조 제3항은 '친족의 행위와 본인 간에 실질적으로 의미있는 아무런 관련성을 인정할 수 없음에도 불구하고 오로지 친족이라는 사유 그 자체만으로' 불이익한 처우를 가하는 경우에만 적용된다.</u> 원래 연좌제(緣坐制)라는 것이 본인과 아무런 관련이 없는 사태에 대하여 오로지 가족 또는 친족이라는 이유만으로 처벌하거나 불이익을 주는 제도를 말하고 바로 그 이유로 봉건적 인습으로 여겨져 폐기된 제도이므로, 이렇게 보는 것이 이 헌법조항이 우리 헌법전에 도입된 취지나 역사적 맥락에 맞닿은 해석일 뿐만 아니라, <u>그 밖의 경우에는 문제된 불이익을 보호하는 다른 헌법규범이나 기본권규범을 찾아 그 친족과의 관계에서 본인에게 그러한 불이익을 주는 것이 과연 합리적 근거가 있는지, 또는 입법목적 달성을 위해 필요한 한도 내의 수단인지를 살펴봄으로써 그러한 법적 규율의 정당성 여부를 충분히 판단할 수 있기 때문이다.</u>

> **헌재 2005. 12. 22. 2005헌마19**
>
> 배우자는 후보자와 일상을 공유하는 자로서 선거에서는 후보자의 분신과도 같은 역할을 하게 되는바, 공직선거및선거부정방지법 제265조[25] 본문 중 '배우자'에 관한 부분은 배우자가 죄를 저질렀다는 이유만으로 후보자에게 불이익을 주는 것이 아니라, 후보자와 불가분의 선거운명공동체를 형성하여 활동하게 마련인 배우자의 실질적 지위와 역할을 근거로 후보자에게 연대책임을 부여한 것이므로 헌법 제13조 제3항에서 금지하고 있는 연좌제에 해당하지 아니한다.

6. 무죄추정의 원칙

헌법 제27조 제4항이 정하고 있다. "형사피고인은 유죄의 판결이 확정될 때까지는 무죄로 추정된다." 형사피고인뿐만 아니라, 기소되기 전의 피의자도 포함된다는 점, 그리고 형사절차에 의하지 아니한 불이익 조치도 포함된다[26]는 점은 기억할 필요가 있다.

> **헌재 1990. 11. 19. 90헌가48**
> "공소제기가 된 피고인이라도 유죄의 확정판결이 있기까지는 원칙적으로 죄가 없는 자에 준하여 취급하여야 하고 불이익을 입혀서는 안 된다고 할 것으로 가사 그 불이익을 입힌다 하여도 필요한 최소제한에 그치도록 비례의 원칙이 존중되어야 한다는 것이 헌법 제27조 제4항의 무죄추정의 원칙이며, 여기의 불이익에는 형사절차상의 처분에 의한 불이익뿐만 아니라 그 밖의 기본권제한과 같은 처분에 의한 불이익도 입어서는 아니 된다는 의미도 포함된다고 할 것이다."

무죄추정의 원칙의 법적 성격을 어떻게 보는가 하는 점에 대해서는 주의를 요한다. 즉, 무죄추정의 원칙에 위반되는가를 판단함에 있어서는, 먼저 그 불이익 유죄를 전제로 한 불이익인가 아닌가 하는 것을 판단하여야 할 것이다. 헌재에 이에 포함되지 않는다고 한 것들로는, 마약류 사범에 대하여 시설의 안전과 질서유지를 위하여 필요한 범위에서 다른 수용자와 달리 관리할 수 있도록 한 것(헌재 2013. 7. 25. 2012헌바63), 형사재판에 계속 중인 사람에 대하여 출국을 금지할 수 있도록 한 것(헌재 2015. 9. 24. 2012헌바302), 형사사건으로 기소된 공무원의 직위해제(헌재 2006. 5. 25. 2004헌바12) 등이 있다.

다음으로는, 유죄를 전제로 한 불이익이면 바로 이 원칙 위배로 이해할 것인가, 아니면 유죄를 전제로 한 불이익이라 하더라도 '필요 최소한에 그친다면' 무죄추정의 원칙에 위배되지 않는다고 볼 것인가 하는 것이다. 위에서 든 결정례는 필요최소한에 그친다면 무죄추정의 원칙에 어긋나지 않는다고 설시하고 있고, 실제로 이 부분에 관한 판단을 한 사례도 많다.[27]

---

25 제265조(선거사무장등의 선거범죄로 인한 당선무효) 선거사무장 · 선거사무소의 회계책임자(괄호 안 생략) 또는 후보자(후보자가 되고자 하는 자를 포함한다)의 직계존 · 비속 및 배우자가 당해 선거에 있어서 제230조(매수 및 이해유도죄) 내지 제234조(당선무효유도죄), 제257조(기부행위의 금지제한등 위반죄) 제항 중 기부행위를 한 죄 또는 정치자금에관한법률 제30조(정치자금 부정수수죄) 제1항의 정치자금 부정수수죄를 범함으로 인하여 징역형 또는 300만 원 이상의 벌금형의 선고를 받은 때(괄호 안 생략)에는 그 후보자(괄호 안 생략)의 당선은 무효로 한다. (단서 생략)

26 예를 들면 변호사에 대한 업무정지명령(헌재 2014. 4. 24. 2012헌바45), 지방자치단체의 장이 금고 이상의 형을 선고받고 그 형이 확정되지 아니한 경우 부단체장이 그 권한을 대행하도록 정한 것(헌재 2010. 9. 2. 2010헌마418), 형사사건으로 기소된 국가공무원을 직위해제한 것(헌재 2006. 5. 25. 2004헌바12).

27 그 외에도 헌재 2010. 9. 2. 2010헌마418[지자체장권한대행 사건], 헌재 1999. 5. 27. 97헌마137 등.

"이 사건 법률조항은 변호사가 공소제기되어 등록취소에 이르게 될 가능성이 매우 큰 경우를 업무정지명령의 한 요건으로 하고 있다는 점에서 유죄의 개연성을 전제로 해당 변호사에게 불이익을 가하는 것으로 볼 여지가 있다. 그러나 이 사건 법률조항에 의한 업무정지명령은 의뢰인의 이익과 법적 절차의 공정성·신속성 및 그에 대한 국민의 신뢰라는 매우 중대한 공익을 보호하기 위하여, 공소제기되어 변호사 신분을 잃게 될 가능성이 매우 크고 장차 의뢰인과의 신뢰관계를 훼손하거나 공공의 이익을 해칠 구체적인 위험이 있는 변호사의 업무수행을 금지하는 잠정적이고 가처분적 성격을 가지는 것으로서, 법은 법무부장관의 청구에 따라 법무부징계위원회라는 합의제 기관의 의결을 거쳐 업무정지명령을 발할 수 있도록 규정하는 한편(제102조 제2항), 해당 변호사에게 청문의 기회를 부여하고(제103조 제2항, 제98조 제3항, 제98조의2 제2항 내지 제6항), 그 기간 또한 원칙적으로 6개월로 정하도록 규정함으로써(제104조 제1항 본문), 입법목적을 실현하기 위한 필요최소한의 범위 내에서만 해당 변호사의 기본권을 제한하고 있다. 이와 같이 이 사건 법률조항은 공소제기된 변호사에 대하여 유죄의 개연성을 전제로 업무정지라는 불이익을 부과할 수 있도록 하고 있으나, 위 조항을 비롯한 법의 관련 조항에서 그러한 불이익이 필요최소한에 그치도록 엄격한 요건 및 절차를 규정하고 있으므로, 무죄추정의 원칙에 위반되지 아니한다."

그러므로, 무죄추정의 원칙을 판단함에 있어서 유죄를 전제로 한 불이익이므로 무죄추정의 원칙에 위반된다고 바로 판단하여서는 안 되고, 필요최소한의 것인가를 추가적으로 판단한 후에 결론을 내려야 한다. 이렇게 되는 경우 무죄추정의 원칙이 가진 독자성은 없다. 필요최소한의 것이 아니라면, 과잉금지원칙에 위배되어서 위헌으로 결정되어질 것이기 때문이다.

앞에서 든 검열금지원칙, 허가제금지원칙, 이중처벌금지원칙, 연좌제금지원칙은 전부 절대적 금지명령이라 이해할 수 있다. 검열, 허가제, 이중처벌, 연좌제에 해당하기만 하면 바로 기본권을 침해한다는 결론에 이르기 때문이다. 양자를 잘 비교하여 이해해 둘 필요가 있다.

III. 일반적 법률유보

1. 도입

앞에서는 헌법이 스스로 정한 기본권 제한의 한계를 살펴보았다. 아래에서는 일반적 기본권 제한의 한계 문제를 살펴보기로 한다. 헌법 제37조 제2항을 분석하는 것이다. 헌법 제37조 제2항은 다음과 같이 규정하고 있다. "국민의 모든 자유와 권리는 국가안전보장·질서유지 또는 공공복리를 위하여 필요한 경우에 한하여 법률로써 제한할 수 있으며, 제한하는 경우에도 자유와 권리의 본질적인 내용을 침해할 수 없다." 이 조항의 중요함은 보태어 말할 필요가 없다. 적어도 변호사시험에 관하여 말한다면, 헌법 중에서 가장 중요한 조문이다.

헌법 제37조 제2항은 크게 보아 세 가지 내용으로 나누어 설명된다. 첫 번째는 "법률로써"로부터 도출되는 법치주의, 두 번째는 "필요한 경우에 한하여"로부터 도출되는 과잉금지원칙, 세 번째는 "제한하는 경우에도 자유와 권리의 본질적인 내용을 침해할 수 없다."에서부터 도출되는 본질침해금지원칙이 그것이다.

2. 법치주의("법률로써")

가. 법률유보원칙

헌법 제37조 제2항은 기본권 제한의 형식이 '법률'이어야 함을 밝히고 있다. 헌법이 보장하는 권리인 기본권의 제한은 국민의 대표인 의회가 제정한 법률로써만 제한할 수 있다는 것이다.

다만, 헌법 제75조와 제95조는 법률로부터 구체적으로 범위를 정하여 위임받은 사항에 관하여는 대통령령, 총리령, 부령을 발할 수 있다고 정하고 있다. 기본권 제한의 법형식이 확장되었다. 법률에 근거하였다면, 법률에 의하지 아니하더라도 기본권을 제한할 수 있게 되었다. 헌법 제75조와 제95조는 법률에 '근거한' 기본권 제한을 정당화한다.

> **헌재 2010. 4. 29. 2007헌마910**
>
> 국민의 기본권은 헌법 제37조 제2항에 의하여 국가안전보장·질서유지 또는 공공복리를 위하여 필요한 경우에 한하여 이를 제한할 수 있으나, 그 제한의 방법은 원칙적으로 법률로써만 가능하고 제한의 정도도

기본권의 본질적 내용을 침해할 수 없으며 필요한 최소한도에 그쳐야 한다. 여기서 기본권 제한에 관한 법률유보원칙은 '법률에 근거한 규율'을 요청하는 것이므로, 그 형식이 반드시 법률일 필요는 없다 하더라도 법률상의 근거는 있어야 한다 할 것이다. 따라서 모법의 위임범위를 벗어난 하위 법령은 법률의 근거가 없는 것으로 법률유보원칙에 위반된다.

다만, 집행명령에 해당하는 것은 법률에 근거하지 아니하여도 문제되지 않는다. 집행명령은 기본권을 제한하는 내용을 담고 있지 아니하므로, 법률유보가 적용되지 않는다.

> **대법원 2007. 1. 11. 2004두10432 판결**
>
> "헌법 제75조는 '대통령은 법률에서 구체적으로 범위를 정하여 위임받은 사항과 법률을 집행하기 위하여 필요한 사항에 관하여 대통령령을 발할 수 있다.'고 규정하고 있는바, 그 취지는 모든 대통령령의 제정에 있어서 법률의 위임이 있어야 한다는 것이 아니고, 대통령은 국민의 기본권 제한 등 헌법이 반드시 법률에 의하여서만 규율할 수 있도록 하는 것을 제외하고는 법률의 집행을 위한 구체적인 방법과 절차 등에 관하여 대통령령을 제정할 수 있다는 것이다. 그런데 법원조직법 제42조 제2항 제1호, 검찰청법 제29조 제1호에서는 판사와 검사는 사법시험에 합격하여 사법연수원의 소정 과정을 마친 자 중에서 임용한다고 규정하고, 변호사법 제4조 제1호에서는 사법시험에 합격하여 사법연수원의 소정 과정을 마친 자 등에게 변호사의 자격이 있다고 규정하고 있으며, 법원조직법 제72조 제1항에서는 사법연수생은 사법시험에 합격한 자 중에서 대법원장이 임명하며, 별정직 공무원으로 한다고 규정하고 있고, 국가공무원법 제2조 제4항에서는 별정직 공무원의 채용조건·임용절차·근무상한연령 기타 필요한 사항을 대통령령으로 정할 수 있도록 규정하고 있다. 한편, 구 사법시험령(2001. 3. 31. 대통령령 제17181호로 폐지되기 전의 것, 이하 '사법시험령'이라 한다.)은 위 법원조직법, 검찰청법, 변호사법 등에서 정한 바에 따라 판사, 검사로 임용되거나 변호사 자격을 부여하기 위한 전제로써 사법연수원에 입소할 자를 선발하기 위한 사법시험의 시행에 대한 구체적인 방법과 절차에 대하여 규정하고 있을 뿐이다. 결국, 변호사의 자격과 판사, 검사 등의 임용의 전제가 되는 '사법시험의 합격'이라는 직업선택의 자유와 공무담임권의 기본적인 제한요건은 국회에서 제정한 법률인 변호사법, 법원조직법, 검찰청법 등에서 규정되어 있는 것이고, 사법시험령은 단지 위 법률들이 규정한 사법시험의 시행과 절차 등에 관한 세부사항을 구체화하고 국가공무원법상 사법연수생이라는 별정직 공무원의 임용절차를 집행하기 위한 집행명령의 일종이라고 할 것이다. 또한, 사법시험령 제15조 제2항은 사법시험의 제2차시험의 합격결정에 있어서는 매과목 4할 이상 득점한 자 중에서 합격자를 결정한다는 취지의 과락제도를 규정하고 있는바, 이는 그 규정 내용에서 알 수 있다시피 사법시험 제2차시험의 합격자를 결정하는 방법을 규정하고 있을 뿐이어서 사법시험의 실시를 집행하기 위한 시행과 절차에 관한 것이지, 새로운 법률사항을 정한 것이라고 보기 어렵다. 따라서 사법시험령 제15조 제2항에서 규정하고 있는 사항이 국민의 기본권을 제한하는 것임에도 불구하고, 모법의 수권 없이 규정하였다거나 새로운 법률사항에 해당하는 것을 규정하여 집행명령의 한계를 일탈하였다고 볼 수 없으므로, 헌법 제37조 제2항, 제75조, 행정규제기본법 제4조 등을 위반하여 무효라 할 수 없다."

나. 의회유보원칙 - 委任禁止

앞에서 기본권 제한은 법률의 형식으로써 할 수 있고, 법률로부터 구체적으로 범위를 정하여 위임받은 사항에 한하여 대통령령 등의 형식으로 기본권을 제한할 수 있다고 하였다. 그런데 의회유보원칙은 의회가 스스로 정하여야 하고 대통령령 등에 위임할 수 없는 사항이 있다는 것을 전제로, 의회가 스스로 결정하여야 할 사항을 대통령령 등에 위임한다면 그 자체가 헌법 제37조 제2항에 위반된다는 것을 내용으로 한다.

헌재 1999. 5. 27. 98헌바70

헌법은 법치주의를 그 기본원리의 하나로 하고 있으며, 법치주의는 행정작용에 국회가 제정한 형식적 법률의 근거가 요청된다는 법률유보를 그 핵심적 내용의 하나로 하고 있다. 그런데 오늘날 법률유보원칙은 단순히 행정작용이 법률에 근거를 두기만 하면 충분한 것이 아니라, 국가공동체와 그 구성원에게 기본적이고도 중요한 의미를 갖는 영역, 특히 국민의 기본권실현에 관련된 영역에 있어서는 행정에 맡길 것이 아니라 국민의 대표자인 입법자 스스로 그 본질적 사항에 대하여 결정하여야 한다는 요구까지 내포하는 것으로 이해하여야 한다(이른바 의회유보원칙). 그리고 행정작용이 미치는 범위가 광범위하게 확산되고 있으며, 그 내용도 복잡·다양하게 전개되는 것이 현대행정의 양상임을 고려할 때, 형식상 법률상의 근거를 갖출 것을 요구하는 것만으로는 국가작용과 국민생활의 기본적이고도 중요한 요소마저 행정에 의하여 결정되는 결과를 초래하게 될 것인바, 이러한 결과는 국가의사의 근본적 결정권한이 국민의 대표기관인 의회에 있다고 하는 의회민주주의의 원리에 배치되는 것이라 할 것이다.
입법자가 형식적 법률로 스스로 규율하여야 하는 그러한 사항이 어떤 것인가는 일률적으로 획정할 수 없고, 구체적 사례에서 관련된 이익 내지 가치의 중요성, 규제 내지 침해의 정도와 방법 등을 고려하여 개별적으로 결정할 수 있을 뿐이나, 적어도 헌법상 보장된 국민의 자유나 권리를 제한할 때에는 그 제한의 본질적인 사항에 관한 한 입법자가 법률로써 스스로 규율하여야 할 것이다. 헌법 제37조 제2항은 "국민의 모든 자유와 권리는 국가안전보장·질서유지 또는 공공복리를 위하여 필요한 경우에 한하여 법률로써 제한할 수 있다."고 규정하고 있는바, 여기서 "법률로써"라고 한 것은 국민의 자유나 권리를 제한하는 행정작용의 경우 적어도 그 제한의 본질적인 사항에 관한 한 국회가 제정하는 법률에 근거를 두는 것만으로 충분한 것이 아니라 국회가 직접 결정함으로써 실질에 있어서도 법률에 의한 규율이 되도록 요구하고 있는 것으로 이해하여야 한다.

문제는 의회가 스스로 결정하여야 하는 사항이 무엇인가 하는 것인데, 위 판례에서 헌재는 '제한의 본질적인 사항'이라고 하고 있을 뿐 구체적인 기준을 제시하고 있지는 않다. 아래는 헌재에서 의회유보원칙을 쟁점으로 하여 위헌 결정을 한 유일한 사례인 KBS 시청료 사건이다.

헌재 1999. 5. 27. 98헌바70 [KBS 시청료 사건]

이 법 제36조 제1항의 법률유보원칙 위반 여부
(가)이 법 제36조 제1항은 "수신료의 금액은 이사회가 심의·결정하고, 공사가 공보처 장관의 승인을 얻어 이를 부과·징수한다"고 규정하고 있는바, 수신료의 금액을 공보처장관의 승인을 필요로 하는 외에는 전적으로 공사(공사의 이사회)가 결정하여 부과·징수하도록 한 것이 헌법에 위반되는 것이 아닌지 문제된다.
(…중략…)

(나)이러한 관점에서 볼 때, 이 법 제36조 제1항은 법률유보, 특히 의회유보의 원칙에 위반된다. 공사는 비록 행정기관이 아니라 할지라도 그 설립목적, 조직, 업무 등에 비추어 독자적 행정주체의 하나에 해당하며, 수신료는 특별부담금으로서 국민에게 금전납부의무를 부과하는 것이므로, 공사가 수신료를 부과·징수하는 것은 국민의 재산권에 대한 제한을 가하는 행정작용임에 분명하고, 그 중 수신료의 금액은 수신료 납부의무자의 범위, 수신료의 징수절차와 함께 수신료 부과·징수에 있어서 본질적인 요소이다. 대부분의 가구에서 수상기를 보유하고 있는 현실에서 수신료의 결정행위는 그 금액의 다과를 불문하고 수많은 국민들의 이해관계에 직접 관련된다. 따라서 수신료의 금액은 입법자가 스스로 결정하여야 할 사항이다.

한편 오늘날 텔레비전방송은 언론자유와 민주주의의 실현에 있어 불가결의 요소이고 여론의 형성에 결정적인 영향력을 행사하며, 정치적·사회적 민주주의의 발전에도 중요한 영향을 미친다. 공영방송사인 공사가 실시하는 텔레비전방송의 경우 특히 그 공적 영향력과 책임이 더욱 중하다 하지 아니할 수 없다. 이러한 공사가 공영방송사로서의 공적 기능을 제대로 수행하면서도 아울러 언론자유의 주체로서 방송의 자유를 제대로 향유하기 위하여서는 그 재원조달의 문제가 결정적으로 중요한 의미를 지닌다. 공사가 그 방송프로그램에 관한 자유를 누리고 국가나 정치적 영향력, 특정 사회세력으로부터 자유롭기 위하여는 적정한 재정적 토대를 확립하지 아니하면 아니되는 것이다. 이 법은 수신료를 공사의 원칙적인 재원으로 삼고 있으므로 수신료에 관한 사항은 공사가 방송의 자유를 실현함에 있어서 본질적이고도 중요한 사항이라고 할 것이므로 의회 자신에게 그 규율이 유보된 사항이라 할 것이다.

이와 같이 수신료는 국민의 재산권보장의 측면에서나 공사에게 보장된 방송자유의 측면에서나 국민의 기본권실현에 관련된 영역에 속하는 것이고, 수신료금액의 결정은 납부의무자의 범위, 징수절차 등과 함께 수신료에 관한 본질적이고도 중요한 사항이므로, 수신료금액의 결정은 입법자인 국회가 스스로 행하여야 할 것이다. 물론 여기서 입법자의 전적인 자의가 허용되는 것은 아니어서, 입법자는 공사의 기능이 제대로 수행될 수 있으며 방송프로그램에 관한 자율성이 보장될 수 있도록 적정한 규모의 수신료를 책정하여야 하고, 공사에게 보장된 방송의 자유를 위축시킬 정도의 금액으로 결정하여서는 아니된다. 국회가 수신료금액을 법률로써 직접 규정하는 것에 어려움이 있다면 적어도 그 상한선만이라도 정하고서 공사에 위임할 수도 있고, 공사의 예산을 국회에서 승인토록 하는 절차규정을 둘 수도 있을 것이며, 또 수신료금액의 1차적인 결정권한을 전문성과 중립성을 갖춘 독립된 위원회에 부여하고서 국회가 이를 확정하는 방안도 있을 수 있다.[28]

그런데 이 법 제36조 제1항은 국회의 결정 내지 관여를 배제한 채 공사로 하여금 수신료의 금액을 결정하도록 맡기고 있다. 공사가 전적으로 수신료금액을 결정할 수 있게 되면 공영방송사업에 필요한 정도를 넘는 금액으로 정할 수 있고, 또 일반적 수신자의 처지에 놓여 있는 국민의 경제적 이해관계가 무시당할 수도 있다. 이 조항은 공사의 수신료금액 결정에 관하여 공보처장관의 승인을 얻도록 규정하고 있으나, 이는 행정기관에 의한 방송통제 내지 영향력 행사를 초래할 위험을 내포하는 것이어서 위와 같은 문제점에 대한 하등의 보완책이 되지 못한다.

이상과 같은 이유로 이 법 제36조 제1항은 법률유보원칙(의회유보원칙)에 어긋나는 것이어서, 헌법 제37조 제2항과 법치주의원리 및 민주주의원리에 위반된다 아니할 수 없다.

---

28 이 부분 설시는 논리적으로 타당하지 아니한 바 있다. 의회유보 문제는 스스로 의회가 결정하여야 하고, 위임 하여서는 안 되는 사항이 있는데 그것을 위임하면 그 자체가 위헌 이유로 된다는 것이다. 그런데 이 부분에서

대법원에서 의회유보의 문제를 다룬 사례로는 다음의 것이 있다.

대법원 2015. 8. 20. 2012두23808 전원합의체 판결

"특정 사안과 관련하여 법률에서 하위 법령에 위임을 한 경우에 모법의 위임범위를 확정하거나 하위 법령이 위임의 한계를 준수하고 있는지 여부를 판단할 때에는, 하위 법령이 규정한 내용이 입법자가 형식적 법률로 스스로 규율하여야 하는 본질적 사항으로서 의회유보의 원칙이 지켜져야 할 영역인지 여부, 당해 법률 규정의 입법목적과 규정 내용, 규정의 체계, 다른 규정과의 관계 등을 종합적으로 고려하여야 하고, 위임 규정 자체에서 그 의미 내용을 정확하게 알 수 있는 용어를 사용하여 위임의 한계를 분명히 하고 있는데도 그 문언적 의미의 한계를 벗어났는지 여부나, 하위 법령의 내용이 모법 자체로부터 그 위임된 내용의 대강을 예측할 수 있는 범위 내에 속한 것인지 여부, 수권 규정에서 사용하고 있는 용어의 의미를 넘어 그 범위를 확장하거나 축소하여서 위임 내용을 구체화하는 단계를 벗어나 새로운 입법을 한 것으로 평가할 수 있는지 여부 등을 구체적으로 따져 보아야 한다. 여기서 어떠한 사안이 국회가 형식적 법률로 스스로 규정하여야 하는 본질적 사항에 해당될 것인지 여부는, 구체적 사례에서 관련된 이익 내지 가치의 중요성, 규제 또는 침해의 정도와 방법 등을 고려하여 개별적으로 결정하여야 할 것이지만, 규율대상이 국민의 기본권 및 기본적 의무와 관련한 중요성을 가질수록 그리고 그에 관한 공개적 토론의 필요성 또는 상충하는 이익 사이의 조정 필요성이 클수록, 그것이 국회의 법률에 의해 직접 규율될 필요성은 더 증대된다고 보아야 한다. 그런데 헌법 제37조 제2항과 제38조는 국민의 모든 자유와 권리는 국가안전보장·질서유지 또는 공공복리를 위하여 필요한 경우에 한하여 법률로써 제한할 수 있으며 제한하는 경우에도 자유와 권리의 본질적인 내용을 침해할 수 없고, 모든 국민은 법률이 정하는 바에 의하여 납세의무를 진다고 규정하고 있으며, 헌법 제59조와 제75조는 조세의 종목과 세율은 법률로 정하여야 하고, 법률의 위임은 구체적으로 범위를 정해야 한다는 한계를 제시하고 있다. 이러한 규정에 비추어 보면, 국민에게 납세의 의무를 부과하기 위해서는 조세의 종목과 세율 등 납세의무에 관한 기본적, 본질적 사항은 국민의 대표기관인 국회가 제정한 법률로써 규정하여야 하고, 법률의 위임 없이 명령 또는 규칙 등의 행정입법으로 과세요건 등 납세의무에 관한 기본적, 본질적 사항을 규정하는 것은 헌법이 정한 조세법률주의 원칙에 위배된다고 할 것이다. 특히 법인세, 종합소득세와 같이 납세의무자에게 조세의 납부의무뿐만 아니라 스스로 과세표준과 세액을 계산하여 신고하여야 하는 의무까지 부과하는 경우에는 신고의무 이행에 필요한 기본적인 사항과 신고의무불이행 시 납세의무자가 입게 될 불이익 등은 납세의무를 구성하는 기본적, 본질적 내용으로서 법률로 정하여야 한다."
"따라서 이 사건 시행령 조항 및 이 사건 시행규칙 조항이 정하는 것과 같은 내용의 외부세무조정제도는 국민의 기본권 및 기본적 의무와 관련된 것으로서 법률에 의해 정해져야 할 본질적 사항에 해당한다고 할 것이므로, 이러한 제도를 채택하는 법률에서는 적어도 그 적용대상 및 세무조정업무를 맡게 될 '외부'의 범위 등에 관한 기본적인 사항을 직접적으로 규정하고 있어야 한다. 그런데 이 사건 모법조항에서는 단지 '대통령령으로 정하는 바에 따라 작성한' 세무조정계산서 등을 첨부해야 한다고만 정할 뿐, 외부세무조정제도에 관하여는 아무런 규정을 두고 있지 않으므로, 이 사건 모법조항이 외부세무조정제도를 규정하고 있다고 볼 수 없다. 이러한 경우 '대통령령으로 정하는 바에 따라 작성한'이라는 내용에 외부세무조정제도의 창설까지 포함되는 것으로 해석하는 것은, 법률로 정할 본질적 사항을 위임한 법률 조항 자체가 조세법률주

는 '상한선을 정하여 위임하면 문제 없었다'고 하는데, 상한선을 정하든 안 정하든 위임할 수 없는 사항을 위임하면 위헌이다. 의회유보원칙이 적용되지 아니하는 사항에 대해서도 '구체적으로 범위를 정하여' 위임하지 아니하면 위헌이라는 것이 포괄위임금지원칙이다. 이 결정문의 이 부분은 양자를 혼동하고 있다.

의 원칙에 반하는 것이거나 포괄위임금지 원칙에 반하는 것이 되어 법률의 위헌성 문제가 제기되기 때문이다."

중요한 것은 위 판례에서 의회유보 사항을 판별하는 기준으로 ① 국민의 기본권 및 기본적 의무와 관련한 중요성 ② 공개적 토론의 필요성 또는 상충하는 이익 사이의 조정 필요성을 제시하고 있다는 것이다. 이것은 헌재의 '기본권 제한의 본질적 사항'보다는 진일보한 기준 제시라 할 것이어서 주목할 필요가 있다.

의회유보원칙이 쟁점으로 되었으나 위반되지 아니한다고 본 사례는 다음과 같은 것이 있다.[29]

헌재 2009. 2. 26. 2008헌마370

이 사건 법률 제7조 제1항은, 법학전문대학원의 총 입학정원주의를 천명하면서 법학전문대학원의 설치·폐지 등의 인가권자인 교육과학기술부장관으로 하여금 총 입학정원을 정하도록 하고 있다(이 경우 교육과학기술부장관은 이를 미리 국회 소관 상임위원회에 보고하여야 한다). 그런데 대학의 자율권과 국민의 직업선택의 자유에 대한 제한은 법학전문대학원의 총 입학정원제를 채택하는 단계에서 이미 결정되는 것이므로, 총 입학정원의 구체적인 수가 기본권 제한의 본질적인 사항으로서 반드시 법률로써 정해져야 하는 사항이라고 보기 어렵다. 즉, 자격제도를 설정함에 있어 자격을 취득할 수 있는 절대적 수를 제한한다는 점이 법률에 명시적으로 규정되어 있는 이상, 그 구체적인 인원수까지 입법자가 반드시 법률로써 규율하여야 하는 사항이라고 볼 수는 없는 것이다.

따라서 법학전문대학원의 총 입학정원을 그 설치·폐지 등의 인가권자로서 법학전문대학원제도 전반을 관장하고 있는 교육과학기술부장관으로 하여금 국민에 대한 법률서비스의 원활한 제공 및 법조인의 수급상황 등 제반사정을 고려하여 결정할 수 있게 하는 것이 법률유보 원칙에 어긋난다고 할 수 없다.

다. 포괄위임금지원칙[30]

헌법 제75조와 제95조를 보아 둘 필요가 있다. 헌법 제75조는 다음과 같다. "대통령은 법률에서 구체적으로 범위를 정하여 위임받은 사항과 법률을 집행하기 위하여 필요한 사항에 관하여 대통령령을 발할 수 있다."

---

29 그 외 헌재 2013. 7. 25. 2012헌바54 참조.

30 포괄위임금지원칙은 매우 중요하다. 법률로부터 위임받아 제정된 대통령령 등 정부입법의 양이 엄청나기 때문이다. 당연히 위임하는 법률조항도 많다. 그만큼 위임을 둘러싼 다툼도 많다. 다툼이 많으니 헌재 결정이나 법원의 판례도 많다. 사례가 많으면 시험에서도 중요하게 다루어질 수밖에 없다.

변호사시험 공법 사례형과 기록형이 헌법과 행정법이 통합된 형식으로 출제되고 있는데, 이러한 상황이라면 포괄위임금지원칙은 더욱 중요한 쟁점으로 될 수밖에 없다. 이 쟁점은 행정법 문제에 쉽게 통합될 수 있다. 그리고 기록형에서 다루어지는, 처분의 근거되는 법률도 대통령령 등에 규율을 위임하는 경우가 많다. 위임하고 있으면 당연히 포괄위임금지가 쟁점으로 될 수 밖에 없다. 이전 헌법학에서는 거의 주목받지 못하던 쟁점이지만, 변호사시험 시대에 들어서면서 매우 중요한 쟁점으로 되었다.

위임의 문제는 두 지점에서 발생한다. 하나는 위임을 하는 쪽이고, 다른 하나는 위임을 받는 쪽이다. 헌법은 위임을 하는 쪽의 문제를 규정하고 있지 않고, 위임을 받는 쪽의 문제를 규율하고 있다. 헌법 제75조의 수범자는 대통령이다. 그리고 대통령에게 권한을 부여하는 형태의 규정이다. 법률의 위임과 관련하여 대통령령이 문제되는 상황은 법률이 위임한 범위를 벗어난 규율을 하고 있는가 하는 것이다.[31]

> **대법원 2012. 12. 20. 2011두30878 전원합의체 판결**
>
> "법률이 특정 사안과 관련하여 시행령에 위임을 한 경우 시행령이 위임의 한계를 준수하고 있는지 여부를 판단할 때는 당해 법률 규정의 입법 목적과 규정 내용, 규정의 체계, 다른 규정과의 관계 등을 종합적으로 살펴야 한다. 법률의 위임 규정 자체가 그 의미 내용을 정확하게 알 수 있는 용어를 사용하여 위임의 한계를 분명히 하고 있는데도 시행령이 그 문언적 의미의 한계를 벗어났다든지, 위임 규정에서 사용하고 있는 용어의 의미를 넘어 그 범위를 확장하거나 축소함으로써 위임 내용을 구체화하는 단계를 벗어나 새로운 입법을 한 것으로 평가할 수 있다면, 이는 위임의 한계를 일탈한 것으로서 허용되지 아니한다."

헌법학에서는 주로 위임을 하는 쪽의 이슈로 포괄위임금지원칙을 다룬다. 헌법 제75조의 수범자를 입법자로 전환하고, 입법자는 '구체적으로 범위를 정하여 위임하여야 한다'고 보는 것이다.[32][33] 행정법에서는 주로 위임을 받는 쪽의 문제를 다룬다.

(1) 취지

> **헌재 2002. 9. 19. 2002헌바2**
>
> "헌법 제75조는 "대통령은 법률에서 구체적으로 범위를 정하여 위임받은 사항… 에 관하여 대통령령을 발할 수 있다."고 규정하여 위임입법의 헌법상 근거를 마련하는 한편 대통령령으로 입법할 수 있는

---

31 법원이 개별소송에서 소송물의 선결문제로서 명령·규칙의 위헌·위법 여부를 판단하는 부수적 규범통제에서는 그 판단은 소송물이 아니므로 대세적 효력이 있는 것은 아니고 개별소송에서 당해 명령·규칙의 적용이 배제될 뿐이다. 다만, 법원에서는 '무효'라는 표현을 사용하고 있음은 주의할 필요가 있다. 또, 개별소송이 처분 등의 취소 등을 구하는 항고소송이고, 당해 명령·규칙이 그 처분 등에 적용된 경우, "일반적으로 시행령이 헌법이나 법률에 위반된다는 사정은 그 시행령의 규정을 위헌 또는 위법하여 무효라고 선언한 대법원의 판결이 선고되지 아니한 상태에서는 그 시행령 규정의 위헌 내지 위법 여부가 해석상 다툼의 여지가 없을 정도로 명백하였다고 인정되지 아니하는 이상 객관적으로 명백한 것이라 할 수 없으므로, 이러한 시행령에 근거한 행정처분의 하자는 취소사유에 해당할 뿐 무효사유가 되지 아니한다."(대법원 2007. 6. 14. 2004두619 판결)

32 이론적으로는, 입법자를 수범자로 하는 위와 같은 내용은 제3장 국회에 규정하는 것이 타당하다고 보이지만, 다른 헌법기관, 즉 국회, 법원, 헌재, 중앙선거관리위원회의 규칙제정권과 물려 있는 문제이어서 현행 헌법과 같이 규정한 것으로 보인다.

33 "법규명령의 위임의 근거가 되는 법률에 대하여 위헌 결정이 선고되면 그 위임규정에 근거하여 제정된 법규명령도 원칙적으로 효력을 상실한다고 할 것이다."(대법원 1998. 4. 10. 선고 96다52359 판결) 법률유보원칙의 귀결이다.

사항을 "법률에서 구체적으로 범위를 정하여 위임받은 사항"으로 한정함으로써 일반적이고 포괄적인 위임입법은 허용되지 않는다는 것을 명백히 하고 있는데, 이는 국민주권주의, 권력분립주의 및 법치주의를 기본원리로 하고 있는 우리 헌법 하에서 국민의 헌법상 기본권 및 기본의무와 관련된 중요한 사항 내지 본질적인 내용에 대한 정책 형성기능은 원칙적으로 주권자인 국민에 의하여 선출된 대표자들로 구성되는 입법부가 담당하여 법률의 형식으로써 이를 수행하여야 하고, 이와 같이 입법화된 정책을 집행하거나 적용함을 임무로 하는 행정부나 사법부에 그 기능을 넘겨서는 아니되기 때문이다."

(2) 위임의 상대방

(가) 국무총리령·부령

헌재 2016. 2. 25. 2015헌바191

"헌법 제75조는 위임입법의 근거를 마련하는 한편, 대통령령으로 입법할 수 있는 사항을 법률에서 구체적으로 범위를 정하여 위임받은 사항으로 한정함으로써 위임입법의 범위와 한계를 제시하고 있는 것으로, 이는 법률에서 일정한 사항을 하위 법령에 위임하는 경우의 일반원칙으로서 대통령령뿐만 아니라 헌법 제95조에 의하여 총리령 또는 부령에 위임하는 경우에도 동일하게 적용된다."

헌법이 인정하는 법규명령은 대통령령(헌법 제75조)과 총리령·부령(헌법 제95조)이다.[34] 이것들에 위임하는 것이 원칙이다(헌재 2012. 2. 23. 2009헌마318).

(나) 행정규칙

헌재 2014. 7. 24. 2013헌바183

"이러한 사정을 감안하여 헌법 제40조·제75조·제95조의 의미를 살펴보면, 국회가 입법으로 행정기관에게 구체적인 범위를 정하여 위임한 사항에 관하여는 당해 행정기관이 법 정립의 권한을 갖게 되고, 이때 입법자가 그 규율의 형식도 선택할 수 있다고 보아야 하므로, 헌법이 인정하고 있는 위임입법의 형식은 예시적인 것으로 보아야 한다. 따라서 법률이 일정한 사항을 행정규칙에 위임하더라도 그 행정규칙은 위임된 사항만을 규율할 수 있으므로, 국회입법의 원칙과 상치되지 않는다."
"행정규칙은 법규명령과 같은 엄격한 제정 및 개정절차를 필요로 하지 아니하므로, 기본권을 제한하는 내용의 입법을 위임할 때에는 법규명령에 위임하는 것이 원칙이고, 고시와 같은 형식으로 입법위임을 할 때에는 법령이 전문적·기술적 사항이나 경미한 사항으로서 업무의 성질상 위임이 불가피한 사항에 한정된다."

헌법이 예정하고 있는 법규명령, 즉 대통령령, 총리령, 부령에 위임하지 아니하고 이른바 행정규칙이라고 불리는 고시, 훈령, 예규에 위임하는 것이 가능한가 하는 물음에 대한 헌재의 대답이 위의 '예시설'이다. 헌재는 가능하다고 본다. 다만, '전문적·기술적

---

34 그 외 대법원규칙(헌법 제108조), 헌법재판소규칙(헌법 제113조 제2항), 중앙선거관리위원회규칙(헌법 제114조 제6항)이 있다.

사항이나 경미한 사항'에 한정된다는 제한이 있다. 행정규제기본법 제4조 제2항[35] 참조. 행정법학에서는 '행정규칙 형식의 법규명령'의 문제로 다룬다.[36]

(다) 대법원규칙

> **헌재 2014. 10. 30. 2013헌바368**
>
> 헌법 제75조에서 근거한 포괄위임입법금지원칙은 법률에 이미 대통령령 등 하위 법규에 규정될 내용 및 범위의 기본사항이 구체적으로 규정되어 있어서 누구라도 당해 법률로부터 하위 법규에 규정될 내용의 대강을 예측할 수 있어야 함을 의미하는데, 위임입법이 대법원규칙인 경우에도 수권법률에서 이 원칙을 준수하여야 하는 것은 마찬가지이다.[37]

(라) 정관

> **헌재 2006. 3. 30. 2005헌바31**
>
> 헌법 제75조, 제95조의 문리해석상 및 법리해석상 포괄적인 위임입법의 금지는 법규적 효력을 가지는 행정입법의 제정을 그 주된 대상으로 하고 있는바, 행정부에 의한 법규사항의 제정은 입법부의 권한 내지 의무를 침해하고 자의적인 시행령 제정으로 국민들의 자유와 권리를 침해할 수 있기 때문에 엄격한 헌법적 기속을 받게 하는 것인데, 법률이 행정부가 아니거나 행정부에 속하지 않는 공법적 기관의 정관에 특정 사항을 정할 수 있다고 위임하는 경우에는 그러한 권력분립의 원칙을 훼손할 여지가 없으므로 <u>법률이 정관에 자치법적 사항을 위임한 경우에는 헌법 제75조, 제95조가 정하는 포괄위임입법의 금지는 원칙적으로 적용되지 않는다고 봄이 상당하다.</u>

---

35 "규제는 법률에 직접 규정하되, 규제의 세부적인 내용은 법률 또는 상위법령(上位法令)에서 구체적으로 범위를 정하여 위임한 바에 따라 대통령령·총리령·부령 또는 조례·규칙으로 정할 수 있다. 다만, 법령에서 전문적· 기술적 사항이나 경미한 사항으로서 업무의 성질상 위임이 불가피한 사항에 관하여 구체적으로 범위를 정하여 위임한 경우에는 고시 등으로 정할 수 있다."

36 '형식의 과소'가 문제된다. 판례는 대외적 효력을 인정한다. 대법원 1987. 9. 29. 86누484 판결[재산제세사무 처리규정 사건], 헌재 2004. 1. 29. 2001헌마894. 헌재에서는 공권력 행사성과 관련하여 쟁점으로 된다. 법령 의 위임이 있다는 것이 중요하다.
   이것과 함께 논의되는 것이 '법규명령 형식의 행정규칙'이다. 주로 제재적 처분의 기준을 정한 것이 문제된다. 여기서는 '형식의 과잉'이 문제된다. 대법원은 부령의 경우는 법규성을 부정하고(대법원 1995. 10. 17. 94누 14148 판결), 대통령령은 인정한다(대법원 1997. 12. 26. 97누15418 판결). 다만 대통령령에서 정한 과징금액 은 최고한도액이라 본다(대법원 2001. 3. 9. 99두5207 판결). 일관성은 없지만, 정확히 이해해 둘 필요가 있 다. 이 두 가지 문제는 행정법학, 그중에서도 행정규칙론에서 가장 중요한 이슈다.

37 왜 이것이 문제되는가? 만약 법률이 포괄위임금지원칙에 위배되면 법률도 효력을 상실하고 그로부터 위임받아 규정된 하위 법규도 효력을 잃게 된다. 법률유보원칙 때문이다. 그런데 대법원규칙은 헌법 제108조에 따라 법 률의 위임이 없더라도 '법률에 저촉되지 아니하는 범위 안에서' 소송절차 등에 관하여 규정할 수 있다. 대법원 규칙에 규율을 위임한 법률이 포괄위임금지원칙에 위배되어 그 효력을 상실하더라도 대법원규칙은 그대로 효력 을 유지하는 것이어서 법률을 위헌으로 결정하는 것이 사실상 아무런 의미가 없을 수 있다. 나아가 그나마 대 법원규칙 제정의 한계를 설정해 두었던 법률조항이 효력을 상실하게 되면 법치주의로부터 더욱 멀어지는 것 아닌가 하는 문제도 생길 수 있다. 아직 이 점을 판시한 판례는 없다.

위 결정의 취지는 정관에 위임하는 것은 가능하지만, 포괄위임금지원칙은 적용되지 않는다는 것이다. 다만, 그 사항이 국민의 권리·의무에 관련되는 것일 경우에는, 적어도 국민의 권리와 의무의 형성에 관한 사항을 비롯하여 국가의 통치조직과 작용에 관한 기본적이고 본질적인 사항은 반드시 국회가 정하여야 한다는 의회유보의 원칙은 지켜져야 한다고 본다(헌재 2006. 3. 30. 2005헌바31).

(마) 재위임

> **헌재 2004. 1. 29. 2001헌마894**
>
> "법률에서 위임받은 사항을 전혀 규정하지 않고 모두 재위임하는 것은 '위임받은 권한을 그대로 다시 위임할 수 없다'는 복위임금지의 법리에 반할 뿐 아니라 수권법의 내용변경을 초래하는 것이 되고, 대통령령 이외의 법규명령의 제정·개정절차가 대통령령에 비하여 보다 용이한 점을 고려할 때 하위의 법규명령에 대한 재위임의 경우에도 대통령령에의 위임에 가하여지는 헌법상의 제한이 마땅히 적용되어야 할 것이다. 따라서 <u>법률에서 위임받은 사항을 전혀 규정하지 아니하고 그대로 하위의 법규명령에 재위임하는 것은 허용되지 않으며 위임받은 사항에 관하여 대강(大綱)을 정하고 그중의 특정사항을 범위를 정하여 하위의 법규명령에 다시 위임하는 경우에만 재위임이 허용된다.</u>"

(3) 명확성의 원칙과의 관계

포괄위임금지원칙은 행정부에 입법을 위임하는 수권법률의 명확성원칙에 관한 것으로서, 법률의 명확성원칙이 위임입법에 관하여 구체화된 특별규정이라고 할 수 있다. 따라서 수권법률조항의 명확성원칙 위반 여부는 헌법 제75조의 포괄위임금지원칙 위반 여부에 대한 심사로써 충족된다(헌재 2011. 2. 24. 2009헌바13).

왜 이것이 쟁점으로 되는가 하는 점을 이해할 필요가 있다. 어떤 법률조항이 하위 법령에 위임되는 내용을 기재하고 있는 경우 그 문언이 명확성의 원칙도 충족하여야 하는가, 아니면 포괄위임금지원칙 중의 예견가능성을 충족하기만 하면 족한가 하는 것이 문제된다.

생각건대, 어떤 법률이 하위 법령에 규율을 위임하고 있는 경우, 그 하위 법령까지 모아 보아야 그 규범의 내용이 확정되고, 규범의 내용이 명확성을 갖추었는가가 판단될 수 있다. 위임을 하는 법률조항만으로는 당연히 규범의 내용은 완성되지 아니하였고, 명확성도 충족하지 못한다. 단지 법률이 하위 법령에 정해질 내용을 예견(guess)할 수 있을 정도면 포괄위임금지원칙에 위반되지 않는 것이다. 명확성원칙이 논의될 상황이 아니다.[38] 위임을 하고 있다는 것은, 아직 적용될 법이 완성되지 않았다는 것을 의미한다.

---

38 이전에 양자를 모두 심사한 사건도 있었다. 예로, 헌재 2002. 6. 27. 99헌마480.

이 점을 기억할 필요가 있다. 아래 판례는 양자의 관계를 비교적 잘 설명하고 있다.

> ### 헌재 2011. 12. 29. 2010헌바385
>
> 위임입법에서 사용하고 있는 추상적 용어가 하위 법령에 규정될 내용의 범위를 구체적으로 정해주기 위한 역할을 하는지, 아니면 그와는 별도로 독자적인 규율 내용을 정하기 위한 것인지 여부에 따라 별도로 명확성원칙 위반의 문제가 나타날 수도 있고, 그렇지 않을 수도 있게 된다. 노조법 제42조 제1항은 대통령령에 정해질 필수유지업무의 요건으로 '필수공익사업의 업무 중 그 업무가 정지되거나 폐지되는 경우 공중의 생명·건강 또는 신체의 안전이나 공중의 일상생활을 현저히 위태롭게 하는 업무'일 것을 요구하고 있는바, 이는 그 자체로 필수유지업무의 의미를 확정하는 것이 아니라 대통령령에 담아야 할 필수유지업무의 내용의 대강을 설명하고 있는 것이다. 그렇다면 이는 독자적인 명확성원칙의 문제가 아니라 명확성원칙이 헌법상 구체화된 포괄위임금지원칙의 문제라 할 것이므로, 이 부분 청구인 주장과 관련해서는 포괄위임금지원칙 위반 여부에 대해서만 본다.

(4) 판단 방법

판례상 포괄위임금지원칙의 심사방법을 포괄적으로 설시한 예는 없는 것 같다. 판례들의 취지를 모아보면, ① 위임가능한 사항일 것, ② 위임의 필요성이 있을 것, ③ 하위 법령에 정해질 내용의 대강을 예견할 수 있을 것으로 정리할 수 있다. 물론, 헌재는 포괄위임금지원칙을 심사함에 있어서 의회유보에 해당하는 ①에 대해서는 언급하지 않는 경우가 많으나, 논리적으로는 검토가 필요하다.

(가) 위임가능한 사항일 것

> ### 헌재 1998. 5. 28. 96헌가1
>
> "우리 헌법 제40조는 "입법권은 국회에 속한다"라고 규정하면서, 아울러 제75조는 "대통령은 법률에서 구체적으로 범위를 정하여 위임받은 사항과 법률을 집행하기 하기 위하여 필요한 사항에 관하여 대통령령을 발할 수 있다.", 제95조는 "국무총리 또는 행정 각부의 장은 소관사무에 관하여 법률이나 대통령령의 위임 또는 직권으로 총리령 또는 부령을 발할 수 있다."고 각 규정함으로서 행정기관으로의 위임입법을 인정하고 있는데, 우리 헌법 제40조의 의미는 적어도 국민의 권리와 의무의 형성에 관한 사항을 비롯하여 국가의 통치조직과 작용에 관한 기본적이고 본질적인 사항은 반드시 국회가 정하여야 한다는 것이다."

(나) 위임의 필요성이 있을 것

위임의 필요성은 '즉시대응의 필요성'이 있을 때 인정된다. 입법과정에 많은 시간이 필요하다는 점을 기억할 필요가 있다. 긴급관세와 같은 경우를 생각해 보면 좋겠다.

(다) 예견가능성이 인정될 것

1) 포괄위임금지원칙의 심사에 있어서 가장 많이 문제되는 요건이다. 위임의 예측가능

"사회현상의 복잡다기화와 국회의 전문적·기술적 능력의 한계 및 시간적 적응능력의 한계로 인하여 부단히 변천하고 복잡한 사회현상의 세부적인 사항에 관하여까지 모두 예외 없이 형식적 의미의 법률에 의하여 규정한다는 것은 사실상 불가능할 뿐만 아니라 실제에 적합하지도 아니하다. 따라서 경제 현실의 변화나 전문적 기술의 발달에 즉시 대응하여야 할 필요 등 부득이한 사정이 있는 경우에는 법률은 그 대강만을 정하고 세부적, 전문적, 기술적 사항은 국회 제정의 형식적 법률보다 더 탄력성이 있는 행정입법에 위임함이 허용된다."

"헌법 제75조에서 "대통령은 법률에서 구체적으로 범위를 정하여 위임받은 사항 …에 관하여 대통령령을 발할 수 있다."고 규정함으로써 위임입법의 근거를 마련함과 동시에, 입법상 위임은 '구체적으로 범위를 정하여' 하도록 함으로써 그 한계를 제시하고 있다. 여기에서 '법률에서 구체적으로 범위를 정하여'라 함은 법률에 이미 대통령령 등 하위 법규에 규정될 내용 및 범위의 기본사항이 구체적이고 명확하게 규정되어 있어 누구라도 당해 법률 그 자체로부터 하위 법령에 규정될 내용의 대강을 예측할 수 있어야 함을 의미한다."

성의 유무는 당해 특정조항 하나만을 가지고 판단할 것이 아니라 관련 법조항 전체를 유기적·체계적으로 종합하여 판단하여야 한다(헌재 1998. 3. 26. 96헌바57).

2) 위임의 구체성·명확성의 요구 정도는 각종 법률이 규제하고자 하는 대상의 종류와 성격에 따라서 달라진다. 즉, 일반적인 급부행정법규의 경우보다 처벌법규나 조세법규 등 국민의 기본권을 직접적으로 제한하거나 침해할 소지가 있는 법규에서는 구체성·명확성의 요구가 강화되어 그 위임의 요건과 범위가 더 엄격하게 제한적으로 규정되어야 하고, 규율대상이 지극히 다양하거나 수시로 변화하는 성질의 것일 때에는 위임의 구체성·명확성의 요건이 완화된다(헌재 1998. 6. 25. 95헌바35).

3) 조례의 제정권자인 지방의회는 선거를 통해서 그 지역적인 민주적 정당성을 지니고 있는 주민의 대표기관이고, 헌법이 지방자치단체에 대해 포괄적인 자치권을 보장하고 있는 취지로 볼 때 조례제정권에 대한 지나친 제약은 바람직하지 않으므로 조례에 대한 법률의 위임은 법규명령에 대한 법률의 위임과 같이 반드시 구체적으로 범위를 정하여 할 필요가 없으며 포괄적인 것으로 족하다(헌재 1995. 4. 20. 92헌마264).

대법원규칙으로 규율될 내용들은 소송에 관한 절차와 같이 법원의 전문적이고 기술적인 사무에 관한 것이 대부분일 것인바, 법원의 축적된 지식과 실제적 경험의 활용, 규칙의 현실적 적응성과 적시성의 확보라는 측면에서 수권법률에서의 위임의 구체성·명확성의 정도는 다른 규율 영역에 비해 완화될 수 있다(헌재 2014. 10. 30. 2013헌바368).

(5) 효력

모법이 위헌으로 결정되면 그로부터 위임받아 규정된 하위 법령도 효력을 유지할 수 없다(헌재 2003. 6. 26. 2002헌가14).[39] 법률유보원칙에 반하기 때문이다. 그러나 대통령령으로 규정한 내용이 헌법에 위반될 경우라도 그 대통령령의 규정이 위헌으로 되는 것은 별론으로 하고 그로 인하여 정당하고 적법하게 입법권을 위임한 수권법률조항까지 위헌으로 되는 것은 아니다(헌재 2007. 8. 30. 2006헌바9).

라. 명확성원칙

(1) 의의 등

명확성원칙에 대해 가장 포괄적으로 잘 설명된 헌재 결정은 다음의 것이다.

헌재 2012. 2. 23. 2009헌바34

명확성원칙이란 법령을 명확한 용어로 규정함으로써 적용 대상자, 즉 수범자에게 그 규제 내용을 미리 알 수 있도록 공정한 고지를 하여 장래의 행동지침을 제공하고, 동시에 법 집행자에게 객관적 판단지침을 주어 차별적이거나 자의적인 법해석 및 집행을 예방하기 위한 원칙을 의미하는 것으로서, 민주주의와 법치주의의 원리에 기초하여 모든 기본권제한 입법에 요구되는 원칙이다. 법규범이 명확한지 여부는 그 법규범이 수범자에게 법규의 의미내용을 알 수 있도록 공정한 고지를 하여 예측가능성을 주고 있는지 여부와 그 법규범이 법을 해석·집행하는 기관에게 충분한 의미내용을 규율하여 자의적인 법해석이나 법집행이 배제되는지 여부, 다시 말하면 예측가능성 및 자의적 법집행 배제가 확보되는지 여부에 따라 이를 판단할 수 있는데, 법규범의 의미내용은 그 문언뿐만 아니라 입법목적이나 입법취지, 입법연혁, 그리고 법규범의 체계적 구조 등을 종합적으로 고려하는 해석방법에 의하여 구체화하게 되므로, 결국 법규범이 명확성원칙에 위반되는지 여부는 위와 같은 해석방법에 의하여 그 의미 내용을 합리적으로 파악할 수 있는 해석기준을 얻을 수 있는지 여부에 달려 있다. 그리고 수범자에 대한 행위규범으로서의 법령이 명확하여야 한다는 것은 일반 국민 누구나 그 뜻을 명확히 알게 하여야 한다는 것을 의미하지는 않고, 사회의 평균인이 그 뜻을 이해하고 위반에 대한 위험을 고지받을 수 있을 정도면 충분하며, 일정한 신분 내지 직업 또는 지역에 거주하는 사람들에게만 적용되는 법령의 경우에는 그 사람들 중의 평균인을 기준으로 하여 판단하여야 한다.

---

39 대법원규칙, 헌법재판소규칙, 중앙선거관리위원회규칙은 추가적인 논의가 필요하다. 이것들에도 법률유보원칙이 적용되는가 하는 문제 때문이다. 아직 이 점을 명확히 판시한 판례는 없다.

(2) 영역별 요청의 정도

(가) 일반론

헌재 1992. 2. 25. 89헌가104

"명확성의 원칙은 모든 법률에 있어서 동일한 정도로 요구되는 것은 아니고 개개의 법률이나 법조항의 성격에 따라 요구되는 정도에 차이가 있을 수 있으며 각각의 구성요건의 특수성과 그러한 법률이 제정되게 된 배경이나 상황에 따라 달라질 수 있다고 할 것이다. 일반론으로는 어떠한 규정이 부담적 성격을 가지는 경우에는 수익적 성격을 가지는 경우에 비하여 명확성의 원칙이 더욱 엄격하게 요구된다고 할 것이고 따라서 형사법이나 국민의 이해관계가 첨예하게 대립되는 법률에 있어서는 불명확한 내용의 법률용어가 허용될 수 없으며, 만일 불명확한 용어의 사용이 불가피한 경우라면 용어의 개념정의, 한정적 수식어의 사용, 적용한계조항의 설정 등 제반방법을 강구하여 동 법규가 자의적으로 해석될 수 있는 소지를 봉쇄해야 하는 것이다."

(나) 형사법 영역

헌재 2016. 7. 28. 2012헌바258

"헌법 제12조 및 제13조에서 보장하는 죄형법정주의원칙은 법률이 처벌하고자 하는 행위가 무엇이며 그에 대한 형벌이 어떠한 것인지를 누구나 예견할 수 있고 그에 따라 자신의 행위를 결정할 수 있도록 구성요건이 명확하게 규정될 것을 요구한다. 형벌조항의 내용이 애매모호하거나 추상적이어서 불명확하면 무엇이 금지된 행위인지를 국민이 알 수 없어 법을 지키기가 어려울 뿐더러 범죄의 성립 여부가 법관의 자의적인 해석에 맡겨져 죄형법정주의에 의하여 국민의 자유와 권리를 보장하려는 법치주의의 이념은 실현될 수 없기 때문이다. 범죄의 구성요건이 어느 정도 특정되어야 명확성원칙에 반하지 않는가는 통상의 판단능력을 가진 사람이 그 의미를 이해할 수 있는가를 기준으로 판단하여야 하고, 당해 법규범이 수범자에게 법규의 의미내용을 알 수 있도록 공정한 고지를 함으로써 예측가능성을 주고 있는지 여부 및 당해 법규범이 구체적이고 충분한 의미내용을 규율함으로써 법을 해석·집행하는 기관의 자의적인 법 해석이나 집행이 배제되고 있는지 여부가 명확성원칙에 위반되는지 여부를 판단하는 기준이 된다 할 것이다."

(다) 표현의 자유

헌재 2010. 12. 28. 2008헌바157

"법률은 되도록 명확한 용어로 규정하여야 한다는 명확성의 원칙은 민주주의·법치주의 원리의 표현으로서 모든 기본권제한입법에 요구되는 것이나, 표현의 자유를 규제하는 입법에 있어서는 더욱 중요한 의미를 지닌다. 현대 민주사회에서 표현의 자유가 국민주권주의 이념의 실현에 불가결한 것인 점에 비추어 볼 때, 불명확한 규범에 의한 표현의 자유의 규제는 헌법상 보호받는 표현에 대한 위축효과를 수반하고, 그로 인해 다양한 의견, 견해, 사상의 표출을 가능케 하여 이러한 표현들이 상호 검증을 거치도록 한다는 표현의 자유의 본래의 기능을 상실케 한다. 즉, 무엇이 금지되는 표현인지가 불명확한 경우에, 자신이 행하고자 하는 표현이 규제의 대상이 아니라는 확신이 없는 기본권주체는 대체로 규제를 받을 것을 우려해서 표현행위를 스스로 억제하게 될 가능성이 높은 것이다. 그렇기 때문에 표현의 자유를 규제하는 법률은 규제되는 표현의 개념을 세밀하고 명확하게 규정할 것이 헌법적으로 요구된다."

(3) 예시적 입법형식

> **헌재 2016. 7. 28. 2012헌바258**
>
> "예시적 입법형식의 경우 구성요건의 대전제인 일반조항의 내용이 지나치게 포괄적이어서 법관의 자의적인 해석을 통하여 그 적용범위를 확장할 가능성이 있다면 죄형법정주의의 명확성원칙에 위반될 수 있다. 그러므로 예시적 입법형식이 명확성의 원칙에 위반되지 않으려면 예시한 구체적인 사례들이 그 자체로 일반조항의 해석을 위한 판단지침을 내포하고 있어야 할 뿐 아니라, 그 일반조항 자체가 그러한 구체적인 예시들을 포괄할 수 있는 의미를 담고 있는 개념이어야 한다."

마. 신뢰보호원칙

헌법재판에서 신뢰보호의 문제는 점점 그 중요성이 커질 것이다. 이 이슈가 커진다는 것은 상황이 나쁜 쪽으로 움직인다는 것을 의미한다. 이 이슈가 쟁점으로 될 대표적인 영역은 '연금제도'이다. 연금재원이 고갈되어가면 연금지급액의 감축으로 이어질 수밖에 없을 것이고, 필연적으로 신뢰보호문제를 일으킬 것이다.

> **헌재 2015. 2. 26. 2012헌마400**
>
> "신뢰보호원칙은 법치국가원리에 근거를 두고 있는 헌법상 원칙으로서, 특정한 법률에 의하여 발생한 법률관계는 그 법에 따라 파악되고 판단되어야 하고 과거의 사실관계가 그 뒤에 생긴 새로운 법률의 기준에 따라 판단되지 않는다는 국민의 신뢰를 보호하기 위한 것이다. 법률의 개정시 구법 질서에 대한 당사자의 신뢰가 합리적이고도 정당하며, 법률의 개정으로 야기되는 당사자의 손해가 극심하여 새로운 입법으로 달성하고자 하는 공익적 목적이 그러한 당사자의 신뢰의 파괴를 정당화할 수 없다면, 그러한 새 입법은 신뢰보호의 원칙상 허용될 수 없다. 그런데 사회 환경이나 경제여건의 변화에 따른 필요성에 의하여 법률은 신축적으로 변할 수밖에 없고, 변경된 새로운 법질서와 기존의 법질서 사이에는 이해관계의 상충이 불가피하다. 따라서 국민이 가지는 모든 기대 내지 신뢰가 헌법상 권리로서 보호될 것은 아니고, 신뢰의 근거 및 종류, 상실된 이익의 중요성, 침해의 방법 등에 비추어 종전 법규·제도의 존속에 대한 개인의 신뢰가 합리적이어서 권리로서 보호될 필요성이 있다고 인정되어야 한다. 즉, 신뢰보호원칙의 위반 여부를 판단함에 있어서는, 한편으로는 침해받은 신뢰이익의 보호가치, 침해의 중한 정도, 신뢰가 손상된 정도, 신뢰침해의 방법 등과 다른 한편으로는 새로운 입법을 통해 실현하고자 하는 공익적 목적을 종합적으로 비교·형량하여야 한다."

헌재 2002. 11. 28. 2002헌바45

법률의 존속에 대한 개인의 신뢰가 어느 정도로 보호되는지 여부에 대한 주요한 판단기준으로 다음과 같은 2가지 요소를 거시할 수 있다. 먼저, 법적 상태의 존속에 대한 개인의 신뢰는 그가 어느 정도로 법적 상태의 변화를 예측할 수 있는지 혹은 예측하였어야 하는지 여부에 따라 상이한 강도를 가진다. 그런데 일반적으로 법률은 현실상황의 변화나 입법정책의 변경 등으로 언제라도 개정될 수 있는 것이기 때문에, 원칙적으로 이에 관한 법률의 개정은 예측할 수 있다고 보아야 한다. 다음으로, 개인의 신뢰이익에 대한 보호가치는 법령에 따른 개인의 행위가 국가에 의하여 일정방향으로 유인된 신뢰의 행사인지, 아니면 단지 법률이 부여한 기회를 활용한 것으로서 원칙적으로 사적 위험부담의 범위에 속하는 것인지 여부에 따라 달라진다. 만일 법률에 따른 개인의 행위가 단지 법률이 반사적으로 부여하는 기회의 활용을 넘어서 국가에 의하여 일정 방향으로 유인된 것이라면 특별히 보호가치가 있는 신뢰이익이 인정될 수 있고, 원칙적으로 개인의 신뢰보호가 국가의 법률개정이익에 우선된다고 볼 여지가 있다.

헌재 2008. 11. 27. 2007헌마389

"헌법상 법치국가의 원리로부터 신뢰보호의 원리가 도출된다. 법률의 개정 시 구법질서에 대한 당사자의 신뢰가 합리적이고도 정당하며 법률의 개정으로 야기되는 당사자의 손해가 극심하여 새로운 입법으로 달성하고자 하는 공익적 목적이 그러한 당사자의 신뢰의 파괴를 정당화할 수 없다면 그러한 새 입법은 원칙상 허용될 수 없다.

그러나 사회환경이나 경제여건의 변화에 따른 필요성에 의하여 법률은 신축적으로 변할 수 밖에 없고, 변경된 새로운 법질서와 기존의 법질서 사이에서는 이해관계의 상충이 불가피하다. 그러므로 국민이 가지는 모든 기대 내지 신뢰가 헌법상 권리로서 보호되는 것이 아니라, 신뢰의 근거 및 종류, 상실된 이익의 중요성, 침해의 방법 등에 의하여 개정된 법규·제도의 존속에 대한 개인의 신뢰가 합리적이어서 권리로서 보호할 필요성이 인정되어야 한다. 즉, 헌법적 신뢰보호는 개개의 국민이 어떠한 경우에도 '실망'을 하지 않도록 하여 주는 데까지 미칠 수는 없는 것이며, 입법자는 구법질서가 더 이상 그 법률관계에 적절하지 못하며 합목적적이지도 아니함에도 불구하고 그 수혜자군을 위하여 이를 계속 유지하여 줄 의무는 없다 할 것이다."

헌재 2001. 9. 27. 2000헌마152

국민이 어떤 법률이나 제도가 장래에도 그대로 존속될 것이라는 합리적인 신뢰를 바탕으로 하여 일정한 법적 지위를 형성한 경우, 국가는 그와 같은 법적 지위와 관련된 법규나 제도의 개폐에 있어서 국민의 신뢰를 최대한 보호하여 법적 안정성을 도모하여야 한다. 물론 이러한 신뢰의 보호는 새로운 입법을 통하여 실현하고자 하는 공익을 위하여 제한될 수 있는 것이지만 이 경우에도 그 제한이 위헌으로 되지 않기 위하여는 비례의 원칙이 준수되어야 한다. 따라서 신뢰이익의 제한이 있는 경우에는 신뢰이익과 공공복리의 중요성을 비교형량하여 비례의 원칙이 지켜졌는지 여부를 판단하고 그에 따라 위헌 여부를 결정하여야 할 것이다.

신뢰를 보호하기 위한 제도적 장치 중의 하나가 유예기간이다.[40]

> **헌재 1997. 11. 27. 97헌바10**
>
> 법치국가의 원칙상 법률이 개정되는 경우에는 구법질서에 대하여 가지고 있던 당사자의 신뢰는 보호되어야 할 것이다. 그런데 국민건강이라는 공공복리를 위하여 한약사 제도를 신설한 약사법 개정의 입법목적에 정당성이 인정되고, 한약의 조제라는 활동이 약사직의 본질적인 구성부분이 아닌 예외적이고 부수적인 구성부분이므로, 약사들의 한약의 조제권에 대한 신뢰이익은 법률개정 이익에 절대적으로 우선하는 것이 아니라 적정한 유예기간을 규정하는 경과규정에 의하여 보호될 수 있는 것이라 할 것인바, 약사법 부칙 제4조 제2항이 설정한 2년의 유예기간은 약사들이 약사법의 개정으로 인한 상황변화에 적절히 대처하고 그에 적응함에 필요한 상당한 기간이라고 판단되는 점에 또 다른 경과규정으로 2년 이내에 한약조제시험에 합격하는 약사에게 한약조제권을 부여하고 있는 점 등을 종합하면, 이러한 경과규정은 약사법 개정 이전부터 한약을 조제하여 온 약사들의 신뢰를 충분히 보호하고 있다고 보아야 할 것이다.

> **헌재 2000. 12. 14. 99헌마112**
>
> 대학교원을 제외한 교육공무원의 정년을 65세에서 62세로 단축하는 내용의 개정된 교육공무원법 제47조 제1항을 1999. 1. 29.자로 시행함에 있어서, 부칙 규정을 통하여 법 시행 당시 62세에서 65세 사이의 연령에 있는 교원들에 관하여는 위 법률조항에도 불구하고 1999. 8. 31.에야 당연퇴직되는 것으로 규정하고, 당연퇴직일 이전에 자진하여 퇴직할 경우 명예퇴직수당의 지급대상 및 지급액에 관하여 종전의 정년을 적용토록 하는 등 정년 단축으로 인한 불이익을 어느 정도 완화할 수 있는 조치를 강구해 놓고 있다. 이와 같은 경과조치의 존재, 기존교원들의 신뢰이익의 보호가치, 그 신뢰이익의 침해의 정도, 정년단축을 통해 실현코자 하는 공익목적의 중요성 등을 종합적으로 고려할 때 위 법률조항은 헌법상의 신뢰보호원칙에 위배되지 않는다.

바. 소급입법금지원칙

(1) 도입

소급입법금지원칙은 신뢰보호원칙의 발현이다. 헌법은 제13조 제1항 전단과 같은 조 제2항에서 이를 명시적으로 밝히고 있다. 제13조 제1항은 전단은 "모든 국민은 행위시의 법률에 의하여 범죄를 구성하지 아니하는 행위로 소추되지 아니하며"라고 규정하여 형벌불소급원칙을 정하고 있다. 같은 조 제2항은 "모든 국민은 소급입법에 의하여 참정권의 제한을 받거나 재산권을 박탈당하지 아니한다."고 규정하고 있는데, 우리 헌정사에 있어서의 특유한 경험이 반영된 것이다.[41]

---

40 최근 유예기간을 둔 경우의 청구기간 기산점에 관한 판례가 변경되었다. 유예기간이 끝나는 시점을 청구기간의 기산점으로 보아야 한다는 것이다(헌재 2020. 4. 23. 2017헌마479).

41 최호동/정주백, "진정소급입법 금지원칙의 예외", 『법학연구』 제24집 제1호, 충남대, 2013, 155-192 참고.

소급입법금지의 문제를 논함에 있어서 우선 그 입법이 시혜적인 것인가, 침익적인 것인가를 구분하여 생각할 필요가 있다.

(2) 시혜적 법률

시혜적 소급입법도 원칙적으로는 금지되나, 입법자가 이를 입법한다면 현저하게 불합리하고 불공정한 것이 아닌 한 헌법에 위반된다고 할 수는 없다.

헌재 2002. 2. 28. 2000헌바69

"우리 헌법은 "모든 국민은 행위시의 법률에 의하여 범죄를 구성하지 아니하는 행위로 소추되지 아니하며" (헌법 제13조 제1항 전단), "모든 국민은 소급입법에 의하여 참정권의 제한을 받거나 재산권을 박탈당하지 아니한다."(헌법 제13조 제2항)라고 규정하고 있을 뿐, 법률이 변경된 경우 피적용자에 대하여 유리한 신법을 적용할 것인가에 관하여 일반적인 규정은 두고 있지 않고, <u>헌법상의 기본원칙인 법치주의로부터 도출되는 법적 안정성 측면에서 볼 때도 법규범은 현재와 장래에 효력을 가지는 것이기 때문에 소급입법은 금지 내지 제한된다.</u> 다만, 신법이 피적용자에게 유리한 경우에는 이른바 시혜적인 소급입법이 가능하지만, 그러한 소급입법을 할 것인가의 여부는 그 일차적인 판단이 입법기관에 맡겨져 있으므로 <u>입법자는 입법목적, 사회실정이나 국민의 법감정, 법률의 개정이유나 경위 등을 참작하여 시혜적 소급입법을 할 것인가 여부를 결정할 수 있고, 그 판단은 존중되어야 하며, 그 결정이 합리적 재량의 범위를 벗어나 현저하게 불합리하고 불공정한 것이 아닌 한 헌법에 위반된다고 할 수는 없다.</u>"

---

(3) 침익적 법률

침익적 법률의 경우는, 형벌에 관한 것과 그 이외의 것을 나누어서 생각하여야 한다.

(가) 형벌에 관한 법률

헌법 제13조 제1항은 형벌조항의 소급입법을 금지하고 있다. '처벌'은 형법 제41조에 열거된 것에 한정되지 않는다. 노역장유치도 형벌불소급원칙의 적용대상이다.

헌재 2017. 10. 26. 2015헌바239 [황제노역 사건]

(3) 노역장유치조항과 형벌불소급원칙

(가) <u>형법은 "벌금을 납입하지 아니한 자는 1일 이상 3년 이하의 기간 노역장에 유치하여 작업에 복무하게 한다."고 하고(제69조 제2항), "벌금을 선고할 때에는 납입하지 아니하는 경우의 유치기간을 정하여 동시에 선고하여야 한다."고 규정하고 있다(제70조 제1항). 이와 같이 노역장유치는 벌금형에 대한 집행방법으로 그 자체가 독립된 형벌이 아니지만 벌금형에 부수적으로 부과되는 환형처분이다.</u> 그리고 노역장유치의 집행에는 형의 집행에 관한 규정이 준용되고(형사소송법 제492조), 노역장유치의 명령을 받은 자는 징역형이 선고된 수형자와 함께 교도소에 수감되어 징역에 복무하는 등(형법 제67조, 형의 집행 및 수용자의 처우에 관한 법률 제2조 제2호), 노역장유치는 집행방법이 징역형과 동일하다.

또한 형법은 판결선고 전의 구금일수 전부를 유치기간에 산입하고, 구금일수의 1일을 유치기간의 1일로 계산하는 등(형법 제57조), 노역장유치의 실질을 징역형과 같은 것으로 규정하고 있다.

따라서 노역장유치는 벌금형에 부수적으로 부과되는 환형처분으로서, 그 실질은 신체의 자유를 박탈하여 징역형과 유사한 형벌적 성격을 가지고 있으므로, 형벌불소급원칙의 적용대상이 된다.

(나) 형벌불소급원칙은 범죄행위시의 법률에 의해 범죄를 구성하지 않는 경우뿐만 아니라, 범죄행위시의 법률보다 형을 가중한 경우에도 적용된다. 형벌불소급원칙은 범죄행위시의 법률보다 형의 상한 또는 하한을 높인 경우에도 적용되며, 주형을 가중한 경우 외에도 부가형·병과형을 가중한 경우에도 적용된다. 앞서 본바와 같이, 노역장유치는 벌금형에 부수적으로 부과되는 환형처분으로서 실질은 신체의 자유를 박탈하여 징역형과 유사한 형벌적 성격을 가지고 있으므로, 노역장유치와 관련된 법률의 개정으로 동일한 벌금형을 선고받은 사람에게 그 기간이 장기화되는 등 불이익이 가중된 때에는, 범죄행위시의 법률에 따라 벌금을 납입하지 아니하는 경우의 유치기간을 정하여 선고하여야 한다.

종전에는 노역장유치와 관련하여 1일 이상 3년 이하의 기간 동안 노역장유치를 할 수 있다는 규정 외에 노역장유치기간의 하한이 정해져 있지 않았고, 벌금이 고액이더라도 노역장유치기간이 반드시 그에 비례하여 장기화되는 것은 아니었다. 그런데 노역장유치조항은 "선고하는 벌금이 1억 원 이상 5억 원 미만인 경우에는 300일 이상, 5억 원 이상 50억 원 미만인 경우에는 500일 이상, 50억 원 이상인 경우에는 1,000일 이상의 유치기간을 정하여야 한다."고 규정하여, 1억 원 이상의 벌금형을 선고하는 경우에는 노역장유치기간을 300일 이상 등으로 하한을 정하였다. 그 결과 1억 원 이상의 벌금을 선고받는 자에 대한 노역장유치기간은 그 하한이 종전보다 장기화되었다. 이 사건에서도 노역장유치 조항을 적용받은 청구인들은 이 조항 시행 전에 공소제기된 공범들보다 3배 내지 17배 가까이 장기간의 노역장유치에 처하는 판결을 선고받았다.

따라서 노역장유치조항은 1억 원 이상의 벌금을 선고받은 자에 대하여는 노역장유치기간의 하한이 중하게 변경된 것이므로, 이 조항 시행 전에 행한 범죄행위에 대해서는 범죄행위 당시에 존재하였던 법률을 적용하여야 한다.

(4) 소결

부칙조항은 노역장유치조항의 시행 전에 행해진 범죄행위에 대해서도 공소제기의 시기가 노역장유치조항의 시행 이후이면 이를 적용하도록 하고 있는 바, 부칙조항은 범죄행위 당시 보다 불이익한 법률을 소급하여 적용하도록 하는 것이라고 할 수 있으므로, 헌법상 형벌불소급원칙에 위반된다.

보안처분이라 하더라도 형벌적 성격이 강하여 신체의 자유를 박탈하거나 박탈에 준하는 정도로 신체의 자유를 제한하는 경우에는 소급효금지원칙이 적용된다(헌재 2012. 12. 27. 2010헌가82). 다만, 위치추적 전자장치 부착명령(헌재 2012. 12. 27. 2010헌가82)이나, DNA감식시료채취(헌재 2014. 8. 28. 2011헌마28)는 비형벌적 보안처분이라 보았다.

소추가능성에 관한 것은 적용되지 않는다. 헌재 1996. 2. 16. 96헌가2[5·18 사건]에서는 공소시효 연장이 문제되었는데, 헌법 제13조 제1항이 적용되지 않는다고 보았다.

형벌에 관한 진정소급입법은 절대적으로 금지된다. 이 점을 명시적으로 설시한 예는 없다. 다만, 앞의 96헌가2 결정에서 방론으로 설시된 바 있고,[42] 위의 2015헌바239 결정에서 당해 법률이 형벌에 관한 진정소급입법에 해당됨을 확인한 후 예외 가능성에 대한 심사를 하지 아니하고 바로 형벌불소급원칙에 위반된다고 판시함으로써 형벌에 관한 소급입법금지가 상대적인 것이 아니라 절대적 금지명령임을 밝혔다.

(나) 비형벌 규정

위에서 본 형벌에 관한 규정에 속하지 아니하는 법률은 진정소급입법에 해당한다고 하더라도 그것이 정당화될 수 있는 사유가 있으면 위헌은 아니라는 것이 헌재의 입장이다.

> **헌재 2011. 3. 31. 2008헌바141 [친일재산귀속법 사건]**
> 소급입법은 새로운 입법으로 이미 종료된 사실관계 또는 법률관계에 작용하도록 하는 진정소급입법과 현재 진행 중인 사실관계 또는 법률관계에 작용하도록 하는 부진정소급입법으로 나눌 수 있는바, 부진정소급입법은 원칙적으로 허용되지만 소급효를 요구하는 공익상의 사유와 신뢰보호의 요청 사이의 교량과정에서 신뢰보호의 관점이 입법자의 형성권에 제한을 가하게 되는 데 반하여, 진정소급입법은 개인의 신뢰보호와 법적 안정성을 내용으로 하는 법치국가원리에 의하여 특단의 사정이 없는 한 헌법적으로 허용되지 아니하는 것이 원칙이나 예외적으로 국민이 소급입법을 예상할 수 있었거나, 법적 상태가 불확실하고 혼란스러웠거나 하여 보호할 만한 신뢰의 이익이 적은 경우와 소급입법에 의한 당사자의 손실이 없거나 아주 경미한 경우, 그리고 신뢰보호의 요청에 우선하는 심히 중대한 공익상의 사유가 소급입법을 정당화하는 경우에는 허용될 수 있다.

위 판례의 정당화 심사과정을 잘 이해하고 있을 필요가 있다. 사익과 공익의 교량이 핵심이다. 위의 판시 중 사익의 크기를 결정하는 요소로 ① 예상할 수 있었는지 여부, ② 법적 상태가 불확실하고 혼란스러웠는지 여부, ③ 당사자의 손실의 크기를 들고 있다. 이를 반대편의 공적 이익의 크기와 교량하여야 한다.

(4) 소결

소급입법금지의 적용이 의의가 있는 부분은 형벌에 관한 법률조항이 진정소급입법이라고 평가되는 경우 뿐이다. 이 경우는 절대적으로 금지된다. 형벌에 관한 법률조항이라도 진정소급입법이 아니거나, 형벌에 관한 법률조항이 아닌 법률조항의 진정소급입법, 부진정소급입법은 모두 신뢰보호원칙의 문제로 돌아간다. 이익교량의 절차를 거친다는 말이다. 그렇더라도 진정소급입법이 부진정소급입법에 대하여, 형벌에 관한 법률이 그렇지 아니한 법률에 비하여, 사인의 신뢰가 더욱 보호되어야 할 것임은 물론이다.

헌재는 헌법 제13조 제2항이 금지하고 있는 소급입법은 진정소급입법뿐이라고 판시한 바 있다(헌재 2019. 12. 27. 2015헌바45). 부진정소급입법은 소급입법금지의 규율대상이

---

42 "위 헌법조항은 실체적 형사법 영역에서의 어떠한 소급효력도 금지하고 있고, "범죄를 구성하지 않는 행위"라고 표현함으로써 절대적 소급효금지의 대상은 "범죄구성요건"과 관련되는 것임을 밝히고 있다."(판례집 8-1, 51, 82-83)

아니라는 말이다.[43]

3. 과잉금지원칙("필요한 경우에 한하여")[44]

가. 도입

이제 위헌심사에 있어서 가장 중요한 주제를 다루게 되었다. 여러분이 보는 헌법학 교과서에서 '과잉금지원칙'이라는 표제 하에 기술된 양은 매우 적지만, 교과서의 상당히 많은 부분이 과잉금지원칙에 관한 내용이다. 실무적인 헌법재판에서 과잉금지원칙은 거의 알파요 오메가다. 헌법 시험에서 과잉금지원칙을 다루지 아니하고 출제하기는 매우 어렵다. 정확하게 이해하고 있을 필요가 있다. 이 책에서는 이 부분을 비교적 자세하게 설명해 보고자 한다. 중요하기 때문이다. 과잉금지원칙의 가장 기본적인 내용은 다음과 같다.

> **헌재 1990. 9. 3. 89헌가95**
>
> 국민의 기본권을 제한하는 법률은 그 제한의 방법에 있어서도 일정한 원칙의 준수가 요구되는바, 그것이 과잉금지의 원칙이며 … 과잉금지의 원칙이라는 것은 국가가 국민의 기본권을 제한하는 내용의 입법활동을 함에 있어서, 준수하여야 할 기본원칙 내지 입법활동의 한계를 의미하는 것으로서 국민의 기본권을 제한하려는 입법의 목적이 헌법 및 법률의 체제상 그 정당성이 인정되어야 하고(목적의 정당성), 그 목적의 달성을 위하여 그 방법이 효과적이고 적절하여야 하며(방법의 적절성), 입법권자가 선택한 기본권제한의 조치가 입법목적달성을 위하여 설사 적절하다 할지라도 보다 완화된 형태나 방법을 모색함으로써 기본권의 제한은 필요한 최소한도에 그치도록 하여야 하며(피해의 최소성), 그 입법에 의하여 보호하려는 공익과 침해되는 사익을 비교형량할 때 보호되는 공익이 더 커야 한다(법익의 균형성)는 헌법상의 원칙이다.

과잉금지원칙의 4개 하위 심사 기준 중 어느 하나라도 충족하지 못하면 과잉금지원칙에 위배된다고 판단할 수 있다. 그러므로, 목적의 정당성이 부인되면, 방법의 적절성이나 침해의 최소성, 법익의 균형성에 나아가 판단할 필요가 없다. 바로 위헌이라 판단할 수 있다.

---

43 不眞正한 것은 眞正한 것이 아니다. 비슷하지만 아니라는 것이다. 그러면 아닌 것으로 처리하면 된다. 不眞正한 것을 眞正한 것 옆에 붙여 두고 혼란을 일으키게 할 필요가 없다. 소급입법을 진정한 소급입법과 비슷하지만 진정하지 아니한 소급입법으로 나눌 수 있다는 말 자체가 논리적으로 틀린 것이다.

44 정주백, "과잉금지원칙에 관한 관견", 『헌법재판연구』 제2권 제2호, 헌법재판연구원, 2015, 245 이하 참고.

이를 그림으로 나타내면 다음과 같다.

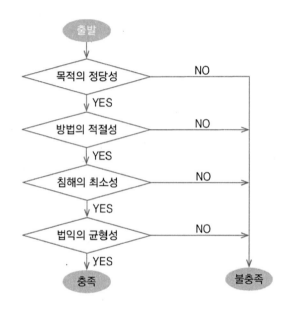

그림 5. 과잉금지원칙의 심사

나. 과잉금지원칙을 판단하는 데 필요한 정보

목적의 정당성 판단의 대상은 '목적'이고 판단의 내용은 '정당성'이다. 정당성을 판단하기 위해서는 목적이 확정되어 있어야 한다. 입법목적이 무엇인가는 사실의 문제다. 목적이 확정되어 있어야 그것이 헌법적으로 정당한 것인가를 판단할 수 있다. 헌법적으로 정당한가는 규범적 판단이다.

방법의 적절성 판단의 대상은 '방법'이고 판단의 내용은 '적절성'이다. 판단에 필요한 '방법'은 제공되어 있다. 위헌심사의 대상으로 되는 공권력의 행사가 바로 방법의 적절성에서 말하는 '방법'이다. 이 방법으로써 위에서 확정한 '목적'을 달성할 수 있겠는가를 판단하는 것이 방법의 적절성 판단의 내용이다.

침해의 최소성 판단의 대상은 '대안들의 기본권 침해의 양'이고, 판단의 내용은 선택된 방법, 즉 심사의 대상이 되는 방법이 다른 대안들보다 기본권 침해의 양이 적은가 하는 것이다. 여기서 말하는 대안들은 전부 위에서 말한 목적을 달성할 수 있는 것들이어야 한다. 침해의 최소성 판단은 목적을 달성할 수 있는 대안들 중에서 가장 덜 침해적인 방법을 선택했는가를 살펴보는 것이다. 논리적으로만 말한다면, 목적을 달성할 수 있는 방법이면서 심사의 대상으로 되는 방법보다 조금이라도 덜 침해적인 다른 대안이 존재한다면 침해의 최소성은 충족되지 못한 것이다.

법익의 균형성 판단의 대상은 달성되는 공익의 양과 침해되는 사적 이익의 양이다. 판단의 내용은 달성되는 공익의 양이 침해되는 사익의 양보다 큰가 하는 것이다. 판단을 위해서는 달성되는 공익의 양과 침해된 기본권의 양(Quantity)이 동일한 척도(Scale)로 확정되어 있어야 한다. 양으로 표현되어있지 않거나, 동일한 척도가 아니라면 비교할 수 없다. 5kg이 3m보다 크다고 말하는 사람을 신뢰하면 안 된다.

과잉금지원칙에 관한 이상적인 설문의 형식		
상황		- 입법의 목적은 A이다. (A는 '공공복리'에 해당하는 정당한 공익으로 본다.) - A로 인해 달성되는 공익의 양은 7 unit이다. - A를 달성할 수 있는 방법은, a, b, c가 있고, 각 기본권 침해의 양은 a→5 unit, b→6 unit, c→10 unit이다. d는 A를 달성할 수 없는 방법이고, 기본권 침해의 양은 3 unit이다.
대안	a?	수단의 적합성 YES, 침해의 최소성 YES, 법익의 균형성 YES → 비위헌
	b?	수단의 적합성 YES, 침해의 최소성 NO → 위헌(법익의 균형성 판단 불요, 그러나 시험에서는 다루어줄 필요 있음. 법익의 균형성 YES)
	c?	수단의 적합성 YES, 침해의 최소성 NO, 법익의 균형성 NO → 위헌
	d?	수단의 적합성 NO → 위헌

다. 판단의 순서

대개 과잉금지원칙을 심사함에 있어서, 목적의 정당성, 방법의 적절성, 침해의 최소성, 법익의 균형성의 순으로 판단이 이루어진다. 목적이 정당하지 아니하다면 심사대상인 '방법'으로써 목적을 달성할 수 있는가를 심사하는 것이 무의미한 것이어서, 목적의 정당성이 방법의 적절성 판단에 선행하여야 한다.[45] 목적의 정당성이 부인되면 바로

---

45 조금 더 생각해 보면, 목적이 확정되어 있기만 하면, 정당성 판단은 하지 아니하고도 방법의 적절성 판단을 할 수 있다. 그러나 여기서 연구방법론을 다루는 것이 아니므로 상론하지 않는다.

과잉금지원칙에 위배되었다고 말할 수 있다.

방법의 적절성이 인정되어야 침해의 최소성 판단에 나아갈 수 있다.[46] 만약 방법의 적절성이 충족되지 아니하면, 즉 심사대상인 방법으로써 목적을 달성할 수 없으면 침해의 최소성 판단으로 나아갈 수 없다. 심사대상인 방법이 목적을 달성할 수 없는 수단이라 이미 판단하고서 목적을 달성할 수 있는 다른 대안보다 덜 침해적인지, 더 침해적인지 판단하는 것은 무의미하다.

법익의 균형성도 마찬가지다. 심사대상인 방법으로써 목적을 달성할 수 없는데, '심사대상인 방법을 통하여' 달성되어질 공익의 양과 침해된 사익의 양을 비교할 수는 없다. 앞의 예에서 d 대안의 경우가 그것이다.[47]

방법의 적절성이 부인되면 과잉금지원칙에 위배되었다고 말할 수 있다. 그런데도 침해의 최소성과 법익의 균형성을 판단하는 것은 논리적으로 오류일 뿐만 아니라 불필요하다.

침해의 최소성과 법익의 균형성은 서로 순서를 바꾸어 판단하여도 문제되지 않는다. 즉 법익의 균형성을 먼저 판단하고, 다음에 침해의 최소성을 판단하여도 논리적으로 문제되지 않는다.

법익의 균형성이나 침해의 최소성 판단을 방법의 적절성 판단보다 앞에 할 수는 없다. 논리적으로 틀린 것이다.

라. 구체적 검토

(1) 목적의 정당성[48]

'목적'은 어떻게 확정하여야 하는가? 입법 당시에 입법자가 가졌던 역사적이고 주관적인 것을 탐구하여 확정하여야 하는가? 아니면 존재하는 '법'[49]을 분석하여 객관적으로 달성해 낼 수 있는 공적 이익을 목적으로 확정하여야 하는가? 이론적으로는 당연히 입법 당시에 입법자가 가졌던 의사를 입법 목적이라 보아야 한다.[50] [51] 그러나 거의 대부분의 판례는

---

46 헌재 1998. 5. 28. 96헌가5 참고. '입법목적을 실현하기에 적합한 여러 수단 중'에서 되도록 국민의 기본권을 가장 존중하고 기본권을 최소로 침해하는 수단을 선택해야 한다는 것이 침해의 최소성이다.

47 예를 들어 헌재 2018. 4. 26. 2015헌가19은 수단의 적합성이 인정되지 않는다고 하면서도 침해의 최소성과 법익의 균형성을 충족하지 못하였다고 판단하였다. 논리적으로 타당하지 아니하다. 이런 예는 흔히 있다.

48 목적의 정당성을 과잉금지원칙의 하위 기준에서 제외하는 경우가 있다. 그러나 특별한 실익을 발견하기는 어렵다.

49 여기서는 단순화하여 '법'이라 하였다. 과잉금지원칙이 적용되는 대상으로 '법'만 있는 것은 아니나, 주로 법이 문제되므로 단순화 하였다.

50 헌재 2013. 3. 21. 2010헌바132; 헌재 2016. 10. 27. 2014헌마797는 자료를 통해 입법자의 의사를 찾아보려 노력한 케이스들이다. 헌재 2015. 10. 21. 2013헌가20[국가모독죄 사건]은 입법자료를 확인하고도 받아들이기를 주저하였다.

입법 당시 입법자가 추구하였던 목적이 무엇인가를 확인하려는 노력 없이, 법을 분석하여 목적을 확정해 내고 그 정당성을 판단한다.

그러므로, 논리필연적으로 목적의 정당성이 문제되는 경우는 거의 없다. 헌재가 스스로 목적을 확정한 다음, 스스로 찾아낸 목적을 스스로 정당하지 아니하다고 하고 위헌이라 결정하는 얼마나 우스꽝스러운가를 생각해 보면 이해하기 어렵지 않다.[52]

헌법 제37조 제2항에 의하면, 기본권을 제한할 수 있는 입법목적은, '국가안전보장, 질서유지, 공공복리'에 한정된다. 따라서, 설정된 목적이 위의 것들 중 어디에 해당하는가를 판단할 필요가 있다. 만약 어느 것에도 해당되지 아니하면 바로 위헌이라고 보아야 할 것이나, 그런 경우는 거의 없을 것이다. 왜냐하면, '공공복리'의 폭이 워낙 커서 대부분의 입법목적이 여기에 해당될 수 있을 것이기 때문이다. 국방에 관한 법률조항이라면 '국가안전보장'에, 경찰작용에 관한 것이라면 '질서유지'에 포섭시키면 무난하리라 본다.

정리를 한다. 헌재는 입법자의 주관적이고 역사적인 입법 목적을 탐구하지 않는다. 법을 분석하여 입법목적을 추론해 내고, 그 정당성을 판단한다. 입법목적이 정당하지 아니하다고 하여 위헌으로 결정한 사례는 열 손가락으로 꼽을 정도이다. 그 몇 개 안 되는 결정이 논리적으로 타당한 것인가도 의문이다.

시험에 응함에 있어서 입법목적이 무엇인가를 가지고 고민할 필요가 없다. 법이 달성해 낼 수 있는 가장 헌법에 부합하는, 즉 국가안전보장, 질서유지, 공공복리에 포섭될 수 있는 입법목적을 추론해 내고, 그것이 앞에서 든 헌법상의 3가지 정당한 입법목적 중 어디에 포섭되는가를 지적하고 정당하다고 결론을 맺으면 무난하다. 이래도 되나 싶겠지만, 된다.

---

51 이론적으로는 국회가 입법목적을 주장하고 이를 확정하는 과정을 거쳐야 할 것이다. 그러나 실무상 국회는 피청구인으로 기재되지도 않고, 답변서를 제출하지도 않는다. 법률이 합헌이라는 주장은 정부가 담당한다. 그러나 정부는 심판절차상 이해관계기관이지, 당사자는 아니다. 그래서 특별한 경우에는 정부가 위헌 주장을 포기하기도 한다. 예컨대 헌재 2005. 2. 3. 2001헌가13[호주제 사건] 참조.

52 "(동성동본금혼규정의) 입법목적이 이제는 혼인에 관한 국민의 자유와 권리를 제한할 "사회질서"나 "공공복리"에 해당될 수 없다는 점에서 헌법 제37조 제2항에도 위반된다"(헌재 1997. 7. 16. 95헌가6[동성동본금혼 사건])는 판시는, 목적의 정당성 자체를 부정한 아주 희귀한 사례에 해당한다. 그러나 무엇을 입법목적으로 보았는지는 분명치 아니하다. 결정문에 기재된, '신분적 계급제도, 남계 중심의 족벌적, 가부장적 대가족 중심의 가족제도 등의 사회질서를 유지'하는 것을 목적으로 본 것으로 보인다. 그러나 입법 당시의 회의록 등은 자료로 언급되어 있지 아니하다.
헌재 2009. 11. 26. 2008헌바58[혼인빙자간음죄 사건] "이는 결국 이 사건 법률조항의 보호법익이 여성의 주체적 기본권으로서 성적자기결정권에 있다기보다는 현재 또는 장래의 경건하고 정숙한 혼인생활이라는 여성에 대한 남성우월의 고전적인 정조관념에 입각한 것임을 보여준다 할 것이다. 따라서 이 사건 법률조항의 경우 형벌규정을 통하여 추구하고자 하는 목적 자체가 헌법에 의하여 허용되지 않는 것으로서 그 정당성이 인정되지 않는다고 할 것이다."

(2) 방법의 적절성

"헌법재판소가 수단의 적합성으로 심사하는 내용은 입법자가 선택한 방법이 최적의 것이었는가 하는 것이 아니고, 그 방법이 입법목적 달성에 유효한 수단인가 하는 점에 한정된다."

목적달성에 필요한 수단들 중의 하나이기만 하면 족하다(one of them). 즉 목적을 달성할 수 있는 유일한 수단일 필요는 없다.

"국가작용에 있어서 취해진 어떠한 조치나 선택된 수단은 그것이 달성하려는 사안의 목적에 적합하여야 함은 당연하지만 그 조치나 수단이 목적달성을 위하여 유일무이한 것일 필요는 없는 것이다."

효과성(effectiveness)의 문제이다. 헌재는 '필요하고 효과적'이어야 한다는 표현을 사용하는 경우가 있으나,[53] 그 표현 자체가 적절하지 아니하다. 필요하면 반드시 효과적이다. 즉, 전자는 후자의 충분조건(sufficient condition)이다. 오로지 효과적인 수단이기만 하면 방법의 적절성은 충족된 것이다.

방법의 적절성이 문제되는 경우도 거의 없다. 국회가 선택한 방법(심판대상 법률조항)으로부터 추론되는 목적을 설정하였으므로,[54] 논리적으로 국회가 선택한 방법(법률)이 목적 달성과 무관한, 또는 무용한 방법이라 판단할 수 없다.[55] 법률이 객관적으로 실현해 낼 수 있는 이익을 목적이라고 한 다음에 그 법률로써 그 목적으로 달성할 수 없다고 한다면, 그것이야말로 주변 사람의 웃음을 살 일이다.

방법의 적절성이 부인된 판례는 거의 없다. 다만, 방법의 적절성의 의미를 확장하여 적절하지 아니하다고 한 판례가 없지 아니하다. 다음의 판례에서 헌재는 일응 심판대상이 목적을 달성할 수 있는 방법들 중의 하나라고 하면서도, 규범적인 평가를 하여 방법의 적절성을 부인하였다.[56] 이런 예외적인 판례들까지 신경쓰면서 답안지를 작성할 수는 없다.

---

53 헌재 1989. 12. 22. 88헌가13.

54 위의 목적을 확정하는 단계를 다시 살펴 보라.

55 이 점을 보더라도 입법목적을 법을 분석하여 추론해 내는 판례의 입장이 옳지 아니한 것을 알 수 있다. 주관적, 역사적 입법목적을 확정해 내고, 심판대상인 당해 방법으로써 그 입법목적을 달성해 낼 수 있는가를 평가하는 것이 타당하다. 그래야 입법목적의 정당성과 방법의 적절성이 의미 있는 것으로 된다. 헌재의 실무는 둘 다 의미 없는 것으로 만들었다. 그러나 다시 한 번 강조하건대, 헌재의 실무를 전제로 한 변호사시험에서는 목적은 항시 정당하고, 방법의 적절성은 항시 인정된다고 생각하고 답안을 작성하는 것이 효율적이다.

56 이와 같은 판시는 매우 당혹스러운 것이다. 가장 심각한 문제는 왜 이 사건에서는 다른 결정에서는 적용하지 아니하던 기준을 적용하는가 하는 것이다. 판단기준이 고무줄처럼 늘었다 줄었다 하면 재판에 대한 신뢰가 유

정리를 해 보자. 방법의 적절성 판단의 기준은 심판대상이 목적을 달성하는 데 유효한 가 하는 것이다. 그래서 목적을 달성하는 데 도움이 된다면 방법의 적절성이 인정된다. 그런데, 앞에서 본 바와 같이 (입법자가 추구하였던 주관적이고, 역사적인 것이 아니라), 객관적으로 법이 실현해 낼 수 있는 이익을 입법목적이라 하였으므로, 당해 방법은 당연히 목적을 달성하는 데 유효하다. 양자는 묶여 있다. 헌재 결정 중 거의 대부분은 방법의 적절성에 관하여 아무런 논증 없이 그냥 인정된다고 한다. 대개 목적의 정당성과 묶어서 판단하는 경우도 많다. 몇 개의 예를 들어 보자.

일부러 이런 결정을 골라 제시한 것이 아니다. 어느 결정문을 보더라도 크게는 같고, 작게 다르다. 그러므로, 여러분이 치르게 되는 변호사시험에서 입법목적이 정당하지 아니하다거나 방법의 적절성이 부인되는 경우란 없다고 보아도 무방하다. 여러분이

지될 수 없다.

신경을 써야 할 부분은 오로지 아래에서 볼, 침해의 최소성뿐이다. 아래의 결정문은 흥미롭게도 이 점을 드러내고 있다. 쓸데없이 시간 쓰지 말고, 침해의 최소성 판단으로 넘어가자고 한다.

> **헌재 2002. 10. 31. 99헌바76**
>
> "모든 의료기관을 보험급여의 의무가 있는 요양기관으로 강제지정하는 것이 원칙적으로 위의 입법목적을 달성하는 데 크게 기여한다는 점에서, 수단의 적정성도 마찬가지로 인정된다. 문제는 최소침해성의 위반 여부이다."

(3) 침해의 최소성

> **헌재 1998. 5. 28. 96헌가5**
>
> 입법자는 공익실현을 위하여 기본권을 제한하는 경우에도 <u>입법목적을 실현하기에 적합한 여러 수단 중에서 되도록 국민의 기본권을 가장 존중하고 기본권을 최소로 침해하는 수단을 선택해야 한다.</u>[57]

침해의 최소성 심사에 나아가기 위한 전제는, 당해 방법이 목적을 달성할 수 있다는 것이다. 만약 당해 방법으로써 목적을 달성할 수 없다면, 방법의 적절성은 충족되지 아니한 것이다. 그렇다면 방법의 적절성이 충족되지 아니하였다는 이유로 위헌 결정을 하면 논리적으로 아무 문제가 없다. 더 나아가서 다른 대안들과 기본권 침해의 양을 비교하는 것은 논리적으로 틀린 것이다.

덜 침해적인 다른 대안이 있으면 심판의 대상은 침해의 최소성을 충족하지 못한 것으로 되어 과잉금지원칙에 위배된 것이고, 더 나아가면 위헌이다.[58]

심판대상보다 덜 침해적인 대안이 한 개라도 있으면 침해의 최소성이 충족되지 못하였다고 판단하기에 충분하다. 전자는 후자의 충분조건(sufficient condition)이다.[59] 반복되는 것이지만, 그 다른 대안은 목적을 달성할 수 있는 것이어야 한다. 앞의 예에서 d 대안은 침해의 최소성 판단에서 비교가능한 대안이 아니다.

침해의 최소성 판단은 과잉금지원칙에서 작동하는 유일한 판단이다. 위에서 목적의

---

57 헌재 2002. 10. 31. 99헌바76도 같은 취지. "요양기관 강제지정제가 입법목적을 달성할 수 있는 유효한 수단 중에서 가장 국민의 기본권을 적게 침해하는 수단에 해당하는가 하는 문제".

58 침해의 최소성을 충족하지 못하면, 과잉금지원칙에 위배된 것으로 판단할 수 있다. 앞에서 본, 과잉금지원칙의 하위 원칙 중 어느 하나라도 위배되면 과잉금지원칙에 위배되는 것이라는 판례(헌재 1989. 12. 22. 88헌가13)를 기억하자. 그런데, 헌법 제37조 제2항은 기본권 제한의 한계원리로 과잉금지원칙을 제시하고 있다. 과잉금지원칙에 위배되는 법률은 기본권 제한의 한계를 지키지 못한 것이다. 그러면, 그 법률조항은 기본권을 침해한 것이고, 헌법의 명령에 위배되었다, 즉 違憲이라 판단되어질 수 있다.

59 헌재 2011. 12. 29. 2009헌마527; 헌재 2012. 5. 31. 2010헌가85; 헌재 2012. 2. 23. 2009헌마333 등 참조.

정당성과 방법의 적절성은 실무상 작동하지 않는다고 설명하였다. 아래에서 볼 법익의 균형성도 작동하지 않는다. 그러므로, 여러분이 변호사시험에서 과잉금지원칙을 심사한다는 말은, 당해 심판대상보다 덜 침해적이면서 목적을 달성할 수 있는 대안이 존재하는가를 판단하는 것과 거의 같은 말이다.

헌재의 결정에서 '방법'에 관한 제한보다 '여부'에 관한 제한이 더 중대한 것이고, '임의적' 제한보다 '필요적' 제한이 더 중대한 것이라 보았다. 그러므로 전자로써 목적을 달성할 수 있는데도, 후자를 선택한다면 침해의 최소성 위반으로 판단되어질 수 있다.[60]

> ### 헌재 1998. 5. 28. 96헌가5
> 입법자는 공익실현을 위하여 기본권을 제한하는 경우에도 입법목적을 실현하기에 적합한 여러 수단 중에서 되도록 국민의 기본권을 가장 존중하고 기본권을 최소로 침해하는 수단을 선택해야 한다. 기본권을 제한하는 규정은 기본권행사의 '방법'에 관한 규정과 기본권행사의 '여부'에 관한 규정으로 구분할 수 있다. 침해의 최소성의 관점에서, 입법자는 그가 의도하는 공익을 달성하기 위하여 우선 기본권을 보다 적게 제한하는 단계인 기본권행사의 '방법'에 관한 규제로써 공익을 실현할 수 있는가를 시도하고 이러한 방법으로는 공익달성이 어렵다고 판단되는 경우에 비로소 그 다음 단계인 기본권행사의 '여부'에 관한 규제를 선택해야 한다.

> ### 헌재 1998. 5. 28. 96헌가12
> 입법자가 임의적 규정으로도 법의 목적을 실현할 수 있는 경우에 구체적 사안의 개별성과 특수성을 고려할 수 있는 가능성을 일체 배제하는 필요적 규정을 둔다면, 이는 비례의 원칙의 한 요소인 '최소침해성의 원칙'에 위배된다.

> ### 헌재 2015. 7. 30. 2014헌가13[61]
> 수상에서 일어날 수 있는 범죄행위의 종류는 살인, 강도 등 흉악 범죄에서부터 무면허·무허가 조업 및 유선행위, 어망 손괴행위 등 각종 해양범죄와 관련한 특별법 위반행위에 이르기까지 매우 다양하고, 이러한 모든 범죄행위에 동력수상레저기구가 이용될 수 있다. 그러므로 동력수상레저기구가 이용된 범죄의 경중 등에 따라 그 제재의 정도를 달리할 수 있도록 임의적 면허취소사유로 규정하거나 또는 반드시 조종면허를 취소할 필요가 인정되는 일정한 범죄를 한정하여 조종면허를 취소하도록 규정함으로써 기본권 침해를 최소화할 수 있는 방안을 충분히 강구하였어야 함에도, 범죄행위의 유형, 경중이나 위법성의 정도, 동력수상레저기구의 당해 범죄행위에 대한 기여도 등 제반사정을 전혀 고려할 여지 없이 필요적으로 조종면허를 취소하도록 규정하고 있으므로, 심판대상조항은 침해의 최소성원칙에 위배된다.

---

60 필요적 제한이지만 위헌이 아니라고 한 사례로는, 헌재 2004. 12. 16. 2003헌바87; 헌재 2006. 5. 25. 2005헌바91.

다시 한 번 더 강조하여 두고 싶은 것은, '임의적' 제한이나 '방법'에 관한 제한으로써도 목적을 달성할 수 있다는 전제가 충족될 때, '필요적' 제한이나 '여부'에 관한 제한이 침해의 최소성에 위배되어질 수 있다는 것이다.

의무의 부과에 관하여 헌재는 다음과 같이 판시한 바가 있다.

헌재 2006. 6. 29. 2002헌바80

어떤 법률의 입법목적이 정당하고 그 목적을 달성하기 위해 국민에게 의무를 부과하고 그 불이행에 대해 제재를 가하는 것이 적합하다고 하더라도 입법자가 그러한 수단을 선택하지 아니하고도 보다 덜 제한적인 방법을 선택하거나, 아예 국민에게 의무를 부과하지 아니하고도 그 목적을 실현할 수 있음에도 불구하고 국민에게 의무를 부과하고 그 의무를 강제하기 위하여 그 불이행에 대해 제재를 가한다면 이는 과잉금지원칙의 한 요소인 "최소침해성의 원칙"에 위배된다.

피해의 최소성을 엄격히 요구하는 경우 입법자가 이를 충족시키기는 대단히 어렵다. 이 심사를 얼마나 엄격하게 하느냐에 따라 위헌 여부가 결정되는 경우가 대부분이다. 이와 관련하여 상업광고 규제에 대한 침해의 최소성 심사는 완화되어 있다.

헌재 2005. 10. 27. 2003헌가3[62]

"상업광고 규제에 관한 비례의 원칙 심사에 있어서 '피해의 최소성' 원칙은 같은 목적을 달성하기 위하여 달리 덜 제약적인 수단이 없을 것인지 혹은 입법목적을 달성하기 위하여 필요한 최소한의 제한인지를 심사하기 보다는 '입법목적을 달성하기 위하여 필요한 범위 내의 것인지'를 심사하는 정도로 완화되는 것이 상당하다."[63]

정리를 해 보자. 여러분은 변호사시험에서 보다 덜 침해적이면서 목적을 달성할 수 있는 방법을 딱 한 개 특정하여 제시하면서, 당해 법률이 침해의 최소성을 충족하지 못하여 과잉금지원칙에 위배된다고 말한다면, 논리적으로 완벽한 논증이다. 이러한 대안이 있는가 없는가를 찾는 것이 침해의 최소성 판단이다.

그런데 생각해 보라. 세상에 그런 대안이 없는 일이 있을까? 그러니 헌재도 표현이 애매해진다. "달리 덜 제약이면서도 같은 효과를 달성할 수 있는 수단이 명백히 존재한다고 볼 수도 없으므로"(헌재 2010. 2. 25. 2008헌마324), "명백히 덜 침해적인 방법이 존재한다고

---

61 같은 취지: 헌재 2005. 11. 24. 2004헌가28('운전면허를 받은 사람이 자동차등을 이용하여 범죄행위를 한 때'에 운전면허를 필요적으로 취소하도록 한 도로교통법 조항이 헌법에 위반된다는 결정)

62 같은 취지의 헌재 2010. 7. 29. 2006헌바75 참조.

63 그 의미가 어떤 것인가는 그리 명확하지 않다. 방법의 적절성의 의미에 관하여 보라. '필요하고 효과적'이라는 말이 나오는데, 그중 '필요하고'와 같은 의미라면, 방법의 적절성을 충족하기만 하면 침해의 최소성을 충족하였다고 보겠다는 의미로 이해될 여지도 있다.

할 수도 없으므로"(헌재 2017. 10. 26. 2016헌마623), "덜 침해하는 다른 객관적인 수단은 찾아보기 어렵다."(헌재 2013. 9. 26. 2010헌마204), "이와 다른 덜 제한적인 방법을 찾기도 어렵다."(헌재 2015. 3. 26. 2013헌마131), "이러한 사정에 따라 좌석안전띠착용을 의무화하는 것보다 청구인의 기본권을 덜 제한하면서 입법목적을 효과적으로 달성하는 수단이 없다고 본 입법자의 판단이 잘못이라고 하기 어렵다."(헌재 2003. 10. 30. 2002헌마518), "이 사건 법률조항처럼 구속집행정지결정 자체를 무력화시키는 방법보다 덜 침해적인 방법에 의해서는 그 목적을 전혀 달성할 수 없다고 보기도 어렵다."(헌재 2012. 6. 27. 2011헌가36) 등의 모호한 표현으로 침해의 최소성 판단을 마무리하는 경우가 많다. 이런 것들은 모두 판단에 필요한 자료가 충분하지 못하기 때문이다. 시험장에서 아무 자료 없이 판단하여야 하는 수험생들이 적확한 판단을 하는 것이 애초 불가능하다. 이런 점을 이해하고 응시하면 어떻게 답안지를 작성하여야 할 것인가에 대한 힌트를 얻을 수 있을 것이다.

(4) 법익의 균형성

이론상으로는 법익의 균형성이 과잉금지원칙 심사의 핵심을 이루는 것처럼 이야기되는 경우가 많다. 그러나 실무적으로는 전혀 작동하지 아니한다고 보아도 좋다. 일반적으로 법익의 균형성은 침해되는 사익보다 달성되는 공익이 더 커야 한다는 것을 내용으로 하는 판단기준이다.

> **헌재 1990. 9. 3. 89헌가95**
> "… 그 입법에 의하여 보호하려는 공익과 침해되는 사익을 비교 형량할 때 보호되는 공익이 더 커야 한다."

그러나 고민할 필요는 없다. 헌재 결정을 보면 법익의 균형성 판단의 결과는 항상 침해의 최소성 심사의 결과와 같았다. 아래에서 보는 바와 같이 이진성 재판관은 결정문에서 아래와 같이 설시하기까지 하였다. 이진성 재판관은 '발견하기 어렵다'고 하였지만, 필자는 없다고 본다.

> **헌재 2017. 8. 31. 2016헌바447 이진성 재판관의 별개의견**
> "30년에 달하는 우리 재판소의 역사에도 불구하고, 침해의 최소성원칙은 만족되나 법익의 균형성원칙이 만족되지 않는 선례는 발견하기 어렵다."

헌재도 논증보다는 단지, 충족하였다 또는 충족하지 않았다는 '선언'을 하고 있을 뿐이다.

위의 판시를 보면 공익의 내용을 특정하고 침해되는 사익을 특정한 다음 공익이 더 크다고 단정하기 어렵다고 선언하고 법익의 균형성이 충족되지 아니하였다고 결론을 내렸다. 아무런 논증이 없다.

헌재의 법익의 균형성 판단 중 결론에 해당하는 부분만을 제시한 것 아니냐는 질문을 할 학생이 있을지도 모르겠지만, 그렇지 않다. 위의 것이 법익의 균형성 판단의 내용 전부다. 또, 위와 같은 판시가 아주 이례적인 것 아니냐는 질문을 할 학생이 있을지도 모르겠다. 그렇지 않다. 거의 모든 결정문에 위와 같이 기재되어 있다. 물론 위헌이 아닌 경우에는 반대다. 예를 들면 다음과 같다.

이 결정문은 위 내용이 법익의 균형성 판단의 내용 전부라는 것을 보여 주기 위하여 그 제목까지 같이 인용하였다. 여러분이 조금 놀랐다면 필자의 의도가 조금 실현된 것이다.

왜 이렇게 되었을까? 그것은 법익의 균형성의 판단 내용을 살펴보면 알 수 있다. 법익의 균형성을 판단하기 위해서는 정보가 필요하다. 목적이 실현되었을 때 달성될 공익의 양과 그와 인과관계가 있는 사익 침해의 양이 그것이다. 그런데, 그것들은 하나의 단위로 통일되어 있어야 한다. 즉, 공익과 사익이 量으로 측정되어야 하고, 그것도 하나의 尺度로 표현되어야 한다.

그런데 이러한 정보를 획득하는 데는 상당한 시간과 노력이 필요하다. 기술이 필요함은 말할 것도 없다. 헌재에는 그런 기술을 가진 사람이 없다.[64] 그러므로 위의 정보를

---

64 최근에는 사회과학을 하는 학자를 헌법연구위원(헌재법 제19조의3 참조)으로 임명하자는 논의가 있다.

획득하려면 외부에 용역을 주어야 한다. 누가 그런 일을 할 수 있는가?

과학계에서는 이런 작업을 한다. 이를 操作的 定義(operational definition)이라고 한다. 추상적 변수를 관찰가능한 변수로 변환하는 정의다. 예를 들어 법학전문대학원에서 교육을 이수하는 데 필요한 수학능력과 법조인으로서 지녀야 할 기본적 소양 및 잠재적인 적성을 계량화한 것이 법학적성시험(LEET, Legal Education Eligibility Test) 성적이다. 어떤 사람이 어떤 수준의 수학능력 등을 가지고 있는지를 단 하나의 숫자로 표현한 것이 LEET 성적이다. 물론 LEET 성적이 수학능력 등을 잘 반영하고 있는가는 논쟁의 대상으로 될 수 있다.

예를 들어 앞에서 보인 2013헌마11 사건의 경우도 감치로 인하여 입게 되는 사인의 불이익과 이로 인해 달성되는 강제집행의 실효성 확보라는 공익이 하나하나 조작적 정의를 통하여 계량화되어야 한다. 그런데도 헌재는 과학적 자료는 하나도 대지 않고 사익이 공익에 비해 '결코 크다고 할 수 없다'고 선언할 뿐이다. 다른 결정문에서도 어느 쪽이 '더 크다'(헌재 2016. 9. 29. 2012헌마1002), '크다고 할 수 없다'(헌재 2016. 7. 28. 2012헌바258), '작다고 보기는 어렵다'(헌재 2017. 6. 29. 2015헌마654), '훨씬 크다'(헌재 2012. 12. 27. 2011헌바89), '현저한 불균형이 있다고 보기 어렵다'(헌재 2009. 7. 30. 2007헌마718)는 선언을 할 뿐이다.

문제는 판단에 필요한 자료가 없다는 것이다. 그러니 이미 판단해 놓은 침해의 최소성 판단과 같은 결론으로 갈 수밖에 없다. 그나마 침해의 최소성 판단이 조금 더 객관적인 방법으로 판단을 종결할 수 있기 때문이다.

마. 소결

과잉금지원칙은 중요하다. 실무에 있어서도 중요하고 변호사시험에 있어서도 중요하다. 그런데 과잉금지원칙이 과연 그 원리대로 운용되고 있는지는 의문이다. 가장 큰 문제는 판단에 필요한 자료가 제공되지 않는다는 것이다.

판단의 대상으로 되는 것, 즉 '목적', '방법', '침해되는 사익의 양', '달성되는 공익의 양'은 규범판단의 대상이 아니다. 그것은 오로지 과학에 의존하는 것이다. 위의 자료들이 주어져야, '정당성', '적절성', '최소성', '균형성'을 판단할 수 있다.

위의 자료들 중 오로지 '방법'만이 주어져 있다. 그러므로, 과잉금지원칙의 심사는 논리적으로 불가능하다. 즉, 문제를 푸는 데 필요한 조건이 부족하다. 예를 들어 미지수가 3개인데, 식은 한 개밖에 없는 상황과 같다. 만약 위에 든 대상이 모두 과학적 방법을 통해 주어진다면, 규범적 판단은 거의 무의미하다. 중학생 수준이면 정확한 결론을 도출할 수 있을 것이다.

그러면 헌재가 운용하는 과잉금지원칙은 무엇인가 하는 의문이 들지 않을 수 없다. 논리적으로 불가능한 결론을 헌재는 척척 내놓는다. 필자는 놀라움을 느끼면서 걱정을 한다. 그 결론이 우리 법공동체의 운명을 바꿀 수도 있기 때문이다.

원리론적인 문제를 제기한다면, 의회의 입법재량이라는 말과 과잉금지원칙이라는 말은 서로 和同하기 어렵다. 민주주의는 정의와 친하지 않다. 경찰법상의 원칙이 의회의 결정을 재단할 수 있다는 생각은 당혹스럽다. 과잉금지원칙의 원리를 따른다면 의회는 과학자들이 모여 계산하고, 토론하는 장소이어야 한다. 정치세력 간의 합의를 통하여 결론을 도출하였다고 말하는 순간, 그것은 과잉금지원칙에 위배될 가능성이 99.9퍼센트다.

과잉금지원칙이 소수자 보호라는 헌법재판의 이념에 적합한가 하는 것은 또 다른 문제이다. 개인의 기본권 제한이 있더라도 그로 인하여 달성되는 공익이 크다면 개인은 그 기본권 제한을 수인하여야 한다고 한다. 그런데 무슨 소수자 보호인가. 어떻게 소수자가 보호되는가. 잔칫집 귀퉁이에 소수자는 눈물을 흘리고 있는데, 다수자는 그 눈물로써 잔치를 하는 형국 아닌가?

소수자의 눈물을 닦아 주고도 남는 것이 있다면 다수가 즐겨도 좋을 것이다. 칼도-힉스 기준(Kaldor-Hicks criterion)이 그런 것이다.[65] 예를 들어 생각해 보자. 어떤 사람이 기본권을 10 unit만큼 제한당했는데, 공동체가 20 unit만큼의 편익을 얻었다고 하자. 이때 달성된 20 unit 중에서 10 unit를 떼어 내어서 제한된 기본권적 불이익을 보상해 주더라도, 나머지 10 unit만큼을 공동체가 즐길 수 있다. 어느 누구도 불행해지지 않으면서 공동체는 증가한 이익을 향유할 수 있다.

그러나 우리의 과잉금지원칙은 그것을 모른다. 기본권 침해의 양이 10 unit인데, 달성되는 공익의 양이 20 unit이므로 법익 균형성은 충족되었다고 말한다. 침해의 최소성도 충족되었다면 과잉금지원칙에 위배되지 않는다는 결론에 이른다. 기본권이 제한되어 고통받는 사람의 눈물을 닦아줄 생각은 안 한다.[66]

또, 기본권 제한에 대해 그 주체가 어떤 귀책사유가 있는지 없는지, 있다면 얼마나

---

65 정책으로 인해 이익을 얻는 자와 피해를 보는 자가 함께 존재할지라도 이익을 얻는 자의 효용 증가의 합이 피해를 보는 자의 효용 감소의 합보다 커서, 사회적 잉여를 가지고 피해를 보상해 주고도 사회적 후생이 증가하게 된다면 이 정책은 바람직하다는 것이다. 우리의 헌법재판은 이 보상을 모른다.

66 물론, 장기적으로 돌아가면서 기본권을 제한당하고, 기본권을 제한당했던 사람은 다음에 다른 사람의 기본권 제한으로 인한 이익을 누린다는 것이 보장된다면, 논의의 국면은 달라질 수 있다. 그러나, 그런 보장을 전제로 지금의 과잉금지원칙이 운용되는 것은 아니다. 이것이 보장되지 않는 과잉금지원칙은 소수자 보호의 헌법이념과 친할 수 없다. 사실은 적대적이다.

있는지를 평가할 수 있는 알고리듬이 과잉금지원칙 안에는 없다. 오로지 제한되는 기본권의 양과 달성되는 공익을 양적으로 비교할 뿐이다.

이 책의 수준에서 보면 꽤 상세하게 과잉금지원칙을 다루었다. 이 원칙의 원리론적인 모습과 실천적 운용 사이의 괴리를 이해하여야 학생들이 시험에서 대응할 수 있기 때문이다. 변호사시험에 응시하는 여러분들은 절대로 과잉금지원칙을 적용하여 적확한 결론을 이끌어낼 수 없다. 그 결론을 이끌어 낼 자료가 없기 때문이다. 여러분은 단지 과잉금지원칙을 적용하는 시늉을 할 수 있을 뿐이다.

그 시늉을 하는 것도 침해의 최소성 정도만 신경써서 하면 된다. 목적이 주어지지 아니하므로, 여러분이 적절한 목적을 추론해 내고 정당하다고 하면 된다. 방법의 적절성이 부인될 가능성을 생각하지 말라. 당연히 인정된다. 인정되지 아니한다고 한다면 여러분이 틀린 것이다. 침해의 최소성 판단에서 제시된 방법보다 덜 침해적이면서 목적을 달성할 수 있는 방법을 하나 이상 제시하면 위헌이라는 논증을 충분하게(sufficiently) 한 것이다. 법익의 균형성은 침해의 최소성 결론을 그대로 따르라. 헌재도 그와 같이 하는데 여러분이 못할 이유가 없다.

4. 본질침해금지원칙("제한하는 경우에도 자유와 권리의 본질적인 내용을 침해할 수 없다")

가. 도입

헌법 제37조 제2항 후단은 다음과 같이 정하고 있다. "제한하는 경우에도 자유와 권리의 본질적인 내용을 침해할 수 없다." 이를 통설과 판례는 본질침해금지원칙의 문제로 다룬다. 통설과 판례의 입장에서 계륵(鷄肋)과 같은 조항이다. 특별한 존재 의의도 없으면서, 이론적으로 처리하기가 무척 어렵기 때문이다.

나. 과잉금지원칙과의 관계

(1) 독자성 인정설(= 절대설)

헌재의 아래와 같은 판시는 본질침해금지원칙을 과잉금지원칙과는 별개의 심사기준으로 본다는 것을 전제로 한다.

"기본권의 본질적 내용은 만약 이를 제한하는 경우에는 기본권 그 자체가 무의미하여지는 경우에 그 본질적인 요소를 말하는 것으로서, 이는 개별 기본권마다 다를 수 있을 것이다."

즉, 각 기본권에는 '이를 제한하는 경우에는 기본권 자체가 무의미하여지는 것', '본질적 요소', '핵', '근본요소', '제한으로 기본권이 유명무실해지고 형해화되어 기본권을 보장하는 궁극적인 목적을 달성할 수 없게 하는 것'67이 있고, 이것은 어떠한 공익을 위해서라도 제한되어질 수 없다는 것이다.

과잉금지원칙은 '기본권 제한'과 이로 인해 달성되는 '공익' 사이의 관계 속에서 검토됨에 비하여, 본질침해금지원칙은 '기본권 제한' 자체를 검토한다. 양자는 검토 내용이 다르고, 양자의 결론은 다를 수 있다.68

공익과 사익의 교량이라는 관점에서 기본권 제한이 정당화되더라도 그 제한이 기본권의 본질적 내용을 침해하는 것이어서 본질침해금지원칙에 위배되고 나아가 위헌이라는 결론에 이를 수 있어야 독자성 인정설이 의미 있는 것으로 된다. 만약 과잉금지원칙에 위배된다는 결론에 이르렀다면 그 자체가 위헌의 이유로 되기 때문에, 보태어서 본질침해금지원칙을 심사할 실천적 이익은 없다.69

이를 독자성 인정설이라 하자. 이것은 강학상의 절대설과 같은 내용이다. 헌재가 과잉금지원칙 외에 따로 본질침해금지원칙을 적용하여 판단한 사례도 없지 아니하다(헌재 1990. 9. 3. 89헌가95; 헌재 1995. 4. 20. 92헌바29).

(2) 독자성 부정설(= 상대설)

그러나, 헌재는 정작 본질침해금지원칙이 핵심적인 이슈로 되었던 다음의 [사형제 사건]에서는 위의 독자성 인정설(=절대설)의 입장과는 배치되는 결정을 하였다.

---

67 인용 중 앞의 2개는 위 92헌바29의 것이고, 그 뒤의 3개는 헌재 1989. 12. 22. 88헌가13에 있는 것이다.

68 기본권 제한이 사소하더라도 과잉금지원칙에 위배될 수 있다. 그러나 본질침해금지원칙에 위배되었다고 보기는 어렵다. 반대로 기본권의 본질이 침해되었더라도 이를 통해 달성되는 공익이 크다면 과잉금지원칙에 위배되지 않았다고 할 수 있다. 그래서 그 판단은 서로 독립적(independent)이다.

69 쟁송물을 생각해 보면 된다. 위헌법률심판이나 헌바소원의 경우는 그 쟁송물이 '법률조항이 헌법에 위반되는지 여부'이다. 법률조항이 과잉금지원칙에 위배되었다는 것은, 법률조항이 위헌이라고 결정하는 데 충분하다(sufficient). 전자는 후자의 충분조건(sufficient condition)이다. 헌마소원의 경우도 마찬가지다. 그 쟁송물은 '공권력의 행사 또는 불행사로 인하여 청구인의 기본권이 침해되었는지 여부'이다. 어떤 공권력의 행사 또는 불행사가 과잉금지원칙에 위배되었다고 판단되었다면 앞의 쟁송물에 관하여 인용 결정을 하는 데 아무런 장애가 없다.

헌재 2010. 2. 25. 2008헌가23 [사형제 사건]

"인간의 생명에 대하여는 함부로 사회과학적 혹은 법적인 평가가 행하여져서는 아니되고, 각 개인의 입장에서 그 생명은 절대적 가치를 가진다고 할 것이므로 생명권은 헌법 제37조 제2항에 따른 제한이 불가능한 절대적 기본권이 아닌지가 문제 될 수 있다.

그런데 우리 헌법은 절대적 기본권을 명문으로 인정하고 있지 아니하며, 헌법 제37조 제2항에서는 국민의 모든 자유와 권리는 국가안전보장 · 질서유지 또는 공공복리를 위하여 필요한 경우에 한하여 법률로써 제한할 수 있도록 규정하고 있는바, 어느 개인의 생명권에 대한 보호가 곧바로 다른 개인의 생명권에 대한 제한이 될 수밖에 없거나, 특정한 인간에 대한 생명권의 제한이 일반국민의 생명 보호나 이에 준하는 매우 중대한 공익을 지키기 위하여 불가피한 경우에는 비록 생명이 이념적으로 절대적 가치를 지닌 것이라 하더라도 생명에 대한 법적 평가가 예외적으로 허용될 수 있다고 할 것이므로, 생명권 역시 헌법 제37조 제2항에 의한 일반적 법률유보의 대상이 될 수밖에 없다.

예컨대 생명에 대한 현재의 급박하고 불법적인 침해 위협으로부터 벗어나기 위한 정당방위로서 그 침해자의 생명에 제한을 가하여야 하는 경우, 모체의 생명이 상실될 우려가 있어 태아의 생명권을 제한하여야 하는 경우, 국민 전체의 생명에 대하여 위협이 되는 현재적이고 급박한 외적의 침입에 대한 방어를 위하여 부득이하게 국가가 전쟁을 수행하는 경우, 정당한 이유 없이 타인의 생명을 부정하거나 그에 못지 아니한 중대한 공공이익을 침해하는 극악한 범죄의 발생을 예방하기 위하여 범죄자에 대한 극형의 부과가 불가피한 경우 등 매우 예외적인 상황 하에서 국가는 생명에 대한 법적인 평가를 통해 특정 개인의 생명권을 제한할 수 있다 할 것이다.

한편, 헌법 제37조 제2항에서는 자유와 권리를 제한하는 경우에도 자유와 권리의 본질적인 내용을 침해할 수 없다고 규정하고 있다. 그런데 생명권의 경우, 다른 일반적인 기본권 제한의 구조와는 달리, 생명의 일부 박탈이라는 것은 상정할 수 없기 때문에 생명권에 대한 제한은 필연적으로 생명권의 완전한 박탈을 의미하게 되는바, 이를 이유로 생명권의 제한은 어떠한 상황에서든 곧바로 개인의 생명권의 본질적인 내용을 침해하는 것으로서 기본권 제한의 한계를 넘는 것으로 본다면, 이는 생명권을 제한이 불가능한 절대적 기본권으로 인정하는 것과 동일한 결과를 가져오게 된다.

그러나 앞서 본 바와 같이 생명권 역시 그 제한을 정당화할 수 있는 예외적 상황 하에서는 헌법상 그 제한이 허용되는 기본권인 점 및 생명권 제한구조의 특수성을 고려한다면, 생명권 제한이 정당화될 수 있는 예외적인 경우에는 생명의 박탈이 초래된다 하더라도 곧바로 기본권의 본질적인 내용을 침해하는 것이라 볼 수는 없다. 따라서 사형이 비례의 원칙에 따라 최소한 동등한 가치가 있는 다른 생명 또는 그에 못지 아니한 공공의 이익을 보호하기 위한 불가피성이 충족되는 예외적인 경우에만 적용됨으로써 생명권의 제한이 정당화될 수 있는 경우에는, 그것이 비록 생명권의 박탈을 초래하는 형벌이라 하더라도 이를 두고 곧바로 생명권이라는 기본권의 본질적인 내용을 침해하는 것이라 볼 수는 없다."

헌재는 사형제 조항이 '생명권을 완전히 박탈'하더라도 과잉금지원칙에 위배되지 아니한다면, '생명권이라는 기본권의 본질적인 내용을 침해하는 것이라 볼 수는 없다'고 판시하였다. 하지만 생명권을 완전히 박탈한다는 것은, 절대설의 어느 관점에서 보더라도 본질을 침해한 것이라 아니할 수 없다. 결국 헌재의 위 논리는 본질을 침해하였더라도 본질을 침해하였다 볼 수 없다는 말이다. 본질침해금지원칙이 '홍길동 아버지'가 되었다.

앞의 사형제 결정 이전부터 있었던 헌재 결정의 관행이었지만, 헌재는 대부분의 결정에서 과잉금지원칙에 관하여 심사한 후 본질침해금지원칙에 관하여 심사하지 아니하였다. 독자성을 인정하는 입장에서는 판단누락이라 아니할 수 없다. 물론, 과잉금지원칙에 위배된다고 판단하였으면 더 나아가 본질침해금지원칙을 심사할 실천적 이유는 없다. 문제는 과잉금지원칙에 위배되지 않는다고 하면서도 본질침해금지원칙에 관한 심사를 실시하지 않는 것이다.

헌재의 위 관행과 사형제 결정의 취지를 합리적으로 설명할 수 있는 방법은, 오로지 과잉금지원칙에 위배되지 아니하면서 본질침해금지원칙에 위배되는 경우는 없다는 명제를 참으로 받아들이는 것이다. 과잉금지원칙에 위배된다는 것은, 본질침해금지원칙에 위배되기 위한 필요조건(necessary condition)이라고 이해하는 것이다. 이러한 입장을 독자성 부정설 또는 상대설이라 하자.

독자성 부정설 또는 상대설을 따르면 본질침해금지원칙은 우리 헌법에 있으나마나한 조항이다. 위헌 여부에 아무런 영향을 미칠 수 없기 때문이다. 이 상황에서 본질침해금지원칙을 鷄肋이라 하지 못 할 바 아니다.

아래 그림은 독자성 인정설(절대설)과 독자성 부정설(상대설)의 관계를 그림으로 나타낸 것이다.

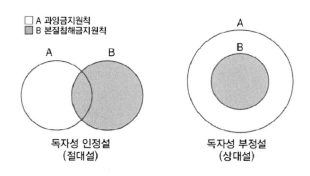

그림 6. 과잉금지원칙과 본질침해금지원칙의 관계

다. 검토

헌재는 왜 이런 상황에 빠진 것일까? 그것은 헌법 제37조 제2항을 잘못 이해했기 때문이다. 헌법 제37조 제2항은 과잉금지원칙과 본질침해금지원칙을 별도로 규정한 바가 없다.

다시 한 번 더 헌법 제37조 제2항을 읽어보자. 헌법 제37조 제2항은, 국민의 모든 자유와 권리는, (i) 국가안전보장·질서유지 또는 공공복리를 위하여 필요한 경우에 한하여(when), (ii) 법률로써 제한할 수 있으며(by what means), (iii) 제한하는 경우에도 자유와 권리의 본질적인 내용을 침해할 수 없다(to what degree)고 규정하고 있다. 즉, 헌법 제37조 제2항은 전체적으로 기본권 제한의 한계를 설정하고 있는데, 상황, 형식 그리고 정도로 나누어 규정하고 있다.

첫째, 기본권은 '국가안전보장·질서유지 또는 공공복리를 위하여 필요한 경우에 한하여' 제한될 수 있다. 기본권이 제한될 수 있는 상황을 설명한 것이다. 둘째, 기본권은 '법률로써' 제한할 수 있다. 기본권 제한의 형식을 정한 것이다. 셋째, '제한하는 경우에도 자유와 권리의 본질적인 내용을 침해할 수 없다.' 기본권 제한의 정도를 규정하고 있다.

필자는 헌법 제37조 제2항을 이렇게 읽는 것이 자연스럽다고 본다. 그리고 본질을 침해했으나 본질침해는 아니라는, 기묘한 말을 안 해도 되게 하는 해석이라고 본다.

학설과 판례는 '필요한 경우에 한하여'로부터 과잉금지원칙이 도출된다고 설명하는데, 거기서 목적의 정당성이 도출된다면, 헌법 제37조 제2항 중의 '국가안전보장·질서유지 또는 공공복리를 위하여'는 없어도 되는 것이다. 존재하는 조문을 존재하지 않는다고 보는 것은 어색한 해석이다. 그리고, '필요한 경우에 한하여'는 '국가안전보장·질서유지 또는 공공복리를 위하여'와 함께 이해되어야 하는 것이지, '국가안전보장·질서유지 또는 공공복리를 위하여'와 별도로 의미를 가지는 句라 이해하는 것은 자연스럽지도 않다.

라. 소결론

정리를 하자. 그 논리가 타당하든 타당하지 않든, 헌재는 과잉금지원칙 외에 본질침해금지원칙이 따로 있다고 본다. 수험생 입장에서 이를 부정할 일은 아니다. 판례는 본질침해금지원칙이 독자적인 위헌심사기준이라고 하면서도 그 입장을 관철하지는 못하였다. [사형제 사건]에서는 독자성을 부정하였다.

이와 같은 판례의 입장을 염두에 두었을 때, 수험생이 답안을 어떻게 작성하면 좋겠는가를 생각해 보자. 먼저 과잉금지원칙에 위배되지 않는다는 결론에 도달했을 때에는, "본질침해금지원칙에 관하여 보건대, 위에서 살펴본 것처럼 이 사건 법률조항이 과잉금지원칙에 위배되지 아니하므로, 본질침해금지원칙에도 어긋나지 않는 것으로 된다."고 말미를 정리할 수 있을 것이다. [사형제 사건]의 결론을 흉내낸 것이다.

만약 과잉금지원칙에 위배된다는 결론에 이르렀다면, ① 헌재 1995. 4. 20. 92헌바29

결정을 인용하면서 기본권의 본질을 특정하고 그 본질에 침해되었으므로 위헌이라는 논증을 하거나, ② 이미 과잉금지원칙에 위배된다고 보았으므로 본질침해금지원칙에 대해서는 나아가 살펴보지 않겠다고 마무리하는 방법이 있다. 만약 청구서를 쓰는 상황이라면 후자는 바람직하지 않다. 청구서에는 가능한 한 많은 위헌 주장을 담는 것이 바람직하기 때문이다.[70]

어느 모로 보나 자연스럽지 아니하다. 그래도 수험생은 받아들이고 적응할 수밖에 없다. 안타깝지만 상황이 그러하다.

5. 과소보호금지원칙

가. 기본권보호의무

기본권 보호의무는 사인을, 제3자인 사인의 기본권 침해로부터 보호하여야 하는 의무를 말한다. 의무를 부담하는 주체는 기본권의 수범자(Adressat)이다. 국가가 대표적이다. 기본권 보호를 요청하는 주체는 당연히 기본권 소지자(Träger)일 것이고, 기본권을 침해하는 주체도 기본권 소지자일 수 있다.

> **헌재 2009. 2. 26. 2005헌마764**
> "기본권 보호의무란 기본권적 법익을 기본권 주체인 사인에 의한 위법한 침해 또는 침해의 위험으로부터 보호하여야 하는 국가의 의무를 말하며, 주로 사인인 제3자에 의한 개인의 생명이나 신체의 훼손에서 문제되는데, 이는 타인에 의하여 개인의 신체나 생명 등 법익이 국가의 보호의무 없이는 무력화될 정도의 상황에서만 적용될 수 있다."

기본권 보호를 요청하는 경우 그 심사기준은 과소보호금지원칙이 될 것이다. 그 내용은 아래의 결정을 참조하면 될 것 같다. 타인의 기본권을 침해하는 주체는 과잉금지원칙을 주장할 수 있다.[71]

> **헌재 1997. 1. 16. 90헌마110**
> 1) 우리 헌법은 제10조에서 국가는 개인이 가지는 불가침의 기본적 인권을 확인하고 이를 보장할 의무를 진다고 규정함으로써, 소극적으로 국가권력이 국민의 기본권을 침해하는 것을 금지하는데 그치지

---

70 다만, '과잉금지원칙에 위배되므로 기본권의 본질도 침해하였다.'고 볼 수 있겠는가? 논리적으로 따져 보면 옳지 아니하다. 헌재의 독자성 부인설 또는 상대설은 과잉금지원칙에 위배되는 것은 본질침해금지원칙에 위배되기 위한 필요조건이라고 말하였을 뿐이다. 필요충분조건이라고 말한 것이 아니다.

아니하고 나아가 적극적으로 국민의 기본권을 타인의 침해로부터 보호할 의무를 부과하고 있다. 국민의 기본권에 대한 국가의 적극적 보호 의무는 궁극적으로 입법자의 입법행위를 통하여 비로소 실현될 수 있는 것이기 때문에, 입법자의 입법행위를 매개로 하지 아니하고 단순히 기본권이 존재한다는 것만으로 헌법상 광범위한 방어적 기능을 갖게 되는 기본권의 소극적 방어권으로서의 측면과 근본적인 차이가 있다. 즉 기본권에 대한 보호의무자로서의 국가는 국민의 기본권에 대한 침해자로서의 지위에 서는 것이 아니라 국민과 동반자로서의 지위에 서는 점에서 서로 다르다.

따라서 국가가 국민의 기본권을 보호하기 위한 충분한 입법조치를 취하지 아니함으로써 기본권보호의무를 다하지 못하였다는 이유로 입법부작위 내지 불완전한 입법이 헌법에 위반된다고 판단하기 위하여는, 국가권력에 의해 국민의 기본권이 침해당하는 경우와는 다른 판단기준이 적용되어야 마땅하다.

국가가 소극적 방어권으로서의 기본권을 제한함으로써 기본권의 침해자로서의 지위에 서는 경우 국가는 원칙적으로 개인의 자유와 권리를 침해하여서는 아니 되며, 예외적으로 기본권을 제한하는 때에도 국가안전보장·질서유지 또는 공공복리를 위하여 필요한 경우에 한하고, 자유와 권리의 본질적인 내용을 침해할 수는 없으며 그 형식은 법률에 의하여야 하고 그 침해범위도 필요최소한도에 그쳐야 한다(헌법 제37조 제2항). 이러한 요건을 갖추지 아니한 채 국민의 기본권을 제한한 경우에는 그 침해의 정도가 비록 작다 하더라도 이는 헌법에 위반되는 위헌적인 조치라고 판단하여야 한다.

그러나 국가가 적극적으로 국민의 기본권을 보장하기 위한 제반조치를 취할 의무를 부담하는 경우에는 설사 그 보호의 정도가 국민이 바라는 이상적인 수준에 미치지 못한다고 하여 언제나 헌법에 위반한다고 판단할 수 있는 것인지는 의문이다. 왜냐하면 국가의 기본권보호의무의 이행은 입법자의 입법을 통하여 비로소 구체화되는 것이고, 국가가 그 보호의무를 어떻게 어느 정도로 이행할 것인지는 원칙적으로 한 나라의 정치·경제·사회·문화적인 제반여건과 재정사정 등을 감안하여 입법 정책적으로 판단하여야 하는 입법재량의 범위에 속하는 것이기 때문이다.

국가의 보호의무를 입법자가 어떻게 실현하여야 할 것인가 하는 문제는 원칙적으로 권력분립원칙과 민주주의원칙에 따라 국민에 의해 직접 민주적 정당성을 부여받고 자신의 결정에 대해 정치적 책임을 지는 입법자의 책임범위에 속한다. 따라서 헌법재판소는 단지 제한적으로만 입법자에 의한 보호의무의 이행을 심사할 수 있다.

2) 물론 입법자가 보호의무를 최대한으로 실현하려고 노력하는 것이 이상적이기는 하나, 그것은 헌법이 입법자에 대하여 하고 있는 요구로서 주기적으로 돌아오는 선거를 통한 국민심판의 대상이 될 문제이지, 헌법재판소에 의한 심사기준을 의미하지는 않는다. 만일 헌법재판소에 의한 심사기준을 입법자에 대한 헌법의 요구와 일치시킨다면, 이는 바로 공동체의 모든 것이 헌법재판소의 판단에 의하여 결정되는 것을 의미하며, 결과적으로 헌법재판소가 입법자를 물리치고 정치적 형성의 최종적 주체가 됨으로써 우리 헌법이 설정한 권력분립적 기능질서에 반하게 된다.

그러므로 헌법재판소는 권력분립의 관점에서 소위 "과소보호금지원칙"을, 즉 국가가 국민의 법익보호를 위하여 적어도 적절하고 효율적인 최소한의 보호조치를 취했는가를 기준으로 심사하게 된다. 따라서 입법부작위나 불완전한 입법에 의한 기본권의 침해는 입법자의 보호의무에 대한 명백한 위반이 있는 경우에만 인정될 수 있다. 다시 말하면 국가가 국민의 법익을 보호하기 위하여 전혀 아무런 보호조치를 취하지 않았든지 아니면 취한 조치가 법익을 보호하기에 명백하게 전적으로 부적합하거나 불충분한 경우에 한하여 헌법재판소는 국가의 보호의무의 위반을 확인할 수 있을 뿐이다.

헌법재판소는 원칙적으로 국가의 보호의무에서 특정조치를 취해야 할, 또는 특정 법률을 제정해야 할 구체적인 국가의 의무를 이끌어 낼 수 없다. 단지 국가가 특정 조치를 취해야만 당해 법익을 효율적으로 보호할 수 있는 유일한 수단일 경우에만 입법자의 광범위한 형성권은 국가의 구체적인 보호의무로 축소되며, 이 경우 국가가 보호 의무이행의 유일한 수단인 특정 조치를 취하지 않은 때에는 헌법재판소는 보호의무의 위반을 확인하게 된다. 그러므로 이 사건에서는 국가가 교통사고로부터 국민을 적절하고 효율적으로 보호하기 위하여 취해야 할 최소한의 조치를 취함으로써 헌법이 입법자에게 요구하는 최소한의 요청을 충족시켰는가의 문제가 판단되어야 한다.

헌재 2011. 2. 24. 2009헌마94

국가가 국민의 생명·신체의 안전에 관한 기본권을 보호할 의무를 진다하더라도 국가의 보호의무를 입법자 또는 그로부터 위임받은 집행자가 어떻게 실현하여야 할 것인가 하는 문제는 원칙적으로 권력분립과 민주주의의 원칙에 따라 국민에 의하여 직접 민주적 정당성을 부여받고 자신의 결정에 대하여 정치적 책임을 지는 입법자의 책임범위에 속하므로, 헌법재판소는 단지 제한적으로만 입법자 또는 그로부터 위임받은 집행자에 의한 보호의무의 이행을 심사할 수 있는 것이다. 따라서 국가가 국민의 생명·신체의 안전에 대한 보호의무를 다하지 않았는지 여부를 헌법재판소가 심사할 때에는 국가가 이를 보호하기 위하여 적어도 적절하고 효율적인 최소한의 보호조치를 취하였는가 하는 이른바 '과소보호금지원칙'의 위반 여부를 기준으로 삼아, 국민의 기본권을 보호하기 위한 조치가 필요한 상황인데도 국가가 아무런 보호조치를 취하지 않았든지 아니면 취한 조치가 법익을 보호하기에 전적으로 부적합하거나 매우 불충분한 것임이 명백한 경우에 한하여 국가의 보호의무 위반을 확인하여야 하는 것이다.

나. 사회권

헌재 1997. 5. 29. 94헌마33

모든 국민은 인간다운 생활을 할 권리를 가지며 국가는 생활능력 없는 국민을 보호할 의무가 있다는 헌법의 규정은 모든 국가기관을 기속하지만, 그 기속의 의미는 적극적·형성적 활동을 하는 입법부 또는 행정부의 경우와 헌법재판에 의한 사법적 통제기능을 하는 헌법재판소에 있어서 동일하지 아니하다. 위와 같은 헌법의 규정이, 입법부나 행정부에 대하여는 국민소득, 국가의 재정능력과 정책 등을 고려하여 가능한 범위 안에서 최대한으로 모든 국민이 물질적인 최저생활을 넘어서 인간의 존엄성에 맞는 건강하고 문화적인 생활을 누릴 수 있도록 하여야 한다는 행위의 지침 즉 행위규범으로서 작용하지만,[72] 헌법재판에 있어서는 다른 국가기관 즉 입법부나 행정부가 국민으로 하여금 인간다운 생활을 영위하도록 하기 위하여 객관적으로 필요한 최소한의 조치를 취할 의무를 다하였는지를 기준으로 국가기관의 행위의 합헌성을 심사하여야 한다는 통제규범으로 작용하는 것이다.

---

71 말이 어려운 것 같지만 사례를 들면 이해될 것이다. 형법상 상해죄 조항도 피해자 쪽에서 기본권보호의무를 들어서 위헌 주장을 한다면, 과소보호원칙이 적용될 것이고, 가해자가 위헌 주장을 한다면 과잉금지원칙이 적용될 것이다.

72 필자는 이런 표현을 볼 때마다 불편하다. 입법부나 행정부가 "최대한으로 모든 국민이 물질적인 최저생활을 넘어서 인간의 존엄성에 맞는 건강하고 문화적인 생활을 누릴 수 있도록 하여야 한다."는 것은 (법적인) 의무가 아니다. 오로지 "객관적으로 필요한 최소한의 조치를 취할" 것만이 (법적인) 의무다. 원래는 전자의 의무를 지

Ⅳ. 평등권

1. 도입

헌법 문제에서 평등권은 다루지 말라는 특별한 지시가 없는 한, 어떤 상황에 있어서도 평등권은 다루겠다는 생각을 가지고 있는 것이 좋다. 헌재는 평등을 정의와 연계하여 다루기 때문이다. 헌재의 입장을 따르면 세상의 모든 법의 문제는 평등의 문제다.

> **헌재 1992. 4. 28. 90헌바24**
> "우리 헌법이 선언하고 있는 '인간의 존엄성'과 '법 앞에 평등'(헌법 제10조, 제11조 제1항)이란 행정부나 사법부에 의한 법적용상의 평등을 뜻하는 것 외에도 입법권자에게 정의와 형평의 원칙에 합당하게 합헌적으로 법률을 제정하도록 하는 것을 명령하는 이른바 법 내용상의 평등을 의미하고 있기 때문에 아무리 특정한 분야의 특별한 목적을 위하여 제정되는 특가법이라 하더라도 입법권자의 법제정상의 형성의 자유는 무한정으로 허용될 수는 없는 것이며 나아가 그 입법 내용이 정의와 형평에 반하거나 자의적으로 이루어진 경우에는 평등권 등의 기본권을 본질적으로 침해한 입법권 행사로서 위헌성을 면하기 어렵다고 할 것이다."

특별히 위헌 심사에 있어서 의미 있는 것은 아니지만, 헌재가 평등을 보는 입장을 아래와 같은 판시에서도 엿볼 수 있다.

> **헌재 1989. 1. 25. 88헌가7**
> "평등의 원칙은 국민의 기본권 보장에 관한 우리 헌법의 최고원리로서 국가가 입법을 하거나 법을 해석 및 집행함에 있어 따라야 할 기준인 동시에, 국가에 대하여 합리적 이유 없이 불평등한 대우를 하지 말 것과, 평등한 대우를 요구할 수 있는 모든 국민의 권리로서, 국민의 기본권 중의 기본권인 것이다."

헌법 제11조 제1항은 평등을 다루고 있다. "모든 국민은 법 앞에 평등하다. 누구든지 성별·종교 또는 사회적 신분에 의하여 정치적·경제적·사회적·문화적 생활의 모든 영역에 있어서 차별을 받지 아니한다." 이 조항 외에도 학설과 판례는 헌법상의 여러 조항을 구체적 평등 조항이라 하여 함께 다루고 있으나, 그 조항들의 개별성과 특수성을 검토하지는 않는다. 모두 묶어서 평등권의 문제로 다룬다.

평등권 침해 여부에 대한 심사는 (ⅰ) 차별의 존부, (ⅱ) 차별의 정당화라는 2단계를 거친다.

는데, 헌재에서는 후자의 판단만 한다는 것은 옳지 않다. 의무가 있다는 것은 반대편에 권리가 있다는 것이다. 전자를 요구할 권리는 존재하지 않는다.

그중 차별의 존부는 통상의 기본권 심사에 있어서 '기본권이 제한되는지 여부'에 해당한다. 그러나, 평등권은 제한되는 기본권을 확정하는 단계에서 차별이 존부 문제를 따로 다루지 않고, 본안심사를 하면서 차별의 존부와 정당화 문제를 함께 다룬다. 평등권의 특색이다.

2. 차별의 존부

차별은 평등하지 아니한 상태다. 따라서 어떤 상태를 차별이라고 인식할 수 있는가 하는 것은, 어떤 상태를 평등한 상태라고 할 것인가의 다른 표현이다.

헌재는 본질적으로 같은 것은 같게 처우하고, 본질적으로 다른 것은 다르게 처우하는 것을 평등한 상태라고 본다. 아래의 판례를 유심히 읽어 볼 필요가 있다.

헌재 2001. 11. 29. 99헌마494

평등의 원칙은 입법자에게 본질적으로 같은 것을 자의적으로 다르게, 본질적으로 다른 것을 자의적으로 같게 취급하는 것을 금하고 있다. 그러므로 비교의 대상을 이루는 두 개의 사실관계 사이에 서로 상이한 취급을 정당화할 수 있을 정도의 차이가 없음에도 불구하고 두 사실관계를 서로 다르게 취급한다면, 입법자는 이로써 평등권을 침해하게 된다.

헌재 2015. 12. 23. 2013헌바117(같은 처우·다른 처우가 함께 다루어진 사례)

심판의 대상		구 상속세 및 증여세법 제31조 ④ 증여를 받은 후 그 증여받은 재산(금전을 제외한다)을 당사자 사이의 합의에 따라 제68조의 규정에 의한 신고기한 이내에 반환하는 경우에는 처음부터 증여가 없었던 것으로 본다. 다만, 반환하기 전에 제76조의 규정에 의하여 과세표준과 세액의 결정을 받은 경우에는 그러하지 아니하다.
내용		증여계약의 합의해제에 따라 신고기한 이내에 증여받은 재산을 반환하는 경우 처음부터 증여가 없었던 것으로 보는 대상에서 금전을 제외한 것이 문제되었다.
평등 원칙 위배 여부	다른 처우	(1) 먼저, 심판대상조항이 부동산 등 금전 이외의 재산을 증여한 경우 신고기한 이내에 증여를 합의해제하고 수증재산을 반환하면 증여세를 부과하지 않는 것과는 달리 금전을 증여한 경우에는 신고기한 이내에 합의해제를 하더라도 증여세를 부과하는 것에 합리적 이유가 있는지에 관하여 본다.
		앞서 본 바와 같이 금전은 소유와 점유가 분리되지 않아 그 반환 여부나 반환시기를 객관적으로 확인하기 어렵다는 특수성이 있고, 금전의 증여와 반환이 용이하다는 점을 이용하여 다양한 형태의 증여세 회피행위가 이루어질 수 있으므로 이러한 조세회피행위를 방지하고 과세행정의 능률을 제고하려는 심판대상조항의 입법취지 등을 고려하여 보면, 금전증여의 경우 다른 재산의 증여와 달리 신고기한 이내에 합의해제를 하더라도 증여세를 부과하는 것에는 합리적인 이유가 있다.

같은 처우	(2) 다음으로, 심판대상조항은 금전증여를 받은 후 신고기한 이내에 반환한 자와 신고기한 이후에 반환한 자를 동일하게 취급하고 있는데, 양자를 본질적으로 다른 비교집단으로 볼 수 있는지에 관하여 살펴본다.
	심판대상조항이 증여세와 관련하여 합의해제의 소급효를 제한하는 것은 앞에서 본 바와 같이 합리적 근거가 있다 할 것인바, 금전증여를 한 후 같은 액수의 금전을 돌려받았다고 하더라도 그 동일성을 인정할 수 없는 점, 금전의 경우에는 증여와 반환이 용이하여 비용을 거의 들이지 않고도 증여와 합의해제를 단기간 내에 반복할 수 있으므로 신고기한이 별다른 의미를 갖지 않는다는 점 등을 고려하여 보면, 금전증여를 받은 후 신고기한 이내에 반환한 자와 신고기한 이후에 반환한 자를 본질적으로 다른 비교집단이라고 보기 어려우므로 양자를 동일하게 취급한다고 하여 합리성을 결하였다고 할 수 없다.[73]

헌재 2007. 12. 27. 2004헌마1021

"이 사건 법률조항이 의사와 한의사의 복수면허를 가진 의료인이든, 의사 또는 한의사 중 하나의 면허를 가진 의료인이든 '하나의' 의료기관만을 개설할 수 있다는 점에서는 '같은' 대우를 받는다. 그런데 복수면허를 가진 의료인과 단수면허를 가진 의료인은 의료인이라는 점에서는 같지만, 복수면허 의료인은 복수의 면허를 얻기 위하여 의과대학과 한의과대학을 각각 졸업하고, 의사와 한의사 자격을 얻기 위한 각각의 국가고시에 합격하는 등 복수의 면허를 얻기 위하여 복수의 절차를 거치게 된다. 따라서 어느 한쪽의 대학과 국가시험에 합격한 단수면허 의료인에 비하여 양방 및 한방의 쌍방 의료행위에 대하여 상대적으로 지식 및 능력이 뛰어나거나, 그가 행하는 양방 및 한방의 의료행위의 내용과 그것이 인체에 미치는 영향 등에 대하여도 상대적으로 더 유용한 지식과 정보를 취득하고 이를 분석하여 적절하게 대처할 수 있다고 평가될 수 있다.

또한 양방과 한방의 병(의)원이 협진이나 환자의 선택에 의한 교차 또는 순차 진료가 금지되어 있지 않고 그 유용성에 대한 임상사례도 발표되고 있는 상황에서, 복수 면허를 가진 의료인에 대하여 교차 또는 순차적으로 이루어지는 양방 및 한방 의료행위를 할 수 없게 하거나, 진찰과 같이 국민건강에 대한 안전성에 문제가 없는 영역에 이르기까지 무차별적으로 양·한방 의료행위의 결합을 금지하여야 할 것은 아니다.

이러한 점에서 복수의 면허를 가진 의료인들을 단수의 면허를 가진 의료인들과 동등하게 취급하는 것은 '다른 것을 같게' 대우하는 것이고, 거기에 합리적인 이유가 있다고 하기 어렵다."

위에서 본 것처럼, 같은 처우를 한다고 하여 차별이 없다고 단언할 수 없다. 같은 맥락에서 다른 처우를 한다고 하여 차별이 있다고 단언할 수 없다. 요는 양자의 본질이 같은 것인가, 다른 것인가 하는 것이다.[74]

---

73 이론상 약간의 혼선이 있음은 분명하다. 양자를 본질적으로 다른 것으로 볼 수 없다면, 차별이 존재하지 않는 것이고, 그렇다면 차별에 합리적 이유가 있는가는 더 나아가 살펴 볼 필요가 없다.

74 정주백, "상대적 평등설의 허구성", 『헌법학연구』 제19권 제2호, 헌법학회, 2013. 153-181 참고.

헌재는 두 개의 사실관계가 본질적으로 동일한가의 판단은 일반적으로 당해 법률조항의 의미와 목적에 달려있다고 본다.

> **헌재 2015. 5. 28. 2012헌가6**
>
> "평등의 원칙은 입법자에게 본질적으로 같은 것을 자의적으로 다르게, 본질적으로 다른 것을 자의적으로 같게 취급하는 것을 금하고 있다. 그러므로 비교의 대상을 이루는 두 개의 사실관계 사이에 서로 상이한 취급을 정당화할 수 있을 정도의 차이가 없음에도 불구하고 두 사실관계를 서로 다르게 취급한다면, 입법자는 이로써 평등권을 침해하게 된다. 그러나 <u>서로 비교될 수 있는 사실관계가 모든 관점에서 완전히 동일한 것이 아니라 단지 일정 요소에 있어서만 동일한 경우에, 비교되는 두 사실관계를 법적으로 동일한 것으로 볼 것인지 아니면 다른 것으로 볼 것인지를 판단하기 위하여는 어떠한 요소가 결정적인 기준이 되는가가 문제된다. 두 개의 사실관계가 본질적으로 동일한가의 판단은 일반적으로 당해 법률조항의 의미와 목적에 달려있다.</u>"

3. 정당화[75]

가. 도입

차별이 존재하면, 정당화 심사가 이어진다. 차별이 존재하는데 그 차별이 정당화되지 아니하면, 평등권을 침해한다는 판단을 하게 된다. 또, 차별이 존재하지만 그 차별이 정당화되는 경우, 평등권을 침해한 것은 아니라는 판단을 하게 된다.

차별이 정당화되는가 하는 단계에서 가장 핵심적인 이슈는, 심사기준의 선택 문제이다. 즉, 정당화 여부를 심사하는 데 엄격한 심사기준을 채택하여 심사할 것인가, 아니면 완화된 심사기준을 채택하여 심사할 것인가 하는 것을 결정하는 것이, 적어도 변호사시험의 대응에 있어서 간과할 수 없는 중요성을 가진 문제이다.

헌재는 원칙적으로 완화된 심사기준을 적용하면 족하다고 본다. 다만 다음과 같은 경우에는 엄격한 심사기준을 적용하여야 한다고 본다.

> **헌재 2011. 2. 24. 2008헌바56**
>
> <u>일반적으로 차별이 정당한지 여부에 대해서는 자의성 여부를 심사하지만, 헌법에서 특별히 평등을 요구하고 있는 경우나 차별적 취급으로 인하여 관련 기본권에 대한 중대한 제한을 초래하게 된다면 입법형성권은</u>

---

75 정주백, "헌법 제11조 제1항 후문 사유의 성격", 『헌법학연구』 제19권 제3호, 헌법학회, 2013, 293 이하 ; 정주백, "평등권의 심사 기준 – 헌법 제11조 제1항 후문 사유의 성격을 중심으로–", 『헌법논총』 제24집, 헌법재판소, 2013, 293 이하 각 참고.

축소되어 보다 엄격한 심사척도가 적용된다.

나. 엄격한 심사를 하여야 하는 경우

헌재는 제대군인가산점 사건에서 최초로 언제 엄격한 심사기준을 적용할 것인가를 판시하였다. 헌재는 (i) 헌법이 특별히 평등을 요구하는 경우, (ii) 관련 기본권에 중대한 제약을 가하는 경우에는 엄격한 심사기준을 적용할 수 있다고 보았다. 다만, 아래의 판시에서는 '헌법에서 특별히 평등을 요구하고 있는 경우'를 '헌법이 스스로 차별의 근거로 삼아서는 아니 되는 기준을 제시'하거나 '차별을 특히 금지하고 있는 영역을 제시'하고 있는 경우를 나누어 설명하고 있으나, 이후의 판례들에서는 그와 같은 구분은 유지되지 아니하였다. 위 (i), (ii)의 경우에 엄격한 심사기준을 적용한다고 답안을 작성하면 충분하다.

> **헌재 1999. 12. 23. 98헌마363 [제대군인가산점 사건]**
>
> 평등위반 여부를 심사함에 있어 엄격한 심사척도에 의할 것인지, 완화된 심사척도에 의할 것인지는 입법자에게 인정되는 입법형성권의 정도에 따라 달라지게 될 것이다. 먼저 헌법에서 <u>특별히 평등을 요구하고 있는 경우</u> 엄격한 심사척도가 적용될 수 있다. 헌법이 스스로 차별의 근거로 삼아서는 아니 되는 기준을 제시하거나 차별을 특히 금지하고 있는 영역을 제시하고 있다면 그러한 기준을 근거로 한 차별이나 그러한 영역에서의 차별에 대하여 엄격하게 심사하는 것이 정당화된다. 다음으로 <u>차별적 취급으로 인하여 관련 기본권에 대한 중대한 제한을 초래</u>하게 된다면 입법형성권은 축소되어 보다 엄격한 심사척도가 적용되어야 할 것이다.

(1) 헌법이 특별히 평등을 요구하는 경우

그러면, 어떤 경우를 헌법이 특별히 평등을 요구하는 경우로 볼 것인가 하는 것이 문제된다. 헌재가 여기에 해당된다고 본 것은 두 개 밖에 없다. (i) 헌법 제32조 제4항 후단과 (ii) 헌법 제36조 제1항이 그것이다.

헌법 제32조 제4항 후단은 "여자의 근로는 특별한 보호를 받으며, 고용·임금 및 근로조건에 있어서 부당한 차별을 받지 아니한다."고 규정하고 있는데, 여자의 근로에 대하여 차별을 하면 엄격한 심사기준이 적용되어야 한다고 본다. 위에서 본 제대군인가산점 사건이 대표적인 예이다.

> **헌재 1999. 12. 213. 98헌마363 [제대군인가산점 사건]**
>
> "가산점제도는 엄격한 심사척도를 적용하여야 하는 위 두 경우에 모두 해당한다. <u>헌법 제32조 제4항은</u> "여자의 근로는 특별한 보호를 받으며, 고용·임금 및 근로조건에 있어서 부당한 차별을 받지 아니한다"고

규정하여 "근로" 내지 "고용"의 영역에 있어서 특별히 남녀평등을 요구하고 있는데, 가산점제도는 바로 이 영역에서 남성과 여성을 달리 취급하는 제도이기 때문이고, 또한 가산점제도는 헌법 제25조에 의하여 보장된 공무담임권이라는 기본권의 행사에 중대한 제약을 초래하는 것이기 때문이다(가산점제도가 민간기업에 실시될 경우 헌법 제15조가 보장하는 직업선택의 자유가 문제될 것이다)."

헌법 제36조 제1항 "혼인과 가족생활은 개인의 존엄과 양성의 평등을 기초로 성립되고 유지되어야 하며, 국가는 이를 보장한다."고 규정하고 있는데, 헌재는 이 조항이 헌법이 특별히 평등을 요구하는 경우에 해당된다고 본다.

헌재 2008. 11. 13. 2006헌바112 [종합부동산세법 사건]

"헌법 제36조 제1항은 "혼인과 가족생활은 개인의 존엄과 양성의 평등을 기초로 성립되고 유지되어야 하며, 국가는 이를 보장한다."고 규정하여 혼인과 가족생활에 불이익을 주지 않을 것을 명하고 있고, 이는 적극적으로 적절한 조치를 통하여 혼인과 가족을 지원하고 제3자에 의한 침해로부터 혼인과 가족을 보호해야 할 국가의 과제와, 소극적으로 불이익을 야기하는 제한 조치를 통하여 혼인과 가족생활을 차별하는 것을 금지해야 할 국가의 의무를 포함하는 것이다.

이러한 헌법원리로부터 도출되는 차별금지의 명령은 헌법 제11조 제1항의 평등원칙과 결합하여 혼인과 가족을 부당한 차별로부터 보호하고자 하는 목적을 지니고 있고, 따라서 특정한 조세법률조항이 혼인이나 가족생활을 근거로 부부 등 가족이 있는 자를 혼인하지 아니한 자 등에 비하여 차별 취급하는 것이라면 비례의 원칙에 의한 심사에 의하여 정당화되지 않는 한 헌법 제36조 제1항에 위반된다 할 것이다."

다만, 헌재는 헌법 제11조 제1항 후문에 열거된 사유는 엄격한 심사를 하여야 하는 경우, 즉 헌법이 특별히 평등을 요구하는 경우에 해당하지 않는다고 본다. 아래의 [병역법 사건]은 '성별'에 관하여, 아래의 [친일재산귀속법 사건]은 '사회적 신분'에 관하여, 각 헌법이 특별히 평등을 요구하는 경우가 아니라 보았다. 아직 '종교'에 관한 판례는 없다. 이 부분을 명확하게 이해하고 있을 필요가 있다. 이 결정들로 인하여 우리 헌법 제11조 제1항 후문은 아무런 의미도 없는 것으로 되었다.

헌재 2010. 11. 25. 2006헌마328 [병역법 사건]

헌법 제11조 제1항은 "모든 국민은 법 앞에 평등하다."고 선언하면서, 이어서 "누구든지 성별·종교 또는 사회적 신분에 의하여 정치적·경제적·사회적·문화적 생활의 모든 영역에 있어서 차별을 받지 아니한다."고 규정하고 있다.

이 사건 법률조항은 '성별'을 기준으로 병역의무를 달리 부과하도록 한 규정이고, 이는 헌법 제11조 제1항 후문이 예시하는 사유에 기한 차별임은 분명하다. 그러나 헌법 제11조 제1항 후문의 위와 같은 규정은 불합리한 차별의 금지에 초점이 있고, 예시한 사유가 있는 경우에 절대적으로 차별을 금지할 것을 요구함으로써 입법자에게 인정되는 입법형성권을 제한하는 것은 아니다.

'성별'의 경우를 살펴보면, 성별은 개인이 자유로이 선택할 수 없고 변경하기 어려운 생래적인 특징으로서 개인의 인간으로서의 존엄과 가치에 영향을 미치는 요소는 아니다. 그럼에도 불구하고 역사적으로 매우 오랜 기간 동안 대표적인 차별가능사유로서 정당화되어 왔기 때문에, 불합리한 차별을 극복해야 할 절실한 필요에 의하여 우리 헌법이 이를 차별금지의 사유로 예시하기에 이른 것이다. 그러나 이와 같은 헌법규정이 남성과 여성의 차이, 예컨대 임신이나 출산과 관련된 신체적 차이 등을 이유로 한 차별취급까지 금지하는 것은 아니며, 성별에 의한 차별취급이 곧바로 위헌의 강한 의심을 일으키는 사례군으로서 언제나 엄격한 심사를 요구하는 것이라고 단정 짓기는 어렵다.

우리 헌법은 '근로', '혼인과 가족생활' 등 인간의 활동의 주요부분을 차지하는 영역으로서 성별에 의한 불합리한 차별적 취급을 엄격하게 통제할 필요가 있는 영역에 대하여는 양성평등 보호규정(제32조 제4항, 제36조 제1항)을 별도로 두고 있으며, 헌법재판소는 위와 같이 헌법이 특별히 양성평등을 요구하는 경우에는 엄격한 심사기준을 적용하여 왔으나, 이 사건 법률조항은 그에 해당한다고 보기 어렵다.

> ### 헌재 2011. 3. 31. 2008헌바141 [친일재산귀속법 사건]
> 사회적 신분에 대한 차별금지는 헌법 제11조 제1항 후문에서 예시된 것인데, 헌법 제11조 제1항 후문의 규정은 불합리한 차별의 금지에 초점이 있는 것으로서, 예시한 사유가 있는 경우에 절대적으로 차별을 금지할 것을 요구함으로써 입법자에게 인정되는 입법형성권을 제한하는 것은 아니다. 그렇다면 친일반민족 행위자의 후손이라는 점이 헌법 제11조 제1항 후문의 사회적 신분에 해당한다 할지라도 이것만으로는 헌법에서 특별히 평등을 요구하고 있는 경우라고 할 수 없고, 아래와 같이 친일재산의 국가귀속은 연좌제금지원칙이 적용되는 경우라고 볼 수도 없으며 그 외 달리 친일반민족행위자의 후손을 특별히 평등하게 취급하도록 규정한 헌법 규정이 없는 이상, 친일반민족 행위자의 후손에 대한 차별은 평등권 침해 여부의 심사에서 엄격한 기준을 적용해야 하는 경우라 볼 수 없다.

(2) "관련 기본권에 중대한 제약을 가하는 경우"

그 의미가 분명하지는 않다. 특정 기본권을 제한하는 경우라면 엄격한 심사를 하여야 한다는 입장[76]과 문제되는 기본권이 무엇인가는 별론으로 하고 제한되는 정도도 심대하면 엄격한 심사를 하여야 한다는 입장이 있을 수 있다. 판례는 명시적으로 밝힌 바는 없지만, 후자의 입장으로 이해된다. 위 (1) 중의 [제대군인가산점 사건] 참조.

다. 엄격한 심사의 내용

> ### 헌재 2001. 2. 22. 2000헌마25
> 자의심사의 경우에는 차별을 정당화하는 합리적인 이유가 있는지만을 심사하기 때문에 그에 해당하는 비교대상 간의 사실상의 차이나 입법목적(차별목적)의 발견·확인에 그치는 반면에, 비례심사의 경우에는

---

76 예를 들면 선거권에 대한 제한이라면 엄격한 심사를 하여야 한다는 등의 입장이 있을 수 있다.

단순히 합리적인 이유의 존부 문제가 아니라 차별을 정당화하는 이유와 차별 간의 상관관계에 대한 심사, 즉 비교대상 간의 사실상의 차이의 성질과 비중 또는 입법목적(차별목적)의 비중과 차별의 정도에 적정한 균형관계가 이루어져 있는가를 심사한다.

4. 기타 평등권 관련 쟁점

가. 개별사건법률

헌재 1996. 2. 16. 96헌가2 [5·18 사건]

개별사건법률은 개별사건에만 적용되는 것이므로 원칙적으로 평등원칙에 위배되는 자의적인 규정이라는 강한 의심을 불러일으킨다. 그러나 개별사건법률금지의 원칙이 법률제정에 있어서 입법자가 평등원칙을 준수할 것을 요구하는 것이기 때문에, 특정규범이 개별사건법률에 해당한다 하여 곧바로 위헌을 뜻하는 것은 아니다. 비록 특정법률 또는 법률조항이 단지 하나의 사건만을 규율하려고 한다 하더라도 이러한 차별적 규율이 합리적인 이유로 정당화될 수 있는 경우에는 합헌적일 수 있다. 따라서 개별사건법률의 위헌 여부는, 그 형식만으로 가려지는 것이 아니라, 나아가 평등의 원칙이 추구하는 실질적 내용이 정당한지 아닌지를 따져야 비로소 가려진다.

개별사건에 적용되는 법률이라는 이유로 바로 평등권을 침해한다고 판단할 수는 없고, 그 차별에 정당한 사유가 있는지를 검토하여 판단하여야 한다는 취지이다.

나. 단계적 개선

헌재 2002. 12. 18. 2001헌마546

"헌법상 평등의 원칙은 국가가 언제 어디서 어떤 계층을 대상으로 하여 기본권에 관한 상황이나 제도의 개선을 시작할 것인지를 선택하는 것을 방해하지는 않는다. 말하자면 국가는 합리적인 기준에 따라 능력이 허용하는 범위 내에서 법적 가치의 상향적인 구현을 위한 제도의 단계적 개선을 추진할 수 있는 길을 선택할 수 있어야 한다. 그것이 허용되지 않는다면 모든 사항과 계층을 대상으로 하여 동시에 제도의 개선을 추진하는 예외적인 경우를 제외하고는 어떠한 제도의 개선도 평등의 원칙 때문에 그 시행이 불가능하다는 결과에 이르게 되어 불합리할 뿐만 아니라 평등의 원칙이 실현하고자 하는 가치와도 어긋나기 때문이다."

다. 투표가치의 평등

헌재 2009. 3. 26. 2006헌마72

"우리 헌법 제11조 제1항은 "모든 국민은 법 앞에 평등하다. 누구든지 성별·종교 또는 사회적 신분에 의하여 정치적·경제적·사회적·문화적 생활의 모든 영역에 있어서 차별을 받지 아니한다."고 규정하고, 제24조는 "모든 국민은 법률이 정하는 바에 의하여 선거권을 가진다."고 규정하며, 제41조 제1항은 "국회는 국민의 보통·평등·직접·비밀선거에 의하여 선출된 국회의원으로 구성한다."고 규정함으로써 평등선거의 원칙을 선언하고 있다. 이러한 평등선거의 원칙은 평등의 원칙이 선거제도에 적용된 것으로서 <u>투표의 수적(數的) 평등, 즉 1인 1표의 원칙(one person, one vote)과 투표의 성과가치(成果價値)의 평등, 즉 1표의 투표가치가 대표자선정이라는 선거의 결과에 대하여 기여한 정도에 있어서도 평등하여야 한다는 원칙(one vote, one value)을 그 내용으로 할 뿐만 아니라, 일정한 집단의 의사가 정치과정에서 반영될 수 없도록 차별적으로 선거구를 획정하는 이른바 '게리맨더링'에 대한 부정을 의미하기도 한다.</u>"

헌재 2014. 10. 30. 2012헌마192

우리 재판소는 국회의원의 지역대표성, 도시와 농어촌 간의 인구편차, 각 분야에 있어서의 개발불균형 등을 근거로 국회의원지역선거구의 획정에 있어 인구편차의 허용기준을 인구편차 상하 50%로 제시한 바가 있다(헌재 2001. 10. 25. 2000헌마92등 참조). 그러나 다음의 점들을 고려할 때, 현재의 시점에서 헌법이 허용하는 인구편차의 기준을 <u>인구편차 상하 33⅓%, 인구비례 2:1</u>을 넘어서지 않는 것으로 변경하는 것이 타당하다.

헌재 2018. 6. 28. 2014헌마189

"그렇다면 현재의 시점에서 시·도의원지역구 획정과 관련하여 헌법이 허용하는 인구편차의 기준을 인구편차 상하 50%(인구비례 3 : 1)로 변경하는 것이 타당하다."

헌재 1995. 12. 27. 95헌마224

"선거구구역표는 각 선거구가 서로 유기적으로 관련을 가짐으로써 한 부분에서의 변동은 다른 부분에도 연쇄적으로 영향을 미치는 성질을 가지며, 이러한 의미에서 선거구구역표는 전체로서 '불가분(不可分)의 일체'를 이루는 것으로서 어느 한 부분에 위헌적인 요소가 있다면 선거구구역표 전체가 위헌의 하자를 띠는 것이라고 보아야 한다. …… 제소된 당해 선거구에 대하여서만 인구과다를 이유로 위헌선언을 할 경우 헌법소원 제소기간(헌법재판소법 제69조 참조)의 적용 때문에 제소된 선거구보다 인구의 불균형이 더 심한 선거구의 선거구획정이 그대로 효력을 유지하게 되는 불공평한 결과를 초래할 수도 있다.…… 이 점도 선거구획정문제의 '공익성'에 비추어 현실적으로는 간과할 수 없는 문제이다."

투표가치의 평등이라는 이슈에 대해서는 잘 알아놓을 필요가 있다. 가장 중요한 것은 허용한계라 할 것이다. 국회의원의 경우는 상하 33.3퍼센트, 지방의회 의원의 경우는 상하 50퍼센트까지 허용된다.[77] 나아가 어느 한 지역구에 위헌적인 요소가 있다면 선거구

---

77 평균 인구 수를 기준으로 하는가, 최대/최소 인구편차를 기준으로 하는가에 따라 위배 여부가 달라질 수 있다. 예를 들어, 각 국회의원 선거구의 인구가 90, 90, 90, 90, 90, 150명의 인구수를 가진 경우 최대/최소 인구편

구역표 전체를 위헌으로 결정한다는 점도 기억하여 둘 필요가 있다. 그리고 게리멘더링도 투표가치의 평등 문제로 다루어진다.

라. 실체적 권리와 평등

헌재 2007. 6. 28. 2004헌마643

이 사건 심판청구는 헌법재판소법 제68조 제1항에 의한 헌법소원심판이므로 '헌법상 보장된 기본권침해'가 문제되어야 한다.

헌법재판소는 이미 2001. 6. 28. 선고된 2000헌마735 결정에서 지방자치법 제13조의2에 의한 주민투표권은 그 성질상 선거권이나 공무담임권, 국민투표권과는 다른 것으로 헌법이 보장하는 참정권이 아니라 법률이 보장하는 참정권에 해당하는 것이라고 판시한 바 있으며, 나아가 헌재 2005. 12. 22. 2004헌마530 결정에서 다음과 같은 취지로 판시한 바 있다.

"우리 헌법은 간접적인 참정권으로 선거권과 공무담임권을, 직접적인 참정권으로 국민투표권을 규정하고 있을 뿐 주민투표권을 기본권으로 규정한 바가 없고, 지방자치를 제도적으로 보장하고 있으나 그 보장 내용은 자치단체의 설치와 존속, 그 자치기능 및 자치사무로서 지방자치단체의 자치권의 본질적 사항에 관한 것이므로, 자치사무의 처리에 주민들이 직접 참여하는 것을 의미하는 주민투표권을 헌법상 보장되는 기본권이라고 하거나 헌법 제37조 제1항의 '헌법에 열거되지 아니한 권리'의 하나로 보기는 어렵다. 지방자치법은 주민에게 주민투표권, 조례의 제정 및 개폐청구권, 감사청구권 등을 부여하고 있으나 이러한 제도는 어디까지나 입법에 의하여 채택된 것일 뿐 헌법에 의하여 이러한 제도의 도입이 보장되고 있는 것은 아니다. 그렇다면 주민투표권은 법률이 보장하는 권리일 뿐이지 헌법이 보장하는 기본권 또는 헌법상 제도적으로 보장되는 주관적 공권으로 볼 수 없다."

따라서 주민투표권은 헌법상의 열거되지 아니한 권리 등 그 명칭의 여하를 불문하고 헌법상의 기본권성이 부정된다는 것이 우리 재판소의 일관된 입장이라 할 것인데, 이 사건에서 그와 달리 보아야 할 아무런 근거를 발견할 수 없다. 그렇다면 이 사건 심판청구는 헌법재판소법 제68조 제1항의 헌법소원을 통해 그 침해 여부를 다툴 수 있는 기본권을 대상으로 하고 있는 것이 아니므로 그러한 한에서 이유 없다. 하지만 주민투표권이 헌법상 기본권이 아닌 법률상의 권리에 해당한다 하더라도 비교집단 상호간에 차별이 존재할 경우에 헌법상의 평등권 심사까지 배제되는 것은 아니다.

주민투표권은 헌법상의 권리, 즉 기본권으로 인정되지 않지만, 주민투표권의 부여에 차별이 존재하면 그것을 평등권침해 문제로 다룰 수는 있다는 판시이다. 즉, 평등권이 헌법상의 권리의 배분에 있어서의 차별만을 대상으로 하지 않는다는 것을 판시하였다는 점에서 의의가 있다.

차를 기준으로 하면 인구편차가 약 1.7:1이어서, 2:1의 범위 안에 있기 때문에 위헌이라 할 수 없다. 그러나, 평균인구를 기준으로 하면 위헌으로 된다. 평균인구는 100명이고, 상하 33⅓명을 벗어난 지역구, 즉 인구 150명의 지역구가 존재하기 때문이다. 그러므로, 양자는 같은 기준이 아니다. 헌재 2009. 3. 26. 2006헌마14 결정은 어느 기준으로 심사를 할 것인가를 다루었고, 평균인구를 기준으로 하기로 결정하였다. 이 결정에는 최대/최소 인구편차를 기준으로 하여야 한다는 반대의견도 있었다. 그런데도 양자를 같은 것으로 이해하는 위 판시들은 이해하기 어려운 것이다.

마. 입법의무 부정

5. 정리

헌법 시험에서 평등권은 매우 중요하다. 그러나 맥락을 이해하기는 매우 어렵다. 헌재의 판례이론이 논리적으로 일관된 흐름을 만들어내지 못하고 있기 때문이다.

가장 먼저 맞닥뜨리는 문제는, 평등을 '같은 것은 같게, 다른 것은 다르게' 처우하는 것이라고 한다면, 양자의 본질이 같은가 다른가를 판단할 수 있어야 한다. 그러나 그 기준은 분명하지 아니하다. 판례는 두 개의 사실관계가 본질적으로 동일한가의 판단은 일반적으로 당해 법률조항의 의미와 목적에 달려 있다(헌재 2001. 11. 29. 99헌마494)고 하는데, 무척 어색한 말이다. 헌법이 심사의 기준이고 법률은 심사의 대상인데, 심사의 대상이 정하고 있는 바에 따라 심사를 해 주어야 한다는 것은 주객이 전도된 것이다.

더 이상한 것은, 헌재는 법률이 대상에 대하여 다른 처우를 하고 있는 경우에, 본질적으로 같은 것을 다르게 처우하고 있는 것인지, 본질적으로 다른 것을 다르게 처우하고 있는 것인지를 판단하지 아니하고 바로 차별이 있다고 한다. 헌재의 결정이 거의 모두 그러하고, 여러분이 보고 있는 거의 모든 문제집이 그러하다. 그것은 논리적으로 틀린 것이다. 만약 본질적으로 서로 달라서 다른 처우를 하는 것이라면, 아예 차별이 없는 것이다. 그러면 더 이상 차별의 정당성에 관한 심사 단계로 나아갈 수 없다.

이것은 이론적인 문제이고, 수험생이 어떻게 대응하여야 하는가 하는 문제를 살펴보자. 법률조항이 두 개의 집단을 구별하여 다른 처우를 하고 있으면, 고민하지 말고 차별이 있다고 하자. 특별히 무언가를 논증하여야 한다는 부담도 갖지 말자. 헌재도 그와 같이 하는데 여러분이 못할 것이 없다.

서로 다른 처우를 다루는 문제라면, 차별의 존부에 대해서는 고민하지 말고 정당화 심사에 초점을 맞추자. 핵심은 심사기준을 선택하는 것이다. 엄격한 심사기준을 적용하여야 하는 경우들에 대해서 정확하게 알고 있자.

다음으로 법률이 서로 같이 처우를 하고 있는데, 평등권침해로 이끌어가기 위해서는 양자가 본질적으로 다른데도 같이 처우하고 있다는 점을 논증하여야 한다. 여기서는 이 점이 핵심적인 문제이다. 헌재에서 가장 자주 문제되는 것은, 장애인과 비장애인을 같이 처우하는 것이다.

예를 들면, "이 사건 고시는 장애인가구의 추가지출비용을 반영한 별도의 최저생계비를 결정하지 않은 채 일률적으로 가구별 인원수만을 기준으로 한 최저생계비를 결정함으로써 사회부조의 일종인 보장법상의 생계급여를 지급받을 자격을 갖춘 생활능력 없는 장애인가구와 비장애인가구에게 동일한 최저생계비를 기준으로 하여 생계급여를 지급받게 하였다는 점에서 본질적으로 다른 것을 같게 취급하는 상황을 초래하였다고 볼 수 있다."[78] 이를 전제로 정당화 심사에 나아가 다시 심사기준을 선택하고, 이를 적용하면 평등권 침해 여부에 관한 심사를 마칠 수 있다.

V. 적법절차

1. 도입

헌법 제12조 제1항 후문 후단은 "법률과 적법한 절차에 의하지 아니하고는 처벌·보안처분 또는 강제노역을 받지 아니한다."고 정하고 있고, 같은 조 제3항 본문은 "체포·구속·압수 또는 수색을 할 때에는 적법한 절차에 따라 검사의 신청에 의하여 법관이 발부한 영장을 제시하여야 한다."고 규정하고 있다.

적법절차와 관련하여 가장 중요한 문제는 그 적용 범위이다.

> **헌재 1998. 5. 28. 96헌바4**
> "현행 헌법에 규정된 적법절차의 원칙을 어떻게 해석할 것인가에 대하여 표현의 차이는 있지만 대체적으로 적법절차의 원칙이 독자적인 헌법 원리의 하나로 수용되고 있으며 이는 절차의 적법성뿐만 아니라 절차의 적정성까지 보장되어야 한다는 뜻으로 이해하는 것이 마땅하다. 다시 말하면 형식적인 절차뿐만 아니라 실체적 법률내용이 합리성과 정당성을 갖춘 것이어야 한다는 실질적인 의미로 확대 해석하고 있다. 이러한 적법절차의 원리가 형사절차 이외 행정절차에도 적용되는가에 관하여 우리 헌법재판소는 이 적법절차의 원칙의 적용범위를 형사소송절차에 국한하지 않고 모든 국가작용에 대하여 문제된 법률의

---

78 헌재 2004. 10. 28. 2002헌마328.

실체적 내용이 합리성과 정당성을 갖추고 있는지 여부를 판단하는 기준으로 적용된다고 판시하고 있다."

위 판시는, 적법절차가 (ⅰ) 정해진 절차를 따라야 하고, (ⅱ) 절차 자체가 적정하여야 하며, (ⅲ) 실체적 법률 내용도 합리성과 정당성을 가져야 한다고 본다. 나아가 형사소송절차뿐만 아니라 '모든 국가작용에 대하여 문제된 실체적 내용'에 대해서도 적용된다고 한다. 헌재의 입장에서 보면 세상의 모든 문제는 적법절차의 문제이다. 앞에서 세상의 모든 문제는 평등의 문제라고 하였는데, 결국 세상의 모든 문제는 평등의 문제이고, 적법절차의 문제이다.

2. 절차적 적법절차

헌재 2003. 7. 24. 2001헌가25

"적법절차원칙에서 도출할 수 있는 가장 중요한 절차적 요청 중의 하나로, 당사자에게 적절한 고지(告知)를 행할 것, 당사자에게 의견 및 자료 제출의 기회를 부여할 것을 들 수 있겠으나, 이 원칙이 구체적으로 어떠한 절차를 어느 정도로 요구하는지는 일률적으로 말하기 어렵고, 규율되는 사항의 성질, 관련 당사자의 사익(私益), 절차의 이행으로 제고될 가치, 국가작용의 효율성, 절차에 소요되는 비용, 불복의 기회 등 다양한 요소들을 형량하여 개별적으로 판단할 수밖에 없을 것이다."

법에 정해진 절차를 따라야 함은 위에서 든 헌법조항의 문언상 분명하다. 그러면 따라야 할 절차는 어떻게 규정되어야 하는가 하는 것이 문제된다. 헌재는 (ⅰ) 적절한 고지, (ⅱ) 적절한 의견 및 자료제출의 기회 제공을 들고 있다. 그러면서도 헌재는 한 발을 뺀다. 어느 정도로 요구되는지는 일률적으로 말하기 어렵고 그때그때 상황을 보아 개별적으로 판단할 수 밖에 없다고 한다.

3. 실체적 적법절차

위에서 적법절차로부터 입법자는 모든 실체적 법률 내용이 합리성과 정당성을 가지도록 제정 또는 개정하여야 한다는 명령이 도출된다는 점을 보았다. 헌재의 판례이론이 그렇다는 말이다.

그런데 가만히 생각해 보자. 도대체 법의 내용이 어떠하면 '적법절차'에 어긋날 수 있는가. 필자로서는 도저히 이해할 수 없다. 그런 것도 모르면서 이 책을 쓰고 있냐고 욕을 하면 그대로 들을 수밖에 없다.

그런데, 헌재도 위와 같이 말을 해 놓고 책임을 못 지기는 마찬가지다. 아래의 판시들을 보자.

헌재 2002. 4. 25. 98헌마425

"헌법 제12조 제1항 후문은 "모든 국민은 …… 법률과 적법절차에 의하지 아니하고는 처벌·보안처분 또는 강제노역을 받지 아니한다"고 규정하고 있다. 위 헌법조항이 규정한 적법절차의 원칙은, 절차는 물론 법률의 실체적 내용도 합리성과 정당성을 갖춘 것이어야 한다는 것으로서, 공권력에 의한 국민의 생명, 자유, 재산의 침해는 합리적이고 정당한 법률에 의거하여 정당한 절차를 밟은 경우에만 유효하다는 원리이다(헌재 1997. 5. 29. 96헌가17, 판례집 9-1, 509, 515). 이 사건의 경우 앞서 살펴본 바와 같이 준법서약제에 관한 이 사건 규칙조항은 당해 수형자의 양심의 자유 등 기본권을 침해하고 있지 아니하다. 그렇다면 이 사건 규칙조항이 국민의 생명, 자유, 재산의 침해 등 기본권침해가 있음을 전제로 적용되는 위 적법절차원칙에 위배되지 아니함은 더 나아가 살펴볼 필요가 없이 명백하다."

헌재 2011. 11. 24. 2010헌바120

(4) 적법절차원칙 위반 여부
청구인들은, 모든 국가작용은 그 내용에 있어 합리성과 정당성을 갖춘 적정한 것이어야 한다며 이 사건 법률조항이 적법절차의 원칙에도 위반된다고 주장하나, 이와 같은 청구인들의 주장은 결국 위에서 살펴본 과잉금지원칙, 소급입법에 의한 재산권 박탈 금지, 신뢰보호원칙, 평등원칙 등에 관한 주장과 동일한 것으로서 위에서 살펴본 바와 같은 이유로 적법절차원칙에도 위반되지 않는다.

위의 판시에서 헌재는 당해 심판대상이 (ⅰ) 다른 기본권을 침해하지 아니하고, (ⅱ) 적법절차 외의 다른 원리, 원칙에 위배되지 않으면 적법절차에도 위배되지 않는다는 결론에 이를 수 있다고 한다. 위의 첫 번째 판례는, [적법절차 위배 외의] 다른 위헌 사유가 없으면 당연히 적법절차에도 위배되지 않는다, 즉 [적법절차 외의] 다른 위헌 사유가 있는 것이 적법절차에 위배되기 위한 필요조건(necessary condition)이라고 말하고 있고, 두 번째 판례는 양자가 서로 필요충분조건(necessary and sufficient condition)이라고 말하고 있다. 어느 쪽이나 적법절차의 독자성을 인정하고 있지 아니하다.

앞에서도 본질침해금지원칙과 관련하여 설명한 일이 있다. 과잉금지원칙에 위배되지 않더라도 본질침해금지원칙에 위배된다고 판단할 수 있는 경우가 있을 때 비로소 본질침해금지원칙은 독자적 의의를 가진다. 여기서도 마찬가지다. 다른 기본권을 침해하거나 원리, 원칙에 위배되지 아니하더라도, 적법절차 위배를 이유로 위헌 결정을 할 수 있을 때 비로소 적법절차는 독자성을 인정받게 된다. 그런데 위 판례들은 그런 경우가 없다고 한다. 그러면 적법절차가 실체 문제에 적용된다는 말을 왜 하는가?

4. 검토

위의 마지막 물음에 대답하기 위해서는 미국의 헌법을 이해하여야 한다.
미국 헌법의 다음과 같은 사정을 이해하자.

(ⅰ) 수정헌법 조항은 연방만을 기속한다. 주(state)를 기속하지 않는다.

(ⅱ) 다만, 수정헌법 제14조는 주를 기속하고, 연방은 기속하지 않는다.[79]

(ⅲ) 주를 기속하는, 수정헌법 제14조에는 평등조항과 적법절차조항이 있다.

(ⅳ) 연방을 기속하는, 수정헌법 제5조[80]에는 적법절차조항이 있다.

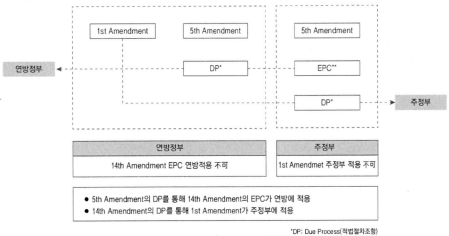

그림 7. 미국의 적법절차

---

79 미국 수정헌법상의 다른 조항들이 국민의 '연방에 대한' 권리만을 규정하고 있는 것과 달리, 미국 수정헌법 제 14조에서는, "그 어느 주(State)도 적법절차에 의하지 아니하고 사람의 생명, 자유 또는 재산을 박탈할 수 없고, 그 관할에 속하는 누구에게라도 법의 평등한 보호를 거절할 수 없다"고 규정하고 있다.
ARTICLE XIV

Section 1. All persons born or naturalized in the United States, and subject to the jurisdiction thereof, are citizens of the United States and of the State wherein they reside. No State shall make or enforce any law which shall abridge the privileges or immunities of citizens of the United States; nor shall **any State** deprive any person of life, liberty, or property, without **due process of law**; nor deny to any person within its jurisdiction **the equal protection of the laws**.

80 ARTICLE V.

No person shall be held to answer for a capital, or otherwise infamous crime, unless on a presentment or indictment of a Grand Jury, except in cases arising in the land or naval forces, or in the Militia, when in actual service in time of War or public danger; nor shall any person be subject for the same offence to be twice put in jeopardy of life or limb; nor shall be compelled in any criminal case to be a witness against himself, nor be deprived of life, liberty, or property, without **due process of law**; nor shall private property be taken for public use, without just compensation.

문제는 이런 것이다. 주의 행위가 수정헌법 제1조에 위배되면 최고법원(Supreme Court)[81]은 위헌으로 결정할 수 있는가? 또, 연방의 행위가 수정헌법 제14조의 평등조항에 위배되면 최고법원은 위헌으로 결정할 수 있는가?

위에서 든 상황을 전제로 하면 최고법원은 어느 쪽도 위헌이라고 결정할 수 없다. 주는 수정헌법 제1조에 기속되지 않고, 연방은 수정헌법 제14조에 기속되지 않기 때문이다.

여기서 최고법원의 재판관(Justice)들이 꾀를 내었다. 수정헌법 제14조의 적법절차라는 꾸러미 안에 수정헌법 제1조 등 연방을 기속하는 조항들이 다 들어있다고 하자. 그리고 수정헌법 제5조의 적법절차조항 안에 수정헌법 제14조가 정하고 있는 평등조항이 들어있다고 하자. 재판관들에게는 어려운 일이 아니다. 재판관들에게는 코끼리를 냉장고에 집어넣는 것도 식은 죽 먹기다. "냉장고 안에 코끼리가 들어가 있는 것으로 볼 수 있다." 그러면 된다. 그러면 들어가 있는 것이다.[82]

그러면 이제 문제는 다 해결되었다. 주의 행위가 수정헌법 제1조에 위배되더라도, 말미에는 수정헌법 제1조에 위배되어 위헌이라 하지 아니하고, 수정헌법 제1조에 위배되어 결국은 수정헌법 제14조의 적법절차에 위배된다고 선언할 수 있다. 왜 그런가? 수정헌법 제14조의 적법절차 안에 수정헌법 제1조부터 제13조까지, 제15조부터 제27조까지가 다 들어있기 때문이다.[83] 또, 연방의 행위가 평등에 위배되면, 내용상 수정헌법 제14조의 평등조항에 위배되어, 결국 수정헌법 제5조의 적법절차조항에 위배된다는 결론에 이를 수 있다.

이제 미국 헌법에서 이른바 실체적 적법절차가 어떻게 작동하는지를 이해할 수 있게 되었을 것이라 짐작한다. 이런 미국의 판례이론을 들여와 우리의 문제에 적용하여야 한다는 것이 앞에서 본 실체적 적법절차이론이다. 우리에게 실체적 적법절차이론이 필요한가? 없다. 단언코 없다. 어떤 법률이 표현의 자유를 침해하면 그냥 표현의 자유를 침해하여 위헌이라고 말하면 충분하다. 미국의 학자도 실체적 적법절차를 '초록 빨간색' 즉 형용의 모순이라 말하는데,[84] 우리의 판례이론은 이를 그대로 수입하여 적용하자고

---

81 Supreme Court를 어떻게 번역하여야 할까? 대개 언론에서는 대법원이라 번역을 한다. 그러나 최고법원이라고 하는 것이 맞을 것이다. 일본의 最高裁判所라는 말은 미국의 Supreme Court를 번역한 말이다. 일본 헌법은 2차대전 후 미군정기에 미국의 영향 하에 만들어졌다.

82 헌재의 결정문에 '… 라고 볼 수 있다.'는 표현들이 수도 없이 나온다. 그렇다는 말이다. 그러나 그런 화법은 좋지 않다. '볼 수 있다'는 말은 '그렇게 안 볼 수도 있다'는 것을 전제한다. 재판기관은 자신이 판단한 바를 분명하게 말하여야 한다. 결정문에서 말 한 마디 한 마디가 얼마나 중요한가. 결정문은 시도 아니고, 소설도 아니다.

83 지나치게 단순하게 이야기하는 것일 수는 있다. 적법절차 안에 무엇이 들어있는가는 논란의 대상이다.

84 "we apparently need periodic reminding that 'substantive due process' is a contradiction in terms – sort of like "green pastel redness.""(John Hart Ely, *Democracy and Distrust*, Harvard University

말해 두고는, 그 실천에 있어서는 어떻게 처리하여야 하는지도 모르고 우왕좌왕하고 있는 형국이다.

5. 정리

정리를 하자. 헌재는 헌법 제12조에서 정하고 있는 적법절차가 세상의 모든 법의 문제에 적용되는 원칙이라고 본다는 점은 확인해 두자. 절차를 따라야 하며, 절차의 내용도 적정하여야 하고, 실체법의 내용도 적법절차의 규율을 받는다는 것이다. 그리고 형사절차뿐만 아니라 세상의 모든 법의 문제에 다 적용된다는 것이다.

그러므로 논리적으로만 보면, 헌법의 모든 문제에 대해 적법절차를 쟁점으로 삼아 다루어야 한다. 다루는 방법은 앞에서 본 헌재 결정을 흉내내는 것이 좋겠다. 앞에서 위헌이라는 결론에 이르렀으면, 앞의 판례 중 2010헌바120 결정을 흉내내어 '앞에서 본 바와 같이 대상 법률조항은 ○○ 기본권을 침해하였으므로, 적법절차원칙에도 위배된다.'고 기술할 수 있을 것이고, 앞에서 위헌이 아니라는 결론에 이르렀으면, 98헌마425 결정을 흉내내어 '앞에서 본 바와 같이 대상 법률조항은 ○○ 기본권을 침해하지 아니하고, ○○원칙에도 위배되지 아니하므로, 적법절차원칙에도 위배되지 아니한다.'고 기술할 수 있다.

필자는 형사절차에서 법에서 정해진 절차를 따라야 한다는 것만으로 적법절차의 적용 영역은 충분하다고 본다. 그러나 판례는 그렇지 아니하니, 판례를 정확하게 이해하고, 어떻게 대응할 것인가를 생각해 두는 것이 좋겠다.

Press, 1980, p.18).

제4편
권한쟁의심판

I. 도입

헌법 제111조 제1항 제4호, 헌재법 제61조 제1항은 권한쟁의심판을 정하고 있다. 권한쟁의심판은 국가기관 상호간, 국가기관과 지방자치단체간 및 지방자치단체 상호간에 그 권한의 존부나 범위에 대하여 다툼이 있을 때 재판으로 그 권한의 존부나 범위를 확정하는 절차이다.

권한이란, 국가나 지방자치단체 등 공법인 또는 그 기관이 헌법 또는 법률에 의하여 부여되어 법적으로 유효한 행위를 할 수 있는 능력 또는 범위를 말한다.[1] 권한은 주관적 권리가 아니다. 따라서 귀속주체가 임의로 처분하거나 포기할 수 없다.

권한쟁의심판에서 다루는 권한은 헌법상의 그것에 한정되지 아니한다. 즉, 법률에 의해 주어진 권한이 침해된 경우에도 권한쟁의심판을 청구할 수 있다.

보충성 요건이 없다. 행정소송법 제3조 제4호는 기관소송을 행정소송의 종류로 들면서도, 헌법재판소법 제2조의 규정에 의하여 헌법재판소의 관장사항으로 되는 소송은 제외한다고 정하고 있다. 권한쟁의의 대상이 되면, 기관소송의 대상에서 제외된다.

---

1 [민법적 개념] 권리: (권리법력설) 일정한 이익을 향유하기 위하여 법이 인정한 힘.
  권한: 타인을 위하여 그에 대하여 일정한 법률효과를 발생케 하는 행위를 할 수 있는 법률상의 자격(예를 들어 대리인의 대리권, 사단법인 사원의 결의권, 법인 이사의 대표권)
  권능: 권리의 내용을 이루는 개개의 법률상의 힘(예컨대 소유권이라는 권리는 그 소유물을 사용, 수익, 처분할 수 있는 것을 그 내용으로 하는데 이 때의 사용권, 수익권, 처분권)
  권원: 일정한 법률상 또는 사실상의 행위를 하는 것을 정당화시키는 원인(예를 들어 A 임대인, B 임차인. A가 B에게 내 집에서 나가라고 한다면 B는 임차권을 주장하여 그를 거절하고 계속 집을 사용할 수 있다. 이 때 B가 A의 집에서 살 수 있는 근거 즉, 임차권이 B의 권원)
  권리는 힘이고 권한은 자격, 권능은 권리를 이루는 개개의 힘, 권원은 근거.

II. 유형

1. 도입

현재 헌재에서 권한쟁의로 다루고 있는 사건들은 두 가지 유형으로 나누어진다. 하나는 권한의 유무 또는 범위의 확인을 구하는 유형이다. 이를 A형 권한쟁의라 부르기로 하자. 거기에 비하여 다른 하나는 권한의 유무 또는 범위에 대하여는 다툼이 없고, 피청구인의 처분이 청구인의 권한을 침해한다는 확인과 그 처분의 취소 또는 무효확인을 구하는 유형이다. 이를 B형 권한쟁의라 부르기로 하자.

2. A형 권한쟁의(권한의 유무 또는 범위 확인형)

헌재법 제61조와 제66조를 모아보면, '권한의 유무 또는 범위'가 쟁송물이고, 처분은 이 심판을 가능하게 하는 적법요건을 구성하는 것임을 알 수 있다. 즉, '피청구인의 처분 또는 부작위(不作爲)가 헌법 또는 법률에 의하여 부여받은 청구인의 권한을 침해하였거나 침해할 현저한 위험이 있는 경우에'(헌재법 제61조 제2항) '권한의 유무 또는 범위'(헌재법 제61조 제1항)를 다투는 권한쟁의심판을 청구할 수 있다.

법문상 제61조 제2항은 '제1항의 심판청구', 즉 '권한의 유무 범위에 관한 심판청구'는 피청구인의 처분 또는 부작위(不作爲)가 헌법 또는 법률에 의하여 부여받은 청구인의 권한을 침해하였거나 침해할 현저한 위험이 있는 경우에만 할 수 있다. 이 조항은 쟁송물을 정한 것이 아니고, 헌재법 제61조 제1항의 권한쟁의심판청구의 적법요건을 정한 것이다.

인용 결정을 할 때, 취소 또는 무효확인 결정을 할 수 있다. 헌재는 이 결정을 할 수도 있고 안 할 수도 있다.[2] 그러므로, 청구인이 청구서에서 취소 또는 무효확인은

---

2 "헌법재판소는 심판대상이 된 국가기관 또는 지방자치단체의 권한의 유무 또는 범위에 관하여 판단한다(법 제66조 제1항). 이 부분 판단은 본안결정의 기본적·필수적 주문 부분을 이루게 된다. 나아가 권한침해의 원인이 된 피청구인의 처분을 취소하거나 그 무효를 확인할 수 있고, 헌법재판소가 부작위에 대한 심판청구를 인용하는 결정을 한 때에는 피청구인은 결정취지에 따른 처분을 하여야 한다(법 제66조 제2항). <u>처분 등의 취소나 무효확인 판단은 헌법재판소가 재량에 따라 부가적으로 할 수 있다. 이와 같이 권한쟁의심판에서는 2단계의 판단과 그에 따른 결정이 행해질 수 있다.</u>"(헌법재판소, 『헌법재판실무제요』 제2개정판, 438쪽) "헌법재판소는 권한침해의 원인이 된 피청구인의 처분을 취소하는 결정 또는 처분의 무효를 확인하는 결정을 내릴 수 있다(법 제66조 제2항). '권한의 유무 또는 범위'에 관하여는 법 제66조 제1항에 따라 헌법재판소가 필요적으로 판단해야 하지만, <u>동조 제2항은 헌법재판소에게 재량을 부여하고 있으므로, 재판부의 재량에 따라 부가적으로 처분의 취소나 무효확인을 할 수 있다.</u>"(헌법재판소, 『헌법재판실무제요』 제2개정판, 440쪽)

구하더라도, 직권발동을 촉구하는 것으로 이해될 수 있을 뿐이다. 나아가 처분의 취소결정을 하더라도 그 처분의 상대방에 대하여 이미 생긴 효력에 영향을 미치지 아니한다(헌재법 제67조 제2항).

지방자치단체 간의 경계를 다투는 권한쟁의가 이 유형에 속한다. 전형적인 주문은 다음과 같다. 청구인과 피청구인 사이의 경계를 확인하고, 피청구인의 처분이 (관할권 없는 영역에 대한 것이어서), 무효임을 확인하는 결정을 하였다.

헌재 2015. 7. 30. 2010헌라2

주　문[3]

1. 충청남도 천수만 해역 중 [별지 1] 도면 표시 가, 나 사이의 각 점을 순차적으로 연결한 선의 우측(남동쪽) 부분에 대한 관할권한은 청구인에게 있고, 위 선의 좌측(북서쪽) 부분에 대한 관할권한은 피청구인에게 있음을 확인한다.
2. 태안마을 제136호 및 제137호의 어업면허처분 중 위 제2항 기재 청구인의 관할권한에 속하는 영역에 대한 부분은 무효임을 확인한다.

---

3. B형 권한쟁의(처분의 권한침해 확인형)

헌재의 권한쟁의심판 중 A형 권한쟁의는 소수에 속하고, 대부분의 권한쟁의심판은 (권한의 유무 또는 범위에 대해서는 다툼이 없고,) '처분'이 청구인의 권한을 침해하는지 여부를 다툰다. 처분의 취소를 다투는 항고소송의 특수한 형태처럼 다루어지고 있다. 이를 B형 권한쟁의(처분의 권한침해 확인형)라 부르기로 하자.

이와 같은 '파행'에 대해서는 법문의 애매함도 한 몫 하였다. 헌재법 제64조 제3호는 '심판 대상이 되는 피청구인의 처분 또는 부작위'를 청구서의 기재사항으로 하고 있고, 제65조는 '심판 대상이 된 피청구인의 처분'의 효력을 정지하는 결정을 할 수 있다고 하여, 마치 헌재법 제61조 제2항의 처분이 심판의 대상인 것처럼 기술하고 있다. 이와 같은 법문은 헌재법 제61조, 제66조와 충돌한다.

헌재는 이 경우의 처분이 권한을 침해하는지에 관한 주문을 내고, 다시 처분의 취소 또는 무효확인 주문을 내고 있다.

지방자치단체 간의 경계획정을 다투는 사건을 제외한 대부분의 권한쟁의가 이 유형에 속한다. 국회의원과 국회의장 간의 심의표결권침해 여부가 쟁점으로 되는 사건도 이

---

3 주문 중 일부를 수정한 것이다.

유형에 속한다. 전형적인 주문은 다음과 같다. 피청구인 국회의장의 법률안 가결선포행위가 청구인 국회의원들의 법률안 심의·표결의 권한을 침해한 것이라는 점을 확인하고, 가결선포행위의 무효확인을 구하는 부분은 기각하는 결정을 하였다.[4]

헌재 2009. 10. 29. 2009헌라8

주 문[5]

1. 피청구인 국회의장이 2009. 7. 22. 15:35경 개의된 제283회 국회임시회 제2차 본회의에서 '신문 등의 자유와 기능보장에 관한 법률 전부 개정법률안'의 가결을 선포한 행위 및 '방송법 일부개정법률안'의 가결을 선포한 행위는 청구인들의 법률안 심의·표결권을 침해한 것이다.
2. 청구인들의 피청구인 국회의장에 대한 위 각 가결선포행위에 관한 무효확인 청구를 모두 기각한다.

권한침해 확인과 함께 피청구인의 처분이 무효라는 주문을 낸 사례는 아래와 같은 것이 있다.

헌재 1999. 7. 22. 98헌라4

주 문

1. 피청구인이 1998. 4. 16. 경기도고시 제1998-142호로 행한 성남도시계획시설 (서현근린공원내 골프연습장·도시계획도로) 에 대한 도시계획사업시행자지정 및 실시계획인가처분 중, 동 공원구역외의 도시계획도로 (등급 : 소로, 류별 : 3, 번호 : 200, 폭원 : 6m, 기능 : 골프연습장 진입도로, 연장 : 21m, 면적 : 149㎡, 기점 및 종점 : 성남시 분당구 이매동 128의 11 일원)에 대한 도시계획사업시행자지정처분은 도시계획법 제23조 제5항에 의한 청구인의 권한을 침해한 것이다.
2. 피청구인의 위 처분은 무효임을 확인한다.

---

4. 결론

필자는 A형 권한쟁의만 적법한 것이라고 보지만,[6] 헌재의 결정례에 위와 같은 두 갈래의 결정에 있음을 이해하고 대응할 필요는 있다. 양자는 쟁송물도 다르고, 당연히 인용 결정의 주문도 다르다. 적어도 B형에 대해서는 헌재법 제61조와 제66조를 토대로 이해하려고 노력하면 안 된다. 판례가 그러하니 그렇다고 이해하는 쪽이 낫다.

---

4 아직 국회의장의 법률안 가결선포행위를 둘러싼 권한쟁의심판에서 가결선포행위의 무효확인 주문을 낸 결정은 없다. 다만, 헌재법 제66조 제2항은 피청구인의 처분에 대한 취소 또는 무효확인은 헌재가 직권으로 할 수 있다고 정하고 있는데, 기각하는 마당에 이를 주문에 쓸 필요는 없다고 보인다.

5 주문 중 일부를 수정한 것이다.

6 정주백, "권한쟁의심판의 쟁송물", 『법학연구』 제30권 제4호, 충남대, 2019, 135 이하.

	A형	B형
쟁송물	권한의 유무 또는 범위확인	피청구인 처분의 취소(권한침해 확인은 선결문제)
유형	확인의 소	형성의 소
인용 주문	○○ 권한은 청구인에게 속한다.	피청구인의 ○○ 처분을 취소한다.
대표적인 사건 유형	경계획정	국회의장의 법률안 가결선포행위
법문과의 조화?	헌재법 제61조, 제66조, 제67조 제2항과 조화	헌재법 제61조 제66조, 제67조 제2항과 부조화

III. 요건

1. 당사자

가. 당사자능력

당사자 능력이란, 당사자가 될 수 있는 능력, 일반적인 자격을 말한다.

(1) 국가기관

헌재법 제62조 제1항 제1호는 '국회, 정부, 법원 및 중앙선거관리위원회 상호간의 권한쟁의심판'이라고 규정하고 있다. 그러면, 위에 열거된 다른 국가기관은 당사자능력이 인정되지 않는가가 문제된다. 헌재는 예시설을 채택하였다.

	헌재 1997. 7. 16. 96헌라2
사안	– 국회부의장7이 국회의장을 대리하여 신한국당 소속 국회의원 155인이 출석한 가운데 임시회 본회의를 개의하고 법률안을 상정, 표결을 하여 가결되었음을 선포 – 야당의원들은 헌법 및 국회법이 정한 절차를 위반하여 위 법률안을 가결시킴으로써 독립된 헌법기관인 청구인들의 법률안 심의·표결권을 침해하였다고 주장하면서 그 권한침해의 확인 및 가결선포행위에 대한 위헌확인 청구
판단	[국회의원과 국회의장이 권한쟁의심판의 당사자가 될 수 있는지 여부]

(가) 헌법 제111조 제1항 제4호에서 헌법재판소의 관장사항의 하나로 "국가기관 상호간, 국가기관과 지방자치단체 간 및 지방자치단체 상호간의 권한쟁의에 관한 심판"이라고 규정하고 있을 뿐 권한쟁의심판의 당사자가 될 수 있는 국가기관의 종류나 범위에 관하여는 아무런 규정을 두고 있지 않고, 이에 관하여 특별히 법률로 정하도록 위임하고 있지도 않다. 따라서 입법자인 국회는 권한쟁의심판의 종류나 당사자를 제한할 입법형성의 자유가 있다고 할 수 없고, 헌법 제111조 제1항 제4호에서 말하는 국가기관의 의미와 권한쟁의심판의 당사자가 될 수 있는 국가기관의 범위는 결국 헌법해석을 통하여 확정하여야 할 문제이다.

그렇다면 헌법재판소법 제62조 제1항 제1호가 비록 국가기관 상호간의 권한쟁의심판을 "국회, 정부, 법원 및 중앙선거관리위원회 상호간의 권한쟁의심판"이라고 규정하고 있다고 할지라도 이 법률조항의 문언에 얽매여 곧바로 이들 기관외에는 권한쟁의심판의 당사자가 될 수 없다고 단정할 수는 없다.

(나) 국가기관 상호간에는 그 권한의 존부와 행사를 둘러싸고 항시 다툼과 대립이 생길 수 있고, 그러한 분쟁이 자체적으로 조정, 해결되지 아니하는 한 제3의 국가기관에 의한 해결을 도모할 수밖에 없다. 우리나라에서는 이를 위한 제도로서 헌법 제111조 제1항 제4호에 의하여 헌법재판소가 관장하는 권한쟁의심판 제도와 행정소송법 제3조 제4호에 의하여 법원이 관할하는 기관소송 제도를 마련하고 있다.

그런데 헌법이 특별히 권한쟁의심판의 권한을 법원의 권한에 속하는 기관소송과 달리 헌법의 최고 해석·판단기관인 헌법재판소에 맡기고 있는 취지에 비추어 보면, 헌법 제111조 제1항 제4호가 규정하고 있는 '국가기관 상호간'의 권한쟁의심판은 헌법상의 국가기관 상호간에 권한의 존부나 범위에 관한 다툼이 있고 이를 해결할 수 있는 적당한 기관이나 방법이 없는 경우에 헌법재판소가 헌법해석을 통하여 그 분쟁을 해결함으로써 국가기능의 원활한 수행을 도모하고 국가권력간의 균형을 유지하여 헌법질서를 수호·유지하고자 하는 제도라고 할 것이다.

따라서 헌법 제111조 제1항 제4호 소정의 '국가기관'에 해당하는지 아닌지를 판별함에 있어서는 그 국가기관이 헌법에 의하여 설치되고 헌법과 법률에 의하여 독자적인 권한을 부여받고 있는지 여부, 헌법에 의하여 설치된 국가기관 상호간의 권한쟁의를 해결할 수 있는 적당한 기관이나 방법이 있는지 여부 등을 종합적으로 고려하여야 할 것이다.

(다) 이 사건 심판청구의 청구인인 국회의원은 헌법 제41조 제1항에 따라 국민의 선거에 의하여 선출된 헌법상의 국가기관으로서 헌법과 법률에 의하여 법률안 제출권, 법률안 심의·표결권 등 여러 가지 독자적인 권한을 부여받고 있으며, 피청구인인 국회의장도 헌법 제48조에 따라 국회에서 선출되는 헌법상의 국가기관으로서 헌법과 법률에 의하여 국회를 대표하고 의사를 정리하며, 질서를 유지하고 사무를 감독할 지위에 있고, 이러한 지위에서 본회의 개의시의 변경, 의사일정의 작성과 변경, 의안의 상정, 의안의 가결선포 등의 권한을 행사하게 되어 있다. 따라서 국회의원과 국회의장 사이에 위와 같은 각자 권한의 존부 및 범위와 행사를 둘러싸고 언제나 다툼이 생길 수 있고, 이와 같은 분쟁은 단순히 국회의 구성원인 국회의원과 국회의장간의 국가기관 내부의 분쟁이 아니라 각각 별개의 헌법상의 국가기관으로서의 권한을 둘러싸고 발생하는 분쟁이라고 할 것인데, 이와 같은 분쟁을 행정소송법상의 기관소송으로 해결할 수 없고 권한쟁의심판 이외에 달리 해결할 적당한 기관이나 방법이 없으므로(행정소송법 제3조 제4호 단서는 헌법재판소의 관장사항으로 되는 소송을 기관소송의 대상에서 제외하고 있으며, 같은 법 제45조는 기관소송을 법률이 정한 경우에 법률이 정한 자에 한하여 제기할

	수 있도록 규정하고 있다) 국회의원과 국회의장은 헌법 제111조 제1항 제4호 소정의 권한쟁의심판의 당사자가 될 수 있다고 보아야 할 것이다. 한편 복수정당제도 하에서 여당과 야당의 대립과 타협에 의하여 국회가 운영되는 정당국가적 현실에 비추어 보거나 우리와 유사한 권한쟁의심판제도를 두고 있는 다른 나라의 예(예컨대 독일의 경우 국회의원이나 국회의장을 당사자로 하는 권한쟁의심판이 허용되고 있다)에 견주어 보더라도 국회의원과 국회의장은 권한쟁의심판의 당사자가 될 수 있다고 해석하여야 할 것이다. (라) 그리고 위와 같이 국회의원과 국회의장을 헌법 제111조 제1항 제4호의 '국가기관'에 해당하는 것으로 해석하는 이상 국회의원과 국회의장을 권한쟁의심판을 할 수 있는 국가기관으로 열거하지 아니한 헌법재판소법 제62조 제1항 제1호의 규정도 한정적, 열거적인 조항이 아니라 예시적인 조항으로 해석하는 것이 헌법에 합치된다고 할 것이다.
주문	1. 피청구인(국회의장)이 1996. 12. 26. 06 : 00경 제182회 임시회 제1차 본회의를 개의하고 국가안전기획부법중개정법률안⋯⋯을 상정하여 가결선포한 것은 청구인들의 법률안 심의·표결의 권한을 침해한 것이다. 2. 청구인들의 나머지 청구를 기각한다.
검토	당사자능력을 부인하였던 종전 판례(헌재 1995. 2. 23. 90헌라1 결정)를 변경하여, 국회의원의 당사자능력을 인정하였다.

그러므로 판례를 따를 때, 국회나 정부와 같은 전체 기관뿐 아니라 그 부분기관이라도 상대 당사자와의 관계에서 독자적인 지위를 인정해줄 필요가 있는 경우 당사자능력이 인정된다. 다만, 오로지 법률에 설치된 국가기관은 제외된다. 이 결정에 따라 '국가인권위원회'는 당사자능력이 부정되었다.

헌재 2010. 10. 28. 2009헌라6

권한쟁의심판은 국회의 입법행위 등을 포함하여 권한쟁의 상대방의 처분 또는 부작위가 헌법 또는 법률에 의하여 부여받은 청구인의 권한을 침해하였거나 침해할 현저한 위험이 있는 때 제기할 수 있는 것인데, 헌법상 국가에게 부여된 임무 또는 의무를 수행하고 그 독립성이 보장된 국가기관이라고 하더라도 오로지 법률에 설치근거를 둔 국가기관이라면 국회의 입법행위에 의하여 존폐 및 권한범위가 결정될 수 있으므로 이러한 국가기관은 '헌법에 의하여 설치되고 헌법과 법률에 의하여 독자적인 권한을 부여받은 국가기관'이라고 할 수 없다. 즉, 청구인이 수행하는 업무의 헌법적 중요성, 기관의 독립성 등을 고려한다고 하더라도, 국회가 제정한 국가인권위원회법에 의하여 비로소 설립된 청구인은 국회의 위 법률 개정행위에 의하여 존폐 및 권한범위 등이 좌우되므로 헌법 제111조 제1항 제4호 소정의 헌법에 의하여 설치된 국가기관에 해당한다고 할 수 없다. 결국, 권한쟁의심판의 당사자능력은 헌법에 의하여 설치된 국가기관에 한정하여 인정하는 것이 타당하므로, 법률에 의하여 설치된 청구인에게는 권한쟁의심판의 당사자능력이 인정되지 아니한다.

---

7 "국회부의장은 국회의장의 위임에 따라 그 직무를 대리하여 법률안 가결선포행위를 할 수 있을 뿐(국회법 제12조 제1항 참조), 법률안 가결선포행위에 따른 법적 책임을 지는 주체가 될 수 없으므로 권한쟁의심판청구의 피청구인 적격이 인정되지 아니한다."(헌재 2009. 10. 29. 2009헌라8)

정부에서는, 대통령(헌법 제66조), 국무총리(헌법 제86조), 행정 각부의 장(헌법 제94조)
이, 국회에서는 국회의장과 부의장(헌법 제48조. 헌재 2009. 10. 29. 2009헌라8), 국회의원(헌
법 제41조 제1항), 국회의 교섭단체(헌법 제41조, 제8조), 상임위원장(헌재 2010. 12. 28.
2008헌라7) 등이 국가기관으로 인정될 수 있다.

법원, 중앙선거관리위원회, 하위 선거관리위원회(헌재 2008. 6. 26. 2005헌라7)가 당사
자로 될 수 있다.

국가기관과 지방자치단체 간의 권한쟁의를 정하고 있는 헌재법 제62조 제1항 제2호
중의 정부도 위에서 본 바와 같이 예시적인 것이다.

> **헌재 2008. 6. 26. 2005헌라7**
>
> "헌법재판소법 제62조 제1항 제2호는 국가기관과 지방자치단체 간의 권한쟁의심판에 대한 국가기관
> 측 당사자로 '정부'만을 규정하고 있지만, 이 규정의 '정부'는 예시적인 것이므로 대통령이나 행정각부의
> 장 등과 같은 정부의 부분기관뿐 아니라 국회도 국가기관과 지방자치단체 간 권한쟁의심판의 당사자가
> 될 수 있다. 따라서 피청구인 국회는 당사자능력이 인정된다."

(2) 지방자치단체

국가기관 또는 정부와 달리 지방자치단체는 '지방자치단체'만 당사자능력이 인정된다.
그러므로, '특별시 · 광역시 · 특별자치시 · 도 또는 특별자치도'(헌재법 제62조 제1항 제2호
가목), '시 · 군 또는 지방자치단체인 구'(헌재법 제62조 제1항 제2호 나목)만이 당사자능력을
가진다. 지방자치단체의 장, 교육감,[8] 지방의회, 지방의회 의원, 지방의회 의장에게는
당사자능력이 인정되지 않는다. 이들이 문제에 등장하면 원칙적으로 각하하면 된다.

> **헌재 2006. 8. 31. 2003헌라1**
>
> 권한쟁의 심판청구는 헌법과 법률에 의하여 권한을 부여받은 자가 그 권한의 침해를 다투는 헌법소송이다.
> 이러한 권한쟁의심판을 청구할 수 있는 자에 대하여는 헌법과 헌법재판소법이 정하고 있는바, 헌법
> 제111조 제1항 제4호는 국가기관 상호간, 국가기관과 지방자치단체 간 및 지방자치단체 상호간의
> 권한쟁의심판에 관하여 정하고 있으며, 헌법재판소법 제62조 제1항 제3호는 지방자치단체 상호간의
> 권한쟁의심판 종류로 가. 특별시 · 광역시 또는 도 상호간의 권한쟁의심판, 나. 시 · 군 또는 자치구 상호
> 간의 권한쟁의심판, 다. 특별시 · 광역시 또는 도와 시 · 군 또는 자치구 간의 권한쟁의심판만을 정하고

---

8 헌재 2016. 6. 30. 2014헌라1. 헌재법 제62조 제2항은 '권한쟁의가 「지방교육자치에 관한 법률」 제2조에 따른
  교육 · 학예에 관한 지방자치단체의 사무에 관한 것인 경우에는 교육감이 제1항 제2호 및 제3호의 당사자가 된
  다.'고 규정하고 있으나, 헌재는 교육감이 '당사자'로 되는 것이 아니라 '당사자의 대표자'로 된다고 본다. 지방
  자치단체의 장과 같이 이해한다.

있다. 따라서 지방자치단체의 장은 원칙적으로 권한쟁의심판청구의 당사자가 될 수 없다.

딱 하나 주의할 점이 있다면, 지방자치단체의 장이 기관위임사무를 처리할 때에는 당사자능력이 인정된다.[9] 위 판례에서 지방자치단체의 장은 원칙적으로 당사자능력이 부정된다고 하는데, 거의 유일한 예외다.

> **헌재 2004. 9. 23, 2000헌라2**
>
> 지방자치법 제9조 제1항은 "지방자치단체는 그 관할구역의 자치사무와 법령에 의하여 지방자치단체에 속하는 사무를 처리한다."고 규정하였다. 즉, 지방자치단체의 사무는 자치사무(고유사무)와 법령에 의하여 그 단체에 소속된 위임사무이다. 위임사무에는 단체위임사무와 기관위임사무가 있는바, 기관위임사무란 국가 등이 지방자치단체의 장 기타의 기관에 대하여 위임한 사무이다. 기관위임사무는 국가의 사무가 지방자치단체의 장 등에게 위임된 것이므로 그 처리의 효과가 국가에 귀속되는 국가의 사무이다. 지방자치단체의 장 기타의 기관은 기관위임사무를 처리하는 범위 안에서는 지방자치단체의 기관이 아니고, 그 사무를 위임한 국가 등의 기관의 지위에 서게 된다.

국회의원과 국회의장은 당사자능력이 인정된다. 그와 같은 구도로 지방의회 의원과 의장도 당사자능력이 인정될 것인가? 헌재는 부정한다. 아래의 판례를 참조하자.

> **헌재 2010. 4. 29. 2009헌라11 [안산시의회 사건]**
>
> | | |
> |---|---|
> | 사안 | 안산시는 문화복합돔구장 건설을 위하여 안산도시공사를 설립한 후, 안산시 소유의 토지를 위 공사에게 현물출자하기 위하여, 안산시장은 피청구인인 안산시의회 의장에게 위와 같은 내용이 포함된 공유재산 관리계획 변경안을 제출하였다. 그 후 이 사건 변경안은 소관 상임위원회인 기획행정위원회에서 의결되었고, 피청구인(안산시 의회 의장)은 안산시의회 본회의에서 이 사건 변경안을 가결된 것으로 선포하였다.
 안산시의회 의원인 청구인들은 피청구인이 이 사건 변경안을 가결·선포한 행위는 청구인들의 의안 심의·표결권 등을 침해하여 무효라는 이유로 헌법재판소에 권한쟁의심판을 청구하였다. |
> | 당사자 | 청구인: 안산시의회 의원
 피청구인: 안산시의회 의장 |
> | 판시 | 헌법 제111조 제1항 제4호는 지방자치단체 상호간의 권한쟁의에 관한 심판을 헌법재판소가 관장하도록 규정하고 있고, 헌법재판소법 제62조 제1항 제3호는 이를 구체화하여 헌법재판소가 관장하는 지방자치단체 상호간의 권한쟁의심판의 종류를, ① 특별시·광역시 또는 도 상호간의 |

---

9 헌재 1999. 7. 22. 98헌라4 결정에서, 피청구인 경기도지사가 재결청의 지위에서 행정심판법에 따라 행한 직접처분이 청구인 성남시의 권한을 침해하는가 여부가 문제되었다. 헌재는 지방자치단체인 청구인(성남시)과 국가기관인 재결청으로서의 피청구인(경기도지사) 사이의 권한쟁의 사건이라고 하면서, 지방자치단체의 장인 경기도지사에 대해 당사자능력을 인정하였다.

> 권한쟁의심판, ② 시·군 또는 자치구 상호간의 권한쟁의심판,
> ③ 특별시·광역시 또는 도와 시·군 또는 자치구 간의 권한쟁의심판 등으로 규정하고 있으므로,
> 이 사건과 같이 지방자치단체의 의결기관인 지방의회를 구성하는 지방의회 의원과 그 지방의회
> 의 대표자인 지방의회 의장 간의 권한쟁의심판은 헌법 및 헌법재판소법에 의하여 헌법재판소가
> 관장하는 지방자치단체 상호간의 권한쟁의심판의 범위에 속한다고 볼 수 없다.[10]

나. 당사자적격

당사자적격이란, 특정한 심판사건에 있어서 정당한 당사자로 심판을 수행하고, 그 결과로서 헌법재판소의 본안판단을 받기에 적합한 자격을 말한다.

지방자치단체는 지방자치단체의 장에 대한 기관위임 사무에 관하여 권한쟁의를 제기할 수 없다(헌재 2013. 12. 26. 2012헌라3)는 점은 위에서도 보았다. 단체위임사무에 관하여는 심판을 청구할 수 있다.

국회부의장은 법률안가결선포행위에 관해 피청구인적격이 인정되지 않는다.[11]

민사소송법상, 소송물인 권리 또는 법률관계의 실질적 귀속주체가 아닌 제3자가 그 소송물에 관하여 정당한 당사자로서 소송실시권을 가지고 있는 경우를 제3자의 소송담당 또는 소송신탁이라 한다. 파산관재인, 유언집행자가 여기에 해당한다. 권한쟁의심판에서 다른 당사자를 위하여, 자기의 이름으로 심판을 수행할 수 있는가가 문제된다. 판례는 부정적이다.[12]

	헌재 2007. 7. 26. 2005헌라8
사안	정부는 WTO 회원국들과의 쌀 협상을 통해 이른바 양허표 개정안을 채택하면서 이와 별도로 개별 국가와 합의문을 작성하였다. 정부는 국회에 위 양허표 개정안에 대한 비준동의안을 제출하면서 위 합의문을 포함시키지 아니하였다. 국회의원인 청구인들은 위 합의문을 포함하여 비준동의안을 제출할 것을 요구하였고, 정부는 이를 거부하였다. 국회의원인 청구인들은 피청구인 대통령이 위 합의문을 국회의 동의 없이 체결·비준한 행위로 인하여 국회의 조약 체결·비준 동의권 및 청구인들의 조약안 심의·표결권이 침해되었다고

---

10 "헌법은 '국가기관'과는 달리 '지방자치단체'의 경우에는 그 종류를 법률로 정하도록 규정하고 있고(제117조 제2항), 지방자치법은 위와 같은 헌법의 위임에 따라 지방자치단체의 종류를 특별시, 광역시, 도, 특별자치도와 시, 군, 구로 정하고 있으며(지방자치법 제2조 제1항), 헌법재판소법은 지방자치법이 규정하고 있는 지방자치단체의 종류를 감안하여 권한쟁의심판의 종류를 정하고 있다. 즉, 지방자치법은 헌법의 위임을 받아 지방자치단체의 종류를 규정하고 있으므로 헌법재판소가 헌법해석을 통하여 권한쟁의심판의 당사자가 될 지방자치단체의 범위를 새로이 확정하여야 할 필요가 없다."(헌재 2010. 4. 29. 2009헌라11)

11 헌재 2009. 10. 29. 2009헌라8. "피청구인 국회부의장은 국회의장의 위임에 따라 그 직무를 대리하여 법률안 가결선포행위를 할 수 있을 뿐(국회법 제12조 제1항 참조), 법률안 가결선포행위에 따른 법적 책임을 지는 주체가 될 수 없으므로 권한쟁의심판청구의 피청구인 적격이 인정되지 아니한다."

	주장하면서 권한쟁의심판을 청구하였다.
당사자	청구인: 국회의원 피청구인: 대통령
판시	1. 국회의 의사가 다수결에 의하여 결정되었음에도 다수결의 결과에 반대하는 소수의 국회의원에게 권한쟁의심판을 청구할 수 있게 하는 것은 다수결의 원리와 의회주의의 본질에 어긋날 뿐만 아니라, 국가기관이 기관 내부에서 민주적인 방법으로 토론과 대화에 의하여 기관의 의사를 결정하려는 노력 대신 모든 문제를 사법적 수단에 의해 해결하려는 방향으로 남용될 우려도 있으므로, 국가기관의 부분 기관이 자신의 이름으로 소속기관의 권한을 주장할 수 있는 '제3자 소송담당'을 명시적으로 허용하는 법률의 규정이 없는 현행법 체계 하에서는 국회의 구성원인 국회의원이 국회의 조약에 대한 체결·비준 동의권의 침해를 주장하는 권한쟁의심판을 청구할 수 없다. 2. 국회의원의 심의·표결권은 국회의 대내적인 관계에서 행사되고 침해될 수 있을 뿐 다른 국가기관과의 대외적인 관계에서는 침해될 수 없는 것이므로, 국회의원들 상호간 또는 국회의원과 국회의장 사이와 같이 국회 내부적으로만 직접적인 법적 연관성을 발생시킬 수 있을 뿐이고 대통령 등 국회 이외의 국가기관과 사이에서는 권한침해의 직접적인 법적 효과를 발생시키지 아니한다. 따라서 피청구인인 대통령이 국회의 동의 없이 조약을 체결·비준하였다 하더라도 국회의원인 청구인들의 심의·표결권이 침해될 가능성은 없다.[13]

2. 처분 또는 부작위

위의 A형 권한쟁의에서는 반드시 처분이 있어야 권한쟁의를 제기할 수 있는 것은 아니다. 장래처분이 확실하게 예정되어 있고, 피청구인의 장래처분에 의해서 청구인의 권한이 침해될 위험성이 있어서 청구인의 권한을 사전에 보호해 주어야 할 필요성이 매우 큰 예외적인 경우에는 권한의 유무 또는 범위의 확인을 구하는 권한쟁의심판을 청구할 수 있다.[14]

거기에 비하여 B형 권한쟁의, 즉 처분의 권한침해 확인, 더 나아가 처분의 취소 또는 무효확인을 구하는 권한쟁의의 경우에는 처분이 있어야 권한쟁의를 제기할 수 있음은 당연하다. 여기서는 처분으로 인정되는 범위가 중요하다.

---

12 헌마소원에서 단체가 구성원을 위하여 자기 이름으로, 구성원이 단체를 위하여 자신의 이름으로 헌법소원을 제기할 수 없다는 것과 같은 법리이다.

13 제3자의 소송담당과는 무관한 쟁점이다. 이해해 둘 필요가 있어서 기재하여 두었다.

14 헌재 2004. 9. 23. 2000헌라2. 구구하게 설명하였지만, 민사소송법상 확인의 이익이 있는가의 문제이다.

헌법재판소법 제61조 제2항에 의하면, 권한쟁의심판청구는 피청구인의 처분 또는 부작위가 헌법 또는 법률에 의하여 부여받은 청구인의 권한을 침해하였거나 침해할 현저한 위험이 있는 때에 한하여 이를 할 수 있다. 여기서 '처분'이란 법적 중요성을 지닌 것에 한하는 것으로, 청구인의 법적 지위에 구체적으로 영향을 미칠 가능성이 있는 행위여야 한다. 헌법재판소는 위 처분과 관련하여, 처분은 입법행위와 같은 법률의 제정 또는 개정과 관련된 권한의 존부 및 행사상의 다툼, 행정처분은 물론 행정입법과 같은 모든 행정작용 그리고 법원의 재판 및 사법행정작용 등을 포함하는 넓은 의미의 공권력처분을 의미하는 것으로 보아야 한다.

　　입법 영역의 처분으로는 '법률의 제정행위와 개정행위,'[15] 국회의장의 법률안가결선포행위(헌재 2006. 2. 2. 2005헌라6)가 대표적이다.

　　행정 영역의 처분으로는 대통령령 제정행위(헌재 2002. 10. 31. 2001헌라1), 조례개정행위(헌재 2004. 9. 23. 2003헌라3)가 있다. 헌재는 정부의 법률안 제출행위(헌재 2005. 12. 22. 2004헌라3), 단순한 업무 협조 요청, 업무 연락 등(헌재 2006. 3. 30. 2005헌라1)에 대해서는 처분성을 부정하였다.

　　한편 청구인의 권한에 부정적인 영향을 주어서 법적으로 문제되는 경우에는 사실행위나 내부적인 행위도 권한쟁의심판의 대상이 되는 처분에 해당한다고 할 것이므로, 피청구인의 이 사건 결정은, 그것이 행정소송의 대상이 되는 처분인지 여부는 별론으로 하고, 권한쟁의심판의 대상이 되는 처분에 해당한다(헌재 2006. 3. 30. 2003헌라2).

당사자	청구인 아산시 피청구인 건설교통부장관
사안	피청구인은 이 사건 고속철도역의 명칭을 "천안아산역(온양온천)"으로 결정(이하 '이 사건 결정'이라 한다)하였다. 청구인은 2003. 11. 27. 이 사건 결정의 취소를 구하는 이 사건 권한쟁의심판을 청구하였다.
판시	가. 권한쟁의심판대상이 되는 처분의 존부 청구인의 권한에 부정적인 영향을 주어서 법적으로 문제되는 경우에는 사실행위나 내부적인 행위도 권한쟁의심판의 대상이 되는 처분에 해당한다고 할 것이므로, 피청구인의 이 사건 결정은, 그것이 행정소송의 대상이 되는 처분인지 여부는 별론으로 하고, 권한쟁의심판의 대상이 되는 처분에 해당한다고 할 것이다. 나. 청구인의 권한의 침해개연성

---

15 '법률' 자체가 아님을 주의하여야 한다.

권한쟁의심판은 피청구인의 처분 또는 부작위가 헌법 또는 법률에 의하여 부여받은 청구인의 권한을 침해하였거나 침해할 현저한 위험이 있는 때에 한하여 허용되는 것이므로, 피청구인의 처분 또는 부작위로 인하여 헌법 또는 법률에 의하여 부여받은 청구인의 권한이 침해될 개연성이 전혀 없는 경우에는 권한쟁의심판청구가 부적법하다고 할 것이다.

지방자치법 제11조 제6호는 지방자치단체가 처리할 수 없는 국가사무로 "우편, 철도 등 전국적 규모 또는 이와 비슷한 규모의 사무"를 열거하고 있으므로, 고속철도의 건설이나 고속철도역의 명칭 결정과 같은 일은 국가의 사무이고 지방자치단체인 청구인의 사무가 아님이 명백하다. 따라서 이 사건에서 청구인 권한이 침해될 개연성이 있는지 여부는 우선 청구인이 주장하는 바와 같은 영토고권이라는 자치권이 헌법 또는 법률에 의하여 청구인에게 부여되어 있는지 여부에 따라 결정된다고 할 것이다.

지방자치제도라 함은 일정한 지역을 단위로 일정한 지역의 주민이 그 지방주민의 복리에 관한 사무·재산관리에 관한 사무·기타 법령이 정하는 사무(헌법 제117조 제1항)를 그들 자신의 책임 하에서 자신들이 선출한 기관을 통하여 직접 처리하게 함으로써 지방자치행정의 민주성과 능률성을 제고하고 지방의 균형 있는 발전과 아울러 국가의 민주적 발전을 도모하는 제도이다. 헌법 제117조, 제118조가 제도적으로 보장하고 있는 지방자치의 본질적 내용은 '자치단체의 보장, 자치기능의 보장 및 자치사무의 보장'이라고 할 것이다.

그러나 지방자치제도의 보장은 지방자치단체에 의한 자치행정을 일반적으로 보장한다는 것뿐이고, 마치 국가가 영토고권을 가지는 것과 마찬가지로 지방자치단체에게 자신의 관할구역 내에 속하는 영토·영해·영공을 자유로이 관리하고 관할구역 내의 사람과 물건을 독점적·배타적으로 지배할 수 있는 권리가 부여되어 있다고 할 수는 없다. 청구인이 주장하는 지방자치단체의 영토고권은 우리 나라 헌법과 법률상 인정되지 아니한다. 따라서 이 사건 결정이 청구인의 영토고권을 침해한다는 주장은 가지고 있지도 않은 권한을 침해받았다는 것에 불과하여 본안에 들어가 따져볼 필요가 없다.

부작위에 대해서는 주의를 요한다. 부작위라 함은 단순한 사실상의 부작위가 아니고 헌법상 또는 법률상의 작위의무가 있는데도 불구하고 이를 이행하지 아니하는 것을 말한다(헌재 1998. 7. 14. 98헌라3).[16]

3. 권한의 침해 또는 침해할 현저한 위험

헌재 2006. 5. 25. 2005헌라4

헌법재판소법 제61조 제2항에 따라 권한쟁의심판을 청구하려면, 피청구인의 처분 또는 부작위로 인해 청구인의 권한이 침해되었거나 현저한 침해의 위험성이 존재하여야 한다. 여기서 '권한의 침해'란 피청구인

---

16 행정소송법 제2조 제1항 제2호. "부작위"라 함은 행정청이 당사자의 신청에 대하여 상당한 기간 내에 일정한 처분을 하여야 할 법률상 의무가 있음에도 불구하고 이를 하지 아니하는 것을 말한다.

의 처분 또는 부작위로 인한 청구인의 권한침해가 과거에 발생하였거나 현재까지 지속되는 경우를 의미하며, '현저한 침해의 위험성'이란 아직 침해라고는 할 수 없으나 침해될 개연성이 상당히 높은 상황을 의미한다. 권한쟁의심판청구의 적법요건 단계에서 요구되는 권한침해의 요건은, 청구인의 권한이 구체적으로 관련되어 이에 대한 침해가능성이 존재할 경우 충족되는 것으로 볼 수 있다. 권한의 침해가 실제로 존재하고 위헌 내지 위법한지의 여부는 본안의 결정에서 판단되어야 할 것이다.

4. 청구기간

권한쟁의의 심판은 그 사유가 있음을 안 날부터 60일 이내에, 그 사유가 있은 날부터 180일 이내에 청구하여야 한다(헌재법 제63조 제1항). 양자를 모두 충족하여야 한다. '그 사유가 있음을 안 날'은 다른 국가기관 등의 처분에 의하여 자신의 권한이 침해되었다는 사실을 특정할 수 있을 정도로 현실적으로 인식하고 이에 대하여 심판청구를 할 수 있게 된 때를 말하고, 그 처분의 내용이 확정적으로 변경될 수 없게 된 것까지를 요하는 것은 아니다(헌재 2007. 3. 29. 2006헌라7).

피청구인의 장래처분에 의한 권한침해 위험성이 발생하는 경우에는 장래처분이 내려지지 않은 상태이므로 청구기간의 제한이 없다(헌재 2004. 9. 23. 2000헌라2).

국회의 법률제정행위의 경우, 법률이 공포되거나 이와 유사한 방법으로 일반에게 알려진 것으로 간주된 때를 기준으로 한다(헌재 2006. 5. 25. 2005헌라4). 부작위의 경우 부작위가 계속되고 있는 한 적법하게 청구할 수 있다(헌재 2006. 8. 31. 2004헌라2).

5. 심판의 이익

권한쟁의는 객관소송이지만, 권한쟁의로써 해결해야 할 구체적인 보호이익이 있어야 한다. 그 청구인에 대한 권한침해가 종료된 경우에는 권리보호이익이 없어 부적법하다(헌재 2011. 8. 30. 2010헌라4).

다만, 권리보호이익을 인정할 수 없다 하더라도, 같은 유형의 침해행위가 앞으로도 계속 반복될 위험이 있고, 헌법질서의 수호·유지를 위해 그에 대한 헌법적 해명이 긴요한 사항에 대해서는 심판청구의 이익을 인정할 수는 있다(헌재 2009. 5. 28. 2006헌라6).

Ⅳ. 종국결정

1. 심판정족수

권한쟁의심판은 지정재판부의 사전심사를 받지 않는다. 모든 권한쟁의심판은 9명의 재판관으로 구성되는 전원재판부(헌재법 제22조 제1항)에서 재판관 7명 이상의 출석으로 심리한다(헌재법 제23조 제1항). 그리고, 종국심리에 관여한 재판관의 과반수 찬성으로 권한쟁의심판에 관한 결정을 한다(헌재법 제23조 제2항). 인용결정이든 기각결정이든 마찬가지다. 다른 심판사건의 경우 6명 이상의 찬성으로 위헌 또는 인용 결정을 하는 것과 다르다.

다만, 종전에 헌법재판소가 판시한 헌법 또는 법률의 해석 적용에 관한 의견을 변경하는 경우 재판관 6명 이상의 찬성을 요한다(헌재법 제23조 제2항 단서 제2호).[17]

2. 결정

A형 권한쟁의와 B형 권한쟁의의 인용 결정의 주문은 앞의 Ⅱ.에서 이미 보았다. 다시 한 번 확인하기 바란다. 그중 A형의 것은 헌재법 제66조 제1항에 부합하고, B형의 것은 헌재가 법문상의 근거 없이 창설한 것이다.

헌재법 제66조 제2항에 따르면, 같은 조 제1항에 따라 인용 결정을 하는 경우에,[18] 권한침해의 원인이 된 피청구인의 처분을 취소하거나 무효임을 확인할 수 있다. 이 부분의 주문도 앞의 Ⅱ.에서 확인하기 바란다. 법문만을 보면, 헌재법 제66조 제2항의 주문을 구하는 청구를 하더라도 직권발동을 촉구하는 것에 불과하다고 할 것이지만, 헌재는 이 부분 청구를 유효하다고 보고, 주문에서 응답하고 있다. 그래서 제1항 부분에 대해 인용 결정을 하면서, 제2항 부분에 대하여 기각하는 결정을 하기도 하였다(헌재 2011. 8. 30. 2009헌라7).[19] 이 결정의 취지에 대해서는 아래, 2009헌라12 결정을 참조하기 바란다.

---

17 각하 여부에 관해서는 재판관 과반수의 찬성으로 결정한다. 헌재법 제23조 제2항 본문. 유예기간을 둔 경우 청구기간의 기산점을 법 시행일로 하는 선례가 있었는데, 헌재 2003. 1. 30. 2002헌마516 결정에서는 재판관 5명이 유예기간이 종료한 때 청구기간이 기산된다는 의견을 내었지만, 판례변경에는 성공하지 못 하였다. 관여 재판관 과반수로 결정하는 것이라도 일단 결정되면 그 의견을 변경하기 위해서는 재판관 6명 이상의 찬성을 필요로 하기 때문이다. 헌재 2020. 4. 23. 2017헌마479 결정에 의해 판례가 변경되어, 유예기간이 종료한 때 청구기간이 기산되는 것으로 되었다. 재판관 7명의 찬성이 있었다.

18 기각결정을 하는 경우를 제외하고 있다.

19 법문만을 보면, 제1항 부분을 인용하고 제2항 부분은 아무런 응답을 하지 아니하더라도 판단누락이라 할 수 없다.

	헌재 2010. 11. 25. 2009헌라12
사안	청구인들은 국회의원들로서, 헌법재판소에 국회의장을 피청구인으로 하여, 피청구인의 신문법안 등에 대한 가결선포 행위가 청구인들의 위 각 법률안 심의·표결권을 침해하는지 여부 및 위 각 법률안에 대한 가결선포행위가 무효인지 여부에 관한 권한쟁의심판을 청구(2009헌라8 등 사건)하였다. 헌재는 신문법안 등의 가결선포 행위는 청구인들의 위 각 법률안 심의·표결권을 침해한 것임을 확인하고, 위 각 법률안 가결선포행위의 무효확인청구를 기각하는 결정을 선고하였고, 이후 각 법률은 시행되었다. 청구인들은 헌법재판소가 2009헌라8등 사건의 결정주문 제2항에서 피청구인의 신문법안 등에 대한 가결선포행위가 청구인들의 이 사건 각 법률안 심의·표결권을 침해한 것이라고 인정한 이상, 위 주문의 기속력에 따라 피청구인은 청구인들에게 위 법률안에 대한 심의·표결권을 행사할 수 있는 조치를 취하여야 함에도 불구하고 피청구인이 아무런 조치를 취하지 않고 있고, 피청구인의 위와 같은 부작위는 청구인들의 이 사건 각 법률안 심의·표결권을 침해하는 것이라고 주장하며 권한쟁의심판을 청구하였다.
당사자	청구인 정세균 등 피청구인 국회의장
심판의 대상	헌법재판소가 2009. 10. 29. 2009헌라8 등 사건에서 피청구인이 이 사건 각 법률안의 가결을 선포한 행위는 청구인들의 이 사건 각 법률안 심의·표결권을 침해한 것이라는 결정을 선고한 이후에도, 피청구인이 청구인들에게 침해된 이 사건 각 법률안 심의·표결권을 회복할 수 있는 조치를 취하지 아니하는 부작위가 청구인들의 이 사건 각 법률안 심의·표결권을 침해하는지 여부이다.
판단	① 재판관 이공현, 재판관 민형기, 재판관 이동흡, 재판관 목영준의 각하의견 헌법재판소의 권한쟁의심판의 결정은 모든 국가기관과 지방자치단체를 기속하는바, 권한침해의 확인결정에도 기속력이 인정된다. 그러나 그 내용은 장래에 어떤 처분을 행할 때 그 결정의 내용을 존중하고 동일한 사정 하에서 동일한 내용의 행위를 하여서는 아니 되는 의무를 부과하는 것에 그치고, **적극적인 재처분의무나 결과제거의무를 포함하는 것은 아니다.** 재처분의무나 결과제거의무는 처분 자체가 위헌·위법하여 그 효력을 상실하는 것을 전제하는데, 이는 처분의 취소 결정이나 무효확인 결정에 달린 것이기 때문이다. 헌법재판소법은 헌법재판소가 피청구인이나 제3자에 대하여 적극적으로 의무를 부과할 권한을 부여하고 있지 않고, 부작위에 대한 심판청구를 인용하는 결정을 한 때에 피청구인에게 결정의 취지에 따른 처분의무가 있음을 규정할 뿐이다. 따라서 헌법재판소가 권한의 존부 및 범위에 관한 판단을 하면서 피청구인이나 제3자인 국회에게 직접 어떠한 작위의무를 부과할 수는 없고, 권한의 존부 및 범위에 관한 판단 자체의 효력으로 권한침해행위에 내재하는 위헌·위법 상태를 적극적으로 제거할 의무가 발생한다고 보기도 어렵다. 그러므로 2009헌라8등 사건에서 헌법재판소가 권한침해만을 확인하고 권한침해의 원인이 된 처분의 무효확인이나 취소를 선언하지 아니한 이상, 종전 권한침해확인 결정의 기속력으로 피청구인에게 종전 권한침해행위에 내재하는 위헌·위법성을 제거할 적극적 조치를 취할

법적 의무가 발생한다고 볼 수 없으므로, 이 사건 심판청구는 부적법하다.

② 재판관 김종대의 기각의견

모든 국가기관과 지방자치단체는 헌법재판소의 권한쟁의심판에 관한 결정에 기속되는바, 헌법재판소가 국가기관 상호간의 권한쟁의심판을 관장하는 점, 권한쟁의심판의 제도적 취지, 국가작용의 비위헌적 행사를 통제하는 헌법재판소의 기능을 종합하면, 권한침해확인결정의 기속력을 직접 받는 피청구인은 그 결정을 존중하고 헌법재판소가 그 결정에서 명시한 위헌·위법성을 제거할 헌법상의 의무를 부담한다.

그러나 권한쟁의심판은 본래 청구인의「권한의 존부 또는 범위」에 관하여 판단하는 것이므로, 입법절차상의 하자에 대한 종전 권한침해확인결정이 갖는 기속력의 본래적 효력은 피청구인의 이 사건 각 법률안 가결선포행위가 청구인들의 법률안 심의·표결권을 위헌·위법하게 침해하였음을 확인하는 데 그친다. 그 결정의 기속력에 의하여 법률안 가결선포행위에 내재하는 위헌·위법성을 어떤 방법으로 제거할 것인지는 전적으로 국회의 자율에 맡겨져 있다. 따라서 헌법재판소가「권한의 존부 또는 범위」의 확인을 넘어 그 구체적 실현방법까지 임의로 선택하여 가결선포행위의 효력을 무효확인 또는 취소하거나 부작위의 위법을 확인하는 등 기속력의 구체적 실현을 직접 도모할 수는 없다.

일반적인 권한쟁의심판과는 달리, 국회나 국회의장을 상대로 국회의 입법과정에서의 의사절차의 하자를 다투는 이 사건과 같은 특수한 유형의 권한쟁의심판에 있어서는,「처분」이 본래 행정행위의 범주에 속하는 개념으로 입법행위를 포함하지 아니하는 점, 권한침해확인결정의 구체적 실현방법에 관하여 국회법이나 국회규칙에 국회의 자율권을 제한하는 규정이 없는 점, 법률안 가결선포행위를 무효확인하거나 취소하는 것은 해당 법률 전체를 무효화하여 헌법 제113조 제1항의 취지에도 반하는 점 때문에 헌법재판소법 제66조 제2항을 적용할 수 없다. 이러한 권한침해확인결정의 기속력의 한계로 인하여 이 사건 심판청구는 이를 기각함이 상당하다.

③ 재판관 조대현, 재판관 김희옥, 재판관 송두환의 인용의견

2009헌라8등 권한침해확인결정의 기속력에 의하여 국회는 이 사건 각 법률안에 대한 심의·표결절차 중 위법한 사항을 시정하여 청구인들의 침해된 심의·표결권한을 회복시켜줄 의무를 부담한다. 따라서 국회는 이 사건 각 법률안을 다시 적법하게 심의·표결하여야 한다. 이를 위하여 필요한 경우에는 이 사건 각 법률안에 대한 종전 가결선포행위를 스스로 취소하거나 무효확인할 수도 있고, 신문법과 방송법의 폐지법률안이나 개정법률안을 상정하여 적법하게 심의할 수도 있고, 적법한 재심의·표결의 결과에 따라 종전의 심의·표결절차나 가결선포행위를 추인할 수도 있을 것이다.

2009헌라8등 결정이 신문법안과 방송법안에 대한 가결선포행위의 무효확인청구를 기각하였지만, 그것이 권한침해확인 결정의 기속력을 실효시키거나 배제하는 것은 아니고, 위법한 심의·표결절차를 시정하는 구체적인 절차와 방법은 국회의 자율에 맡기는 것이 바람직하다고 본 것일 뿐이다. 결국 2009헌라8등 권한침해확인결정에도 불구하고, 국회가 이 사건 각 법률안에 대한 심의·표결절차의 위법성을 바로잡고 침해된 청구인들의 심의·표결권을 회복시켜줄 의무를 이행하지 않는 것은 헌법재판소의 종전 결정의 기속력을 무시하고 청구인들의 심의·표결권 침해상태를 계속 존속시키는 것이므로, 이 사건 심판청구를 받아들여야 한다.

④ 재판관 이강국의 인용의견

헌법재판소법 66조 제1항에 의한 권한침해확인 결정의 기속력은 모든 국가기관으로 하여금

	헌법재판소의 판단에 저촉되는 다른 판단이나 행위를 할 수 없게 하고, 헌법재판소의 결정 내용을 자신의 판단 및 조치의 기초로 삼도록 하는 것이며, 특히 피청구인에게는 위헌·위법성이 확인된 행위를 반복하여서는 안 될 뿐만 아니라 나아가 헌법재판소가 별도로 취소 또는 무효확인 결정을 하지 않더라도 법적·사실적으로 가능한 범위 내에서 자신이 야기한 위헌·위법 상태를 제거하여 비위헌·합법 상태를 회복하여야 할 의무를 부여하는 것으로 보아야 한다. 국회의 헌법적 위상과 지위, 자율권을 고려하여 헌법재판소는 국회의 입법과정에서 발생하는 구성원 간의 권한침해에 관하여는 원칙적으로 피청구인의 처분이나 부작위가 헌법과 법률에 위반되는지 여부만을 밝혀서 그 결정의 기속력 자체에 의하여 피청구인으로 하여금 스스로 비위헌적인 상태를 구현하도록 함으로써 손상된 헌법상의 권한질서를 다시 회복시키는 데에 그쳐야 하고, 이를 넘어 법 제66조 제2항 전문에 의한 취소나 무효확인의 방법으로 처분의 효력에 관한 형성적 결정을 함으로써 국가의 정치적 과정에 적극적으로 개입하는 것은 바람직하지 않다. 2009헌라8등 사건의 주문 제2항에서 피청구인이 청구인들의 위 법률안에 대한 심의·표결권을 침해하였음이 확인된 이상, 주문 제4항에서 위 법률안 가결선포행위에 대한 무효확인청구가 기각되었다고 하더라도, 피청구인은 위 권한침해확인 결정의 기속력에 의하여 권한침해처분의 위헌·위법 상태를 제거할 법적 작위의무를 부담하고, 그 위헌·위법 상태를 제거하는 구체적 방법은 국회나 국회를 대표하는 피청구인의 자율적 처리에 맡겨져야 한다. 그런데 피청구인은 위 주문 제2항의 기속력에 따른 법적 작위의무를 이행하지 아니할 뿐만 아니라 위 주문 제4항에서 무효확인청구가 기각되었음을 이유로 법적 작위의무가 없다는 취지로 적극적으로 다투고 있으므로, 이 사건 청구는 인용되어야 한다.
정리	① 권한침해 확인 + 處分不取消(無效確認 棄却)의 경우에, 일반적으로는 위헌/위법 상태를 제거할 의무가 발생한다. 이 점에 찬성한 재판관은 5명이다(재판관 이강국, 조대현, 재판관 김희옥, 재판관 송두환 + 재판관 김종대). ② 다만, 법률 제·개정 절차에 대해서는, 김종대 재판관이 다른 의견을 내었다. 법률안 가결선포 행위에 내재하는 위헌·위법성을 어떤 방법으로 제거할 것인지는 전적으로 국회의 자율에 맡겨져 있다는 것이다. ③ 권한침해확인 결정만으로는 재처분 또는 결과제거의무가 발생하지 않는다는 것이 4명 재판관(재판관 이공현, 민형기, 이동흡, 목영준)의 의견이다. 그러므로 법률의 제정 작용을 제외한 일반적인 사건에서는 재처분(결과제거)의무가 발생한다는 것임을 주의할 필요가 있다.

3. 결정의 효력

  헌재법 제67조 제1항에서 헌재의 권한쟁의심판의 결정은 모든 국가기관과 지방자치단체를 기속한다고 규정하고 있다. 기각 결정이든 인용 결정이든 기속력을 가진다.

  피청구인은 위헌·위법성이 확인된 행위를 반복하여서는 아니 될 뿐만 아니라, 나아가 기존의 위헌·위법상태를 제거하여 합헌·합법적 상태를 회복할 의무를 부담한다. 다만,

법률의 경우는 그러하지 아니하다. 위의 2009헌라12 결정 참조.

부작위에 대한 인용결정의 경우 피청구인은 결정취지에 따른 처분을 하여야 한다(헌재법 제66조 제2항).

헌재가 국가기관 또는 지방자치단체의 처분을 취소하는 결정을 하더라도 그 처분의 상대방에 대하여 이미 생긴 효력에는 영향을 미치지 아니한다(헌재법 제67조 제2항).

V. 헌재의 권한쟁의심판과 법원의 행정재판과의 관계

행정소송법 제3조 제4호는 기관소송을 행정소송의 일종으로 다루고 있다. 기관소송이라 함은, 국가 또는 공공단체의 기관 상호간에 있어서의 권한의 존부 또는 그 행사에 관한 다툼이 있을 때에 이에 대하여 제기하는 소송을 말한다. 그런데 행정소송법 제45조는 법률이 정한 경우에 법률에 정한 자에 한하여 기관소송을 제기할 수 있다고 정하고 있다.

현재 기관소송으로 이해되는 것은, 지방의회의 재의결에 대하여 지방자치단체의 장이 대법원에 제기하는 訴이다(지방자치법 제107조).[20] 그런데 이 쟁송물은 권한쟁의심판의 대상으로 되지 않는다.[21] 따라서 권한쟁의와의 관할중첩 문제는 생기지 않는다.

다만, 지방자치법 제4조 제8항의 소는 권한쟁의와 관할의 중첩 문제가 생길 수 있는데, 헌재는 2020. 7. 16. 2015헌라3 결정에서 매립지에 관한 관할권 다툼은 권한쟁의의 대상으로 되지 않는다고 보았다.[22] 이와 같은 법리는 지적공부 누락토지(지방자치법 제4조 제3항 제2호)에 대해서도 그대로 적용될 것이다.

---

20 '지방교육자치에 관한 법률' 제28조 제2항에 따라 교육·학예에 관한 지방의회의 재의결에 대해서도 준용된다. 이때에는 교육감이 원고로 된다.

21 지방자치단체의 기관은 당사자능력이 인정되지 않는다(헌재 2006. 8. 31. 2003헌라1).

22 헌재 2020. 7. 16. 2015헌라3 결정은, 행정안전부장관이 매립지가 속할 지방자치단체를 결정하도록 한 2009. 4. 1. 법률 제9577호로 개정된 지방자치법이 권한쟁의심판에 어떤 의미를 가지는지를 판단하였다. 이 결정에서 헌재는, 신생 매립지의 경우, 매립 전 공유수면에 대한 관할권을 가진 지방자치단체는 그 후 새로이 형성된 매립지에 대해서까지 어떠한 권한을 보유하고 있다고 볼 수 없으므로, 그 지방자치단체의 자치권한이 침해되거나 침해될 현저한 위험이 있다고 보기 어려워, 이와 관련된 권한쟁의심판이 부적법하다고 판시하였다. 개정 지방자치법 제4조 제8항은 관계 지방자치단체의 장은 행정안전부장관이 한 매립지가 속할 지방자치단체의 결정에 이의가 있으면 대법원에 소송을 제기할 수 있도록 하고 있으므로, 매립 전 공유수면에 대한 관할권을 가진 지방자치단체의 장은 행정안전부장관의 결정에 대해서 대법원에 제소하여 다툴 수 있다.

VI. 정리

이 책은 권한쟁의를 두 가지 유형으로 나누어 설명하였다. A형과 B형이 그것이다. A형 권한쟁의는 헌재법의 법문에 부합한다. 딱 하나 법문에 어긋난다고 보이는 점은, 처분의 취소 또는 무효확인을 쟁송물로 보는 것이다. 처분은 심판대상이 아니다. 단지 권한쟁의심판의 적법요건을 구성한다. 청구인은 처분의 취소 또는 무효확인을 구할 수 없다. 헌재가 직권으로 판단할 뿐이다. 심판청구서에 이를 기재한다고 하더라도 직권발동을 촉구하는 의미를 가지는 데 지나지 않는다.

어쨌든 A형 권한쟁의에서는 청구인과 피청구인 사이에 권한의 유무 또는 범위에 관하여 다툼이 있고, 헌재가 여기에 관해 판단을 하여 주문에 이를 표시하고 있다. 법문의 취지에 부합한다.

이에 비하여 B형 권한쟁의는 헌재의 창작에 가깝다. 헌재 스스로도 청구인과 피청구인 사이에 권한의 유무 또는 범위에 아무 다툼이 없는 권한쟁의는 부적법하다고 하면서도,[23] B형 권한쟁의를 인정하는 것은, 이론의 문제를 떠나 헌재 결정의 일관성 문제로도 비판을 받아야 한다. 더 큰 문제는 B형 권한쟁의가 현재 권한쟁의의 대종을 이루고 있다는 것이다.

B형 권한쟁의의 쟁송물은 처분의 취소 또는 무효확인이다. 권한의 유무 또는 범위는 청구인과 피청구인 사이에 다툼이 없다. 인용 결정에서 바로 피청구인의 처분을 취소하거나 무효임을 확인하기가 불편하니,[24] 그 전 단계의 판단, 즉 피청구인의 처분이 청구인의 권한을 침해한다는 주문을 먼저 내고, 나아가 피청구인의 처분을 취소하거나 무효임을 확인하는 주문을 이어서 내고 있다. 마치 헌재법 제66조 제2항에 따른 것 같은 외양을 만들었다. 그러나 형성판결에서 확인판결의 주문을 내지 아니하는 것을 안다면 그 어색함을 느낄 수 있다.

하여간 양자를 준별하여 이해하여야만 권한쟁의를 제대로 이해할 수 있다. B형 권한쟁의를 다루는데, 헌재법을 검토하여 결론을 내고자 하면 그 시도가 성공하지 못할 것이다. 헌재의 판례를 이해하고 거기에 따라가야 실무에 부합하는 결론에 이를 수 있다.

나머지 부분은 그리 어려운 부분은 없으리라고 보인다. 당사자능력에 관한 부분이

---

23 헌재 2010. 12. 28. 2009헌라2; 헌재 1998. 6. 25. 94헌라1; 헌재 2004. 9. 23. 2000헌라2; 헌재 2006. 8. 31. 2003헌라1; 헌재 2009. 7. 30. 2005헌라2.
24 헌재법 제66조 제1항의 법문과 너무 멀기 때문이다.

변호사시험에서 자주 다루어졌다. 유의할 필요가 있다. 또, 결정정족수에 특이한 점이 있음을 알 필요가 있겠다.

제5편
문서작성

I. 도입

헌법 기록형에서 출제될 수 있는 문서의 형식은, 위헌법률심판제청신청서, 이 제청신청이 기각 또는 각하된 경우에 제기하는 헌재법 제68조 제2항의 헌법소원심판청구서, 헌재법 제68조 제1항의 헌법소원심판청구서의 세 가지이다. 이것 외에 탄핵심판, 정당해산심판 또는 권한쟁의심판에 관련된 서면이 있을 수 있겠으나, 출제가능성은 매우 낮다.

여기서는 신청 또는 청구하는 서면을 작성하는 방법을 다룬다. 신청서(또는 청구서)는 법원(또는 헌법재판소)에 대하여 신청취지(또는 청구취지)에 기재된 주문을 내용으로 하는 재판을 해 줄 것을 요청하는 서면이다. 그래서 신청서(또는 청구서)의 신청취지란(또는 청구취지란)에는, 법원(또는 헌법재판소)가 재판서의 주문에 기재하여 주기를 바라는 재판의 내용과 그 재판의 형식을 기재하고 그러한 취지의 재판을 구한다는 내용의 기재를 한다.

그 외 신청(또는 청구)의 적법요건과 본안에 관한 주장, 그리고 이를 뒷받침하는 자료를 제시하고 첨부하면 된다.

II. 위헌법률심판제청신청서

1. 성격

문자 그대로 '위헌법률심판제청'을 해 줄 것을 '신청'하는 서면이다. 위헌법률심판제청은, 법원이 헌재에 대하여 '위헌법률심판'을 해 줄 것을 '제청'하는 서면이다. 결국 위헌법률심판제청신청서는 법원으로 하여금 헌재에 '위헌법률심판'을 '제청'해 줄 것을 '신청'하는 서면이다.

2. 사건

본안 사건의 사건번호와 사건명을 기재한다. 이 기재는 나중에 법원이 위헌법률심판제
청을 하면 헌재법 제42조에 따라 정지될 사건이다. 그리고, 헌재의 결정문에 '당해
사건'으로 표기될 사건이다. 만약 제청신청이 기각되어 당사자가 헌재법 제68조 제2항의
헌법소원을 제기하는 경우, '당해 사건'으로 기재할 사건번호와 사건명이다. 물론, 이
경우에는 당해 사건이 계속 중인 법원명도 기재하여야 한다. 나중에 다시 본다.

3. 신청취지

신청취지에는 법원에서 이 신청을 받아 전부 인용하는 경우에 법원이 재판서의 주문란
에 기재할 내용과 재판의 형식을 기재하면 된다. 법원은 위헌법률심판제청 결정을 할
때, 주문에 "○○법 제○조 제○항에 관하여 위헌 여부 심판을 제청한다."는 '결정'
형식의 재판을 한다. 그러므로, 신청서 신청취지란에 ""○○법 제○조 제○항에 관하여
위헌 여부 심판을 제청한다."는 결정을 구합니다."라고 기재하면 된다.

4. 신청이유

가. 신청에 이르게 된 경위?

기재할 필요가 없다. 왜냐하면, 신청을 받는 법원에 재판이 계속 중이므로, 이미
법원은 사건의 내용을 파악하고 있다고 보아도 된다. 그러므로 따로 신청에 이르게
된 경위를 설명할 필요가 없다. 물론 쓴다고 유해하지는 않다.

법원이 직권 또는 당사자의 신청을 받아 위헌법률심판제청을 할 때에는, 그 결정에서
경위를 기재한다. 필요하기 때문이다. 헌재가 당해 사건의 내용을 파악하고 재판의
전제성을 갖추었는가를 판단하는 데 필요하다.[1] 헌재는 재판의 전제성에 관하여 법원의
판단을 존중한다고 하면서도 상당히 많은 사건들에서 이를 부인하고 각하하였다. 이
책의 앞 머리에 있는 사건통계표를 보면, 위헌법률심판제청 사건이 각하된 사례가 상당히
있음을 알 수 있다.

사건의 내용이 본안의 판단에 영향을 미치는 것은 적절하지 않다. 법률의 위헌 여부는

---

1 헌법재판소 심판 규칙 제54조는 당해 사건이 형사사건인 경우 피고인의 구속 여부 및 그 기간을 기재하고, 당
  해 사건이 행정사건인 경우 행정처분의 집행정지 여부를 제청서에 기재하도록 정하고 있다.

당해 사건과 무관하게 결정되어야 한다는 점에서, 헌재는 당해 사건의 내용을 몰라야 한다고 볼 수도 있다.

여기서 한 가지 부기하여 둘 것은, 법원이 위헌법률심판제청을 하는 경우, 위헌법률심판제청결정서만 대법원을 경유하여[2] 헌재에 송부되고 기록은 송부되지 않는다는 것이다.[3] 그래서 제청결정서에 사건의 경위를 기재해 주지 아니하면 헌재가 이를 파악할 방도가 없다.

헌재법 제68조 제2항의 헌법소원심판청구서에는 이를 반드시 기재하여야 한다. 그 이유는 위헌법률심판제청의 그것과 대동소이하다. 다시 본다.

나. 적법요건

사실 이 내용은 실무에 있어서는 기재할 필요가 없다. 법원이 알아서 적법하지 아니하면 적법하지 아니하다고 판단할 것이기 때문이다. 그러나 변호사시험에서는 이를 기재하도록 요구하는 경우가 많다.

위헌법률심판의 적법요건은 '재판의 전제성'뿐이다. 그러므로 제청신청의 적법요건도 이것뿐이다. 청구기간은 문제되지 않는다. 재판이 계속 중이기만 하면 족하다. 또, 변호사강제주의도 적용되지 않는다. 변호사강제주의가 문제되는 것은 헌재법 제25조 제3항[4] 때문인데, 이것은 헌재에 심판청구를 하거나 심판수행을 할 때만 적용된다. 위헌법률심판제청신청서는 '법원'에 제출하는 서면임을 기억하여야 한다.

다. 위헌이라 해석되는 이유

여기에는 신청의 대상으로 되는 법률조항이 헌법에 위반된다는 점을 충실히 설명하면 된다. 기본권 외에도, 헌법상의 원리에 위배된다는 주장도 할 수 있다. 쟁송물이 '법률이 헌법에 위반되는지 여부'이기 때문이다.[5] 그리고 신청인의 기본권 침해만 주장할 수 있는 것이 아니다.[6] 법원이 위헌법률심판제청서에 기재할 수 있는 것이라면 신청인은

---

2 헌재법 제41조 제5항. 대법원 외의 법원이 제1항의 제청을 할 때에는 대법원을 거쳐야 한다.

3 당해 법원에 보관된다. 당해 재판은 정지되지만 법원이 긴급하다고 인정하는 경우에는 종국재판 외의 소송절차를 진행할 수 있다(헌재법 제42조).

4 헌재법 제25조 제3항. 각종 심판절차에서 당사자인 사인(私人)은 변호사를 대리인으로 선임하지 아니하면 심판청구를 하거나 심판 수행을 하지 못한다. 다만, 그가 변호사의 자격이 있는 경우에는 그러하지 아니하다.

5 반복적으로 이야기하지만, 헌재법 제68조 제1항의 헌법소원(헌마소원)에서는 청구인의 기본권침해만 주장할 수 있다. 즉, '공권력의 행사 또는 불행사로 인하여 청구인의 기본권이 침해되었는지 여부'가 쟁송물이다. 그러나 헌재법 제68조 제2항의 헌법소원(헌바소원)은 위헌법률심판제청과 마찬가지로 '법률이 헌법에 위반되는지 여부'가 쟁송물이다.

6 "우선 위 특별조치법 제7조의 3의 위헌 여부는 제청신청인의 권리와는 무관하므로 위헌주장의 적격이 없어 이 사건 제청 결정이 부적법하다는 취지의 본안 전의 주장에 관하여 보건대, 헌법재판소에 판단을 구하여 제청한 법률조문의 위헌 여부가 헌재 제청법원이 심리 중인 당해 사건의 재판결과 즉 재판 결론인 주문에 어떠한 영

신청서에서 당연히 주장할 수 있다.

라. 결론

"그러므로 신청취지와 같이 결정하여 주시기 바랍니다."가 가장 최소한이면서 필요한 결론 부분의 기재다. 신청취지에 신청인이 바라는 바가 전부 기재되어 있음을 상기하라. 이 기재는 헌재가 청구인의 심판청구를 인용하는 경우에 전형적으로 기재하는 문구[7]를 차용한 것이다. 시험장에서는 이것 이상의 말을 쓸 시간이 없을 것이다.

5. 첨부서류

필수적으로 첨부하여야 할 서류는 없다. 필요하면 참고자료를 첨부할 수도 있다. 논문이 될 수도 있고, 통계자료가 될 수도 있다.

6. 작성일자

제청신청서를 작성한 날을 기재하면 된다. 신청서를 제출하면 접수일부인이 찍히고 일부인의 날짜가 공식적인 신청일이다.

7. 수신처

신청은 '위헌법률심판제청'을 할 권한이 있는 기관에 대해 한다. 위 권한은 법원에 있다(헌재법 제41조 제1항). 더 나아가서 '당해 사건'이 계속 중인 재판부이다. 물론, 소장을 제출하면서 위헌법률심판제청신청을 하는 경우도 있겠지만 대개는 본안이 계속 중인 상태에서 위헌법률심판을 제청하기 때문에, 수신처를 담당 재판부로 특정하여 신청서를 제출하는 것이 좋다. 단독재판부라 하더라도 '귀하'가 아니라 '귀중'이라 하는 것이 옳다.

가끔 '헌법재판소'라고 기재하는 학생들이 있다. 이 서면의 성격을 전혀 이해하지 못한 것이다.

향을 준다면 그것으로서 재판의 전제성이 성립되어 제청결정은 적법한 것으로 취급될 수 있는 것이고 제청신청인의 권리에 어떠한 영향이 있는가 여부는 헌법소원심판사건이 아닌 위헌법률심판사건에 있어서 그 제청 결정의 적법 여부를 가리는데 무관한 문제라 할 것이므로 위 본안 전의 주장은 더 나아가 살필 필요 없이 그 이유 없다고 하겠다."(헌재 1990. 6. 25. 89헌가98)

7 '그러므로 청구인의 주장은 이유 있어 이를 인용하기로 하여 주문과 같이 결정한다.'

III. 헌재법 제68조 제2항의 헌법소원심판청구서

1. 성격

당사자가 헌재법 제41조 제1항에 따라 법원에 위헌법률심판제청신청을 하였으나, 법원이 이를 기각[8]한 경우 당사자가 직접 헌재에 헌법소원을 제기할 수 있다(헌재법 제68조 제2항[9]). 이때 작성하는 서면이 헌재법 제68조 제2항의 헌법소원심판청구서이다.

2. 청구인

청구인 밑에는 대리인이 반드시 기재되어야 한다. 헌재법 제25조 제3항의 변호사강제주의가 적용되기 때문이다.

이때 주의하여야 할 것은, 대리인은 청구인과 같은 열에 기재되어서는 안 된다.[10] 대리인은 청구인의 이름과 같은 열에 기재되어야 한다.[11] 대리인은 말 그대로 청구인의 대리인이지, 청구인과 동등한 격을 갖춘 것은 아니다.

3. 당해 사건

청구인이 위헌법률심판제청신청을 한 재판의 사건번호와 사건명을 기재한다. 단, 이 사건번호에는 재판이 계속된 법원명을 기재하여야 한다. 이 사건번호를 가지고 나중에 헌재법 제75조 제7항[12]에 따라 재심을 청구하여야 하는데, 법원명이 기재되어 있지 아니하면 재심대상 사건을 특정하는 데 어려움이 있을 수 밖에 없다. 전국에는 같은 사건번호가 법원의 개수만큼 여러 개 있을 수 있다.[13]

---

8 각하한 경우에도 마찬가지다.

9 헌재법 제68조 제2항. 제41조 제1항에 따른 법률의 위헌 여부 심판의 제청신청이 기각된 때에는 그 신청을 한 당사자는 헌법재판소에 헌법소원심판을 청구할 수 있다. (제2문 생략)

10 "청구인 김갑동
     대리인 변호사 이을돌"과 같이 기재하면 안 된다는 말이다.

11 "청구인 김갑돌
              대리인 이을돌"과 같은 양식으로 기재되어야 한다.

12 헌재법 제75조 제7항. 제68조 제2항에 따른 헌법소원이 인용된 경우에 해당 헌법소원과 관련된 소송사건이 이미 확정된 때에는 당사자는 재심을 청구할 수 있다.

13 물론, 사건번호와 사건명을 합치면 특정되는 경우도 있을 수 있으나. 명료성의 관점에서 기재하는 것이 낫다고 보인다. 실무례도 그러하다.

물론, 제1심 재판 계속 중에 위헌법률심판제청신청을 거쳐 헌재법 제68조 제2항의 헌법소원을 제기한 후, 항소되어서 항소심이 재심대상으로 될 수 있다. 이 경우 당해 사건란에 표시된 사건과 재심대상사건이 달라질 수 있다. 그러나 추적의 단초로서의 의미가 있다.

이와 달리, 앞에서 본 위헌법률심판제청신청서에는 법원명이 필요 없다. 왜냐하면, 제청신청서를 접수하는 법원에 계속된 사건번호임이 분명하기 때문이다. 실무상으로는 적는다고 하여 유해하지는 않을 것이다.

4. 청구취지

이 서면은 헌재에 제출하는 것이다. 청구취지에는 헌재에서 이 청구를 받아 전부 인용하는 경우에 헌재가 재판서의 주문란에 기재할 내용과 재판의 형식을 기재하면 된다. 헌재는 헌바소원에서 위헌 결정을 할 때, 주문에 "○○법 제○조 제○항은 헌법에 위반된다."는 '결정'14 형식의 재판을 한다. 그러므로, 청구서 청구취지란에 ""○○법 제○조 제○항은 헌법에 위반된다."는 결정을 구합니다."라고 기재하면 된다.

문서의 성격을 잘 파악하여야 한다. 위헌법률심판제청신청서는 '법원'에, 재판의 전제성을 갖춘 법률에 대해, 헌재에 위헌법률심판을 제청해 줄 것을 신청하는 서면이다. 그런데, 여기서 다루고 있는 헌재법 제68조 제2항의 헌법소원심판청구서는 앞의 신청이 법원에 의해 기각된 경우에 '헌재'에 재판의 전제성을 갖춘 법률이 위헌이라는 결정을 해 줄 것을 청구하는 서면이다.

5. 청구이유

가. 청구에 이르게 된 경위

앞에서 위헌법률심판제청신청서에는 신청에 이르게 된 경위를 기재할 필요가 없으나,15 헌재법 제68조 제2항의 헌법소원심판청구서에는 이를 반드시 기재하여야 한다고 하였다. 헌재는 이를 토대로 재판의 전제성과 청구기간 준수 여부를 판단한다.

---

14 헌재법 제46조.
15 당해 사건을 담당하고 있는 법원이 사건의 내용을 알고 있기 때문이다.

나. 적법요건

헌바소원의 적법요건은 ① 재판의 전제성을 갖추었을 것, ② 위헌법률심판제청신청 기각 결정을 받았을 것, ③ 청구기간을 준수하였을 것, ④ 변호사강제주의를 준수하였을 것이다. 위헌법률심판제청신청에 있어서는 재판의 전제성만이 적법요건임을 앞에서 보았다. 각 요건을 준수하였음을 설명하고 첨부서류에 그 입증자료를 첨부할 필요가 있다.

다. 위헌이라 해석되는 이유

여기에는 청구의 대상으로 되는 법률조항이 헌법에 위반된다는 점을 충실히 설명하면 된다. 기본권 외에도, 헌법상의 원리에 위배된다는 주장도 할 수 있다. 쟁송물이 '법률이 헌법에 위반되는지 여부'이기 때문이다. 그리고 청구인의 기본권 침해만 주장할 수 있는가 하는 점에 대해서는 이를 명확히 밝힌 판례가 없다. 헌바소원의 성격과 관련하여 규명되어 야 할 문제이다. 실무적으로는 문제되지 않을 것이다. 청구서에는 어느 정도 망라적, 투망적 기재가 허용된다.

라. 결론

"그러므로 청구취지와 같이 결정하여 주시기 바랍니다."가 가장 최소한이면서 필요한 결론 부분의 기재다. 청구취지에 청구인이 바라는 바가 전부 기재되어 있음을 상기하라. 앞의 제청신청서에서 본 바와 같다.

6. 첨부서류

'헌법재판소 심판 규칙' 제69조 제2항은 다음 서류를 제출하여야 한다고 정하고 있다. 적법요건과 관련된 자료들이다.

1. 위헌법률심판제청신청서 사본
2. 위헌법률심판제청신청 기각결정서 사본
3. 위헌법률심판제청신청 기각결정서 송달증명원
4. 당해사건의 재판서를 송달받은 경우에는 그 재판서 사본

헌바소원은 위헌법률심판제청신청을 하였다가 기각된 경우에 당사자가 직접 헌재에 헌법소원을 제기하는 것이므로, 제청신청을 하였던 사실과 기각결정이 있었던 사실을 증명할 필요가 있다. 그래서 제1호와 제2호의 서류가 필요하다.

제3호의 송달증명원은 청구기간을 준수하였음을 입증하기 위하여 필요하다. 다만, 제청신청기각 결정일로부터 따지더라도 30일 이내에 헌법소원을 제기하는 경우라면 송달증명원이 입증자료로 필요하지 않다. 물론 제출하더라도 유해하지 않다.

4호의 재판서 사본은 재판서를 송달받은 경우에 제출하면 된다. 대개 위헌법률심판제청 신청을 하면 본안에 관한 재판을 하면서 제청신청을 기각하는 경우가 많다. 이 경우에는 재판서가 있으므로 제출할 수 있다. 그러나 제청신청에 관한 결정은 본안 재판 전에도 할 수 있다. 이 경우에는 재판서가 존재하지 아니하므로 제출할 수 없다.

그 외에도 변호사강제주의를 준수하였음을 증명하는 서류로 위임장이 필요하다.

그리고 본안의 청구이유를 뒷받침하는 자료가 첨부될 수 있다. 논문, 통계자료, 신문기사 어느 것이나 좋다.

7. 작성일자

청구서를 작성한 날을 기재하면 된다. 청구서를 제출하면 접수일부인이 찍히고 일부인의 날짜가 공식적인 청구일이다. 다만 변호사시험에서는 청구기간의 말일을 기재할 것을 요구하는 경우가 많다. 특히 행정법에서 그렇다. 그러면 30일 또는 90일을 따지는 법을 알아야 한다.

헌재법 제40조[16]는 심판절차에 관하여 원칙적으로 민사소송법을 준용하는데, 민사소송법 제170조[17]는 기간의 계산은 민법을 따르도록 정하고 있다.

민법 제157조[18]는 기간을 일로 정한 경우 초일은 산입되지 않는다고 정하고 있다.

자주 변호사시험에서 기간의 말일이 토요일 또는 공휴일로 되도록 하여 함정을 만든다. 민법 제161조는 "기간의 말일이 토요일 또는 공휴일에 해당한 때에는 기간은 그 익일로 만료한다."고 정하고 있다.

---

16 헌법재판소법 제40조(준용규정) ① 헌법재판소의 심판절차에 관하여는 이 법에 특별한 규정이 있는 경우를 제외하고는 헌법재판의 성질에 반하지 아니하는 한도에서 민사소송에 관한 법령을 준용한다. 이 경우 탄핵심판의 경우에는 형사소송에 관한 법령을 준용하고, 권한쟁의심판 및 헌법소원심판의 경우에는 「행정소송법」을 함께 준용한다.

17 민사소송법 제170조(기간의 계산) 기간의 계산은 민법에 따른다.

18 민법 제157조(기간의 기산점) 기간을 일, 주, 월 또는 연으로 정한 때에는 기간의 초일은 산입하지 아니한다. 그러나 그 기간이 오전 영시로부터 시작하는 때에는 그러하지 아니하다.

기간의 말일, 예를 들어 제청신청기각결정서를 송달받은 날로부터 30일 되는 날이 토요일이거나 공휴일인 경우에는 그 다음 날로 만료된다. 만약 토요일이면, 그 다음 날인 일요일에 만료될 터인데, 일요일은 공휴일이므로 그 다음 날인 월요일에 만료된다. 만약 월요일이 또 공휴일이면 그 다음 날로 만료된다.

관공서의 공휴일에 관한 규정

제1조(목적) 이 영은 관공서의 공휴일에 관한 사항을 규정함을 목적으로 한다.

제2조(공휴일) 관공서의 공휴일은 다음과 같다. 다만, 재외공관의 공휴일은 우리나라의 국경일중 공휴일과 주재국의 공휴일로 한다.

1. 일요일
2. 국경일 중 3·1절, 광복절, 개천절 및 한글날
3. 1월 1일
4. 설날 전날, 설날, 설날 다음날 (음력 12월 말일, 1월 1일, 2일)
5. 삭제
6. 석가탄신일 (음력 4월 8일)
7. 5월 5일 (어린이날)
8. 6월 6일 (현충일)
9. 추석 전날, 추석, 추석 다음날 (음력 8월 14일, 15일, 16일)
10. 12월 25일 (기독탄신일)
10의2. 「공직선거법」 제34조에 따른 임기만료에 의한 선거의 선거일
11. 기타 정부에서 수시 지정하는 날

제3조(대체공휴일) ① 제2조제4호 또는 제9호에 따른 공휴일이 다른 공휴일과 겹칠 경우 제2조제4호 또는 제9호에 따른 공휴일 다음의 첫 번째 비공휴일을 공휴일로 한다.

② 제2조제7호에 따른 공휴일이 토요일이나 다른 공휴일과 겹칠 경우 제2조제7호에 따른 공휴일 다음의 첫 번째 비공휴일을 공휴일로 한다.

공휴일이 무엇인가를 알 필요가 있다. 이것을 알기 위해서는 대통령령인 '관공서의 공휴일에 관한 규정'을 살펴보아야 한다.

일요일은 공휴일이다(제2조 제1호). 그러나 토요일은 공휴일이 아니다.[19] 공무원이 토요일에 휴무하는 근거는 국가공무원법 제9조[20]이다.

다음으로 대체휴일에 관한 것인데, 대체휴일은 어린이날, 설날 전날, 설날, 설날 다음 날, 추석 전날, 추석, 추석 다음 날에만 적용된다. 그런데 어린이날은 토요일과 겹쳐도 대체휴일이 인정되나, 설날[21]이나 추석은 공휴일과 겹치는 경우에만 대체휴일이

---

19 그래서 민법 제161조도 '토요일 또는 공휴일'이라 하고 있다. 토요일이 공휴일이 아니기 때문이다. 일요일은 공휴일이므로, '토요일, 일요일 또는 공휴일'이라고 하고 있지 않다.

20 국가공무원법 9조(근무시간 등) ① 공무원의 1주간 근무시간은 점심시간을 제외하고 40시간으로 하며, 토요일은 휴무(休務)함을 원칙으로 한다. 지방공무원법 제2조도 같은 취지이다.

인정된다(제3조 참조). 예를 들어, 설날연휴가 목요일, 금요일, 토요일이면 대체휴일은 없다. 그러나, 어린이날이 토요일이면 대체휴일이 인정된다.

하나 더 남은 문제는 '근로자의 날' 문제다. '근로자의 날 제정에 관한 법률'은 "5월 1일을 근로자의 날로 하고, 이 날을 「근로기준법」에 따른 유급휴일(有給休日)로 한다."고 정하고 있다. 이것이 이 법의 내용 전부다. 그러면 이 날은 공휴일인가? 아니다. 당연히 '관공서 공휴일에 관한 규정'에 열기되어 있지 않으므로 공휴일이 아니다.[22] [23] 따라서 기간의 말일이 근로자의 날이면 그날 기간이 만료된다. 주의하여야 한다.

8. 수신처

위헌법률심판제청신청은 '위헌법률심판제청'을 할 권한이 있는 기관, 즉 법원(헌재법 제41조 제1항)에 한다. 법원에서 제청신청을 받아주지 아니한 경우에, 당사자는 직접 헌재에 헌법소원심판을 청구할 수 있다(헌재법 제68조 제2항). 여기서 작성하는 서면은 이 청구서이므로, 당연히 헌재를 수신처로 하여 작성하여야 한다.

서면	수신처	요청의 내용	신청(청구)취지	요건
위헌법률심판 제청신청서	법원	헌재에 위헌법률심판을 제청하는 결정	"○○법 제○조에 대해 위헌법률심 판을 제청한다."는 결정을 구합니다.	재판의 전제성
헌바소원 심판청구서	헌재	법률이 위헌이라는 결정	"○○법 제○조는 헌법에 위반된다." 는 결정을 구합니다.	- 재판의 전제성 - 청구기간 - 변호사강제주의

참고. 위헌법률심판제청신청서와 헌바소원심판청구서 비교

---

21 전날, 다음날 포함하여. 추석도 마찬가지다.

22 헌재 2015. 5. 28. 2013헌마343 결정에서 청구인들은 '관공서의 공휴일에 관한 규정'이 근로자의 날을 관공서의 공휴일에 포함시키지 않아 법원공무원인 청구인들의 평등권 등을 침해한다고 주장하면서 헌법소원심판을 청구하였다. 헌재는 공무원과 일반근로자는 그 직무 성격의 차이로 인하여 근로조건을 정함에 있어서 그 방식이나 내용에 차이가 있을 뿐만 아니라, 근로자의 날을 법정유급휴일로 정할 필요성에도 차이가 있다. 따라서 심판대상조항이 근로자의 날을 공무원의 법정유급휴일에 해당하는 관공서 공휴일로 규정하지 않은 데에는 합리적인 이유가 있다 할 것이므로, 심판대상조항이 청구인들의 평등권을 침해한다고 볼 수 없다고 판시하면서 심판청구를 기각하였다.

23 달력을 보라. 공휴일 표시가 없다.

IV. 헌재법 제68조 제1항의 헌법소원심판청구서

1. 성격

공권력의 행사 또는 불행사로 인하여 기본권을 침해받은 자가 헌재에 청구하는 심판이다.

2. 청구인

청구인의 기재에 관하여는 위의 헌재법 제68조 제2항의 헌법소원심판청구서 중 청구인 부분 참조.

3. 청구취지

법령을 대상으로 하는 헌법소원이라면, 위의 헌재법 제68조 제2항의 헌법소원심판청구서 중 청구취지 란과 같이 기재하면 된다. ""○○법 제○조는 헌법에 위반된다"는 결정을 구합니다."라고 기재하면 된다.[24]

4. 이유

가. 심판에 이르게 된 경위

청구인이 헌법소원을 제기하기까지의 경위를 설명할 필요가 있다. 이를 통해서 헌재는 사건의 내용을 파악하여, 적법요건을 준수하였는지 여부를 판단하고, 심판대상을 확정할

---

24 이것이 헌재법 제75조와 부합하지 않는다는 점을 재차 강조한다. 위의 기재는 실무를 따른 것이다. 헌재가 법률에 대한 헌재법 제68조 제1항의 헌법소원에 있어서도 "○○법 제○조는 헌법에 위반된다."는 형식의 주문을 내고 있기 때문에, 이에 맞춰 청구취지를 작성한다면, 위와 같이 작성하는 것이 맞다.
다만, 심판대상이 법령이 아닌 경우에는 헌재도 헌재법 제75조를 따르는 형태의 주문을 내고 있다. "피청구인이 1991. 6. 14. 청주지방검찰청 충주지청 1991년 형제2787호 사건의 피의자 이○희에 대하여 한 불기소처분은 청구인의 재판절차진술권과 평등권을 침해한 것이므로 이를 취소한다."(헌재 1992. 7. 23. 91헌마142)를 예로 들 수 있다. 침해의 원인이 된 공권력의 행사와 침해된 기본권을 특정하여 기본권 침해의 점을 확인하고(헌재법 제75조 제2항), 나아가 기본권 침해의 원인인 공권력 행사를 취소한 것이다(헌재법 제75조 제3항). 헌재가 주문을 이와 같이 내면, 청구취지도 이에 맞춰 써야 한다. ""피청구인이 1991.6.14. 청주지방검찰청 충주지청 1991년 형제2787호 사건의 피의자 이○희에 대하여 한 불기소처분은 청구인의 재판절차진술권과 평등권을 침해한 것이므로 이를 취소한다."라는 결정을 구합니다."라고 써야 한다. 이 양자의 불일치는 헌재가 법률을 준수하지 않아서 생긴 것이다.

수 있게 된다.[25]

나. 적법요건

(1) 헌마소원의 적법요건은 10가지이다. ① 기본권 주체성, ② 공권력 행사성, ③ 기본권 침해가능성, ④ 자기관련성, ⑤ 현재성, ⑥ 직접성, ⑦ 보충성, ⑧ 청구기간, ⑨ 권리보호이익, ⑩ 변호사강제주의가 그것이다.

(2) 기본권 주체성에 관해서는, 외국인, 법인, 공무원의 경우를 주목하여 살펴보면 좋겠다.

(3) 공권력 행사성이 문제 되는 경우는 그리 많지 않다. 특히 행정법 문제와 엮어서 출제되는 경우가 많으므로, 공권력 행사성이 문제 되는 사안을 헌법에서 대상으로 다루기는 어렵다.

(4) 기본권침해가능성도 마찬가지이다.

(5) 자기관련성은 원칙적으로 공권력 행사의 상대방이 헌법소원을 제기하여야 한다는 요건이다. 공권력 작용이 그 제3자의 기본권을 직접적이고 법적으로 침해하고 있는 경우에는 예외적으로 그 제3자에게 자기관련성이 인정될 수 있다(헌재 1993. 3. 11. 91헌마233). 제3자의 자기관련성 인정 여부는 문제된 법률의 입법목적, 실질적인 규율대상, 법규정에서의 제한이나 금지가 제3자에게 미치는 효과나 진지성의 정도, 규범 수규자에 의한 헌법소원의 제기가능성 등을 종합적으로 고려하여 판단하여야 한다(헌재 1997. 9. 25. 96헌마133). 이 점을 기억하면 좋겠다.

(6) 현재성은 과거와 현재 사이의 문제를 다루는 것이 아니다. 이 문제는 청구기간이나 권리보호이익에서 다룬다. 현재성은 현재와 미래 사이의 문제를 다룬다. 기본권침해 자체는 장래에 발생하더라도 그 침해의 발생이 현재 확실히 예측된다면 기본권구제의 실효성을 위하여 침해의 현재성을 인정할 수 있다(헌재 2002. 7. 18. 2001헌마605). 이 경우 청구기간은 문제되지 않는다(헌재 1999. 12. 23. 98헌마363)는 점도 기억하면 좋겠다.

(7) 직접성은 헌마소원에서 가장 까다로운 이슈다. 기본권 제한의 원동력이 100퍼센트 법령에서 유래하여야 하고, 집행기관의 의사가 개입될 여지가 있으면 직접성이 부인된다는 것이 기본적인 아이디어다. 이 점은 상세하게 파악하고 있기를 바란다. 2012헌마934 결정에 대해 상세히 설명하였다. 무슨 말인지 모르겠으면 돌아가서 다시 보기 바란다. 여기서는 생략한다.

---

25 헌법소원심판에서 심판의 대상은 청구인의 주장요지를 종합적으로 판단하여 확정할 수 있다(헌재 1998. 10. 15. 98헌마168).

(8) 보충성은 다른 구제절차가 있으면 모두 거친 후에 헌법소원을 제기하여야 한다는 것이다. 그런데 변호사시험에서 자주 다루는 법령의 경우, 법령 자체에 의하여 직접 기본권을 침해받은 경우는 그 법령 자체의 효력을 직접 다투는 소송을 일반법원에 제기하는 길이 없어 구제절차가 있는 경우가 아니므로 바로 헌법소원심판을 청구할 수 있다(헌재 1989. 3. 17. 88헌마1). 법령소원에 대하여 헌재가 보충성이 충족되지 아니하였다는 이유로 각하한 예는 거의 없다. 전혀 없지는 않다. 법률의 경우에는 전혀 없다. 완벽하게 없다. 법률에 기한 처분을 다투어서 권리구제가 가능하므로 보충성이 인정되지 않는다, 이런 말을 하면 안 된다. 법률에 대해서 보충성이 부정되는 경우는 없다. 직접성 충족 문제와도 무관한다.

(9) 청구기간에 관해서는, 법령의 시행과 동시에 기본권을 침해받게 되는 경우에는 그 법령이 시행된 사실을 안 날부터 90일 이내에, 법령이 시행된 날부터 1년 이내에 헌법소원을 제기하여야 하고, 법령이 시행된 뒤에 비로소 그 법령에 해당하는 사유가 발생하여 기본권을 침해받게 된 경우에는 그 사유가 발생하였음을 안 날부터 90일 이내에, 그 사유가 발생한 날부터 1년 이내에 헌법소원을 제기하여야 한다(헌재 2004. 4. 29. 2003헌마484)는 판시의 취지를 정확하게 이해할 필요가 있다.

최근 유예기간을 둔 경우의 청구기간 기산점에 관한 판례가 변경되었는데, 주목할 필요가 있다. 유예기간이 끝나는 시점을 청구기간의 기산점으로 보아야 한다는 것이다(헌재 2020. 4. 23. 2017헌마479).

(10) 권리보호이익에 관해서는 이론적으로 다루어야 할 점이 많으나, 변호사시험에서 권리보호이익을 따로 검토하라는 문제를 내기는 어렵다. 행정법에서 그 법령에 기한 처분을 다툰다는 것은 그 법령이 침익적이라는 것이다. 그 법령이 위헌으로 결정되어 그 효력을 상실하면 당사자의 법적 지위가 향상되는 것이 일반적이다. 다만 비형벌조항에 대해 위헌 결정이 있더라도 장래효가 인정될 뿐이므로, 이미 확정력이 생긴 기존의 집행작용의 효력은 그대로 유지될 수 있다.

(11) 변호사강제주의에 대해서는 여기서 보탤 말이 없다.

(12) 쟁점으로 특정하여 출제를 한다면, 기본권 주체성, 자기관련성, 현재성, 직접성, 청구기간 정도가 중요하다. 법률에 대한 헌마소원에서는 보충성은 어떤 경우에도 충족되는 것이라 쓰면 된다. 법률의 유무효를 다투는 다른 구제절차가 없기 때문이다.[26]

---

26 헌재는 의식적이든 무의식적이든 이 지점에서 헌바소원을 쳐다보지 않는다. 앞에서 상세히 다루었다.

다. 본안

헌마소원을 다룸에 있어서 가장 주의해야 하는 것은, '기본권침해'만 다룰 수 있다는 것[27]이다. 그것도 청구인의 것만 주장하여야 한다[28]는 것이다. 아무리 강조해도 충분하지 않다.

라. 결론

"그러므로 청구취지와 같이 결정하여 주시기 바랍니다."가 가장 최소한이면서 필요한 결론 부분의 기재다. 앞에서 본 바와 같다.

5. 첨부서류

적법요건 중, '자기관련성'과 '청구기간'을 충족하였다는 점을 입증할 수 있는 자료를 반드시 첨부하여야 한다. 자기관련성과 청구기간은 개별적으로 판단되기 때문이다. 기본권 주체성이 문제 되는 경우라면 이를 입증하는 자료도 필요할 것이다. 예를 들어 외국인이라면 외국인등록증, 현재 직업활동을 하고 있다는 재직증명서 등이 도움될 것이다.

본안에 관하여는 논문, 통계자료 등이 참고자료로 제출될 수 있다.

6. 작성일자

헌법소원심판청구서를 작성한 날을 기재하면 된다. 청구서를 제출하면 접수일부인이 찍히고 일부인의 날짜가 공식적인 청구일이다. 도달주의 때문이다.[29]

---

27 '청구인은 이 사건 심판대상 규정이 신뢰보호의 원칙, 소급효금지의 원칙, 위임입법금지의 원칙(법률유보의 원칙)에 위반된다고 주장하나, 헌법소원에 있어서 헌법상의 원리나 헌법상 보장된 제도의 내용이 침해되었다는 사정만으로 바로 청구인의 기본권이 직접 현실적으로 침해된 것이라고 할 수 없으므로 이러한 주장은 이유 없다.'(헌재 2007. 6. 28. 2005헌마1179)

28 '청구인들은 입양기관을 운영하는 사회복지법인으로 하여금 '기본생활지원을 위한 미혼모자가족복지시설'을 함께 운영할 수 없도록 한 한부모가족지원법 조항들이 미혼모 및 그 자녀가 되는 자의 행복추구권, 인간다운 생활을 할 권리, 평등권을 침해한다고 주장한다. 그러나 이러한 주장은 청구인들 자신의 기본권이 침해되었다는 주장이 아니므로 권리구제형 헌법소원인 이 사건에서 이에 대해 별도로 판단하지 아니한다.'(헌재 2014. 5. 29. 2011헌마363)

29 '헌법소원의 제기일은 헌법이나 법에 특별한 규정이 없는 이상 일반원칙인 도달주의에 따라 헌법재판소에 심판청구서가 접수된 날이다. 따라서 청구인이 심판청구서를 발송한 시점을 기준으로 청구기간 내라 하더라도 심판청구서가 헌법재판소에 도달한 시점에 청구기간이 경과하였다면 이는 부적법한 청구가 된다.'(헌재 1990. 5. 21. 90헌마78)

7. 수신처

'헌법재판소 귀중'이라고 기재하면 된다.

V. 검토보고서

현재까지는 별로 주목을 받지 못했지만,[30] 로펌 안에서 시니어 변호사가 주니어 변호사에게 의뢰받은 사건에 관한 검토보고서 작성을 요청했을 때, 어떻게 응답하여야 할 것인가 하는 점을 다루는 문제도 출제 가능하다고 본다.

현재 출제되고 있는 제청신청서나 헌법소원심판청구서는 결론이 닫혀 있다. 이 서면들을 쓰면서 위헌이 아니라는 결론을 도출해 내면 아마 변호사를 그만 두어야 하지 않을까.

출제자들이 결론에 대해서도 고민을 하면서 문서를 작성하게 하려면 판결문이나 결정문을 쓰라고 할 수 밖에 없는데, 이것은 변호사로서 작성하는 서면이 아니라 변호사시험의 출제범위에 들지 않는다.

결론에 대해 고민하면서 변호사가 쓸 수 있는 서면으로는 여기서 제시한 검토보고서가 있다. 제청신청서나 청구서에 식상한 출제자가 선택할 수 있는 대안이다.

검토보고서는 양식이 있을 수 없다. 그러면 어떤 내용을 담아야 할 것인가? 검토보고서 작성을 요청한 사람이 궁금해 할 것이 무엇인가 하는 점을 생각해 보면 답이 나올 것이라고 본다.

우선 일을 맡긴 시점과 보고하는 시점 사이에 시간적 간극이 있을 터이니, 의뢰받은 사건의 내용을 요약하고 시니어 변호사가 작성해 주도록 요청한 바가 있으면 이를 기재해 둘 필요가 있다. 그리고 그 요청사항에 대해 응답을 하여야 할 것이다.

그 밖에 시니어 변호사가 특정하여 요구하지 않았더라도 법률가로서 그 사안을 법적으로 분석하고, 절차적인 문제를 다룬 후에 적절한 결론을 담아내면 되지 않을까 생각된다.

---

30 공법 변호사시험에서는 아직 출제된 일이 없다. 변호사시험 모의시험에서는 출제된 적이 있다.

문서작성 실례

기초사실

김고민은 公立인 대전초등학교 교감으로 재직중, 2XX1. 10. 21. 공문서위조죄로 대전지방법원에 기소되었고, 이를 이유로 2XX1. 10. 29. 직위해제되었다.

김고민은 2XX2. 2. 23. 위 법원에서 공소사실에 대해 전부 유죄로 인정되어 징역 6월의 선고유예 판결을 받아, 항소하여 대전지방법원 제1형사부에 계속 중이다(2XX3노137). 검사는 항소하지 아니하였다.

[참고] 국가공무원법1

제69조 (당연퇴직) 공무원이 제33조 각 호의 1에 해당할 때에는 당연히 퇴직한다.

제33조 (결격사유) ① 다음의 각 호의 1에 해당하는 자는 공무원에 임용될 수 없다.

1. 금치산자 또는 한정치산자
2. 파산자로서 복권되지 아니한 자
3. 금고 이상의 형을 받고 그 집행이 종료되거나 집행을 받지 아니하기로 확정된 후 5년을 경과하지 아니한 자
4. 금고 이상의 형을 받고 그 집행유예의 기간이 완료된 날로부터 2년을 경과하지 아니한 자
5. 금고 이상의 형의 선고유예를 받은 경우에 그 선고유예기간중에 있는 자
6. 법원의 판결 또는 다른 법률에 의하여 자격이 상실 또는 정지된 자
7. 징계에 의하여 파면의 처분을 받은 때로부터 5년을 경과하지 아니한 자
8. 징계에 의하여 해임의 처분을 받은 때로부터 3년을 경과하지 아니한 자

I. 위헌법률심판제청신청서(1)

변호사 김똘똘을 대리인으로 하여, 위의 항소심 법원에 대하여, 국가공무원법 제69조 중 제33조 제1항 제5호 부분에 관하여, 2XX2. 7. 3.자로 위헌법률심판제청신청서를 작성한다.

---

1 가상의 것임.

위헌법률심판[2]제청[3]신청[4]서

사 건   2XX3노137 공문서위조[5]
신청인   김고민

신청취지

"국가공무원법 제69조 중[6] 제33조 제1항 제5호 부분에 관한 위헌 여부 심판을 제청한다."[7]라는
결정[8] [9]을 구합니다.

신청이유

[10]
I. 재판의 전제성[11]

1. 일반론

'법률의 위헌 여부에 대한 재판의 전제성이라 함은 첫째 구체적인 사건이 법원에 현
재 계속 중이어야 하고, 둘째 위헌 여부가 문제되는 법률 또는 법률조항이 당해 소
송사건의 재판과 관련하여 적용되는 것이어야 하며, 셋째 그 법률이 헌법에 위반되
는지의 여부에 따라 당해 사건을 담당한 법원이 다른 내용의 재판을 하게 되는 경우
를 말하고, 여기에서 법원이 "다른 내용의" 재판을 하게 되는 경우라 함은 원칙적으
로 법원에 계속 중인 당해 사건의 재판의 주문이나 결론에 어떠한 영향을 주는 것이
어야 하나, 비록 재판의 주문 자체에는 아무런 영향을 주지 않는다고 하더라도 문제
된 법률의 위헌 여부에 따라 재판의 결론을 이끌어내는 이유를 달리하는 데 관련되
어 있거나 재판의 내용과 효력에 관한 법률적 의미가 달라지는 경우이어야 한다'[12]는
것이 헌재의 판례입니다.

2. 적용

신청인에 대한 형사재판이 계속 중이고, 이 사건 법률조항의 위헌 여부에 따라 다른 내
용의 재판을 하는 경우 중 재판이 가지는 법적 의미가 달라지는 경우에 해당합니다.
즉, 이 사건 법률조항이 위헌이 아닌 것으로 결정되면, 신청인에 대한 선고유예의
확정판결이 신청인이 교사 직에서 당연퇴직하게 만드는 법적 효력을 가지되 될 것이
고, 이 사건 법률조항이 위헌으로 결정되면, 신청인에 대한 선고유예의 확정판결이
신청인이 교사 직에서 당연퇴직하게 만드는 법적 효력을 가지지 못 하게 될 것입니
다. 그러므로 이 사건 법률조항의 위헌 여부에 따라 다른 내용의 재판을 하는 경우
에 해당합니다.

[주의] 위에서 '다른 내용의 재판을 할 것'에 대해서는 이야기하면서도 '적용될 것'에 대해서는 아무런 언급이 없다는 점을 확인하자. 사실 이 사건 법률조항은 당해 사건에 적용되지 않는다. 이 점을 지적하면서 재판의 전제성을 부정한 것이 헌재 2015. 12. 23. 2015헌가27 결정이다. 즉, '다른 내용의 재판을 할 것'을 충족하는 하나의 경우인 '재판이 가지는 법적 의미가 달라지는 경우'는 '구조적으로' 당해 법률조항이 당해 사건에 적용되지 아니한다. 그런데, 적용 여부를 따지지 아니하고 재판의 전제성을 인정한 사례가 있었으나(헌재 1992. 12. 24. 92헌가8), 적용 여부를 판단하면서 재판의 전제성이 부인한 것이 2015헌가27 결정이다. 이 점에 대해서는 앞의 재판의 전제성 부분을 참고하기 바란다.

13

Ⅱ. 제한되는 기본권

1. 공무담임권

'공무담임권이란 입법부, 집행부, 사법부는 물론 지방자치단체 등 국가, 공공단체의 구성원으로서 그 직무를 담당할 수 있는 권리를 말합니다. 여기서 직무를 담당한다는 것은 모든 국민이 현실적으로 그 직무를 담당할 수 있다고 하는 의미가 아니라, 국민이 공무담임에 관한 자의적이지 않고 평등한 기회를 보장받음을 의미하는바, 공무담임권의 보호영역에는 공직취임의 기회의 자의적인 배제뿐 아니라, 공무원 신분의 부당한 박탈까지 포함되는 것이라고 할 것입니다. 왜냐하면, 후자는 전자보다 당해 국민의 법적 지위에 미치는 영향이 더욱 크다고 할 것이므로, 이를 보호영역에서 배제한다면, 기본권 보호체계에 발생하는 공백을 막기 어려울 것이며, 공무담임권을 규정하고 있는 위 헌법 제25조의 문언으로 보아도 현재 공무를 담임하고 있는 자를 그 공무로부터 배제하는 경우에는 적용되지 않는다고 해석할 수 없기 때문입니다.'14
신청인의 경우 선고유예 판결이 확정되면 이 사건 법률조항으로 인하여 공무원 신분이 박탈되므로, 이 사건 법률조항은 신청인의 공무담임권을 제한합니다.

2. 평등권

"평등의 원칙은 입법자에게 본질적으로 같은 것을 자의적으로 다르게, 본질적으로 다른 것을 자의적으로 같게 취급하는 것을 금하고 있"15습니다. 그러므로 두 개의 집단이 본질적으로 다르다면 다르게 처우하여야 함에도 불구하고 같게 처우하는 경우라면 차별로 인식되어야 합니다.
이 사건 법률조항은 임용결격 사유를 그대로 인용하여 당연퇴직 사유로 삼고 있습니다. 공무원으로 임용되고자 하는 사람의 집단과 이미 공무원으로 임용되어 있는 사람의 집단은 그 생활상이 본질적으로 다름에도 불구하고, 금고 이상의 형의 선고유예를 받았다는 사실을 동일하게 적용하여, 임용결격 사유로 삼음과 동시에 당연퇴직 사유로 삼는 것은 이미 공무원으로 임용되어 있는 신청인을 차별하는 것입니다.

3. 적법절차원칙

'현행 헌법에 규정된 적법절차의 원칙을 어떻게 해석할 것인가에 대하여 표현의 차이는 있지만 대체적으로 적법절차의 원칙이 독자적인 헌법원리의 하나로 수용되고 있으며 이는 절차의 적법성뿐만 아니라 절차의 적정성까지 보장되어야 한다는 뜻으로 이해하는 것이 마땅합니다. 다시 말하면 적법절차의 원리는 형식적인 절차뿐만 아니라 실체적 법률 내용이 합리성과 정당성을 갖춘 것이어야 한다는 실질적인 의미로 확대 해석되고 있습니다. 이러한 적법절차의 원리가 형사절차 이외 행정절차에도 적용되는가에 관하여 우리 헌법재판소는 이 적법절차의 원리의 적용범위를 형사소송 절차에 국한하지 않고 모든 국가작용에 대하여 문제된 법률의 실체적 내용이 합리성과 정당성을 갖추고 있는지 여부를 판단하는 기준으로 적용'[16]된다고 봅니다.

위에서 본 바와 같이 이 사건 법률조항이 신청인의 공무담임권과 평등권을 제한한다면, '법률의 내용이 합리성과 정당성'을 갖추고 있지 못한 것이어서 적법절차의 원리에 위배될 여지가 있습니다.

4. 기본권 경합

최강효력설(경합하는 기본권들 중 가장 강한 효력을 가진 기본권이 위헌성 판단의 기준으로 된다는 이론), 최약효력설(경합하는 기본권들 중 가장 약한 효력을 가진 기본권이 위헌성 판단의 기준으로 된다는 이론)이 있고, 헌재는 청구인의 의도 및 기본권을 제한하는 입법자의 객관적 동기 등을 참작하여 사안과 가장 밀접한 관계에 있고, 또 침해의 정도가 큰 주된 기본권을 중심으로 심사한다는 입장을 판시한 바 있습니다.

살피건대, 청구인에게 보장된 여러 기본권들 중 어느 하나라도 '침해'되었다고 평가된다면, 그 공권력 행사는 위헌으로 판단될 것이므로, '제한'된 기본권 전부를 심사하는 것이 타당합니다. 헌재도 대부분의 사건에서 이와 같은 입장을 따르고 있습니다.

III. 공무담임권 침해

1. '법률로써'의 문제

신청대상 법률조항에 법치주의에 관한 이슈가 드러나는 것은 없습니다.

2. '필요한 경우에 한하여'의 문제(과잉금지원칙)

'국민의 기본권을 제한하는 법률은 그 제한의 방법에 있어서도 일정한 원칙의 준수가 요구되는바, 그것이 과잉금지의 원칙이며, 과잉금지의 원칙이라는 것은 국가가 국민의 기본권을 제한하는 내용의 입법활동을 함에 있어서, 준수하여야 할 기본원칙 내지 입법활동의 한계를 의미하는 것으로서 국민의 기본권을 제한하려는 입법의 목적이 헌법 및 법률의 체제상 그 정당성이 인정되어야 하고(목적의 정당성), 그 목적의 달성을 위하여 그 방법이 효과적이고 적절하여야 하며(방법의 적절성), 입법권자가 선택한 기본권제한의 조치가 입법목적달성을 위하여 설사 적절하다 할지라도 보다 완화된 형태나 방법을 모색함으로써 기본권의 제한은 필요한 최소한도에 그치도록 하여야 하며(피해의 최소성), 그 입법에 의하여 보호하려는 공익과 침해되는 사익을 비교형량할 때 보호되는 공익이 더 커야 한다(법익의 균형성)는 헌법상의 원칙입

니다.'17

가. 목적의 정당성

'당연퇴직제도를 두는 입법목적은 임용결격사유에 해당하는 자를 공무원의 직무로부터 배제함으로써 그 직무수행에 대한 국민의 신뢰, 공무원직에 대한 신용 등을 유지하고, 그 직무의 정상적인 운영을 확보하며, 공무원범죄를 사전에 예방하고, 공직사회의 질서를 유지하고자 함에 그 목적이 있습니다. 이러한 입법목적은 입법자가 추구할 수 있는 헌법상 정당한 공익이라고 할 것이고, 이러한 공익을 실현하여야 할 현실적 필요성이 존재한다는 것도 명백'18합니다.

나. 방법의 적절성

"공무원이 범죄로 인하여 형사 유죄판결의 일종인 선고유예의 판결을 받은 경우에 공직 전체에 대한 신뢰의 유지라는 공익에 영향을 미치므로, 이 경우 당해 공무원에게 그에 상응하는 신분상의 불이익을 가하는 것은 공익을 위하여 적절한 수단이 될 수 있"19습니다.

다. 침해의 최소성

'이 사건 법률조항은 공무원이 저지른 범죄의 종류나 내용을 불문하고 범죄행위로 금고 이상의 형의 선고유예를 받게 되면 당연히 공직에서 퇴직하도록 하고 있습니다. 그런데, 같은 금고 이상의 형의 선고유예를 받은 경우라고 하여도 범죄의 종류, 죄질, 내용이 지극히 다양하므로, 그에 따라 국민의 공직에 대한 신뢰 등에 미치는 영향도 큰 차이가 있습니다. 또한 일반적으로 선고유예의 판결을 받은 경우는 법정형이 1년 이하의 징역이나 금고 또는 벌금형인 경우로서 개전의 정상이 현저한 경우를 그 요건으로 하여 법원이 재량으로써 특별히 가벼운 제재를 하는 경우입니다. 이 사건 법률조항이 규율하는 경우는 비록 선고유예 가운데에서 금고 이상의 형을 받은 경우로 한정되어 있으나, 이 경우에도 역시 당해 피고인의 책임 및 불법의 정도가 현저하게 크다고 할 수 없습니다.
그렇다면, 입법자로서는 유죄판결의 확정에 따른 당연퇴직의 사유로서 금고 이상의 형의 선고유예의 판결을 받은 모든 범죄를 포괄하여 규정할 것이 아니라, 입법목적을 달성함에 반드시 필요한 범죄의 유형, 내용 등으로 그 범위를 가급적 한정하여 규정하거나, 혹은 적어도 당해 공무원법상에 마련된 징계 등 별도의 제도로써도 입법목적을 충분히 달성할 수 있는 것으로 판단되는 경우를 당연퇴직의 사유에서 제외시켜 규정하였음이 마땅하였으며, 이와 같은 방식으로 규정함이 최소침해성의 원칙에 따른 기본권 제한 방식이라고 할 것입니다.
그런데, 이 사건 법률조항은 과실범의 경우마저 당연퇴직의 사유에서 제외하지 않고 있는바, 일반적으로 과실범은 법적인 주의의무를 게을리 한 데 대한 법적인 비난가능성은 존재하지만, 이러한 범죄로 인하여 금고 이상의 형의 선고유예를 받게 되었다고 하더라도 그로 인하여 당연히 그 공무원을 공직에서 퇴직시켜야 할 만큼 그 행위가 공직자로서의 품위를 크게 손상시킨다고 보기는 어려운 측면이 있습니다.
더욱이 이 사건 법률조항의 제정 당시와는 달리 오늘날에는 자동차 등 위험성이 잠재되어 있는 현대 문명의 이기의 이용이 일상화되고 있기 때문에 공무원이 그와 같은 문명의 이기를 이용하는 과정에서 순간적인 과실로 인하여 범죄를 저지를 수 있는 위험에 노출되어 있는 상황이고, 이러한 위험에 따른 과실범의 문제를 바라보는 일반 국민들의 시각에도 많은 변화가 생겼다는 점도 고려하여야 할 것입니다.'[20]
따라서 적어도 과실범은 제외하더라도 목적을 달성할 수 있을 것임에도 불구하고, 이를 제외하지 않고 당연퇴직하도록 하는 이 사건 법률조항은 침해의 최소성을 충족하지 못하였습니다.

라. 법익의 균형성

'공무원의 퇴직이란 당해 공무원의 법적 지위에 대한 가장 본질적인 제한이며, 이 가운데 당연퇴직이란 일정한 사유만 발생하면 별도의 실체적, 절차적 요건 없이 바로 퇴직되는 것이므로 공무원직의 상실 가운데에서도 법적 지위가 가장 예민하게 침해받는 경우입니다. 따라서, 공익과 사익간의 비례성 형량에 있어서 더욱 엄격한 기준이 요구되는 경우라고 할 것입니다.
이 사건 법률조항은 위에서 살펴본 바와 같이 당연퇴직사유를 적절한 제한 없이 포괄적으로 규정함으로써 공익을 사익에 비해 지나치게 우선시키고 있어 법익균형성의 원칙에 반하는 것입니다. 하지만, 이 사건 법률조항은 그 외에도 다음과 같은 이유로 공익과 사익이 적절한 균형을 이루고 있는 입법이라고 할 수 없다고 할 것입니다.
산업사회를 거쳐 정보화사회로 이행되어 가는 오늘날의 사회구조는 공직사회 및 민간기업조직에 많은 변화를 가져왔습니다. 즉, 민간기업사회에도 공직사회와 같은 대규모의 관리조직이 생겨나게 된 한편, 국가조직도 능률성, 효율성의 개념을 중시하면서 민간기업의 관리 경영기법이 도입되고, 그 인적구성에 있어서도 전문적인 지식·경험·기술로 무장된 관료집단을 필요로 하여 공무원과 일반의 근로자간, 공직과 사직간의 유사성의 증대, 신분적 특성의 동질화를 가져왔고, 이러한 현상은 점점 더 심화되리라고 보입니다.
이와 같은 사회구조의 변화는 일반인의 공직에 대한 인식에도 변화를 가져오게 되었는바, 사회구조의 변화에 따른 사회국가적 행정임무의 증대와 이에 따른 공무원 수의 대폭적인 증가현상은 자연히 공무원의 질과 사회적 지위에 영향을 미치게 되었고, 결과적으로 공무원이 종래 누렸던 엘리트적인 면모가 손상을 입게 되었습니다.
물론 오늘날 공직의 구조 및 공직에 대한 인식의 변화에도 불구하고 공무원은 국민에 대한 봉사자로서의 지위를 지니는 것이고 공정한 공직수행을 위한 직무상의 높은 수준의 염결성은 여전히 강조되는 것입니다. 다만, 엘리트적 면모와 사회적 명예직으로서의 공직 인식은 더 이상 유효하지 않다고 할 것이며, 따라서, '모든 범죄로부터 순결한 공직자 집단'이라는 신뢰를 요구하는 것은 오히려 국민의 공직에 대한 신뢰를 과장하여 해석하는 것이라고 아니할 수 없습니다.
다른 한편, 현대민주주의 국가에 이르러서는 사회국가원리에 입각한 공직제도의 중요성이 특히 강조되고 있는바, 이는 사회적 법치국가이념을 추구하는 자유민주국가에서 공직제도란 사회국가의 실현수단일 뿐 아니라, 그 자체가 사회국가의 대상이며 과제라는 점을 이념적인 기초로 합니다. 이는 모든 공무원들에게 보호가치 있는 이익과 권리를 인정해 주고, 공무원에게 자유의 영역이 확대될 수 있도록 공직자의 직무의무를 가능한 선까지 완화하며, 공직자들의 직무환경을 최대한으로 개선해 주고, 공직수행에 상응하는 생활부양을 해 주고, 퇴직 후나 재난, 질병에 대처한 사회보장의 혜택을 마련하는 것 등을 그 내용으로 합니다. 그런데 공무원의 생활보장의 가장 일차적이며 기본적인 수단은 '그 일자리의 보장'이라는 점에서 오늘날 사회국가원리에 입각한 공직 제도에서 개개 공무원의 공무담임권 보장의 중요성은 더욱 큰 의미를 가지고 있다고 할 것입니다.

이와 같은 공익과 사익의 현대적인 상황 속에서 단지 금고 이상의 선고유예의 판결을 받았다는 이유만으로 예외 없이 그 직으로부터 퇴직 당하는 것으로 정하고 있는 이 사건 법률조항은 지나치게 공익만을 강조한 입법이라고 아니할 수 없습니다.'[21] 따라서 이 사건 법률조항은 달성되는 공익에 비하여 침해되는 신청인의 불이익이 더욱 크다 할 것이어서 법익의 균형성을 충족하지 못하였습니다.

3. '본질적 내용' 침해금지

헌법 제37조 제2항 후단은 "제한하는 경우에도 자유와 권리의 본질적인 내용을 침해할 수 없다."고 규정하고 있습니다. "기본권의 본질적 내용은 만약 이를 제한하는 경우에는 기본권 그 자체가 무의미하여지는 경우에 그 본질적인 요소를 말하는 것"[22]입니다. 위에서 이 사건 법률조항이 신청인의 공무담임권을 과잉금지원칙에 위배되는 방법으로 침해한 점을 논증하였으므로, 이 사건 법률조항이 신청인의 공무담임권의 본질을 침해하였다는 점을 논증할 필요가 크지 아니합니다. 규범적으로는 신청인이 다른 공직에 취임하는 것 자체를 금지하는 것은 아니어서 이 사건 법률조항이 공무담임권의 본질을 침해하였다고 하기는 어렵습니다.

4. 소결론

그렇다면 이 사건 법률조항은 과잉금지원칙에 위배되는 방법으로 신청인의 공무담임권을 침해하였습니다.

Ⅳ. 평등권 침해

1. 차별

이 사건 법률조항은 임용결격사유를 그대로 인용하여 당연퇴직사유로 삼고 있습니다. 공무원으로 임용되고자 하는 사람의 집단과 이미 공무원으로 임용되어 있는 사람의 집단은 그 생활상이 본질적으로 다름에도 불구하고, 금고 이상의 형의 선고유예를 받았다는 사실을 동일하게 적용하여, 임용결격사유로 삼음과 동시에 당연퇴직사유로 삼는 것은 이미 공무원으로 임용되어 있는 신청인을 차별하는 것이라는 점은 위에서 보았습니다.

2. 정당화

"일반적으로 차별이 정당한지 여부에 대해서는 자의성 여부를 심사하지만, 헌법에서 특별히 평등을 요구하고 있는 경우나 차별적 취급으로 인하여 관련 기본권에 대한 중대한 제한을 초래하게 된다면 입법형성권은 축소되어 보다 엄격한 심사척도가 적용된다"[23]는 것이 헌재의 판례입니다.

이 사건 법률조항의 경우, 신청인의 공무담임권에 중대한 제한을 초래하는 경우에 해당합니다. 따라서 엄격한 심사 기준이 적용되어야 합니다.

"자의심사의 경우에는 차별을 정당화하는 합리적인 이유가 있는지만을 심사하기 때문에 그에 해당하는 비교대상간의 사실상의 차이나 입법목적(차별목적)의 발견·확인에 그치는 반면에, 비례심사의 경우에는 단순히 합리적인 이유의 존부 문제가 아니라 차별을 정당화하는 이유와 차별 간의 상관관계에 대한 심사, 즉 비교대상간의 사실상의 차이의 성질과 비중 또는 입법목적(차별목적)의 비중과 차별의 정도에 적정한 균형관계가 이루어져 있는가를 심사한다"[24]는 것이 헌재의 판례입니다.

"같은 입법목적을 위한 것이라고 하여도 공무원으로 채용되려고 하는 자에게 채용될 자격을 인정하지 아니하는 사유와 기존에 공무원으로서 근무하는 자를 퇴직시키는 사유를 동일하게 취급하는 것은 타당하다고 할 수 없습니다.

왜냐하면, 공무원을 새로 채용하는 경우에는 채용될 자격이 인정되지 않는다고 하여도 해당자가 잃는 이익은 크다고 할 수 없지만, 일단 채용된 공무원을 퇴직시키는 것은 공무원이 장기간 쌓은 지위를 박탈해 버리는 것이므로 당해 공무원이 잃는 이익은 대단히 크기 때문입니다. 이와 같이 다루고 있는 이익의 크기가 현저하게 상이함에도 불구하고 이를 공무원의 직무를 수행하기 위한 자격의 문제로 파악하여 그 사유를 규정함에 있어 공직취임 이전의 임용결격사유와 이후의 당연퇴직사유를 동일하게 규율하는 것은 공직취임 이후의 퇴직자의 사익에 비하여 지나치게 공익을 우선한 입법이라고 하지 않을 수 없을 것입니다."[25]

결국 공무원으로 채용되려는 자와 이미 공무원으로 임용되어 있는 자 사이의 차이와 차별의 정도 사이에 적정한 균형관계가 무너졌다 할 것이어서, 이 사건 법률조항의 차별은 정당화될 수 없습니다.

3. 소결론

이 사건 법률조항은 신청인의 평등권을 침해하였습니다.

V. 적법절차원칙 위배

위에서 본 바와 같이 이 사건 법률조항이 신청인의 공무담임권과 평등권을 침해하였으므로, '법률의 내용이 합리성과 정당성'을 갖추고 있지 못한 것이어서 이 사건 법률조항은 적법절차원칙에 위배됩니다.

Ⅵ. 결론

그러므로 신청 취지와 같이 결정하여 주시기를 바랍니다.

2XX2. 7. 3.

대전지방법원 제1형사부 귀중[26]

---

2 '위헌법률심판'은 '헌재'가 할 일이다.

3 '위헌법률심판제청'은 당해 사건을 담당한 '법원'이 할 일이다.

4 '위헌법률심판제청신청'은 당해사건의 '당사자'가 할 일이다. 그러니까 위헌법률심판제청신청은 당사자가, '법원을 향하여', '헌재에 위헌법률심판을 제청해 줄 것을 신청'하는 것이다.

5 본안이 있는 신청 사건이므로 사건의 특정을 위와 같이 간이하게 할 수 있다. 헌재법 제68조 제2항에 의한 헌법소원심판청구서에서 사건을 특정하는 방법과 비교해 보기 바란다.

6 만약 '국가공무원법 제69조, 제33조 제1항 제5호'라고 기재하고, 그대로 이 부분에 대하여 위헌이라는 결정이 선고될 경우 심각한 문제가 생길 것이다. 우선 제69조 전부가 위헌으로 결정됨으로써, 제33조 제1항에서 정하고 있는 어떠한 사유로도 당연퇴직하게 되는 경우가 모두 없어지게 될 것이다. 또, 제33조 제1항 제5호가 위헌으로 결정되어 그 효력을 잃게 됨으로 인하여 위 제5호의 사유는 임용결격사유가 아닌 것으로 될 것이다. 즉, 제5호의 사유가 있더라도 그것이 임용에 있어서 결격사유로 되지 아니할 것이다.

  '국가공무원법 제69조 중 제33조 제1항 제5호'라 기재함으로써, '제69조의 문제에 적용되는 제33조 제1항 5호 부분', 즉 제69조의 적용 영역 중 일부만이 신청의 대상으로 되는 것이고(양적 일부위헌 결정), 임용결격 사유로서의 제33조 제1항 제5호는 전혀 신청의 대상으로 되지 않는다는 것을 명시하였다.

7 법원이 이 사건 신청을 전부 인용하는 경우의 주문, 신청대상 법률조항에 대하여 위헌법률심판을 제청하는 '결정'의 주문을 기재한다. 아래의 결정서 참조.

8 제청신청에 대한 법원의 재판형식이 (판결, 결정, 명령 중) "결정"이다. 헌재법 제41조 제1항 중 '결정으로' 참조.

9 일부 문헌에서는 "'…이 헌법에 위반된다'는 결정을 구합니다."라는 신청취지를 기재례로 들고 있다. 그러나, 제청신청서는 법원에 제출하는 서면이고, '…이 헌법에 위반된다'는 재판을 할 권한은 법원이 아닌 헌재에만 있다. 따라서, 법원에 대해서는 '위헌법률심판을 제청한다'는 主文이 붙은 결정을 해달라는 것을 신청취지로 기재하는 것이 타당하다. 이 부분에 대해서는 논란이 없다.

10 아래에서 'BOX 1'이라 함은 이 박스를 말한다. 중복되는 기재를 피하기 위함이다.

11 당해 사건이 이미 계속 중인 상태에서 제출하는 신청서이므로, '사안의 개요' 등을 적어줄 필요는 전혀 없다. 사안의 개요는 재판부가 당연히 알고 있기 때문이다.

12 헌재 1992. 12. 24. 92헌가8.

13 아래에서 'BOX 2'라 함은 이 박스를 말한다.

14 헌재 2003. 10. 30. 2002헌마684 참조.

15 헌재 1996. 12. 26. 96헌가18.

16 헌재 1998. 5. 28. 96헌바4 참조.

17 헌재 1990. 9. 3. 89헌가95 참조.

18 헌재 2003. 10. 30. 2002헌마684 참조.

19 헌재 2003. 10. 30. 2002헌마684.

20 헌재 2003. 10. 30. 2002헌마684 참조.

21 헌재 2003. 10. 30. 2002헌마684 참조.

22 헌재 1995. 4. 20. 92헌바29.

23 헌재 2011. 2. 24. 2008헌바56.

24 헌재 2001. 2. 22. 2000헌마25.

II. 위헌법률심판제청결정서

위 신청 사건에 대한 인용 결정서를 작성한다. 신청 사건 번호는 2XX2초기1로 하고, 결정일 2XX2. 10. 4.로 하며, 재판장 판사 김일돌, 판사 이이돌, 판사 박삼돌로 한다.

대 전 지 방 법 원
결 정[27]

사 건	2XX3초기1 위헌법률심판제청신청
신 청 인	김고민
	대전 유성구 전민로 81 102동 1401호
	대리인 변호사 김똘똘
	대전 서구 둔산로 11 갑돌빌딩 101호
당해사건	2XX3노137 공문서위조

주 문

국가공무원법 제69조 중 제33조 제1항 제5호 부분에 관한 위헌 여부 심판을 제청한다.

이 유

I. 사건의 경위[28]

피고인이자 신청인(이하 '피고인'이라 한다)인 김고민은 公立인 대전초등학교 교감으로 재직중, 2XX1. 10. 21. 공문서위조죄로 대전지방법원에 기소되었고, 이를 이유로 2XX1. 10. 29. 직위해제되었다.

피고인은 2XX2. 2. 23. 위 법원에서 공소사실에 대해 전부 유죄로 인정되어 징역 6월의 선고유예 판결을 받아, 항소하여 당 법원에 계속 중, 선고유예 판결이 확정될 경우 국가공무원법 제69조, 제33조 제1항 제5호에 의하여 당연히 퇴직하게 될 것인데, 위 조항이 헌법에 위배된다고 주장하면서 위헌법률심판제청을 신청하였다.

II. 위헌법률심판제청의 적법성

---

25 헌재 2003. 10. 30. 2002헌마684.

26 '귀하'라고 써서는 안 된다. 수신인이 단독판사인 경우도 마찬가지이다.

위의 BOX 1참조.

Ⅲ. 제한되는 기본권

Ⅳ. 공무담임권 침해

Ⅴ. 평등권 침해

Ⅵ. 적법절차원칙 위배

위의 BOX 2 참조.

Ⅶ. 결론

그러므로, 제청대상 법률조항에 대해 위헌이라고 볼 합리적 의심[29]을 가질 수 있다. 신청인의 신청을 인용하기로 하여 주문과 같이 결정한다.

2XX2. 10. 4.

재판장 판사 김일돌
판사 이이돌
판사 박삼돌

---

27 (판결, 결정, 명령 중에서의) '결정'이다.

28 꼭 기억하여 둘 일이 있다. 법원이 위헌법률심판을 제청하는 경우, 법원은 제청결정서만 대법원을 거쳐 헌재로 송부하고, 기록은 그대로 법원에 보관한다. 그래서 사건의 경위를 제청결정서에 기재하여야 헌재가 이를 파악할 수 있다. 헌재법 제42조 제1항 본문에 따라 "법원이 법률의 위헌 여부 심판을 헌법재판소에 제청한 때에는 당해 소송사건의 재판은 헌법재판소의 위헌 여부의 결정이 있을 때까지 정지된다." 다만, 같은 항 단서에 따라 긴급하다고 인정하는 경우에는 종국재판 외의 소송절차를 진행할 수 있다. 기록은 이 소송절차에 활용될 수 있다.

29 '합리적 의심'이라는 말이 상당히 중요하다. '단순한 의심'도 아니고, '확신'도 아니다.

대 전 지 방 법 원
결 정

사　　건　　　2XX2초기1 위헌법률심판제청신청
신 청 인　　　김고민
당해사건　　　2XX3노137 공문서위조

주 문

신청인의 이 사건 신청을 기각한다.

이 유

이 사건에 관한 신청인의 주장은 이유 없으므로 주문과 같이 결정한다.

2XX2. 11. 2.

재판장 판사 김일돌
판사 이이돌
판사 박삼돌

Ⅲ. 헌재법 제68조 제2항의 헌법소원심판청구서(1)

김고민의 위헌법률심판제청신청에 대한 기각 결정이 2XX2. 11. 2.에 있었다. 변호사 김똘똘은 김고민을 대리하여, 같은 달 29.자로 헌재법 제68조 제2항의 헌법소원심판청구서를 작성한다.

헌법소원심판청구서

청 구 인   김고민
              대전 유성구 전민로 81 102동 1401호
              대리인 변호사 김똘똘
              대전 서구 둔산로 11 갑돌빌딩 101호
당해사건   대전지방법원[30] 2XX3노137 공문서위조[31]

청구취지

"국가공무원법 제69조 중 제33조 제1항 제5호 부분은 헌법에 위반된다."라는 결정을 구합니다.

이 유

Ⅰ. 청구에 이르게 된 경위[32]

청구인은 公立인 대전초등학교 교감으로 재직중, 2XX1. 10. 21. 공문서위조죄로 대전지방법원에 기소되었고, 이를 이유로 2XX1. 10. 29. 직위해제되었습니다.

청구인은 2XX2. 2. 23. 위 법원에서 공소사실에 대해 전부 유죄로 인정되어 징역 6월의 선고유예 판결을 받고 항소하여 현재 대전지방법원 제1형사부에 계속 중입니다. 선고유예 판결이 확정될 경우 국가공무원법 제69조 중 제33조 제1항 제5호 부분에 의하여 당연퇴직하게 될 것이어서, 위 조항이 헌법에 위배된다고 주장하면서 위헌법률심판제청을 신청하였으나, 위 법원은 2XX2. 11. 2. 위 신청을 기각하여 헌법재판소법 제68조 제2항에 따라 이 사건 헌법소원심판을 청구하기에 이르렀습니다.

Ⅱ. 심판청구의 적법 여부

1. 재판의 전제성

위의 BOX 1참조.

2. 청구기간[33]

헌재법 제69조 제2항은 위헌 여부 심판의 제청신청을 기각하는 결정을 통지받은 날부터 30일 이내에 헌법소원심판을 청구하여야 한다고 정하고 있습니다.
이 사건의 경우 기각 결정이 있었던 날로부터 따지더라도 30일 이내인 11. 29. 청구하는 것이어서 청구기간을 준수하였습니다.

3. 변호사강제주의

헌재법 제25조 제3항은 당사자인 사인은 변호사를 대리인으로 선임하지 아니하면 심판청구를 하거나 심판 수행을 하지 못한다고 정하고 있습니다.[34] 이 사건에서는 변호사 김똘똘이 대리하고 있습니다.

Ⅲ. 제한되는 기본권

Ⅳ. 공무담임권 침해

Ⅴ. 평등권 침해

Ⅵ. 적법절차원칙 위배

위의 BOX 2 참조.

Ⅶ. 결론

그러므로, 청구취지와 같이 결정하여 주시기를 바랍니다.

첨부서류[35]

1. 위헌법률심판제청신청서 사본 1통
2. 위헌법률심판제청신청 기각결정서 사본 1통
3. 위헌법률심판제청신청 기각결정서 송달증명원 1통[36]
4. 판결문 사본 1통[37]
5. 위임장 1통[38]

2XX2. 11. 29.

청구인의 대리인[39] 변호사 김똘똘

헌법재판소 귀중

IV. 헌재법 제68조 제1항의 헌법소원심판청구서

2XX2. 11. 2. 대전지방법원은 김고민에 대하여 항소기각 판결을 선고하였고, 김고민이 상고하지 아니하여 그대로 확정되었다. 김고민의 대리인인 변호사 김똘똘은 같은 달 15.자로 헌재법 제68조 제1항의 헌법소원심판청구서를 작성하고자 한다.

헌법소원심판청구서

청 구 인[40]　　　　김고민
　　　　　　　　　대전 유성구 전민로 81 102동 1401호
　　　　　　　　　대리인 변호사 김똘똘
　　　　　　　　　대전 서구 둔산로 11 갑돌빌딩 101호

청구취지

"국가공무원법 제69조 중 제33조 제1항 제5호 부분은 헌법에 위반된다."는 결정을 구합니다.

청구이유

---

30 특정해 줄 필요 있다. 전국에 같은 사건번호를 가진 사건이 여러 건 있다.

31 헌법소원이 인용되었을 때 재심을 청구할 사건이다. 물론, 상소되었더라도 이 사건 번호가 연결고리로 된다.

32 헌재가 사건의 내용을 파악할 수 있도록 돕는 역할을 한다.

33 제청신청시에는 문제되지 않는다. 재판이 계속 중인가만 문제된다.

34 역시 제청신청시에는 요건으로 되지 않는다.

35 심판규칙 제69조 참조.

36 청구기간을 준수하였는가를 판단하는 자료다. 이 사건에서와 같이, '기각결정일'로부터 따지더라도 30일 이내에 심판청구를 하는 경우에는 '기각결정을 송달받은 날'로부터는 당연히 30일 이내이므로, 따로 송달증명원을 제출할 필요가 없다. 물론 제출하더라도 유해하지 않다.

37 반드시 첨부하여야 하는 것은 아니다. 헌재법 제68조 제2항의 헌법소원심판을 청구함에 있어 본안 재판이 있어야 하는 것은 아니므로. 헌법재판소심판규칙에도 '재판서를 송달받은 경우'에 제출하도록 요구하고 있다.

38 헌재법 제25조 제3항, 제71조 제3항, 심판규칙 제69조 제1항. 변호사강제주의. 변호인선임서 등을 공공기관에 제출할 때에는 지방변호사회를 경유하여야 한다(변호사법 제29조).

39 "소송대리인"(민사사건)이나 "변호인"(형사사건)이 아니라 "대리인"이라는 점을 유의해야 한다.

Ⅰ. 청구에 이르게 된 경위

청구인은 公立인 대전초등학교 교감으로 재직중, 2XX1. 10. 21. 공문서위조죄로 대전지방법원에 기소되었고, 이를 이유로 2XX1. 10. 29. 직위해제되었습니다.

청구인은 2XX2. 2. 23. 위 법원에서 공소사실에 대해 전부 유죄로 인정되어 징역 6월의 선고유예 판결을 받아, 항소하였으나(2XX3노137), 2XX2. 11. 2. 항소가 기각되었고, 청구인이 상고하지 아니하여 위 판결이 확정되었습니다.

대전광역시교육감은 국가공무원법 제69조, 제33조 제1항 제5호에 의하여 청구인에 대해 당연퇴직을 통보하였기에, 청구인은 위 당연퇴직의 근거로 된 국가공무원법 제69조, 제33조 제1항 제5호에 대하여 헌법재판소법 제68조 제1항에 따라 이 사건 헌법소원심판을 청구하기에 이르렀습니다.

Ⅱ. 헌법소원심판청구의 적법 여부[41]

1. 기본권주체성

청구인은 대한민국 국민으로서, 헌법소원 제기 당시 공무원도 아니어서, 공무원으로서 기본권 주체성이 부인되어야 하는 것 아닌가 하는 문제도 제기될 수 없습니다.

2. 공권력행사성

"헌법소원심판의 청구사유를 규정한 헌법재판소법 제68조 제1항 본문에 규정된 공권력 가운데는 입법권도 당연히 포함되고 따라서 법률에 대한 헌법소원도 가능하다."[42]는 것이 헌재의 판례입니다.

3. 기본권 침해 가능성

"공권력의 행사로 인하여 헌법소원을 청구하고자 하는 자의 법적 지위에 아무런 영향이 미치지 않는다면 애당초 기본권침해의 가능성이나 위험성이 없으므로 그 공권력의 행사를 대상으로 헌법소원을 청구하는 것은 허용되지 아니한다."[43]는 것이 헌재의 판례입니다.

청구인은 이 사건 법률조항으로 말미암아 공무원의 지위를 박탈당하게 되었으므로 기본권침해 가능성이 인정됩니다.

4. 자기관련성

"기본권침해의 자기관련성이란 심판대상규정에 의하여 청구인들의 기본권이 '침해될 가능성'이 있는가에 관한 것이고, 헌법소원은 주관적 기본권보장과 객관적 헌법보장 기능을 함께 가지고 있으므로 권리귀속에 대한 소명만으로써 자기관련성을 구비한 여부를 판단할 수 있다."[44]는 것이 헌재의 판례입니다.

청구인은 이 사건 법률조항의 수규자로서 이 사건 법률조항에 의하여 당연퇴직되었으므로 자기관련성이 인정됩니다.

5. 현재성

"청구인이 장차 언젠가는 특정 법률의 규정으로 인하여 권리침해를 받을 우려가 있다 하더라도 그러한 권리침해의 우려는 단순히 장래 잠재적으로 나타날 수도 있는 것에 불과하여 권리침해의 현재성을 구비하였다고 할 수 없다."[45]는 것이 헌재의 판례입니다.
청구인의 경우 이미 공무원 지위를 박탈당하였으므로 기본권침해의 현재성도 인정됩니다.

6. 직접성

"헌법소원심판의 대상이 되는 법률은 별도의 구체적인 집행행위의 매개를 필요로 하지 아니하고 그 법률 자체로서 직접 청구인의 기본권을 침해하는 경우여야 하고 그 법률을 통하여 자유가 제한되거나 의무가 부과되는 경우 또는 권리와 법적 지위 등이 박탈되는 경우에 법률에 의한 권리침해의 직접성이 인정된다."[46]는 것이 헌재의 판례입니다.
"국가공무원법상 당연퇴직은 법에 정한 결격사유가 있을 때 법률상 당연히 퇴직하는 것이지 공무원 관계를 소멸시키기 위한 별도의 행정처분을 요하는 것이 아니며, 당연퇴직의 인사발령은 법률상 당연히 발생하는 퇴직사유를 공적으로 확인하여 알려주는 이른바 관념의 통지에 불과하다."[47]는 것이 대법원의 판례입니다.
그러므로, 청구인은 행정청의 처분을 매개로 하지 아니하고 이 사건 법률 조항의 직접적인 효과로서 당연퇴직되었다 할 것이어서 직접성이 인정됩니다.

7. 보충성

헌재법 제68조 제1항 단서는 "다른 법률에 구제절차가 있는 경우에는 그 절차를 모두 거친 후가 아니면 헌법소원 심판을 청구할 수 없도록 규정하고 있으나 법률 자체에 의한 직접적인 기본권침해여부가 문제될 때에는 그 법률 자체의 효력을 직접 다투는 것을 소송물로 하여 일반 법원에 소송을 제기하는 길이 없어 구제절차가 있는 경우가 아니므로 다른 구제절차를 거칠 것 없이 바로 헌법소원을 제기할 수 있"[48]다는 것이 헌재의 판례입니다.

8. 권리보호이익

"권리보호이익 내지 소의 이익은, 국가적·공익적 입장에서는 무익한 소송제도의 이용을 통제하는 원리이고, 당사자의 입장에서는 소송제도를 이용할 정당한 이익 또는 필요성을 말하는 것으로 소송제도에 필연적으로 내재하는 요청"[49]입니다.
이 사건 법률조항이 위헌으로 결정될 경우, 청구인의 법적 지위가 향상될 여지가 있을 것인가에 관해 보건대, 헌재가 이 사건 법률조항에 대하여 위헌 결정을 하면 청구인이 복직될 가능성이 있으므로 권리보호이익이 인정됩니다.[50]

9. 청구기간

"헌법재판소법 제68조 제1항에 따른 헌법소원의 심판은 기본권의 침해사유가 있음을 안 날부터 90일 이내에, 그 사유가 있는 날부터 1년 이내에 청구하여야 하며(헌법재판소법 제69조 제1항), 법령에 대한 헌법소원은 법령시행과 동시에 기본권의 침해를 받게 되는 경우에는 그 법령이 시행된 사실을 안 날부터 90일 이내에, 법령이 시행된 날부터 1년 이내에 헌법소원을 청구하여야 하고, 법령이 시행된 뒤에 비로소 그 법령에 해당되는 사유가 발생하여 기본권의 침해를 받게 되는 경우에는 그 사유가 발생하였음을 안 날부터 90일 이내에, 그 사유가 발생한 날부터 1년 이내에 헌법소원을 청구하여야 한다."[51]는 것이 헌재의 판례입니다.

청구인은 제1심 법원에서 징역형의 선고유예 판결을 선고받고 항소하였다가 2XX2. 11. 2. 항소기각 판결을 선고받고 상고하지 아니하여 그 시경 확정되었으므로 그 시경 이 사건 법률조항으로 인한 기본권 제한사유가 발생하였습니다. 따라서 그로부터 90일 이내인 같은 달 15. 제기된 이 사건 헌법소원은 청구기간을 준수하였습니다.

10. 변호사강제주의

헌재법 제25조 제3항은 당사자인 사인은 변호사를 대리인으로 선임하지 아니하면 심판청구를 하거나 심판 수행을 하지 못한다고 정하고 있습니다. 이 사건에서는 변호사 김똘똘이 대리하고 있습니다.

Ⅲ. 제한되는 기본권

Ⅳ. 공무담임권 침해

Ⅴ. 평등권 침해

Ⅵ. 적법절차 위배

위의 BOX 2 참조.

Ⅶ. 결론

그러므로 청구취지와 같이 결정하여 주시기를 바랍니다.

첨부서류

1. 판결문 사본 1통[52]
2. 확정증명원 1통
3. 위임장 1통

2XX2. 11. 15.

청구인의 대리인 변호사 김똘똘

헌법재판소 귀중

V. 위헌법률심판제청신청서(2)

　　김고민은 자신에 대한 선고유예의 형사재판이 확정되고 국가공무원법 제69조, 제33조 제1항 제5호에 의하여 당연퇴직을 통보받았다. 김고민은 2XX4. 11. 2. 자신이 공무원 지위에 있음을 확인해 달라는 취지의 지위확인의 소를 제기하고, 그 소송 계속 중에, 국가공무원법 제69조, 제33조 제1항 제5호에 대하여 위헌법률심판제청을 신청하고자 한다. 변호사 김똘똘이 대리인으로서 2XX4. 12. 22.자로 위 신청서를 작성한다.

위헌법률심판제청신청서

사　건　　2XX4구합37 지위확인의 소
신청인　　김고민

---

40 법령에 대한 헌법소원의 경우, 피청구인은 기재하지 아니한다. (심판규칙 제68조 제1항 제2호 단서. 다만, 부작위를 다투는 경우는 작위의무 있는 자를 피청구인으로 기재하여야 한다. 2006헌마358 참조)

41 헌법 제68조 제1항 헌법소원의 적법요건과 같은 조 제2항 헌법소원의 적법요건을 구별하지 못하면 곤란하다. 기본적이면서 중요하다.

42 헌재 1990. 6. 25. 89헌마220.

43 헌재 2009. 2. 26. 2005헌마83.

44 헌재 2001. 11. 29. 99헌마494.

45 헌재 1989. 7. 21. 89헌마12.

46 헌재 1991. 11. 25. 89헌마99.

47 대법원 1992. 1. 21. 91누2687 판결; 대법원 1985. 7. 23. 84누37 판결.

48 헌재 1990. 6. 25. 89헌마220.

49 헌재 2001. 9. 27. 2001헌마152.

50 이 사건 결정에서는 이 점에 대해 언급이 없다. 헌재는 당연히 인정됨을 전제로 본안 판단을 하였다(헌재 2003. 10. 30. 2002헌마684). 그러나, 그리 분명한 것은 아니다. 대법원 2006. 6. 9. 선고 2004두9272 판결이나 대법원 2002. 7. 26. 선고 2001두205 판결은 일반사건에 대한 소급효를 부정하였다. 이 점에 대해 상세한 것은 정주백, "법률에 대한 헌법소원에 있어서의 권리보호이익", 『헌법학연구』 제21권 제4호, 헌법학회, 2015 참조.

51 헌재 2014. 1. 28. 2013헌마105.

52 자기관련성을 소명하는 자료로 제출하여야 한다.

"국가공무원법 제69조 중[53] 제33조 제1항 제5호 부분의 위헌 여부 심판을 제청한다."[54]라는 결정[55]을 구합니다.

신청이유

I. 재판의 전제성

1. 일반론

'법률의 위헌 여부에 대한 재판의 전제성이라 함은 첫째 구체적인 사건이 법원에 현재 계속 중이어야 하고, 둘째 위헌 여부가 문제되는 법률 또는 법률조항이 당해 소송사건의 재판과 관련하여 적용되는 것이어야 하며, 셋째 그 법률이 헌법에 위반되는지의 여부에 따라 당해 사건을 담당한 법원이 다른 내용의 재판을 하게 되는 경우를 말하고, 여기에서 법원이 "다른 내용의" 재판을 하게 되는 경우라 함은 원칙적으로 법원에 계속 중인 당해 사건의 재판의 주문이나 결론에 어떠한 영향을 주는 것이어야 하나, 비록 재판의 주문 자체에는 아무런 영향을 주지 않는다고 하더라도 문제된 법률의 위헌 여부에 따라 재판의 결론을 이끌어내는 이유를 달리하는 데 관련되어 있거나 재판의 내용과 효력에 관한 법률적 의미가 달라지는 경우이어야 한다는 것이 헌재 판례입니다.[56]

2. 적용

신청인이 제기한 지위확인의 소가 계속 중이고, 이 사건 법률조항이 이 지위확인의 소에 적용되어, 이 사건 법률조항의 위헌 여부에 따라 다른 내용의 재판을 하는 경우 중 재판의 주문이나 결론이 달라지는 경우에 해당합니다. 만약 이 사건 법률조항이 위헌으로 결정되면, 인용 주문을 내어야 할 것이고, 위헌이 아니라고 결정되면, 법원으로는, 다른 사정이 없는 한, 신청인의 청구를 기각하는 판결을 선고할 것입니다. 따라서 재판의 전제성이 인정됩니다.[57]

III. 제한되는 기본권

IV. 공무담임권 침해

V. 평등권 침해

VI. 적법절차 위배

위의 BOX 2 참조.

Ⅵ. 결론

그러므로, 신청 취지와 같이 결정하여 주시기를 바랍니다.

2XX4. 12. 22.

신청인의 대리인 변호사 김똘똘

대전지방법원 행정부 귀중

---

53 만약 '국가공무원법 제69조, 제33조 제1항 제5호'라고 기재하고, 그대로 이 부분에 대하여 위헌이라는 결정이
   선고될 경우 심각한 문제가 생길 것이다. 우선 제69조 전부가 위헌으로 결정됨으로써, 제33조 제1항에서 정하
   고 있는 어떠한 사유로도 당연퇴직하게 되는 경우는 없어지게 될 것이다. 또, 제33조 제1항 제5호가 위헌으로
   결정되어 그 효력을 잃게 됨으로 인하여 위 제5호의 사유는 임용결격사유가 아닌 것으로 될 것이다. 즉, 제5호
   의 사유가 있더라도 그것이 임용에 있어서 결격사유로 되지 아니할 것이다.
   　'국가공무원법 제69조 중 제33조 제1항 제5호'라 기재함으로써, '제69조의 문제에 적용되는 제33조 제1항 5호
   부분', 즉 제69조의 적용 영역 중 일부만이 신청의 대상으로 되는 것이고(양적 일부위헌결정), 임용 결격 사유
   로서의 제33조 제1항 제5호는 전혀 신청의 대상으로 되지 않는다는 것을 표현할 수 있다.
   　만약 이 사안에서 '국가공무원법 제69조, 제33조 제1항 제5호'에 대해 위헌이라 결정이 있었다면, 更正의 대
   상으로 될 것이다.
54 법원이 이 사건 신청을 전부 인용하는 경우의 주문이다. 아래의 결정서 참조.
55 위헌법률심판제청의 재판 형식이 '결정'이다. 헌재법 제41조 제1항 중, "직권 또는 당사자의 신청에 의한 결정
   으로" 참조. 판결, 결정, 명령 중의 결정으로 이해한다. 신청서의 신청취지, 또는 소장의 청구취지에는, 법원이
   신청이나 청구를 100% 인용하는 경우의 재판서 주문과, 재판의 형식을 기재하여야 한다.
56 헌재 1992. 12. 24. 92헌가8.
57 위의 I.의 경우와 비교. 당해 사건이 다름에 주의해야 한다. '다른 내용의 재판을 할 것'의 내용이 다르다.

VI. 검토보고서

　김고민이 2XX2. 3. 28. 법무법인 충남을 찾아와 자신이 잘못한 것은 사실이나 선고유예 판결이 확정될 경우 퇴직할 수밖에 없는 상황이라고 하면서 구제방안을 모색해 줄 것을 요청하였다. 법무법인 충남의 이상관 변호사는 김똘똘 변호사에게 헌법재판을 통하여 김고민의 상황을 타개할 수 있을 것으로 보고 이를 검토하여 자신에게 보고해 줄 것을 요청하였다. 2XX2. 4. 2.자로 검토보고서를 작성한다.

검 토 보 고 서

I. 사안

- 의뢰인 김고민은 2XX2. 2. 28. 당 법인을 방문하여 상담.
- 의뢰인은 公立인 대전초등학교 교감으로 재직중, 2XX1. 10. 21. 공문서위조죄로 대전지방법원에 기소되었고, 이를 이유로 2XX1. 10. 29. 직위해제.
- 의뢰인은 2XX2. 2. 23. 위 법원에서 공소사실에 대해 전부 유죄로 인정되어 징역 6월의 선고유예 판결을 받아, 항소하여 대전지방법원 제1형사부에 계속중(2XX3노137). 검사는 항소하지 아니하였음.
- 유죄에 대해서는 다툼이 없음.
- 유죄의 선고유예 판결이 확정될 경우, 의뢰인은 국가공무원법 제69조, 제33조 제1항 제5호에 의하여 퇴직할 수밖에 없음.
- 항소심에서도 선고유예가 선고될 것으로 예상. 공문서위조죄에 대하여는 벌금형을 선고할 수 없고, 검사가 항소하지 아니하여 형이 더 무거워질 가능성도 없음.

II. 헌법재판을 통하였을 때의 구제 가능성

> 1. 제한되는 기본권
> 2. 공무담임권 침해
> 3. 평등권 침해
> 4. 적법절차 위배
>
> 위의 BOX 2 참조.

III. 절차의 문제

1. 형사재판 계속 중 위헌법률심판제청 신청을 하는 방법58

2. 형사재판을 확정시키고 헌재법 제68조 제1항의 소원을 제기하는 방법
3. 형사재판이 확정되고 나서 지위확인의 소를 제기한 후 위헌법률심판제청을 신청하는 방법
4. 소결
  - 인용률의 차이를 감안해 보았을 때, 위헌법률심판제청신청을 하고, 그 신청이 기각되면 헌재법 제68조 제2항의 헌법소원을 제기하는 것이 타당할 것으로 보임.

Ⅳ. 결론

- 위헌으로 결정될 가능성이 상당히 높습니다.
- 절차적으로는 위헌법률심판제청신청을 하는 것이 유리한 것으로 보입니다.

2XX2. 4. 2.

변호사 김똘똘

---

58 헌재 2015. 12. 23. 2015헌가27의 입장을 관철할 경우, 재판의 전제성이 부인될 가능성이 크다. 당해 법률조항이 당해 사건에 적용되지 않기 때문이다.

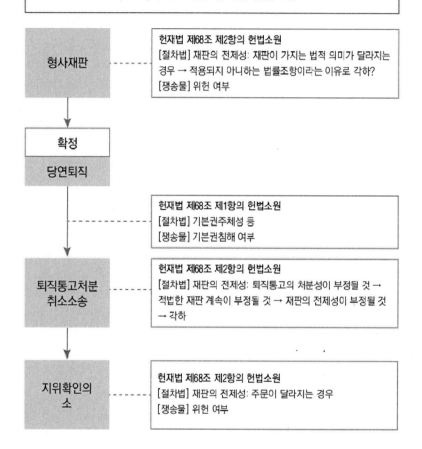

[참고] 당연퇴직을 둘러싼 헌법소원

형사재판

> **헌재법 제68조 제2항의 헌법소원**
> [절차법] 재판의 전제성: 재판이 가지는 법적 의미가 달라지는 경우 → 적용되지 아니하는 법률조항이라는 이유로 각하?
> [쟁송물] 위헌 여부

확정

당연퇴직

> **헌재법 제68조 제1항의 헌법소원**
> [절차법] 기본권주체성 등
> [쟁송물] 기본권침해 여부

퇴직통고처분 취소소송

> **헌재법 제68조 제2항의 헌법소원**
> [절차법] 재판의 전제성: 퇴직통고의 처분성이 부정될 것 → 적법한 재판 계속이 부정될 것 → 재판의 전제성이 부정될 것 → 각하

지위확인의 소

> **헌재법 제68조 제2항의 헌법소원**
> [절차법] 재판의 전제성: 주문이 달라지는 경우
> [쟁송물] 위헌 여부

헌 법 재 판 소
결 정

사   건   2002헌마684, 2002헌마735,736(병합) 국가공무원법 제33조 제1항 제5호 등
　　　　　　위헌확인, 국가공무원법 제69조 위헌확인
청 구 인   1. 방○순(2002헌마684)
　　　　　　　대리인 변호사 김태원
　　　　　　2. 박○순(2002헌마735)
　　　　　　　대리인 변호사 이관표
　　　　　　3. 김○호(2002헌마763)
　　　　　　　대리인 변호사 김영성

주   문

구 국가공무원법 제69조 중 제33조 제1항 제5호 부분(2002. 12. 18. 법률 제6788호로
개정되기 전의 것)은 헌법에 위반된다.

이   유

1. 사건의 개요와 심판의 대상

가. 사건의 개요
(1) 2002헌마684 사건
청구인은 1991. 10.경 검찰서기보로 임명된 이후 부산지방검찰청 강력부, 울산지방검찰청
특수부, 전주지방검찰청 군산지청 등에서 마약수사업무에 종사하던 중, 2002. 6. 27. 서
울지방법원에서 마약류관리에관한법률위반죄로 징역 8월의 선고유예 판결을 받고(2002
노2229), 상고하였으나 2002. 9. 24. 상고가 기각됨으로써 위 선고유예의 원심판결이
확정되었다(2002도3628). 이로써 청구인은 구 국가공무원법 제69조 중 제33조 제1항
제5호의 금고 이상의 형의 선고유예의 판결이 확정된 경우에 해당되어 공무원직으로부터
당연퇴직 당하게 되었다. 청구인은 이에 위 국가공무원법 규정에 의하여 헌법상 보장된
평등권 및 공무담임권 등이 침해되었다고 주장하면서 2002. 10. 25. 이 사건 헌법소원
심판을 청구하였다.
(2) 이하 생략
나. 심판의 대상
이 사건 심판대상은 구 국가공무원법 제69조 중 제33조 제1항 제5호 부분(2002. 12.
18. 법률 제6788호로 개정되기 전의 것, 이하 '이 사건 법률조항'이라고 한다)의 위헌
여부인바, 그 내용 및 관련규정의 내용을 살펴보면 다음과 같다.

구 국가공무원법

제69조(당연퇴직) 공무원이 제33조 각 호의 1에 해당할 때에는 당연히 퇴직한다.

제33조(결격사유) ① 다음의 각 호의 1에 해당하는 자는 공무원에 임용될 수 없다.

1. 금치산자 또는 한정치산자

2. 파산자로서 복권되지 아니한 자

3. 금고 이상의 형을 받고 그 집행이 종료되거나 집행을 받지 아니하기로 확정된 후 5년을 경과하지 아니한 자

4. 금고 이상의 형을 받고 그 집행유예의 기간이 완료된 날로부터 2년을 경과하지 아니한 자

5. 금고 이상의 형의 선고유예를 받은 경우에 그 선고유예기간중에 있는 자

6. 법원의 판결 또는 다른 법률에 의하여 자격이 상실 또는 정지된 자

7. 징계에 의하여 파면의 처분을 받은 때로부터 5년을 경과하지 아니한 자

8. 징계에 의하여 해임의 처분을 받은 때로부터 3년을 경과하지 아니한 자

국가공무원법(2002. 12. 18. 법률 제6788호로 개정된 것)

제69조(당연퇴직) 공무원이 제33조 각 호의 1에 해당할 때에는 당연히 퇴직한다. 다만, 동조 제5호에 해당할 때에는 그러하지 아니하다.

2. 청구인들의 주장과 관계기관의 의견(생략)

3. 판 단

가. 헌법재판소는 2002. 8. 29. 2001헌마788등 결정에서 지방공무원에 대하여 이 사건 법률조항과 동일한 내용을 규율하고 있는 지방공무원법 제61조 중 제31조 제5호 부분에 대하여 위헌으로 판시한 바 있는데 그 이유의 요지는 다음 나. 항과 같다.

나. 이 사건 법률조항의 위헌 여부(헌재 2001헌마788등 결정이유의 요지)

먼저 공무담임권을 침해하였는지 여부에 관하여 본다.

(1) 공무담임권의 보호 영역

헌법 제25조는 "모든 국민은 법률이 정하는 바에 의하여 공무담임권을 가진다."고 하여 공무담임권을 기본권으로 보장하고 있다. 공무담임권이란 입법부, 집행부, 사법부는 물론 지방자치단체 등 국가, 공공단체의 구성원으로서 그 직무를 담당할 수 있는 권리를 말한다. 여기서 직무를 담당한다는 것은 모든 국민이 현실적으로 그 직무를 담당할 수 있다고 하는 의미가 아니라, 국민이 공무담임에 관한 자의적이지 않고 평등한 기회를 보장받음을 의미하는바, 공무담임권의 보호영역에는 공직취임의 기회의 자의적인 배제뿐 아니라, 공무원 신분의 부당한 박탈까지 포함되는 것이라고 할 것이다. 왜냐하면, 후자는 전자보다 당해 국민의 법적 지위에 미치는 영향이 더욱 크다고 할 것이므로, 이를 보호 영역에서 배제한다면, 기본권 보호체계에 발생하는 공백을 막기 어려울 것이며, 공무담임권을 규정하고 있는 위 헌법 제25조의 문언으로 보아도 현재 공무를 담임하고 있는 자를 그 공무로부터 배제하는 경우에는 적용되지 않는다고 해석할 수 없기 때문이다(헌재 2000. 12. 14. 99헌마112등, 판례집 12-2, 399, 409-414; 헌재1997. 3. 27. 96헌바86, 판례집 9-1, 325, 332-333 참조).

(2) 과잉금지 원칙의 위반 여부

헌법 제37조 제2항에 의하면, 국민의 자유와 권리는 국가안전보장, 질서유지 또는 공공복리를 위하여 필요한 경우에 한하여 법률로써 제한할 수 있으며, 그 경우에도 자유와

권리의 본질적인 내용을 침해할 수 없다고 규정하여 국가가 국민의 기본권을 제한하는 내용의 입법을 함에 있어서 준수하여야 할 기본원칙을 천명하고 있다. 따라서 기본권을 제한하는 입법은 입법목적의 정당성과 그 목적달성을 위한 방법의 적정성, 입법으로 인한 피해의 최소성, 그리고 그 입법에 의해 보호하려는 공익과 침해되는 사익의 균형성을 모두 갖추어야 한다는 것이며, 이를 준수하지 않은 법률 내지 법률조항은 기본권제한의 입법적 한계를 벗어난 것으로서 헌법에 위반된다(헌재 1997. 3. 27. 94헌마196등, 판례집 9-1, 375, 383-384).

헌법 제25조는 "모든 국민은 법률이 정하는 바에 의하여 공무담임권을 갖는다."라고 규정하고 있으므로, 공무담임권의 내용에 관하여는 입법자에게 넓은 입법형성권이 인정된다고 할 것이지만, 그렇다고 하더라도 헌법 제37조 제2항의 기본권제한의 입법적 한계를 넘는 지나친 것이어서는 아니 된다. 그러므로 이 사건 법률조항에 의한 공무담임권이라는 기본권의 제한이 과연 이러한 헌법적 한계 내의 것인지 살펴보기로 한다.

(가) 이 사건 법률조항의 입법목적의 정당성, 방법의 적정성

위에서 살펴본 바와 같이 당연퇴직 제도를 두는 입법목적은 임용결격사유에 해당하는 자를 공무원의 직무로부터 배제함으로써 그 직무수행에 대한 국민의 신뢰, 공무원 직에 대한 신용 등을 유지하고, 그 직무의 정상적인 운영을 확보하며, 공무원범죄를 사전에 예방하고, 공직사회의 질서를 유지하고자 함에 그 목적이 있는 것이다. 이러한 입법목적은 입법자가 추구할 수 있는 헌법상 정당한 공익이라고 할 것이고, 이러한 공익을 실현하여야 할 현실적 필요성이 존재한다는 것도 명백하다.

또한 공무원이 범죄로 인하여 형사 유죄판결의 일종인 선고유예의 판결을 받은 경우에 공직 전체에 대한 신뢰의 유지라는 공익에 영향을 미치므로, 이 경우 당해 공무원에게 그에 상응하는 신분상의 불이익을 가하는 것은 공익을 위하여 적절한 수단이 될 수 있다.

(나) 최소침해성 원칙 위반 여부

입법자는 공익실현을 위하여 기본권을 제한하는 경우에도 입법목적을 실현하기에 적합한 여러 수단 중에서 되도록 국민의 기본권을 가장 존중하고 기본권을 최소로 침해하는 수단을 선택해야 한다(헌재 1998. 5. 28. 96헌가5, 판례집 10-1, 541, 556).

이 사건 법률조항은 공무원이 저지른 범죄의 종류나 내용을 불문하고 범죄행위로 금고 이상의 형의 선고유예를 받게 되면 당연히 공직에서 퇴직하도록 하고 있다. 그런데 같은 금고 이상의 형의 선고유예를 받은 경우라고 하여도 범죄의 종류, 죄질, 내용이 지극히 다양하므로, 그에 따라 국민의 공직에 대한 신뢰 등에 미치는 영향도 큰 차이가 있다. 또한 일반적으로 선고유예의 판결을 받은 경우는 법정형이 1년 이하의 징역이나 금고 또는 벌금형인 경우로서 개전의 정상이 현저한 경우를 그 요건으로 하여 법원이 재량으로써 특별히 가벼운 제재를 하는 경우이다. 이 사건 법률조항이 규율하는 경우는 비록 선고유예 가운데에서 금고 이상의 형을 받은 경우로 한정되어 있으나, 이 경우에도 역시 당해 피고인의 책임 및 불법의 정도가 현저하게 크다고 할 수 없는 것이다. 그렇다면, 입법자로서는 유죄판결의 확정에 따른 당연퇴직의 사유로서 금고 이상의 형의 선고유예의 판결을 받은 모든 범죄를 포괄하여 규정할 것이 아니라, 입법목적을 달성함에 반드시 필요한 범죄의 유형, 내용 등으로 그 범위를 가급적 한정하여 규정하거나, 혹은 적어도 당해 공무원법상에 마련된 징계 등 별도의 제도로써도 입법목적을 충분히 달성할 수 있는 것으로 판단되는 경우를 당연퇴직의 사유에서 제외시켜 규정하였음이 마땅하였으며, 이와 같은 방식으로 규정함이 최소침해성의 원칙에 따른 기본권 제한 방식이라고 할 것이다.

그런데, 이 사건 법률조항은 과실범의 경우마저 당연퇴직의 사유에서 제외하지 않고 있는바, 일반적으로 과실범은 법적인 주의의무를 게을리 한 데 대한 법적인 비난가능성은

존재하지만, 이러한 범죄로 인하여 금고 이상의 형의 선고유예를 받게 되었다고 하더라도 그로 인하여 당연히 그 공무원을 공직에서 퇴직시켜야 할 만큼 그 행위가 공직자로서의 품위를 크게 손상시킨다고 보기는 어려운 측면이 있다. 더욱이 이 사건 법률조항의 제정 당시와는 달리 오늘날에는 자동차 등 위험성이 잠재되어 있는 현대 문명의 이기의 이용이 일상화되고 있기 때문에 공무원이 그와 같은 문명의 이기를 이용하는 과정에서 순간적인 과실로 인하여 범죄를 저지를 수 있는 위험에 노출되어 있는 상황이고, 이러한 위험에 따른 과실범의 문제를 바라보는 일반 국민들의 시각에도 많은 변화가 생겼다는 점도 고려하여야 할 것이다.

한편, 독일, 미국, 영국 등의 외국의 입법례를 살펴보더라도, 범죄의 종류 내지 내용, 경중을 중시하여 직무관련범죄, 일정 기간 이상의 징역형의 실형을 선고받은 고의범, 중죄(felony)의 유죄판결을 받은 경우 등으로 그 당연퇴직사유의 범위를 제한하고 있음을 알 수 있다.

(다) 법익균형성 원칙의 위반 여부

1) 공무원의 퇴직이란 당해 공무원의 법적 지위에 대한 가장 본질적인 제한이며, 이 가운데 당연퇴직이란 일정한 사유만 발생하면 별도의 실체적, 절차적 요건 없이 바로 퇴직되는 것이므로 공무원 직의 상실 가운데에서도 법적 지위가 가장 예민하게 침해받는 경우이다. 따라서, 공익과 사익 간의 비례성 형량에 있어서 더욱 엄격한 기준이 요구되는 경우라고 할 것이다.

이 사건 법률조항은 위에서 살펴본 바와 같이 당연퇴직사유를 적절한 제한 없이 포괄적으로 규정함으로써 공익을 사익에 비해 지나치게 우선시키고 있어 법익균형성의 원칙에 반하는 것이다. 하지만, 이 사건 법률조항은 그 외에도 다음과 같은 이유로 공익과 사익이 적절한 균형을 이루고 있는 입법이라고 할 수 없다고 할 것이다.

2) 산업사회를 거쳐 정보화사회로 이행되어 가는 오늘날의 사회구조는 공직사회 및 민간기업조직에 많은 변화를 가져왔다. 즉, 민간기업사회에도 공직사회와 같은 대규모의 관리조직이 생겨나게 된 한편, 국가조직도 능률성, 효율성의 개념을 중시하면서 민간기업의 관리 경영기법이 도입되고, 그 인적구성에 있어서도 전문적인 지식·경험·기술로 무장된 관료집단을 필요로 하여 공무원과 일반의 근로자간, 공직과 사직 간의 유사성의 증대, 신분적 특성의 동질화를 가져왔고, 이러한 현상은 점점 더 심화되리라고 보인다. 이와 같은 사회구조의 변화는 일반인의 공직에 대한 인식에도 변화를 가져오게 되었는바, 사회구조의 변화에 따른 사회국가적 행정임무의 증대와 이에 따른 공무원 수의 대폭적인 증가현상은 자연히 공무원의 질과 사회적 지위에 영향을 미치게 되었고, 결과적으로 공무원이 종래 누렸던 엘리트적인 면모가 손상을 입게 되었다. 물론 오늘날 공직의 구조 및 공직에 대한 인식의 변화에도 불구하고 공무원은 국민에 대한 봉사자로서의 지위를 지니는 것이고 공정한 공직 수행을 위한 직무상의 높은 수준의 염결성은 여전히 강조되는 것이다. 다만, 엘리트적 면모와 사회적 명예직으로서의 공직 인식은 더 이상 유효하지 않다고 할 것이며, 따라서, '모든 범죄로부터 순결한 공직자 집단'이라는 신뢰를 요구하는 것은 오히려 국민의 공직에 대한 신뢰를 과장하여 해석하는 것이라고 아니할 수 없다.

다른 한편, 현대민주주의 국가에 이르러서는 사회국가원리에 입각한 공직 제도의 중요성이 특히 강조되고 있는바, 이는 사회적 법치국가이념을 추구하는 자유민주국가에서 공직 제도란 사회국가의 실현수단일 뿐 아니라, 그 자체가 사회국가의 대상이며 과제라는 점을 이념적인 기초로 한다. 이는 모든 공무원들에게 보호가치 있는 이익과 권리를 인정해주고, 공무원에게 자유의 영역이 확대될 수 있도록 공직자의 직무의무를 가능한 선까지 완화하며, 공직자들의 직무환경을 최대한으로 개선해 주고, 공직 수행에 상응하는 생활부양을 해 주고, 퇴직 후나 재난, 질병에 대처한 사회보장의 혜택을 마련하는 것 등을 그 내용으로 한다. 그런데 공무원의 생활보장의 가장 일차적이며 기본적인 수단은 '그 일자리의 보장'이라는 점에서 오늘날 사회국가원리에 입각한 공직 제도에서 개개 공무원의 공무담임권 보장의 중요성은 더욱 큰 의미를 가지고 있다고 할 것이다.

이와 같은 공익과 사익의 현대적인 상황 속에서 단지 금고 이상의 선고유예의 판결을 받았다는 이유만으로 예외 없이 그 직으로부터 퇴직 당하는 것으로 정하고 있는 이 사건 법률조항은 지나치게 공익만을 강조한 입법이라고 아니할 수 없다.

3) 더욱이 이 사건 법률조항은 공무원의 당연퇴직사유를 공무원의 임용결격사유와 동일한 것으로 규정하고 있는바, 이는 규정체계상 공익과 사익 간에 적절한 균형이 이루어진 입법이라고 할 수 없다.

같은 입법목적을 위한 것이라고 하여도 공무원으로 채용되려고 하는 자에게 채용될 자격을 인정하지 아니하는 사유와 기존에 공무원으로서 근무하는 자를 퇴직시키는 사유를 동일하게 취급하는 것은 타당하다고 할 수 없다. 왜냐하면, 공무원을 새로 채용하는 경우에는 채용될 자격이 인정되지 않는다고 하여도 해당자가 잃는 이익은 크다고 할 수 없지만, 일단 채용된 공무원을 퇴직시키는 것은 공무원이 장기간 쌓은 지위를 박탈해 버리는 것이므로 당해 공무원이 잃는 이익은 대단히 크기 때문이다. 이와 같이 다루고 있는 이익의 크기가 현저하게 상이함에도 불구하고 이를 공무원의 직무를 수행하기 위한 자격의 문제로 파악하여 그 사유를 규정함에 있어 공직취임 이전의 임용결격사유와 이후의 당연퇴직사유를 동일하게 규율하는 것은 공직취임 이후의 퇴직자의 사익에 비하여 지나치게 공익을 우선한 입법이라고 하지 않을 수 없을 것이다.

4) 또한 이 사건 법률조항과 같이 선고유예 판결의 경우를 당연퇴직의 사유로서 규정하는 것은 법원으로 하여금 형사범죄의 판단을 함에 있어 불필요한 왜곡을 가져오기도 한다. 즉, 당연퇴직 규정이 당해 공무원의 법적 지위에 미치는 효과는 중대한 것으로, 경미한 죄의 경우에는 오히려 형법상의 형벌의 효과보다 크다고 할 수 있는 정도이기 때문에 피고인의 책임 정도에 따른 처벌을 하고자 하는 법원으로서는 당해 형사범죄에 대한 유·무죄 및 선택형의 결정, 양형 판단을 하면서, 법원으로 하여금 벌금형을 선택하게 하는 압력으로 작용함으로써 자칫 형사판결이 왜곡되는 원인이 될 수 있다. 뿐만 아니라, 형법 및 특별법상 범죄에 대한 법정형 중 벌금형이 선택형으로 규정되어 있지 않은 경우가 다수 존재하는데, 증거에 의하여 범죄사실이 인정된다고 판단한 법원으로서는 형사처벌 외에 공무원직마저 상실하게 하는 것이 범죄행위에 비하여 지나치게 가혹하다고 판단한다고 하여도 달리 선택할 수 있는 방안이 없게 된다.

(3) 소 결

결국 이 사건 법률조항은 범죄의 종류와 내용을 가리지 않고 모두 당연퇴직사유로 규정함으로써 입법목적을 달성하기 위하여 필요한 최소한의 정도를 넘어 청구인들의 기본권을 과도하게 제한하였고, 공직제도의 신뢰성이라는 공익과 공무원의 기본권이라는 사익을 적절하게 조화시키지 못하고 과도하게 공무담임권을 침해하였다고 할 것이다.

다. 이 사건 법률조항은 그 규율대상이 지방공무원이 아닌 국가공무원이라는 점을 달리할 뿐 그 규율 내용은 위 결정의 심판대상인 지방공무원법 규정과 동일하며, 이 사건 법률조항에 대하여 지방공무원법 규정에 관한 위 2001헌마788등 결정과 그 판단을 달리할 특별한 사정도 없다. 따라서 이 사건 법률조항은 과잉금지원칙에 위배하여 공무담임권을 침해하는 조항이라고 할 것이다.

4. 결 론

이 사건 법률조항은 과잉금지원칙에 위배하여 청구인들의 기본권인 공무담임권을 침해하는 것이어서 헌법에 위반되므로, 관여 재판관 전원의 일치된 의견으로 주문과 같이 결정한다.

2003.   10.   30.

재판관 윤영철(재판장) 하경철(주심) 김영일 권 성 김효종 김경일 송인준 주선회 앞에서 헌법 변호사시험의 경우 한 개의 결정문을 두고 적법절차와 본안으로 나누어 시험 문제를 구성한다고 하였다. 그런데 헌재 결정문이 적법요건과 본안의 이슈를 전부 검토하고 이를 결정문에 담는 것은 아니다. 담지 않는 이유는 여러 가지가 있다. 하나는 너무 당연해서 담지 않는 것이다. 다른 하나는 헌재도 결정하기 어려운 경우에 담지 않는 경우다. 시험에는 후자의 경우가 출제되지는 않을 것이다.

어쨌든 헌재 결정문에 기술이 누락된 부분이 있다 하더라도 출제가 되지 않는 것은 아니므로, 기술이 누락된 부분들을 생각하면서 결정문을 읽을 필요가 있다. 아래에서는 [지자체장권한대행 사건]의 실제의 결정문을 보이고, 이 결정문에 기술이 누락된 부분을 채워서 결정의 처음부터 끝까지 분석하고 생각하여야 할 점들을 살펴보기로 한다.

헌 법 재 판 소
결 정

사   건   2010헌마418 지방자치법 제111조 제1항 제3호 위헌확인
청 구 인   이 ○ 재
           대리인 1. 법무법인 민주
                  담당변호사 정해남 외 2인
               2. 법무법인 원
                  담당변호사 강금실 외 2인
               3. 변호사 백승헌

주   문

1. 지방자치법(2007. 5. 11. 법률 제8423호로 전부 개정된 것) 제111조 제1항 제3호는 헌법에 합치되지 아니한다.
2. 위 법률조항은 입법자가 2011. 12. 31.까지 개정하지 아니하면 2012. 1. 1.부터 그 효력을 상실한다.
3. 법원 기타 국가기관 및 지방자치단체는 입법자가 개정할 때까지 위 법률조항의 적용을 중지하여야 한다.

이　　　유

1. 사건의 개요 및 심판의 대상

가. 사건의 개요

(1) 청구인은 2010. 6. 2. 실시된 제5회 전국동시지방선거에서 강원도지사에 당선되어 2010. 7. 1. 강원도지사에 취임하였다.

(2) 청구인은 위와 같이 강원도지사에 당선되기 이전인 2009. 9. 23. 정치자금법 위반죄로 서울중앙지방법원으로부터 징역 8월에 집행유예 2년의 형을 선고받았고[사건번호 2009고합254·394(병합)], 강원도지사에 당선된 이후인 2010. 6. 11. 위 형사사건에 관한 항소심인 서울고등법원에서 징역 6월에 집행유예 1년의 형 을 선고받았으며(사건번호 2009노2642), 청구인이 2010. 6. 14. 대법원에 상고하여 현재 위 사건은 상고심에 계속되어 있다(사건번호 2010도7947).

(3) 현행 지방자치법 제111조 제1항 제3호는 지방자치단체의 장이 금고 이상의 형을 선고받고 그 형이 확정되지 않은 경우 부단체장이 그 권한을 대행하도록 규정하고 있는바, 이에 따라 청구인은 2010. 7. 1. 강원도지사에 취임한 직후부터 직무에서 배제되어 도지사직을 수행하지 못하고 있다.

(4) 청구인은 2010. 7. 6. 위 지방자치법 제111조 제1항 제3호가 무죄추정의 원칙에 위배될 뿐만 아니라 청구인에게 헌법상 보장된 공무담임권 및 평등권을 침해하여 헌법에 위반된다는 이유로 이 사건 헌법소원심판을 청구하였다.

나. 심판의 대상

이 사건 심판의 대상은 지방자치법(2007. 5. 11. 법률 제8423호로 전부 개정된 것) 제111조 제1항 제3호(이하 '이 사건 법률조항'이라 한다)의 위헌 여부이고, 그 내용 및 관련조항의 내용은 다음과 같다.

[심판대상조항]

지방자치법(2007. 5. 11. 법률 제8423호로 전부 개정된 것) 제111조(지방자치단체의 장의 권한대행 등) ① 지방자치단체의 장이 다음 각 호의 어느 하나에 해당되면 부지사·부시장·부군수·부구청장(이하 이 조에서 "부단체장"이라 한다)이 그 권한을 대행한다.
3. 금고 이상의 형을 선고받고 그 형이 확정되지 아니한 경우

[관련조항] (생략)

2. 청구인의 주장 및 이해관계기관의 의견요지 (생략)

3. 재판관 이강국, 재판관 김희옥, 재판관 김종대, 재판관 목영준, 재판관 송두환의 위헌의견

가. 이 사건 법률조항의 입법목적

(1) 자치단체장은 지방자치단체를 대표하고 그 사무를 총괄하며 법령에 의하여 위임된 국가사무를 집행하고 소속 직원을 임면·지휘·감독하는 지방자치단체의 최고기관인바, 자치단체장이 가지는 이같은 폭넓은 권한과 직무 및 그 지위의 중요성 때문에 자치단체장에게는 고도의 윤리성과 주민의 신뢰가 요구된다 할 것이다. 그런데 이토록 중요한 공직에 있는 자치단체장이 범죄행위로 유죄판결을 선고받게 되면, 그 도덕성에 치명적 타격을 입어 주민의 신뢰가 훼손될 가능성이 있을 뿐만 아니라 자신에 관한 형사재판절차로 인하여 직무에 전념할 수 없게 됨으로써 자치단체장 직무수행의 안정성과 효율성마저 해칠 가능성이 있고, 그 결과 주민의 복리와 당해 자치단체행정의 정상적인 운영에 위험

을 야기할 가능성이 있다. 따라서 주민의 복리와 자치단체행정의 안정적이고 효율적인 운영을 위하여는 그와 같은 위험요소를 제거할 필요가 있는데, 자치단체장은 선거직 공무원으로서 임기와 신분이 보장되어 있기 때문에 일반 공무원과 달리 직위해제 제도나 징계제도가 없고 그렇다고 탄핵의 대상도 아니어서 스스로 사임하지 않는 한 금고 이상의 형이 확정되어 당연퇴직될 때까지는 직무에서 배제시킬 방법이 없다.

이에 이 사건 법률조항은 자치단체장이 금고 이상의 형을 선고받을 경우 그때부터 위 형이 확정될 때까지 잠정적으로 해당 자치단체장을 직무에서 배제시킴으로써 위와 같은 위험요소를 제거하려는 것이다.

(2) 한편 이 사건 법률조항은, 구 지방자치법 제101조의2 제1항이 2002. 3. 25. 법률 제6669호로 개정될 때 자치단체장에 대한 권한대행사유의 새로운 사유로 추가되었는바, 그 이유는 민선지방자치제도 시행 2기를 지나면서 자치단체장의 비리나 범죄 및 그에 관한 형사재판절차의 진행 등으로 자치단체장에 대한 주민의 신뢰가 훼손되는 실태가 적지 않았으므로 지방자치단체의 공직기강을 확립하고 국민의 법감정에 부응하려 했던 것으로 보인다(위 개정법률안에 관한 국회 본회의 및 상임위원회 회의록 참조). 즉, 자치단체장이 금고 이상의 형을 선고받은 경우에는 그 사실 자체만으로 주민의 신뢰를 훼손시키기에 충분하다고 보아 그 판결이 유효하게 존속하는 기간동안 자치단체장을 직무에서 배제시키려 한 것이다. 그 결과, 1심에서 금고 이상의 형을 선고받은 자라도 2심에서 그 미만의 형을 선고받거나 무죄를 선고받으면 검사의 상고에 의하여 당해 사건이 대법원에 계속 중이더라도 이 사건 법률조항의 적용을 받지 않게 된다.

(3) 그러므로 이 사건 법률조항의 입법목적은, ① 금고 이상의 형을 선고받은 자치단체장을 그 직무에서 배제시킴으로써 자치단체장에 대한 주민의 신뢰 및 직무전념성을 확보하여 주민의 복리와 자치단체행정의 원활한 운영에 대한 위험발생을 예방하려는 목적, ② 자치단체장에게 요구되는 고도의 윤리성에 비추어 볼 때 금고 이상의 형을 선고받은 사실은 주민의 신뢰를 훼손시키고 일반 국민에게 부정적인 의미를 주게 되므로 그러한 형을 선고받은 자치단체장을 직무에서 배제시킴으로써 공직기강을 확립하고 국민의 법감정에 부응하려는 목적 등 2가지라고 할 것이다.

나. 제한되는 기본권과 위헌성 심사기준

(1) 이 사건 법률조항은, 자치단체장이 금고 이상의 형을 선고받은 경우에 부단체장으로 하여금 그 권한을 대행하도록 규정함으로써, 금고 이상의 형을 선고받은 자치단체장을 그 형이 확정되기 전까지 잠정적으로 직무에서 배제시키고 있다. 즉, 선거직 공무원인 자치단체장의 직무를 '금고 이상의 형의 선고'를 요건으로 일시 정지시키고 있는 것이다. 우리 헌법 제25조는 "모든 국민은 법률이 정하는 바에 의하여 공무담임권을 가진다."고 규정하여 공무담임권을 기본권으로 보장하고 있고, 공무담임권의 보호영역에는 공직취임 기회의 자의적인 배제뿐 아니라 공무원 신분의 부당한 박탈이나 권한(직무)의 부당한 정지도 포함된다(헌재 2005. 5. 26. 2002헌마699등, 판례집 17-1, 734, 743헌재 2008. 6. 26. 2005헌마1275, 판례집 20-1하, 427, 436헌재 2010. 3. 25. 2009헌마538, 공보 162, 744, 748 참조).

결국 이 사건 법률조항이 임기가 정하여져 있는 선거직 공무원의 직무를 '형이 확정될 때까지'라는 불확실한 시점까지 정지시키는 것은, 비록 일시적이고 잠정적인 처분이라 하더라도, 헌법상 보장된 청구인의 공무담임권을 제한하고 있다고 할 것이다.

나아가 법률에 의한 공무담임권의 제한이 헌법의 원칙에 반한다면, 이는 부당한 공권력의 행사로서 취소되어야 한다.

우선 이 사건 법률조항은 '금고 이상의 형을 선고받은' 형사피고인을 그 적용대상으로 하고 있는바, 우리 헌법 제27조 제4항은 "형사피고인은 유죄의 판결이 확정될 때까지는 무죄로 추정된다."고 명시하고 있고, 이같은 무죄추정의 원칙은 비단 형사절차에만 적용되는 것이 아니라 기타 일반 법생활 영역에서의 기본권 제한과 같은 경우에도 적용되는 원칙이므로, 이 사건 법률조항이 무죄추정의 원칙에 반하는지 여부가 판단되어야 한다. 또한 이 사건 법률조항에 의한 직무정지는 선거에 의하여 선출된 자치단체장의 직무를 불확정된 기한까지 정지하는 것으로서 실질적으로 당연퇴직에 상응할 만큼 공무담임권을 제한하는 것이고, 헌법상 무죄추정의 원칙과도 관련되어 있으므로, 그 기본권제한이 적정한지 여부는 비례의 원칙에 따라 엄격하게 심사되어야 한다.

(2) 한편 이 사건 법률조항은 금고 이상의 형을 선고받은 자치단체장에게 형이 확정되기 전까지 직무정지의 제재를 가하고 있는바, 자치단체장과 같은 선거직 공무원으로서 그 지위나 권한에 있어서 본질적 차이가 있다고 보기 힘든 국회의원에게는 이같은 내용의 직무정지제도가 없다는 점에서, 위와 같은 차별적 취급이 합리적인지 여부에 따라 청구인의 평등권 침해 여부도 문제된다.

(3) 이하에서는 이 사건 법률조항에 의한 공무담임권 제한이 무죄추정의 원칙과 과잉금지원칙에 반하는지 여부를 살펴 본 다음, 이 사건 법률조항이 청구인의 평등권도 침해하는지 여부에 관하여 살펴 보기로 한다.

다. 무죄추정의 원칙 위반 여부

(1) 우리 헌법 제27조 제4항은 "형사피고인은 유죄의 판결이 확정될 때까지는 무죄로 추정된다."고 하여 무죄추정의 원칙을 천명하고 있다. 무죄추정의 원칙이라 함은, 아직 공소제기가 없는 피의자는 물론 공소가 제기된 피고인이라도 유죄의 확정판결이 있기까지는 원칙적으로 죄가 없는 자에 준하여 취급하여야 하고 불이익을 입혀서는 안되며 가사 그 불이익을 입힌다 하여도 필요한 최소 한도에 그쳐야 한다는 원칙을 말한다(헌재 1990. 11. 19. 90헌가48, 판례집 2, 393, 402; 헌재 1997. 5. 9. 96헌가17, 판례집 9-1, 509, 517; 헌재 2009. 6. 25. 2007헌바25, 판례집 21-1하, 784, 798). 여기서 무죄추정의 원칙상 금지되는 '불이익'이란 '범죄사실의 인정 또는 유죄를 전제로 그에 대하여 법률적·사실적 측면에서 유형·무형의 차별취급을 가하는 유죄인정의 효과로서의 불이익'을 뜻하고, 이는 비단 형사절차 내에서의 불이익뿐만 아니라 기타 일반 법생활 영역에서의 기본권 제한과 같은 경우에도 적용된다(헌재 2005. 5. 26. 2002헌마699등, 판례집 17-1, 734, 744; 헌재 2006. 5. 25. 2004헌바12, 판례집 18-1하, 58, 68 등 참조).

(2) 이 사건 법률조항은 '금고 이상의 형이 선고되었다.'는 사실 자체에 주민의 신뢰와 직무전념성을 해칠 우려가 있다는 이유로 부정적 의미를 부여한 후 그 유죄판결의 존재를 유일한 전제로 하여 형이 확정되지도 않은 상태에서 해당 자치단체장에 대하여 직무정지라는 불이익한 처분을 부과하고 있다. 즉, 유죄의 확정판결이 있기 전이라도 '금고 이상의 형을 선고'받았다면 유죄의 확정판결이 내려질 개연성이 높다는 전제에서 당해 피고인을 죄가 있는 자에 준하여 불이익을 입히고 있는 것이다.

특히 이 사건 법률조항은 오직 '금고 이상의 형을 선고받은 때로부터 금고 이상의 형이 확정될 때까지'에만 적용되는 규정이므로, 형사피고인이라 하여도 유죄의 확정판결이 있기까지는 원칙적으로 죄가 없는 자에 준하여 취급하여야 한다는 무죄추정의 원칙에 반하는 규정이라고 아니할 수 없다.

(3) 자치단체장에 대한 '직무정지'는 확정적인 결과를 가져오는 처분이 아니라 잠정적이고 가처분적인 성격을 가진 것이기는 하나, 임기가 정하여져 있는 선거직 공무원에 대한 것이고, 그 종기가 불확실하므로 그 침해의 정도가 가볍다고 단정할 수 없다. 즉, 금고 이상의 형을 선고받은 자치단체장은 그 판결이 확정될 때까지 직무가 정지되는바(물론 상급심에서 그 미만의 형을 선고받거나 무죄판결을 받으면 직무정지 상태가 해소된다),

피고인의 뜻대로 형사재판절차의 종기를 조절할 수 없을 뿐 아니라 확정시기를 쉽게 예측할 수도 없으므로[선거범죄에 관한 재판에 대하여는 3심 재판까지 최대한 1년을 넘지 않도록 법정하고 있으나(공직선거법 제270조 참조), 일반 형사범죄의 경우는 그러한 재판기간의 제한이 없다], 경우에 따라서는 임기 중 상당기간 동안 직무가 정지될 수도 있다. 따라서 선거에 의하여 선출된 자치단체장의 직무를 '금고 이상의 형을 선고받은 사실'만으로 정지시키는 것은 '유죄인정의 효과로서의 불이익'에 해당되어 무죄추정의 원칙에 반한다고 할 것이다.

(4) 나아가 이 사건 법률조항은 뒤의 '라. 과잉금지원칙 위반 여부'에서 설시하는 바와 같이 위와 같은 불이익을 부과함에 있어서 필요최소한에 그치도록 엄격한 요건을 설정하지도 않았다.

(5) 소결

결국 이 사건 법률조항은, 금고 이상의 형을 선고받은 자치단체장을 그 형이 확정되기도 전에 유죄임을 전제로 필요최소한의 범위를 넘은 불이익을 가함으로써 헌법상 무죄추정의 원칙에 반하여 공무담임권을 제한하고 있다고 할 것이다.

라. 과잉금지원칙 위반 여부

(1) 목적의 정당성 및 수단의 적절성

직무전념성이 우려되는 상황에 처한 자치단체장을 직무에서 배제시킴으로써 주민의 복리와 자치단체행정의 원활한 운영을 도모하고 그로 인해 해이해질 수 있는 공직기강을 확립하여 부정적인 국민의 법감정을 회복시키려는 이 사건 법률조항의 입법목적은 입법자가 추구할 수 있는 정당한 공익이라 할 것이고, 이를 실현하기 위하여 해당 자치단체장을 형이 확정될 때까지 잠정적으로 그 직무에서 배제시키는 것은 일응 유효·적절한 수단이라고 볼 수 있다.

(2) 침해의 최소성

국민의 기본권에 대한 제한은 정당한 공익을 실현하기 위한 것이라 하더라도 입법목적을 달성하기 위한 필요최소한의 범위로 한정되어야 한다. 즉, 입법목적을 이루기 위하여 이 사건 법률조항에 따른 직무정지라는 수단을 택할 수밖에 없었다 하더라도, 입법자는 선택할 수 있는 여러 수단 중에서 국민의 기본권을 가장 덜 제한하는 수단을 채택하여야 한다.

(가) 우선 금고 이상의 형을 선고받은 자치단체장을 다른 추가적 요건 없이 직무에서 배제하는 것이 공직기강을 확립하고 자치단체행정에 대한 주민의 신뢰를 지키기 위한 최선의 방안이라고 단정하기 어렵다. 자치단체장의 도덕성에 대한 주민의 신뢰는 법원의 판결이 내려지기 전이라도 수사나 공소제기 및 그에 따른 언론보도에 의하여 상실될 수도 있고, 1심에서 금고 이상의 형을 선고받은 다음 2심에서 그 미만의 형을 선고받거나 무죄판결을 받아 직무정지 상태가 해소되더라도 이미 훼손되었던 주민의 신뢰가 다시 이전 단계로 회복되었다고 볼 수도 없으며, 당해 사건이 검사의 상고에 의하여 대법원에 계속 중이라면 다시 직무정지될 가능성도 남아 있으므로, 자치단체장의 도덕성에 대한 주민의 신뢰 여부를 '금고 이상의 형의 선고'를 기준으로 판단하여 직무정지 여부를 결정하는 것은 모호한 기준에 의하여 해당 자치단체장에게 회복할 수 없는 불이익을 주게 될 위험성이 있다.

특히 금고 이상의 형의 선고를 받은 이후 선거에 의하여 자치단체장으로 선출된 경우에는 '자치단체행정에 대한 주민의 신뢰 유지'라는 입법목적은 자치단체장의 공무담임권을 제한할 적정한 논거가 되기 어렵다.

결국 자치단체장에 대하여 금고 이상의 형이 확정되면 해당 자치단체장직에서 당연퇴직되게 하고 있는 이상(지방자치법 제99조 제2호, 공직선거법 제19조 제2호), 이와 별도로 금고 이상의 형이 선고되기만 하면 형이 확정될 때까지 자치단체장의 직무를 정지시키는 것은 위와 같은 입법목적을 위한 최소한의 기본권제한이라고 볼 수 없다.

(나) 다음으로 이 사건 법률조항에 의한 공무담임권의 제한이 자치단체장의 직무전념성을 확보하기 위한 필요최소한의 범위에 그치고 있다고 보기도 어렵다.

구 지방자치법이 2002. 3. 25. 법률 제6669호로 개정되기 전에는, 자치단체장의 권한대행사유로 "궐위 또는 공소제기된 후 구금상태에 있거나 의료법에 의한 의료기관에 60일 이상 계속하여 입원한 경우"를 규정하고 있었는데, 위 개정으로 구 지방자치법(2002. 3. 25. 법률 제6669호로 개정되고 2007. 5. 11. 법률 제8423호로 개정되기 전의 것) 제101조의2 제1항은 자치단체장의 권한대행사유로, 궐위된 경우(제1호), 공소제기된 후 구금상태에 있는 경우(제2호), 의료법에 따른 의료기관에 60일 이상 계속하여 입원한 경우(제4호)를 분리하여 규정하면서 이 사건 법률조항에 해당하는 같은 항 제3호를 새로이 추가하였다(구 지방자치법 제101조의2 제1항은 내용의 변경 없이 현행 지방자치법 제111조 제1항으로 조문명이 변경되었다).

그런데 다른 권한대행사유들은 모두 자치단체장이 '사실적·물리적으로 직무를 수행할 수 없는 상태'로서 자치단체행정의 원활한 수행을 위하여 부단체장에게 권한을 대행하도록 할 수 밖에 없는 반면, 이 사건 법률조항은 자치단체장이 불구속으로 재판을 받고 있어 물리적으로 부재이거나 사실상 직무를 수행할 수 없는 상태가 아니므로(자치단체장이 구속되어 재판 중이라면 이 사건 법률조항이 아닌 지방자치법 제111조 제1항 제2호에 해당되어 직무가 정지된다) 부단체장에게 권한을 대행하도록 할 직접적인 필요가 전혀 없다.

또한 자치단체장의 재판절차 수행으로 직무전념성을 해칠 위험성은 형사재판뿐만 아니라 자치단체장이 당사자인 민사재판에도 있고, 1심판결에서 금고 미만의 형 또는 무죄의 선고를 받았어도 검사의 상소에 의하여 상소심이 계속 중인 경우에도 존재한다.

나아가 이 사건 법률조항의 입법목적을 고려하여 볼 때, 금고 이상의 형을 선고받은 자치단체장의 직무를 정지해야 할 필요성은, 위 형이 확정될 때까지 기다릴 수 없을 정도로 지방자치단체행정의 원활한 운영에 대한 상당한 위험이 명백히 예상된다거나 판결이 확정될 때까지 기다릴 경우 회복할 수 없는 공익이 침해될 우려가 있는 경우, 또는 그러한 위험이나 공익침해가 야기될 수 있을 것으로 예상되는 성격의 범죄, 사회·윤리적으로 비난가능성이 큰 범죄로서 형이 확정되기 전이라도 미리 직무를 정지시켜야 할 이유가 명백한 범죄로 한정되어야 할 것이다. 그런데 이 사건 법률조항은 그러한 구체적 위험이나 회복할 수 없는 공익침해의 우려와는 상관없이 오직 금고 이상의 형을 선고받은 사실만을 유일한 요건으로 직무정지를 부과하고 있을 뿐만 아니라, 범죄가 해당 자치단체장에 선출되는 과정에서 또는 선출된 이후 직무에 관련하여 발생하였는지 여부, 고의범인지 과실범인지 여부, 범죄의 유형과 죄질이 자치단체장의 직무를 수행할 수 없을 정도로 주민의 신뢰를 중차대하게 훼손하는지 여부 등을 가려 입법목적을 달성함에 필요한 범위로 한정하려는 노력도 전혀 하지 않고, 단순히 금고 이상의 형을 선고받을 수 있는 모든 범죄로 그 적용대상을 무한정 확대함으로써, 사안에 따라 직무정지의 필요성이 달리 판단될 수 있는 가능성마저 전혀 배제시키고 있다.

따라서 자치단체장의 직무전념성을 확보하면서도 공무담임권을 최소한으로 제한하기 위하여는, 금고 이상의 형을 선고받은 사실 자체로써 선거직 공무원인 자치단체장 직무의 원활한 운영을 저해하여 직무정지의 필요성이 인정되는 성격의 범죄 유형이나 내용 등으로 그 적용대상을 한정하거나, 지역주민의 대표로 구성된 지방의회 등으로 하여금 금고 이상의 형을 선고받은 자치단체장의 소명기회를 거쳐 위와 같은 내용의 직무정지의 필요성을 심사한 후 직무정지 여부를 결정하도록 하는 등 그 요건을 엄격히 정비하여, 기본권 침해를 최소화 하였어야 할 것이다.

(다) 한편 이 사건 법률조항에 따른 직무정지는 자치단체장에 대한 형벌이나 그의 신분

을 박탈하는 제도가 아니라 금고 이상의 형을 선고받은 자치단체장의 직무수행으로 인한 부작용을 방지하기 위한 잠정적·가처분적 제도이므로, 피고인의 유·무죄를 가리고 죄책의 정도에 따라 형을 부과함으로써 국가형벌권을 실현하는 형사재판 제도와는 그 추구하는 목적과 가치가 다르다. 자치단체장에 대한 형사재판을 담당한 법관이 자치단체장에게 금고 이상의 형을 선고함에 있어 직무정지의 결과가 발생할 지도 모른다는 사정을 충분히 감안했다고 보기도 어렵고 그럴 의무도 없으며, 금고 이상의 형을 선고하기에 앞서 직무정지에 관한 소명의 기회를 줄 리도 없다. 그럼에도 불구하고 자치단체장의 직무정지라는 잠정적 처분을 형사재판의 결과에 전적으로 의존하도록 하는 것은, 필요최소한의 범위를 넘어선 과도한 기본권제한이라고 아니할 수 없다.

(3) 법익의 균형성

금고 이상의 형이 선고된 자치단체장은 단지 그 이유만으로 형의 확정이라는 불확정한 기한까지 직무를 정지당함은 물론, 주민들에게 유죄가 확정된 범죄자라는 선입견까지 주게 된다. 더욱이 장차 상급심에서 무죄 또는 금고 미만의 형이 선고되더라도 이미 침해된 당해 자치단체장의 공무담임권은 회복될 수도 없다. 또한 자치단체장에 대한 직무정지기간 동안 주민의 선출에 의하지 않은 부단체장이 실질적으로 지방자치단체의 행정을 운영하게 되므로, 민주주의와 지방자치제도의 원리상 바람직하지 않은 결과가 발생하게 된다.

이처럼 이 사건 법률조항으로 인하여 해당 자치단체장이 입게 되는 불이익은 회복하기 어려울 만큼 매우 중대하므로, 위 법률조항으로 달성될 공익, 즉 지방자치단체행정의 원활한 운영과 공직기강 확립보다 결코 작다고 할 수 없다.

그러므로 위 법률조항은 법익균형성의 요건도 충족하지 못한다고 할 것이다.

(4) 소결

따라서 이 사건 법률조항은 기본권제한의 침해최소성 및 법익균형성을 갖추지 못하였으므로, 헌법상 과잉금지원칙에 위반하여 청구인의 공무담임권을 과도하게 제한하고 있다고 할 것이다.

마. 평등권 침해 여부

선거직 공무원인 점에 있어서 자치단체장은 국회의원과 본질적으로 동일하다. 또한 선거과정이나 그 직무수행의 과정에서 요구되는 공직의 윤리성이나 신뢰성의 수준 또한 별반 차이가 없다. 그러나 국회의원의 경우에는 금고 이상의 형이 선고되었다는 사실만으로 형이 확정되기도 전에 직무를 정지시키는 제도가 없다.

국회의원의 경우 자치단체장과는 달리 국회라는 합의체의 구성원으로서 독임제 행정기관의 장이 아니고 그 권한대행을 상정할 수 없다는 차이가 있긴 하나, 이는 직무의 외형적인 특징상 차이일 뿐이다. 우리 헌법이 부여한 국회의원 직무의 중차대함을 고려할 때, 금고 이상의 형을 선고받을 경우 자신에게 민주적 정당성을 부여해 준 국민의 신뢰가 훼손되고 원활한 직무운영에 위험이 초래된다는 이 사건 법률조항의 입법목적을 놓고 보면 그 직무정지의 필요성이 본질적으로 다르다고 할 수 없을 뿐 아니라, 국회의원의 직무가 정지되면 권한대행할 자가 없더라도 직무배제된 국회의원을 국회 정족수에서 제외하면 되므로, 권한대행자를 상정하기 힘들다는 이유만으로 자치단체장의 경우와 달리 취급할 필요성은 없는 것이다.

따라서 이 사건 법률조항이 국회의원과는 달리 자치단체장에게만 직무정지를 부과하는 것은 합리적 이유 없는 차별로서 청구인의 평등권을 침해한다.

바. 소결론

그렇다면 이 사건 법률조항은 헌법상 무죄추정의 원칙과 과잉금지원칙에 반하여 청구인의 공무담임권을 침해하고 있을 뿐만 아니라, 청구인의 평등권도 침해하고 있으므로, 헌법에 위반된다 할 것이다.

4. 재판관 조대현의 헌법불합치의견(생략)

5. 결 론

앞에서 본 바와 같이, 이 사건 법률조항이 헌법에 위반된다는 의견이 5인이고, 헌법에 합치되지 아니한다는 의견이 1인이므로, 단순위헌 의견에 헌법불합치 의견을 합산하면 헌법재판소법 제23조 제2항 제1호에 따라 헌법소원에 관한 인용 결정에 필요한 심판정족수 6인에 이르게 된다. 그러므로 이 사건 법률조항에 대하여 주문과 같이 헌법에 합치되지 아니한다고 선언하고, 입법자가 2011. 12. 31.까지 위 법률을 개정하지 아니하면 2012. 1. 1.부터 그 효력을 상실하도록 하며, 위 개정시까지 법원 기타 국가기관 및 지방자치단체에게 위 법률조항의 적용을 중지할 것을 명한다.

아울러 종전에 헌법재판소가 이 결정과 견해를 달리해, 이 사건 법률조항에 해당하는 구 지방자치법(2002. 3. 25. 법률 제6669호로 개정되고 2007. 5. 11. 법률 제8423호로 개정되기 전의 것) 제101조의2 제1항 제3호가 과잉금지원칙을 위반하여 자치단체장의 공무담임권을 제한하는 것이 아니고 무죄추정의 원칙에도 저촉되지 않는다고 판시하였던 2005. 5. 26. 2002헌마699, 2005헌마192(병합) 결정은 이 결정과 저촉되는 범위 내에서 변경하기로 한다.

이 결정에 대하여는, 아래 6.에서 보는 바와 같은 재판관 이공현, 재판관 민형기, 재판관 이동흡의 반대의견과, 7.에서 보는 바와 같은 재판관 조대현의 주문표시에 관한 보충의견이 있다.

6. 재판관 이공현, 재판관 민형기, 재판관 이동흡의 반대의견 - 생략 -

2010. 9. 2.

재판관 이강국(재판장) 이공현 조대현 김희옥 김종대 민형기 이동흡 목영준 송두환(특별휴가로 서명날인 불능)

청구인은 2010. 6. 2. 실시된 제5회 전국동시지방선거에서 강원도지사에 당선되어 2010. 7. 1. 강원도지사에 취임하였다.

청구인은 위와 같이 강원도지사에 당선되기 이전인 2009. 9. 23. 정치자금법 위반죄로 서울중앙지방법원으로부터 징역 8월에 집행유예 2년의 형을 선고받았고, 강원도지사에 당선된 이후인 2010. 6. 11. 위 형사사건에 관한 항소심인 서울고등법원에서 징역 6월에 집행유예 1년의 형을 선고받았으며, 청구인이 2010. 6. 14. 대법원에 상고하여 현재 위 사건은 상고심에 계속되어 있다.

지방자치법 제111조 제1항 제3호는 지방자치단체의 장이 금고 이상의 형을 선고받고 그 형이 확정되지 않은 경우 부단체장이 그 권한을 대행하도록 규정하고 있는바, 이에 따라 청구인은 2010. 7. 1. 강원도지사에 취임한 직후부터 직무에서 배제되어 도지사직을 수행하지 못하고 있다.

청구인은 2010. 7. 6. 위 지방자치법 제111조 제1항 제3호가 무죄추정의 원칙에 위배될 뿐만 아니라 청구인에게 헌법상 보장된 공무담임권 및 평등권을 침해하여 헌법에 위반된다는 이유로, 이 사건 헌법소원심판을 청구하였다.

[심판대상조항]
지방자치법(2007. 5. 11. 법률 제8423호로 전부 개정된 것) 제111조(지방자치단체의 장의 권한대행 등) ① 지방자치단체의 장이 다음 각 호의 어느 하나에 해당되면 부지사·부시장·부군수·부구청장(이하 이 조에서 "부단체장"이라 한다)이 그 권한을 대행한다.
3. 금고 이상의 형을 선고받고 그 형이 확정되지 아니한 경우

I. 심판청구의 적법 여부

1. 도입

청구인이 제기한 것은 헌재법 제68조 제1항의 헌법소원이다. 헌재법 제68조 제2항의 헌법소원이 아니다. 헌재법 제68조 제2항의 헌법소원을 제기하기 위해서는 법원에 위헌법률심판제청신청을 하여 기각 결정을 받은 후 제기하여야 한다. 위의 사건의 개요에 형사재판이 언급되어 있어서, 청구인이 헌재법 제68조 제2항의 헌법소원을 제기한 것 아닌가 하는 생각을 할 수도 있겠으나, 그렇지 아니하다는 것을 확인하여 둘 필요가 있다. 아래에서 보겠지만, 헌재법 제68조 제2항의 헌법소원으로 볼 경우 재판의 전제성이 인정되지 아니하여 부적법하다고 판단될 것이다.

헌마소원의 적법요건은 10가지이다. ① 기본권 주체성, ② 공권력 행사성, ③ 기본권 침해가능성, ④ 자기관련성, ⑤ 현재성, ⑥ 직접성, ⑦ 보충성, ⑧ 청구기간, ⑨ 권리보호이

익, ⑩ 변호사강제주의가 그것이다. 이것들을 하나씩 검토해 보기로 한다.

2. 기본권 주체성

청구인은 강원도지사인 공무원이다. 권한행사가 정지되었다 하더라도 청구인이 공무원인 점에는 달라짐이 없다. 공무원인 청구인이 헌법소원심판을 청구할 수 있는가 하는 점이 문제된다.

> **헌재 2008. 1. 17. 2007헌마700**
> "심판대상조항이나 공권력 작용이 넓은 의미의 국가 조직 영역 내에서 공적 과제를 수행하는 주체의 권한 내지 직무 영역을 제약하는 성격이 강한 경우에는 그 기본권 주체성이 부정될 것이지만, 그것이 일반 국민으로서 국가에 대하여 가지는 헌법상의 기본권을 제약하는 성격이 강한 경우에는 기본권 주체성을 인정할 수 있다. 결국 개인의 지위를 겸하는 국가기관이 기본권의 주체로서 헌법소원의 청구적격을 가지는지 여부는, 심판대상조항이 규율하는 기본권의 성격, 국가기관으로서의 직무와 제한되는 기본권 간의 밀접성과 관련성, 직무상 행위와 사적인 행위 간의 구별가능성 등을 종합적으로 고려하여 결정되어야 할 것이다."

청구인은 선출직 공무원인 강원도지사로서 이 사건 법률조항으로 인하여 공무담임권 등이 침해된다고 주장하는데, 만약 권한행사의 정지가 공무담임권의 제한으로 포섭된다면, 당연히 그 범위에 있어서 기본권 주체성도 인정된다고 보아야 할 것이다.

그런데 판례는 "이 사건 법률조항은 선거직 공무원인 자치단체장의 직무를 '공소 제기된 후 구 금상태에 있을 것'을 요건으로 일시 정지시키고 있는데, 우리 헌법 제25조에 의하여 보장되는 공무담임권의 보호영역에는 공직취임 기회의 자의적인 배제뿐 아니라 공무원 신분의 부당한 박탈이나 권한(직무)의 부당한 정지도 포함되므로, 이 사건 법률조항은 결국 '공소 제기된 후 구금상태에 있을 것'을 유일한 요건으로 자치단체장의 공무담임권을 제한하고 있다고 할 것이다."(헌재 2011. 4. 28. 2010헌마474)라고 하면서, 공무원으로서의 권한행사의 정지를 공무담임권의 제한으로 보았다.

그렇다면, 청구인은 공무원이지만 권한행사의 정지에 관해 공무담임권의 주체로 될 수 있다.

3. 공권력행사성

> **헌재 1990. 6. 25. 89헌마220**
>
> "헌법소원심판의 청구사유를 규정한 헌법재판소법 제68조 제1항 본문에 규정된 공권력 가운데는 입법권도 당연히 포함되고 따라서 법률에 대한 헌법소원도 가능하다."

4. 기본권침해가능성

> **헌재 2009. 2. 26. 2005헌마83**
>
> "공권력의 행사로 인하여 헌법소원을 청구하고자 하는 자의 법적 지위에 아무런 영향이 미치지 않는다면 애당초 기본권침해의 가능성이나 위험성이 없으므로 그 공권력의 행사를 대상으로 헌법소원을 청구하는 것은 허용되지 아니한다."

청구인의 경우 이 사건 법률조항으로 말미암아 권행행사가 정지되었다. 헌재는 공무원의 권한행사 정지를 공무담임권의 제한이라 보므로, 기본권침해가능성이 인정된다.

5. 자기관련성

> **헌재 2000. 6. 29. 99헌마289**
>
> 기본권침해의 자기관련성이란 심판대상규정에 의하여 청구인들의 기본권이 '침해될 가능성'이 있는가에 관한 것이므로, 청구인들의 기본권이 침해될 가능성이 존재하는 한, 청구인들의 기본권침해의 자기관련성은 인정된다.

이 사건에서 청구인은 이 사건 법률조항의 적용대상자이고 수범자이므로, 자기관련성이 인정된다.

6. 현재성

> **헌재 1992. 10. 1. 92헌마68**
>
> 청구인은 공권력 작용과 현재 관련이 있어야 하며, 장래 어느 때인가 관련될 수 있을 것이라는 것만으로는 헌법소원을 제기하기에 족하지 않다. 다만 기본권침해가 장래에 발생하더라도 그 침해가 틀림없을 것으로

> 현재 확실히 예측된다면 기본권구제의 실효성을 위하여 침해의 현재성을 인정한다.

이 사건에서, 청구인은 이 사건 법률조항으로 인하여 '현재' 권한행사가 정지되었으므로, 기본권침해의 현재성이 충족된다.

7. 직접성

> **헌재 1992. 11. 12. 91헌마192**
>
> 법령 또는 법령조항 자체가 헌법소원의 대상이 될 수 있으려면, 청구인의 기본권이 구체적인 집행행위를 기다리지 아니하고, 그 법령 또는 법령조항에 의하여 직접 침해받아야 한다. 여기서 말하는 기본권침해의 직접성이란 집행행위에 의하지 아니하고, 법령 그 자체에 의하여 자유의 제한, 의무의 부과, 법적 지위의 박탈이 발생하는 경우를 말하므로, 당해 법령에 근거한 구체적인 집행행위를 통하여 비로소 기본권침해의 법률효과가 발생하는 경우에는 직접성의 요건이 결여된다.

청구인은 이 사건 법률조항으로 인하여 바로, 집행행위 없이 권한행사가 정지되었으므로, 직접성이 인정된다. '법원의 판결'이라는 집행행위를 매개로 하여 청구인의 불이익이 발생한다고 볼 수 없다. 법원의 판결은 이 사건 법률조항의 집행행위라 할 수 없기 때문이다.

8. 보충성

> **헌재 1989. 3. 17. 88헌마1**
>
> 공권력 행사의 일종이라고 할 입법, 즉 법률 자체에 의한 기본권침해가 문제가 될 때에는 일반법원에 법령자체의 효력을 직접 다투는 것을 소송물로 하여 제소하는 길은 없어, 구제절차가 있는 경우가 아니므로, 헌법재판소법 제68조 제1항 단서 소정의 구제절차를 모두 거친 후에 헌법소원을 내야하는 제약이 따르지 않는 이른바 보충성의 예외적인 경우라고 볼 것이다.

9. 청구기간

> **헌재 2000. 6. 1. 98헌마216**
>
> 법령에 대한 헌법소원의 청구기간은 그 법률의 시행과 동시에 기본권의 침해를 받게 되는 경우에는

그 법률이 시행된 사실을 안 날로부터 90일 이내에, 법률이 시행된 날로부터 1년 이내에 헌법소원을 청구하여야 하고, 법률이 시행된 뒤에 비로소 그 법률에 해당되는 사유가 발생하여 기본권의 침해를 받게 되는 경우에는 그 사유가 발생하였음을 안 날로부터 90일 이내에, 그 사유가 발생한 날로부터 1년 이내에 헌법소원을 청구하여야 한다.

이 사건의 경우, 강원도지사에 당선되기 이전인 2009. 9. 23. 서울중앙지방법원으로부터 징역 8월에 집행유예 2년의 형을 선고받았고, 이로 인하여, 2010. 7. 1. 강원도지사에 취임한 직후부터 직무에서 배제되어 도지사직을 수행하지 못하고 있다. 그렇다면 이때, 즉 2010. 7. 1.이 '기본권의 침해 사유가 발생한 날'이라 할 것이고, 그로부터 따져 90일이 지나지 아니한[59] 2010. 7. 6. 제기된 이 사건 헌법소원심판은 청구기간을 준수하였다.

10. 권리보호이익

> **헌재 2001. 9. 27. 2001헌마152**
> 권리보호이익 내지 소의 이익은, 국가적·공익적 입장에서는 무익한 소송제도의 이용을 통제하는 원리이고, 당사자의 입장에서는 소송제도를 이용할 정당한 이익 또는 필요성을 말하는 것으로, '이익 없으면 소 없다'라는 법언이 지적하듯이 소송제도에 필연적으로 내재하는 요청이다.

이 사건의 경우, 헌재가 이 사건 법률조항에 대하여 위헌결정을 하면, 이 사건 법률조항은 위헌 결정이 있는 날로부터 효력을 상실하게 될 것이므로, 청구인의 기본권이 회복된다. 권리보호이익이 인정된다.

11. 변호사 강제주의

헌재법 제25조 제3항은 당사자인 사인은 변호사를 대리인으로 선임하지 아니하면 심판청구를 하거나 심판 수행을 하지 못한다고 정하고 있다. 이 사건에서는 변호사가 대리하고 있다.

12. 소결

이 사건 헌법소원심판청구는 적법하다.

---

59 '기본권의 침해 사유가 발생한 날' 바로 기본권 침해 사유를 알았다 하더라도, 90일이 지나지 아니하였다. '있은 날' 또는 '안 날' 중에 하나라도 도과하면 부적법하다. 청구인에게 불리한 내용이므로 주의가 필요하다.

II. 제한되는 기본권

1. 공무담임권(헌법 제25조)

공무담임권의 보호영역이 문제된다. 공직취임만을 보호하는가? 여기에 대하여 헌재는 다음과 같이 판시하였다.

> **헌재 2005. 5. 26. 2002헌마699**
>
> 우리 헌법 제25조는 "모든 국민은 법률이 정하는 바에 의하여 공무담임권을 가진다."고 규정하여 공무담임권을 기본권으로 보장하고 있고, 공무담임권의 보호영역에는 공직취임 기회의 자의적인 배제뿐 아니라 공무원 신분의 부당한 박탈이나 권한(직무)의 부당한 정지도 포함된다.

따라서 권한행사의 정지의 근거로 되는 이 사건 법률조항은 청구인의 공무담임권을 제한한다.

2. 평등권(헌법 제11조)

자치단체장과 같은 선거직 공무원으로서 그 지위나 권한에 있어서 본질적 차이가 있다고 보기 힘든 국회의원에게는 이 같은 내용의 직무정지제도가 없다는 점에서, 차별이 발생하였다.

3. 적법절차원칙

> **헌재 1998. 5. 28. 96헌바4**
>
> "현행 헌법에 규정된 적법절차의 원칙을 어떻게 해석할 것인가에 대하여 표현의 차이는 있지만 대체적으로 적법절차의 원칙이 독자적인 헌법 원리의 하나로 수용되고 있으며 이는 절차의 적법성뿐만 아니라 절차의 적정성까지 보장되어야 한다는 뜻으로 이해하는 것이 마땅하다. 다시 말하면 형식적인 절차뿐만 아니라 실체적 법률내용이 합리성과 정당성을 갖춘 것이어야 한다는 실질적인 의미로 확대 해석하고 있다. 이러한 적법절차의 원리가 형사절차 이외 행정절차에도 적용되는가에 관하여 우리 헌법재판소는 이 적법절차의 원칙의 적용범위를 형사소송절차에 국한하지 않고 모든 국가작용에 대하여 문제된 법률의 실체적 내용이 합리성과 정당성을 갖추고 있는지 여부를 판단하는 기준으로 적용된다고 판시하고 있다."

이 사건 법률조항이 신청인의 공무담임권과 평등권을 제한한다면, '법률의 내용이 합리성과 정당성'을 갖추고 있지 못한 것이어서 적법절차원칙에 위배될 여지가 있다.

4. 기본권 경합

최강효력설(경합하는 기본권들 중 가장 강한 효력을 가진 기본권이 위헌성 판단의 기준으로 된다는 이론), 최약효력설(경합하는 기본권들 중 가장 약한 효력을 가진 기본권이 위헌성 판단의 기준으로 된다는 이론)이 있고, 헌재는 청구인의 의도 및 기본권을 제한하는 입법자의 객관적 동기 등을 참작하여 사안과 가장 밀접한 관계에 있고, 또 침해의 정도가 큰 주된 기본권을 중심으로 심사한다는 입장[60]을 판시한 바 있다.

살피건대, 청구인에게 보장된 여러 기본권들 중 어느 하나라도 '침해'되었다고 평가된다면, 그 공권력 행사는 위헌으로 판단될 것이므로, '제한'된 기본권 전부를 심사하는 것이 타당하다. 헌재도 대부분의 사건에서 이와 같은 입장을 따르고 있다.

III. 공무담임권 침해 여부(헌법 제25조)

1. 무죄추정의 원칙(헌법 제27조 제4항)

가. 의의

무죄추정의 원칙이라 함은, 아직 공소제기가 없는 피의자는 물론 공소가 제기된 피고인이라도 유죄의 확정판결이 있기까지는 원칙적으로 죄가 없는 자에 준하여 취급하여야 하고 불이익을 입혀서는 안되며 가사 그 불이익을 입힌다 하여도 필요한 최소한도에 그쳐야 한다는 원칙을 말한다.[이 사건 결정]

나. 권리성

무죄추정의 원칙의 권리성이 문제될 수 있다. 왜냐하면 헌재법 제68조 제1항의 헌법소원은 '기본권이 침해된 자'만 제기할 수 있기 때문이다.

공권력의 행사 또는 불행사로 헌법의 기본권리 혹은 헌법상 보장된 제도의 본질이 훼손되었다고 하여 그 점만으로 바로 국민의 기본권이 직접 현실적으로 침해된 것이라 할 수 없다.[61]

---

60 헌재 2015. 12. 23. 2015헌바75[상업광고검열 사건].

헌재는 '무죄추정을 받을 권리'라는 말을 사용한 일이 있으나(헌재 1994. 4. 28. 93헌바 26), 일반적으로 받아들여진 것은 아니다.

그러나 권리성이 인정되지 않는다 하더라도 무죄추정원칙이 기본권과의 관련성이 있으므로, 권리성이 인정되는가 하는 점은 문제 되지 아니한다. 예를 들어, 과잉금지원칙, 포괄위임금지원칙도 원칙이지만 기본권 제한의 한계로 작동하고, 이 원칙들에 위배되는 방법으로 기본권을 제한하면 헌마소원의 인용 이유로 될 수 있다. 물론, 기본권 제한과 무관한 원리나 원칙 위배는 헌마소원의 인용 이유로 될 수 없다(예, 권력분립원리).

다. 적용범위

무죄추정의 원칙이 형사절차에만 적용되는가 하는 것이 문제될 수 있다.

> 무죄추정의 원칙상 금지되는 '불이익'이란 '범죄사실의 인정 또는 유죄를 전제로 그에 대하여 법률적·사실적 측면에서 유형·무형의 차별취급을 가하는 유죄인정의 효과로서의 불이익'을 뜻하고, 이는 비단 형사절차 내에서의 불이익뿐만 아니라 **기타 일반 법생활 영역에서의 기본권 제한과 같은 경우에도 적용된다.**[이 사건 결정]

라. 이 사건에의 적용

> 이 사건 법률조항은 '금고 이상의 형이 선고되었다.'는 사실 자체에 주민의 신뢰와 직무전념성을 해칠 우려가 있다는 이유로 부정적 의미를 부여한 후 그 유죄판결의 존재를 유일한 전제로 하여 형이 확정되지도 않은 상태에서 해당 자치단체장에 대하여 직무정지라는 불이익한 처분을 부과하고 있다. 즉, 유죄의 확정판결이 있기 전이라도 '금고 이상의 형을 선고'받았다면 유죄의 확정판결이 내려질 개연성이 높다는 전제에서 당해 피고인을 죄가 있는 자에 준하여 불이익을 입히고 있는 것이다.
> 특히 이 사건 법률조항은 오직 '금고 이상의 형을 선고받은 때로부터 금고 이상의 형이 확정될 때까지'에만 적용되는 규정이므로, 형사피고인이라 하여도 유죄의 확정판결이 있기까지는 원칙적으로 죄가 없는 자에 준하여 취급하여야 한다는 무죄추정의 원칙에 반하는 규정이라고 아니할 수 없다.
> 나아가 이 사건 법률조항은 뒤의 '라. 과잉금지원칙 위반 여부'에서 설시하는 바와 같이 위와 같은 불이익을 부과함에 있어서 필요최소한에 그치도록 엄격한 요건을 설정하지도 않았다.[이 사건 결정]62

---

61 헌재 1998. 10. 29. 96헌마186. "청구인들은 피청구인의 행위로 헌법 제1조 제2항의 국민주권주의와 헌법 제8조 제1항의 복수정당제도가 훼손되었다고 주장한다. 그러나 공권력의 행사 또는 불행사로 헌법의 기본원리 혹은 헌법상 보장된 제도의 본질이 훼손되었다고 하여 그 점만으로 바로 국민의 기본권이 직접 현실적으로 침해된 것이라고 할 수는 없다(헌재 1995. 2. 23. 90헌마125, 판례집 7-1, 238, 243 참조). 따라서 청구인들 주장과 같은 피청구인의 행위로 국민주권주의라든지 복수정당제도가 훼손될 수 있는지의 여부는 별론으로 하고 그로 인하여 바로 헌법상 보장된 청구인들의 구체적 기본권이 침해당하는 것은 아닐 뿐만 아니라, 국민주권주의, 복수정당제도의 훼손만 주장할 뿐 이로 인한 구체적 기본권의 침해 또는 침해의 가능성을 전혀 주장조차 하지 않고 있는 청구인들은 주장 자체로 이미 청구인적격이 없다."

62 (ⅰ) 유죄로 확정되기 전에 불이익을 입힐 것 (ⅱ) 필요최소한의 것이 아닐 것, 이라는 두 개의 요건으로써 심

마. 소결론

이 사건 법률조항은 무죄추정의 원칙에 위배된다.

2. 법치주의(헌법 제37조 제2항, "법률로써")

고전적인 공법이론에 따르면 군인의 복무관계, 공무원의 근무관계, 수형자의 복역관계, 학생의 재학관계 등 이른바 '특별권력관계'에서는 '일반권력관계'와는 달리 법률에 의한 기본권제한의 원칙이 존중될 필요가 없다고 보았다. 하지만 오늘날 특별권력관계에서도 그러한 특별한 생활질서를 설정하고 유지하기 위한 필요한 범위 내에서는 일반국민에 대한 기본권제한과는 다른 방법과 범위로 기본권을 제한할 수 있는 것이지만, 그러한 경우에도 기본권제한에 관한 법치주의원칙이 그대로 적용되어야 한다는 점에 관하여는 이론(異論)이 없다. 따라서 법률에 의한 기본권제한, 기본권제한에 대한 사법적 통제 등 법치주의의 기본원칙은 이른바 '특별권력관계'에서도 예외 없이 적용된다.[63]

청구인은 공무원이어서 특별권력관계이론, 또는 특별행정법관계이론에 따라 법치주의가 적용되지 않는 것 아닌가 하는 의문이 있을 수 있으나, 위의 설시와 같이 법치주의는 특별권력관계에서도 예외 없이 적용되어야 한다는 점에 판례와 학설은 이견이 없다.

이 사건에서는 국회에서 제정한 지방자치법으로 청구인의 기본권을 제한하고 있으므로 법치주의원칙에 관하여 문제될 것은 없다.

3. 과잉금지원칙(헌법 제37조 제2항, "필요한 경우에 한하여")

> **헌재 2000. 6. 1. 99헌마553**
>
> 국민의 기본권을 제한하는 법률은 그 제한의 방법에 있어서도 일정한 원칙의 준수가 요구되는바, 그것이 과잉금지의 원칙이며 … 과잉금지의 원칙이라는 것은 국가가 국민의 기본권을 제한하는 내용의 입법활동을 함에 있어서, 준수하여야 할 기본원칙 내지 입법활동의 한계를 의미하는 것으로서 국민의 기본권을 제한하려는 입법의 목적이 헌법 및 법률의 체제상 그 정당성이 인정되어야 하고(목적의 정당성), 그 목적의 달성을 위하여 그 방법이 효과적이고 적절하여야 하며(방법의 적절성), 입법권자가 선택한 기본권

사하고 있음을 눈여겨 볼 필요가 있다. 이렇게 되면 무죄추정의 원칙의 독자적 의의는 거의 없다. 필요최소한의 것이 아니면 그 자체가 과잉금지원칙 위배의 이유로 되기 때문이다.

63 헌재 2010. 10. 28. 2008헌마638[불온문서 사건] 이강국 재판관의 반대의견 중의 설시이다. 하지만 일반적으로 받아들여지는 이론이어서 여기에 기재하였다.

제한의 조치가 입법목적달성을 위하여 설사 적절하다 할지라도 보다 완화된 형태나 방법을 모색함으로써 기본권의 제한은 필요한 최소한도에 그치도록 하여야 하며(피해의 최소성), 그 입법에 의하여 보호하려는 공익과 침해되는 사익을 비교 형량할 때 보호되는 공익이 더 커야 한다(법익의 균형성)는 헌법상의 원칙이다.

가. 목적의 정당성

직무전념성이 우려되는 상황에 처한 자치단체장을 직무에서 배제시킴으로써 주민의 복리와 자치단체행정의 원활한 운영을 도모하고 그로 인해 해이해질 수 있는 공직기강을 확립하여 부정적인 국민의 법감정을 회복시키려는 이 사건 법률조항의 입법목적은 입법자가 추구할 수 있는 정당한 공익이라 할 것이다.[이 사건 결정]

나. 방법의 적절성

위 목적을 실현하기 위하여 해당 자치단체장을 형이 확정될 때까지 잠정적으로 그 직무에서 배제시키는 것은 일응 유효·적절한 수단이라고 볼 수 있다.[이 사건 결정]

다. 침해의 최소성

국민의 기본권에 대한 제한은 정당한 공익을 실현하기 위한 것이라 하더라도 입법목적을 달성하기 위한 필요최소한의 범위로 한정되어야 한다. 즉, 입법목적을 이루기 위하여 이 사건 법률조항에 따른 직무정지라는 수단을 택할 수밖에 없었다 하더라도, 입법자는 선택할 수 있는 여러 수단 중에서 국민의 기본권을 가장 덜 제한하는 수단을 채택하여야 한다.
자치단체장의 직무전념성을 확보하면서도 공무담임권을 최소한으로 제한하기 위하여는, 금고 이상의 형을 선고받은 사실 자체로써 선거직 공무원인 자치단체장 직무의 원활한 운영을 저해하여 직무정지의 필요성이 인정되는 성격의 범죄 유형이나 내용 등으로 그 적용대상을 한정하거나, 지역주민의 대표로 구성된 지방의회 등으로 하여금 금고 이상의 형을 선고받은 자치단체장의 소명기회를 거쳐 위와 같은 내용의 직무정지의 필요성을 심사한 후 직무정지 여부를 결정하도록 하는 등 그 요건을 엄격히 정비하여, 기본권 침해를 최소화하였어야 할 것이다.[이 사건 결정]

라. 법익의 균형성

금고 이상의 형이 선고된 자치단체장은 단지 그 이유만으로 형의 확정이라는 불확정한 기한까지 직무를 정지당함은 물론, 주민들에게 유죄가 확정된 범죄자라는 선입견까지 주게 된다. 더욱이 장차 상급심에서 무죄 또는 금고 미만의 형이 선고되더라도 이미 침해된 당해 자치단체장의 공무담임권은 회복될 수도 없다. 또한 자치단체장에 대한 직무정지기간 동안 주민의 선출에 의하지 않은 부단체장이 실질적으로 지방자치단체의 행정을 운영하게 되므로, 민주주의와 지방자치제도의 원리상 바람직하지 않은 결과가 발생하게 된다.

이처럼 이 사건 법률조항으로 인하여 해당 자치단체장이 입게 되는 불이익은 회복하기 어려울 만큼 매우 중대하므로, 위 법률조항으로 달성될 공익, 즉 지방자치단체행정의 원활한 운영과 공직기강 확립보다 결코 작다고 할 수 없다.[이 사건 결정]

마. 소결론

이 사건 법률조항은 과잉금지원칙에 위배되는 방법으로 청구인의 공무담임권을 제한하였다.

4. '본질적 내용' 침해금지

헌법 제37조 제2항 후단은 "제한하는 경우에도 자유와 권리의 본질적인 내용을 침해할 수 없다."고 규정하고 있다. "기본권의 본질적 내용은 만약 이를 제한하는 경우에는 기본권 그 자체가 무의미하여지는 경우에 그 본질적인 요소를 말하는 것"(헌재 1995. 4. 20. 92헌바29)이다. 위에서 이 사건 법률조항이 신청인의 공무담임권을 과잉금지원칙에 위배되는 방법으로 침해한 점을 논증하였으므로, 이 사건 법률조항이 신청인의 공무담임권의 본질을 침해하였다는 점을 논증할 필요가 크지 아니하다. 규범적으로는 청구인의 공직을 박탈한 것도 아니어서 이 사건 법률조항이 공무담임권의 본질을 침해하였다고 하기는 어렵다.

5. 결론

이 사건 법률조항은 청구인의 공무담임권을 침해하였다.

IV. 평등권 침해 여부

1. 차별의 존부

선거직 공무원인 점에 있어서 자치단체장은 국회의원과 본질적으로 동일하다.[이 사건 결정]

2. 정당화

가. 심사기준

> **헌재 2011. 2. 24. 2008헌바56**
>
> "일반적으로 차별이 정당한지 여부에 대해서는 자의성 여부를 심사하지만, 헌법에서 특별히 평등을 요구하고 있는 경우나 차별적 취급으로 인하여 관련 기본권에 대한 중대한 제한을 초래하게 된다면 입법형성권은 축소되어 보다 엄격한 심사척도가 적용된다."

이 사건의 경우, 헌법이 특별히 평등을 요구하는 경우[64]라 보기 어렵다. 관련 기본권인 공무담임권에 대해 중대한 제약을 가한다고 볼 여지는 있다.

> **헌재 2001. 2. 22. 2000헌마25**
>
> "자의심사의 경우에는 차별을 정당화하는 합리적인 이유가 있는지만을 심사하기 때문에 그에 해당하는 비교대상 간의 사실상의 차이나 입법목적(차별목적)의 발견·확인에 그치는 반면에, 비례심사의 경우에는 단순히 합리적인 이유의 존부 문제가 아니라 차별을 정당화하는 이유와 차별 간의 상관관계에 대한 심사, 즉 비교대상 간의 사실상의 차이의 성질과 비중 또는 입법목적(차별목적)의 비중과 차별의 정도에 적정한 균형관계가 이루어져 있는가를 심사한다."

나. 적용

국회의원의 경우 자치단체장과는 달리 국회라는 합의체의 구성원으로서 독임제 행정기관의 장이 아니고 그 권한대행을 상정할 수 없다는 차이가 있긴 하나, 이는 직무의 외형적인 특징상 차이일 뿐이다. 우리 헌법이 부여한 국회의원 직무의 중차대함을 고려할 때, 금고 이상의 형을 선고받을 경우 자신에게 민주적 정당성을 부여해 준 국민의 신뢰가 훼손되고 원활한 직무운영에 위험이 초래된다는 이 사건 법률조항의 입법목적을 놓고 보면 그 직무정지의 필요성이 본질적으로 다르다고 할 수 없을 뿐 아니라, 국회의원의

---

64 헌법 제32조 제4항과 제36조 제1항 외에는 인정한 사례가 없다.

직무가 정지되면 권한대행할 자가 없더라도 직무배제된 국회의원을 국회 정족수에서 제외하면 되므로, 권한대행자를 상정하기 힘들다는 이유만으로 자치단체장의 경우와 달리 취급할 필요성은 없는 것이다.[이 사건 결정]

3. 소결론

이 사건 법률조항은 청구인의 평등권을 침해한다.

V. 적법절차

위에서 본 바와 같이 이 사건 법률조항이 청구인의 공무담임권과 평등권을 침해하였으므로, '법률의 내용이 합리성과 정당성'을 갖추고 있지 못한 것이어서 이 사건 법률조항은 적법절차원칙에 위배된다.

VI. 결론

주문: 지방자치법(2007. 5. 11. 법률 제8423호로 전부 개정된 것) 제111조 제1항 제3호는 헌법에 위반된다.

판례색인

[헌법재판소]

[대법원]

사항색인

정주백(鄭柱白)

서울대학교 경영대학 경영학과 졸업
日本 一橋大學 法學硏究科 博士後期課程 修了
검사 · 헌법재판소 헌법연구관
법제처 법령해석심의위원회 위원
중앙행정심판위원회 위원
사법시험 · 변호사시험 출제 및 채점위원
日本 一橋大學 法學硏究科 訪問學者
美國 UC Berkeley Law school Visiting Scholar
現在 충남대학교 법학전문대학원 교수

『平等正名論』, 충남대학교출판문화원, 2019
『공법 사례형』, 법문사, 2016(공저) 외 다수의 논문

憲法記事

초판발행	2021년 1월 15일
지은이	정주백
펴낸이	안종만 · 안상준
편 집	정수정
기획/마케팅	정연환
표지디자인	BEN STORY
제 작	고철민 · 조영환
펴낸곳	(주)**박영사**
	서울특별시 금천구 가산디지털2로 53, 210호(가산동, 한라시그마밸리)
	등록 1959. 3. 11. 제300-1959-1호(倫)
전 화	02)733-6771
f a x	02)736-4818
e-mail	pys@pybook.co.kr
homepage	www.pybook.co.kr
ISBN	979-11-303-3768-5 93360

copyright©정주백, 2021, Printed in Korea

정 가   20,000원